宁波大红鹰学院
蓝源家族财富管理研究院家族财富管理丛书

家族企业文化传承与创新研究

刘 莉 李 繁 著

中国财经出版传媒集团

经济科学出版社
Economic Science Press

图书在版编目（CIP）数据

家族企业文化传承与创新研究/刘莉，李繁著．
—北京：经济科学出版社，2017.11
ISBN 978 - 7 - 5141 - 8752 - 6

Ⅰ.①家…　Ⅱ.①刘…②李…　Ⅲ.①家庭企业 -
企业文化 - 研究 - 中国　Ⅳ.①F279.245

中国版本图书馆 CIP 数据核字（2017）第 295907 号

责任编辑：刘　莎
责任校对：王肖楠
责任印制：邱　天

家族企业文化传承与创新研究
刘　莉　李　繁　著
经济科学出版社出版、发行　新华书店经销
社址：北京市海淀区阜成路甲 28 号　邮编：100142
总编部电话：010 - 88191217　发行部电话：010 - 88191522
网址：www. esp. com. cn
电子邮件：esp@ esp. com. cn
天猫网店：经济科学出版社旗舰店
网址：http：//jjkxcbs. tmall. com
固安华明印业有限公司印装
710 × 1000　16 开　25.75 印张　450000 字
2017 年 11 月第 1 版　2017 年 11 月第 1 次印刷
ISBN 978 - 7 - 5141 - 8752 - 6　定价：88.00 元
（图书出现印装问题，本社负责调换。电话：010 - 88191510）
（版权所有　侵权必究　举报电话：010 - 88191586
电子邮箱：dbts@ esp. com. cn）

专家指导委员会

主 任 委 员： 廖文剑

副主任委员： 孙惠敏　孙　卫

委员会成员： 李　羽　武　军　刘　莉　郭菊娥　沈晓燕

序

　　伴随着经济体制改革的逐步深入，中国经济已经走过了波澜壮阔的 30 年，社会财富快速积累，不仅使人均 GDP 增长了将近 60 倍，也使以家族企业为主的民营经济在地区经济发展中的作用不断增强。家族企业在增加社会财富、拉动经济增长、推动改革创新等方面发挥了重要的作用，已经成为中国社会主义市场经济的重要组成部分。

　　家族企业乃至整个民营经济的顺利传承和永续发展是中国经济体制改革的核心问题，关系到中国整体经济的健康发展。因此，研究家族财富管理中的思想和实践方法，探索家族财富管理在中国现今社会中的应用价值，对于我国以家族企业为代表的民营企业长远发展具有深刻的现实意义。

　　通过研究家族财富管理的实现路径，积极探索资本市场在民营经济发展中的多元作用，帮助民营企业建立健全的企业法人治理结构，从制度、结构、顶层设计等多个维度促进家族企业乃至整个民营经济稳步前行。

　　家族财富管理是围绕整个家族的所有资产的经营和规划，应用家族信托、家族基金、私人资产管理、第三方资产托管、家族办公室等多种金融工具和资产配置模式，对家族拥有的产业资本、金融资本和社会资本进行运营管理，以实现家族财富的保值增值和家族企业的永续传承。与一般大众的财富管理不同，其内容不仅包括一般意义的理财、金融投资以及不动产、收藏品等另类投资，还包括税务、法律、企业战略等一系列咨询服务。对于无形财富的管理，诸如对子女教育的投入、家族和谐关系的建立和维护，乃至整个家族的传承，也是家族财富管理中重要且具有家族特色的内容。

在西方社会，伴随着家族企业发展和家族传承的演变，家族财富管理逐渐形成了一套全面、严谨、自成一体的财富规划服务，并以家族办公室这一服务形态最为典型。相较之下，我国目前家族财富管理的发展仍显幼稚，各家机构基于自身的业务能力从某一维度提供特定的家族财富管理服务，缺乏一种系统性、综合性的整体解决方案。具体表现为拥有财富的富裕家族，分别通过商业银行、投资银行、第三方财富管理、律师事务所、会计师事务所等商业服务机构完成相应的家族财富管理活动。

在中国经济转型升级和全面深化改革的背景下，中国的家族财富管理行业总体还处于发展初期阶段，缺乏一批良性、专业化的家族财富管理机构，民营企业家和相关从业人员对家族财富管理也缺乏足够的认识。中国的家族财富管理存在着家族资产配置混乱、家族财富投资渠道单一、家族财富风险隔离机制僵化、家族内部治理结构落后、家族企业转型路径不明、家族企业代际传承困难、家族企业人才流失严重等诸多难题。家族纠纷的传闻不绝于耳，家族企业败落的案例更是屡见不鲜，直接向家族财富管理与家族企业发展传承提出了新的要求和挑战。"真功夫创业者内乱""国美电器控制权之争""陈逸飞前妻遗孀争产""海鑫钢铁轰然崩塌"，如此家族败落的案例为中国家族企业乃至整个民营企业敲响了警钟。

鉴于家族财富管理的迫切需求和家族企业对国民经济的重大作用，研发具有中国特色的家族财富管理模式，发现和把握家族企业的成长特征、规律和发展中存在的问题，引导家族企业、家族资本进入资本市场，研究如何实现家族财富的保值增值和家族企业的基业长青，对中国经济未来的发展有着不可忽视的作用。长期以来，中国家族财富管理市场存在着产品服务同质化严重、投资工具缺乏、投资标的有限、专业人才不足、风险管控不严、创新动力不够等诸多问题，亟须一个智库和协作互动的平台，通过研究、教育和专业化服务满足企业、行业与社会的理念需求、人才需求和家族财富管理需求。家族企业的传承与转型不能简单以培养子女领导力为主，必须构建一套基于金融资本顶层设计下的系统，将系统科学的金融资本与家族柔性结构相结合，才能实现有效的传承。

蓝源投资集团与宁波大红鹰学院在三年前成立了我国第一家家族财富管理研究院，并与西安交通大学管理学院共同成立蓝源家族财富管理研究中心，在北大金融创新中心、香港大学、香港金融管理学院、浙江大学企业家学院等支持下，致力于打造中国式家族企业传承模式，推动中国家族企业的财富管理，引导和规范民间资本，打造基于家族企业的金融资本生态系统。

本系列丛书是蓝源家族财富管理研究院、宁波大红鹰学院和西安交通大学管理学院三年以来通过对浙江近 500 多家家族企业的访谈和蓝源资本 12 家家族办公室（FO）运营实践的基础上，对国内外家族财富管理模式的总结、研究、借鉴与实践。可以相信，该系列丛书的出版将为中国家族企业解决长远发展和代际传承的难题提供新的思路，为中国家族财富管理事业献智献策。

汪左诒

2016 年 4 月

前　言

　　家族企业是人类社会发展历史中出现最早的企业形式，也是当今世界普遍存在的一种企业组织形态。在现实经济生活中，家族企业分布十分广泛，它在世界各国经济发展中都扮演着重要角色，对世界经济发展起着重要作用。

　　企业文化是企业软实力的重要组成部分，一个企业有没有健康积极的企业文化，对于该企业的活力、凝聚力、生产经营效率，特别是长期的生存发展能力，都有极为重要的作用。企业文化作为一种全新的企业管理理论，已经成为管理学、组织行为学和工业组织心理学研究的一个热点。党的十八大明确强调了要增强文化整体实力和竞争力，指出："文化是民族的血脉，人民的精神家园。全面建成小康社会，实现中华民族伟大复兴，必须推动社会主义文化大发展大繁荣，兴起社会主义文化建设新高潮，提高国家文化软实力，发挥文化引领风尚、教育人民、服务社会、推动发展的作用。"

　　目前，国内外已有许多学者专注于企业文化的理论研究，取得了丰硕成果。从国外的研究路线来看，主要有三条：一是基本理论的逐步深入研究；二是企业发展的应用研究；三是企业诊断和评估研究。与国外研究相比，国内关于企业文化的研究主要体现在三个方面：一是对企业文化理论的研究；二是对企业文化实践的研究；三是对企业文化与管理融合的研究。进入21世纪以后，企业文化研究出现了四个走向：一是对企业文化基本理论的深入研究；二是企业文化与企业效益和企业发展的应用研究；三是关于企业文化测量的研究；四是关于企业文化的诊断和评估的研究。

家族企业文化是家族企业的精神支柱和灵魂，它引领着家族企业的发展方向，是在核心家族成员所拥有的价值观的指导下，在企业长期的生产经营实践活动中所形成的，被全体员工共同遵守的，具有浓厚的"家（家族）文化"色彩的价值观念、道德规范、行为准则及风俗习惯的总和。家族企业文化能够降低家族企业运行成本，提高家族企业绩效，并有利于家族企业核心竞争力的培育，是家族企业可持续发展的内在动力。特别是在家族企业生命周期的每个阶段，家族企业会面临不同的问题，家族企业文化所起的作用也会有所不同。我们只有正确认识每一阶段家族企业内外环境的特征，深入把握家族企业文化对企业的影响，充分发挥家族企业文化的功能，才能更好地促进家族企业可持续发展。总之，家族企业文化是影响家族企业可持续发展的深层次原因。

家族企业文化是家族文化与企业文化相融合的产物，但家族企业文化并非简单的被包含于企业文化中。中国家族企业文化受"家（家族）文化"及儒家文化等传统文化的影响，具有丰富而独特的内涵。改革开放近四十年，中国的家族企业得到了蓬勃的发展，它在增加国家财政收入、解决社会劳动就业、促进国民经济发展等方面发挥了重要作用，已经成为推动中国经济社会持续、稳定和健康发展的生力军。但是目前，中国家族企业正在遭遇双重挑战，其内部面临传承、转型等问题，外部与经济增长放缓等新常态叠加，各种新情况和老问题交织，这其中有制度原因、市场原因也有自身原因，使家族企业发展不容乐观。因此，重视家族企业问题的研究具有高度现实性和紧迫性，特别是中国家族企业的"短寿"现象引起了人们的关注，成为学术界研究的焦点之一。家族企业如何摆脱"一代创业，二代守业，三代灭亡"的宿命，实现自身的可持续发展，成为自身面临的难题。中外许多学者从不同的角度对家族企业可持续发展的问题进行了研究，但从家族企业文化这一角度研究的并不多。

本著作梳理了企业文化理论研究与方法、家族企业文化发展与演进；分析了家族企业文化优势劣势、中国家族企业文化问题与困境；探讨了中国家族企业文化建设的基本思路、对策与途径；比较研究了中外家族企业文化特点及其典型案例。特别是对中国家族企业文化建设的基本思路进行了梳理和构思；对中国家族企业文化建设的具体对策及途径进行了研究和总结。期望在如何建设中国家族企业文化以及建设什么样的家族企业文化等问题，能对中国家族企业的可持续发展、提高核心竞争力有所裨益。

刘 莉 李 繁

2017 年 9 月

目　录

第1章

企业文化理论研究与方法

企业文化理论作为一种全新的企业管理理论，已经成为管理学、组织行为学社会学和工业组织心理学研究的一个热点①。企业文化理论是在科学技术迅速发展，生产过程的现代化，社会化水平不断提高，市场竞争日趋激烈的背景下发展起来的，是反映现代化生产和市场经济一般规律的新兴管理思想和理论②。国内外已有许多学者专注于企业文化理论研究，取得了丰硕成果。总结起来，国外的研究路线主要有三条：一是基本理论的逐步深入研究；二是企业发展的应用研究；三是企业诊断和评价研究。国内的研究主要体现有三个方面：一是对企业文化理论的研究；二是对企业文化实践的研究；三是对企业文化与管理融合的研究。进入 21 世纪以后，企业文化研究出现了四个走向：一是对企业文化基本理论的深入研究；二是企业文化与企业效益和企业发展的应用研究；三是关于企业文化测量的研究；四是关于企业文化的诊断和评估的研究。梳理企业文化理论研究与方法可以使我们为进一步研究家族企业文化理论与实践打下坚实基础。

1.1 企业文化理论兴起与发展

企业文化是指企业全体员工在企业运行过程中所培育形成的、与企业组织行为相关联的、并事实上成为全体员工主流意识而被共同遵守的最高目标、价

---

① 何华. 企业文化理论研究溯源与前瞻：一个文献综述 [J]. 市场论坛，2013.
② 孔繁强. 加快文化培育勃发企业张力 [J]. 经营管理者，2009.

值体系、基本信念及企业组织行为规范的总和①。理性主义一直是作为西方企业管理的基本准则，然而这种理性主义管理到了 20 世纪 60 ~ 70 年代遇到了严峻的挑战。企业的理性化管理因为缺乏灵活性，从而束缚了人们的创造性，打击了人们与企业长期共存的信念，塑造一种有利于创新和将心理因素与价值整合的文化，才能真正对企业长期的经营业绩和企业今后的发展起着至关重要的作用。

20 世纪 70 年代末，日本的经济实力越来越强大，从而促使美国大量的研究学者、企业家对其进行了深入研究，并与美国的企业做比较研究。经过认真的研究比较，他们发现注重信念、目标、价值观等文化因素的企业管理模式是日本越来越发达的重要原因。从这些理论和研究中不难看出，企业文化的形成是学术思想发展的必然，是当代企业竞争中管理模式比较的产物，是现代企业管理实践的反映。

中国企业文化的研究与实践开始于 20 世纪 80 年代。随着企业文化研究热潮的掀起，中国企业也意识到了企业文化建设对于市场经济下企业健康发展的意义。因此，企业文化的建设逐渐由沿海向内地发展，由三资企业、国有企业向乡镇企业、民营企业发展。企业文化理论在中国已经传播和实践多年，为企业发展带来了无法估量的效益。21 世纪是一个新经济时代，对企业文化建设也提出了新的影响和要求。

1.1.1 企业文化理论的产生

企业文化理论是反映现代化生产和市场经济一般规律的新兴管理思想和理论。它是在经验管理、科学管理、行为科学管理的基础上，逐步演变产生的现代管理学说。人们在研究企业管理理论和实践的过程中，越来越清楚地认识到，对人的管理是现代企业管理的核心。"它在管理上以人为中心，重视文化和精神因素，运用新的思维方式和选择标准，但它并不忽视经济、技术因素的重要性"②。企业文化理论是在科学技术迅速发展，生产过程的现代化，社会化水平不断提高，市场竞争日趋激烈的背景下发展起来的③。

---

① 张向前. 浅析企业文化与企业发展关系 [J]. 企业导报，2014.
② 刘志刚. 基于和谐管理理论的企业文化与企业制度耦合机制研究 [D]. 中国优秀硕士学位论文全文数据库，2012.
③ 谭敏. 如何正确把握企业文化建设方向 [J]. 合作经济与科技，2006.

1. 国际经济关系变化使企业文化的融合和发展变成可能

在 20 世纪后半期，世界已经是一个空前开放的世界，表现在信息的开放、科学技术、文化思想的开放、市场的开放、经营的开放等。世界上绝大多数国家都允许其他国家来本国投资，开工厂，办企业，并给予种种优惠条件。各国之间的关系也由高度重视政治关系逐渐转为重视经济关系，甚至不同的政治阵营也可以发生经济关系，政治对抗逐渐转为经济对抗，竞争也逐渐由政治领域转为经济领域。开放的世界，必然带来开放的视野，开放的思维，也带来不同民族、不同地域、不同国家、不同历史的文化大交流、大碰撞、大学习、大融合，企业文化也在文化的开放性和创新性中不断发展[①]。

2. 新经济、新技术革命促进企业管理出现新趋向

"二战"后，一场以电子技术为中心的新技术革命在西方发达国家中蓬勃兴起，微电子技术等科学技术的广泛应用，带来了社会生产的新发展和社会生活的新变化。世界范围内的科学技术新发展，突出了人和人的智力的重要性。国际上的经济竞争将是知识的竞争、教育的竞争、人才的竞争、文化的竞争，突出表现在：人和人的素质受到重视；人的非经济需求—精神需求日趋强烈；个体员工增强了对企业的依赖性和归属感；人们消费观念的更新与转变，使企业的生产经营与文化融为一体。新技术革命所带来的社会生产的新发展和社会生活的新变化，使企业管理出现日益明显的人文化趋向，从而为企业文化的形成奠定了基础。

3. 企业文化理论的兴起是管理科学不断发展的必然结果

从管理科学发展的过程来看，传统的管理科学已经不适应现代企业管理的需要，西方古典管理理论的奠基人泰勒的"科学管理"理论曾在管理思想发展史上占有重要地位，是人类第一次尝试以科学的、系统的方法来探讨管理问题，使管理由经验上升为科学，为现代管理科学的发展奠定基础。但是在实践中，科学管理的弊端逐渐显露出来，严重地影响了劳动生产率的提高。在新管理理论学派中，行为科学理论适应了现代工业文明及新技术革命发展之需要，在 20 世纪六七十年代受到重视，但行为科学也需要上升到新的高度，管理科

---

① 杨红军. 非正式制度与企业文化研究［D］. 中国优秀博硕士学位论文全文数据库, 2005.

学也需要进一步发展，企业文化理论的兴起就是管理科学发展的结果。

4. 企业文化的兴起是企业发展的内在需要

随着劳动生产率的提高，科学技术的进步，企业自身发展要求企业经营规模不断扩大，美国、日本许多大企业实现了跨国经营，跨国公司、企业联合体、企业集团不断出现，导致企业经营的范围和分布空间越来越广。而各个国家、各个民族之间在文化上都有不同的差异，这就提出了不同文化如何协调、如何融合的问题。要想解决这个问题，泰勒的科学管理和行为科学都不能做出满意的回答，这需要建立一个共同的价值观念、共同的哲学思想、共同的奋斗目标、共同的文化氛围，企业文化正是适应了企业发展的这种内在需要，从而适时产生。

1.1.2　企业文化理论的形成

企业文化理论源于美、日比较管理学热潮的兴起。企业文化理论的形成源于日本经济崛起和美国思考所引起的美日管理学的比较。第二次世界大战以后，美国成为世界头号经济强国，而日本作为战败国政治、经济、文化都曾受到严重打击。1952 年，日本的国内生产总值只有 172.2 亿美元，而美国则是 3 457 亿美元，日本的人均国内生产总值只有 200 美元，而美国已达到 2 194 美元[①]。但就是这个经济基础几乎为零的弹丸小国，60 年代经济起飞，70 年代安然渡过石油危机，1980 年国内生产总值却高达 10 300 万亿美元，占世界生产总值的 8.6%，在不足 20 年的时间里，不但赶上了西方发达国家，而且一跃成为世界第二经济大国，创造了 20 世纪世界经济的一大奇迹。美国人在震惊之余开始思考日本人凭借什么来实现经济的恢复和崛起？是什么力量促使了日本经济的持续、高速增长[②]？美国的经济增长速度为什么会远远低于日本？70 年代末、80 年代初，美国派出了由几十位社会学、心理学、文化学、管理学方面的专家学者组成考察团，赴日本进行考察研究。约翰·L. 沃德（2001）在谈到研究日本的目的和意义时，明确表示"是为了促进美国的复兴"。

美国专家学者的考察结果表明，美国经济增长速度低于日本的原因，不是

---

① 罗丽. 企业文化导向的员工激励机制研究 [D]. 中国优秀硕士学位论文全文数据库，2012.
② 刘晖. 基于核心竞争力的国家开发银行企业文化研究 [D]. 长春理工大学，2009.

科学技术落后，也不是财力、物力缺乏，而是因为美国企业的管理与日本企业的管理之不同。其中更深层次的原因，则是两国的文化差异，日本经济的崛起和腾飞，内在原因是在日本企业内部有一种巨大的精神因素在起作用，这个内在因素就是日本的企业文化、企业精神。日本人之所以如此成功，主要原因之一就在于他们能够在全国范围内维持一种十分强烈而又凝聚的文化。不仅是单个企业具有强烈的文化，而且企业界、银行界以及政府之间在文化上的联系也是十分强有力的。

美国学者通过对日本的企业文化实践经验的调查、总结、研究、分析，并进行理论上的概括，上升到理论高度，使之成为可以指导美国企业管理改革的管理理论。20 世纪 80 年代以来，美国管理界接连出现四部关于企业文化的重要著作，被称为企业管理新潮流的"四重奏"，标志着企业文化理论的诞生。

1. 威廉·大内著作《Z 理论——美国企业怎样迎接日本的挑战》

作者在美、日对比基础上详尽剖析了美国"A 型"模式和日本"J 型"模式，进而为美国企业勾画了一个兼有美日所长的"Z 型文化"新模式：长期或终身雇佣制[①]；长期考核和逐级晋升制；培养能适应各种工作环境的多专多能人才；集体研究与个人负责相结合的决策；树立员工平等观念；企业以价值观为首要目标[②]。

2. 查理德·帕斯卡尔和安东·尼阿索斯合著作《日本企业的管理艺术》

作者最大贡献在于提出了企业成功不可忽视的七个变量（"麦肯齐 7S 框架"），即战略（strategy）、结构（structure）、体制（system）、人员（staff）、作风（style）、技能（skill）、共同的价值观（shared values），这七个方面是导致企业成功不可缺少的因素，其中战略、结构和体制是"硬"性的；作风、人员、技能和共同的价值观，则是"软"性的。认为美国企业比较重视前者，日本企业则特别重视后者，注意到"来自我们社会内部价值观转变的挑战，这种转变使人们对企业抱有另外的期望，并想从工作本身寻求另外的意义"[③]，

① 彭小枚 . 论酒店企业文化的构建——以华天大酒店为例［D］. 湖南师范大学，2008.
② 郭勇 . 基于餐饮业的企业文化构建制度模型研究［D］. 中国优秀硕士学位论文全文数据库，2011.
③ 刘晖 . 基于核心竞争力的国家开发银行企业文化研究［D］. 长春理工大学，2009.

日本企业充满活力、人文色彩浓厚的根源即在于此。

3. 泰伦斯·狄尔和爱伦·肯尼迪合著作《企业文化——现代企业的精神支柱》

这是第一部把企业文化作为系统理论加以研究的著作。作者认为，企业文化理论体系包括企业环境、价值观、英雄人物、仪式和文化网络五要素，其核心是价值观。书中响亮地提出了"杰出而成功的公司大都有强有力的企业文化"的命题。全书从企业表层、外部环境到中层组织系统、企业制度再到深层价值观念和心理态度，作了生动而全面的阐述，有较强的权威性①。

4. 托马斯·彼得斯和小罗伯特·沃特曼合著作《寻求优势——美国成功公司的经验》

作者通过对全美62家最成功企业的调查和经验总结归纳出美式企业文化的八大特征：乐于采取行动，接近顾客；自主和企业家精神；通过发挥人的因素来提高生产率；领导身体力行，以价值准则为动力；发挥优势，扬长避短；简化组织结构与层次；宽严相济，张弛结合。这8条似无惊人之处，但无疑都是以人为中轴的，彼得斯后来将上述八大特征进一步提炼成三项："面向顾客""不断创新"和"以人为核心"足以说明这一点。到1985年美国的托马斯·彼得斯和南希·奥斯汀又推出了新作《赢得优势》。

总之，从文献上来看，企业文化理论应该是在美国形成的，美国企业文化研究的热潮大概经历了三个阶段。第一阶段是受日本经济的快速发展的影响，起到了动员和准备作用，如《日本名列第一》；第二阶段是学者对两国的管理模式的比对研究，这也可以说是学习引进阶段，如《日本企业管理艺术》《美国企业如何迎接日本的挑战》等著作；第三阶段是在本国的改革研究，主要是研究寻找与美国文化相匹配的企业文化，来提升美国的经济活力和应对日本企业的竞争，如《企业文化——现代企业的精神支柱》《成功之路——美国最佳管理企业的经验》等著作。这几本著作以其全新的思路、生动的例证、独到的见解和精辟的论述，阐述了企业文化的理论。其后，日本和西欧各国也纷纷致力于企业文化的研究，由此逐渐促进了企业文化理论的形成和发展。

---

① 李雪杰. 当代中国企业文化建设的意义及建设路径研究 [D]. 中国优秀硕士学位论文全文数据库，2009.

　　美国提出的企业文化理论传到中国是在 20 世纪 80 年代，传入后很快引起了中国企业家和学者的共鸣和响应，掀起了一次次的企业文化热潮，甚至把是否具有先进优良的企业文化理论作为考核企业的重要条件之一。90 年代，中国市场经济蓬勃发展，市场竞争日趋激烈，要想在市场中脱颖而出必须要有与众不同的竞争实力，企业开始寻找应对策略，许多企业看到了国外企业的先进管理模式，纷纷开始模仿外资企业的文化形式。21 世纪以来，市场经济更加深入的发展和经济全球化带来的世界企业的竞争格局，使企业文化发展受到越来越多的企业的重视。大批的企业开始进行企业文化的建设和改革，很多企业专门成立了企业文化部门，高层领导开始致力完善企业文化体系。随着改革开放，外资引入，大量世界"500 强"企业落户中国，既有本土的企业也有外资企业，这样使国外先进的企业文化和中国的企业文化相结合，带动了中国企业文化的发展。

1.1.3　企业文化研究的背景

1. 企业文化对企业发展的影响愈发显著

　　世界经济全球化进一步加剧，在竞争激烈的市场中，企业的生存再也无法仅仅依靠自身可用资源来获得竞争优势。企业的经营价值观和战略决策需要被市场承认和包容。新经济时代是一个"知识经济时代"，知识密集型产业将逐步取代劳动密集型产业，并成为创造社会物质财富的主要形式。文化管理通过建立适合企业的文化，将企业的价值观深入到员工内心，采取激励的办法充分调动员工积极性，使员工的知识最大程度对企业发展做出贡献[①]。由于企业文化本身的特性，将使企业获得较大的竞争优势。

2. 企业文化建设有助于提高企业核心竞争力

　　当今的消费市场愈发追求多样化和个性化，能够凸显出自己个性的企业可以更大程度在竞争中获利。很多成功企业取得最终竞争优势常常依靠他们与众不同的、展现企业自身鲜明个性的企业文化。例如，海尔集团张瑞敏很早就认识到塑造企业文化是企业高层领导的最重要的责任，而且把创建企业文化看作

---

① 艾亮. 企业文化建设研究［D］. 中国博士学位论文全文数据库，2014.

是一个紧迫的业务问题①，一直致力于对企业文化的设计、阐释和发展，从而创建了独具特色的海尔文化。海尔的企业文化更适应市场经济的经营观念，将中西合璧的方法论和思想结晶同市场经济中动态的社会现实结合起来，这种独树一帜的企业文化是海尔由弱到强，走向世界的成功秘诀②。企业想要在激烈的市场竞争中立足，必须要建立具有自己特色的，有竞争力的企业文化。企业文化建设要重视个性、追求同中求异。企业管理者要不断在文化中注入新鲜元素，建立差异度高、具有自己特色的文化体系。

3. 企业文化建设要适应企业的国际化发展需要

由于经济全球化和信息化，各国经济相互渗透、相互依存，跨国公司的发展兼并使世界性的企业也越来越多。这就要求企业文化能够适应多元化的需求，走出原本的条框，立足世界的高度设计企业的发展战略和核心价值观。世界"500强"之列的公司都花了很大精力建设多元化企业文化，实施企业多元化策略在使其激烈的市场竞争中获得巨大收益。中国公司已经或正在走向世界。预计在未来10年将有数以万计的中国公司在海外拥有公司和机构，将有越来越多的欧美日等国雇员为中国的公司企业服务。多元化的企业文化能够调整和适应激烈的竞争和不断变化的外部环境，始终在自我经营哲学和瞬息万变的外部环境中游刃有余，使企业走出国门，将发展领域扩展到世界范围内。特别是随着企业联盟化步调的加快，企业管理者交流彼此的经营理念，可以在保持本土优秀文化的基础上，吸收对方经营理念的精华，反思自身文化建设的弊端，不断完善企业的文化建设，对保持企业文化的可持续建设是十分有益的。

4. 企业制度的变革对企业文化提出新的要求

21世纪市场条件变幻莫测，企业竞争的范围也由地方区域市场扩展到全球市场，市场的差异性大大提高。这种新的竞争势必对企业的应变能力的要求越来越高，为适应竞争的需要，企业组织结构将逐渐由以集权为特征的金字塔型的层次结构，演变为以分权为特征的横向网络型组织结构③。原来承担上下

---

① 马士伟，隋萍. 企业文化建设刍论 [J]. 财经问题研究，2003.
② 李朋. 独特的文化个性是企业发展之魂——海尔集团企业文化建设与文化营销策略研究 [D]. 大连理工大学，2002.
③ 印德祥. 21世纪企业文化战略思考 [J]. 企业研究，2004.

级层次间信息沟通联络的中间管理层将减少；内部分工及由分工所带来的控制
与协调将被扬弃，从而创造最短的信息交流路径。与此同时，为了适应快速变
化的市场环境，企业的不同职能部和业务部门日益融合，企业内部的层级界限
和职能、业务界限日益模糊，从而更强调企业内部各群体目标的协作与配合，
将集体荣誉和成就成为员工追求的主要目标。代表这种企业内部人际关系的文
化称作团队精神。因此，企业的文化也由强调个体竞争的制度文化转向强调团
队精神的协作文化。

5. 中国特色社会主义更加重视企业文化建设

中国共产党的十七大报告中指出，要坚持社会主义先进文化前进方向。对
企业而言就是要保证企业文化的先进性。现代企业应当更强调社会责任感，企
业只有更好地为社会服务才能实现更好的经济利益。企业要强调以人为本，充
分地信任和鼓励员工，把企业的核心价值观念传达到员工的个人信仰中，通过
提高员工的职业素质和对企业的责任感来实现文化到生产力的转变。中国共产
党的十八大报告明确强调了要增强文化整体实力和竞争力，并指出："文化是
民族的血脉，人民的精神家园。全面建成小康社会，实现中华民族伟大复兴，
必须推动社会主义文化大发展大繁荣，兴起社会主义文化建设新高潮，提高国
家文化软实力，发挥文化引领风尚、教育人民、服务社会、推动发展的作用"。

当今形势下，企业文化建设面临前所未有的责任和挑战。经济全球化和社
会的不断进步给了企业文化广阔的发展空间，树立有前瞻性的、开放的、多元
化的、与企业自身情况相适宜的企业文化系统是每个企业重要的任务，同时也
对企业文化的研究与实践提出了迫切要求。

1.1.4　企业文化研究的意义

1. 企业文化研究的理论意义

企业文化一般指企业中长期形成的共同理想、基本观念、作风、生活习惯
和行为规范的集合体，是一个企业或一个组织在自身发展过程中形成的以价值
为核心的独特的文化治理模式，是社会文化与组织治理实践相融合的产物，是
企业在经营治理过程中创造的具有本企业特色的精神财富的总和。企业文化建
设对企业成员有着很强的感召力和凝聚力，能把企业成员的兴趣、目的、需要

以及由此产生的行为统一起来，是企业长期文化建设的重要反映①，包含价值观、最高目标、行为准则、管理制度、道德风尚等内容。它以全体员工为工作对象，通过宣传、教育、培训和文化娱乐、交心联谊等方式，最大限度地统一员工意志，规范员工行为，凝聚员工力量，为企业总目标服务②。企业文化建设所反映的是一个具体企业的精神、风格和价值标准。企业文化建设是企业之魂，是引导企业前进的方向；它明确企业应该怎样有效地对待客户，怎样明确企业的经营策略，怎样更好维护与合作伙伴的关系，怎样更多地回报企业成员，怎样成功地激励员工，怎样协调好企业发展与社会的关系③。

企业文化作为一项高级形态的管理职能，它最终的绩效应该体现在企业的经营业绩上。将全体员工融为一体，增强企业使命感。在进行总体企业文化培育的前提下，更注重对人的培养。留住人才，是人本思想在经营中的运用，也符合现代人的价值观。员工工作不仅仅意味着拿工资，还希望工作能表现出工作者本身的价值，表现出社会上的差别，跟上时代的步伐。注重经营性的、丰富的企业文化建设，使员工有新鲜感，这样更易于职工自觉接受公司文化。企业文化与企业经营密切结合，推动着企业走向成功。

企业文化的研究不仅对企业管理自身有重要的意义，对其他学科的研究也有支撑作用。企业文化研究对市场营销学有重要的意义，企业文化与市场营销是企业经营活动中非常重要的两个方面，二者统一于企业的经营发展之中。他们的关系可阐述为，企业文化指导了市场营销活动，为市场营销活动提供精神动力，而市场营销活动的展开，又不断培养、发展、丰富了企业文化，二者互相依存，共同发展。现代市场营销不只是一种经济上的行为，更是一种文化行为。当营销活动涵盖了企业的文化元素后，可以在满足客户使用价值需求的基础上，不断满足其精神需求，体现企业的文化品位，从而更好地吸引客户。从长远角度来看，文化的认同可以带来固定的客户群，从而给企业带来长久稳定的经济效益。因此，企业文化的研究是市场营销学的基础，只有扎实基础，才能不断提高市场营销学的研究。企业文化研究对人力资源管理有重要的意义，研究人力资源管理离不开对企业文化的研究。企业文化在企业中是一种无形的约束力量，是一种由企业核心价值体系出发，由内而外的驱动力。当员工对企

---

① 涂海丽，黄国华. 浅析企业文化与企业亚文化 [J]. 现代经济：现代物业下半月，2007.

② 温永强. 技术创新与企业文化相互作用的哲学思考 [D]. 中国优秀硕士学位论文全文数据库，2007.

③ 朱美忠. 优秀的企业文化——打造企业核心竞争力的利器 [J]. 全国商情：经济理论研究，2008.

业具有很高的认同感和归属感，愿意为企业的发展努力做出自己的贡献时，企业可以获得更广阔的发展。企业文化对人力资源管理有导向作用、激励作用、凝聚作用和规范作用。企业文化研究对企业战略管理有重要的意义，战略驱动文化，文化服务于战略。企业的文化体系是领导者战略思想的体现，也是企业价值体系不断传承的结果。健康的企业文化是企业战略规划取得成功的必要条件，企业文化是企业战略顺利实施的手段。企业文化与企业战略在企业经营过程中必须不断磨合、相互适应。企业在进行重大决策时，要考虑企业文化与企业战略的适应问题，企业文化是根据企业的性质和价值观念建立的，当企业高层管理者考虑转变企业的战略方向时，必须确保变革与文化相适应，不要破坏企业已经形成的行为准则。

企业文化的研究无论对企业自身还是其他学科的研究都有着重要的意义。继续加深企业文化的研究，可以为企业的健康发展保驾护航，并对其他学科的研究提供强有力的理论支持。

2. 企业文化研究的现实意义

企业文化作为管理学的重要领域，得到了世界各国学者广泛、深入的研究，研究成果层出不穷。这些成果被应用于实践中，指导着千千万万的企业进行文化系统的建设。企业文化研究的意义最终是落实在对企业发展的正面推动作用上。在当今社会，随着市场竞争的加剧及全球市场的高度开放，企业文化被赋予了更为重要的意义。树立具有自己特色的价值观体系是企业在激烈竞争中获胜的必备因素。企业文化研究是企业平稳发展的需要，是管理制度实施的需要，是人才竞争的需要，是市场竞争的需要。

企业文化建设可增强企业的凝聚力、向心力，激励员工开拓创新、建功立业的斗志。企业文化像一根纽带，把职工和企业的追求紧紧联系在一起，使每个职工产生归属感和荣誉感。企业文化的这种凝聚作用，在企业危难之际和创业开拓之时尤其能显示出巨大的力量。在企业的发展进程中，企业文化是一种潜移默化的、长远起作用的推动力。企业的发展要建立在良好的企业文化氛围基础之上，植根于独特的企业文化土壤之中。成熟的企业文化有利于转变管理模式，推动企业发展进步。优秀的企业文化可贯穿企业发展始终，潜行于企业各个细节和制度之中，形成职工的共同愿景。企业文化建设对于培育职工良好的职业道德，激发职工的使命感和责任感起到重要作用。可促使职工在深化企业改革中正确处理利益关系，正确调整个人与群体的关系，激励职工自觉按照企业的总体水平、统一标准来规范自己的言行，强化职工的敬业精神，为促进企业持续有效发展而勤奋工作。企业文化建设同时是企业提高知名度的重要支撑点，企业文化是企业的无形资产，是企业用之不竭的财富。加强企业文化建设是塑造企业品牌的动力，也是企业吸引客户博得社会信任和支持，企业拥有企业文化优势，就拥有了竞争优势。

1.2　企业文化基本理论研究

1990 年，本杰明·斯耐得出版了《组织气氛与文化》，其中提出了一个关于社会文化、组织文化、组织气氛与管理过程、成员的工作态度、工作行为和组织效益的关系的模型①。在这个模型中，组织文化通过影响人力资本的管理实践，影响组织气氛，进而影响成员的工作态度、工作行为以及对组织的奉献精神，最终影响组织的生产效率②。1997 年，爱德加·沙因的《组织文化与领导》第二版出版。在这一版中，沙因增加了在组织发展各个阶段如何培育、塑造组织文化，组织主要领导如何应用文化规则，达成组织目标，完成组织使命等，他还研究了组织中的亚文化③。1999 年，爱德加·沙因与沃瑞·本尼斯出版了《企业文化生存指南》，用大量的案例说明在企业发展的不同阶段，企业文化的发展变化过程。1999 年，特瑞斯·迪尔和爱兰·肯尼迪出版了《新企业文化》，认为稳定的企业文化很重要，探寻企业领导在使企业保持竞争力和满足工作需求之间维持平衡的途径。

1.2.1　企业文化内涵界定

企业文化是企业的核心竞争力，是企业持续发展的重要力量源泉。核心竞争力在于它是竞争对手难于模仿的、异质性的和有价值的能力，企业文化恰恰可以满足企业核心竞争力的这些基本特征。卓越的企业文化是企业基业长青的基础，对于企业文化的关注与研究是现代商业竞争和发展的必然。

---

① 李鑫. 新东方教育科技集团转型期企业文化研究［D］. 中国优秀硕士学位论文全文数据库，2013.
② 沃伟东. 企业文化的经济学分析［D］. 中国博士学位论文全文数据库，2007.
③ 李玉明. 基于核心竞争力的企业文化研究［D］. 中国优秀博硕士学位论文全文数据库（硕士），2003.

1. 企业文化基本内涵界定

一种新的思想和理论在形成过程中，往往会发生众说纷纭的现象，企业文化也不例外。

美国学者约翰·科特教授和詹姆斯·赫斯特在《企业文化与经营业绩》中认为，"企业文化是被企业中的各个部门和全体员工所共同认可的价值观念、道德规范及经营实践活动的总和。"我国学者魏杰认为"企业文化，在形式上来看，属于人的思想范畴，是人的价值观念；在内容上来讲，属于企业制度和经营战略在人的头脑中的反应，从内在方面来约束和激励人的价值观念。"阎世平认为"企业文化，应该从静态与动态两个层面上加以解释。静态层面，企业文化是指，企业内绝大多数员工在当下一致认同的价值观念、道德规范，以及在该价值观念和道德规范支配下所形成的行为习惯、行为方式和行为准则的总和；动态层面，企业文化是一个不断演化的过程，它从'现在态'达到'过渡态'，最后发展至'未来态'。"[①]

刘光明在"文化"这个词上做解释，认为"企业文化有广义和狭义之分，广义的企业文化，是企业的物质文化、行为文化、制度文化及精神文化的总和；狭义的企业文化，是企业精神层面的，是以价值观为核心的企业意识形态。"[②]

企业文化重视人的因素，强调精神文化的力量，希望用无形的文化力量形成一种行为准则、价值观念和道德规范，凝聚企业员工的归属感、积极性和创造性，引导企业员工为企业和社会发展而努力，并通过各种渠道对社会文化大环境产生作用。纵观国内外对企业文化的认识和理解（见表 1−1），大体有表 1−2 所示的几种观点。

表 1−1　　　　　国内外关于企业文化内涵最具代表性的观点

代表学者	主要观点
威廉·大内	传统和气氛构成了一个公司的文化，公司文化意味着公司的价值观，这些价值观成了公司员工活动、意见和行为规范
沃特曼、彼得斯	企业将其基本信念、基本坐标观灌输给员工，形成上下一致的企业文化，促使广大员工为自己的信仰在工作，产生强烈的使命感，激发最大的想象力和创造力

① 师文亮. 基于关键成功因素的技术服务型企业管理问题研究——以 a 公司为例 [D]. 太原科技大学，2009.
② 倪钢. 基于信息技术的企业文化变革分析 [D]. 东北大学，2005.

续表

代表学者	主要观点
迈克尔·茨威	企业文化在组织的各个层次得到体现和传播，并被传递至下一代员工的组织运作方式，其中包括组织成员共同拥有的一整套信念、行为方式、价值观、目标、技术和实践
彼得斯	企业文化是摄取传统文化的精华，结合当代先进的管理策略，为企业职工构建的一套价值观念、行为规范和环境氛围①
魏杰、赵俊超	企业文化指企业信奉并付诸实践的价值理念
钟岩	企业文化是企业经营管理中各种效用文化现象的总和，是一种新的管理理念和管理行为，强调以人为本，突出人在企业经营管理中的作用，强调在企业内建立一种企业员工认同的价值观，以这种价值观形成企业精神，以企业精神为核心形成系列管理行为和活动②
陈亭楠	企业文化是一种从事经济活动组织之中形成的组织内部文化，它所包含的价值观念、行为准则等意识形态和物质形态为该组织所共同认可

表 1-2　　　　　国内外关于企业文化内涵认识和理解的主要观点

主要观点	主要内容
五因素说	美国的迪尔和肯尼迪在《公司文化》一书中指出，企业文化是由五个因素组成的系统。其中，价值观、英雄人物、习俗仪式和文化网络，是它的四个必要的因素，而企业环境则是形成企业文化的又一最大的影响因素
两种文化总和说	企业文化是企业中物质文化与精神文化的总和。物质文化是显形的文化，主要指在企业中的设施、工具、机器、材料、技术、设计、产品、包装和商标等体现的文化；精神文化是隐形文化，主要指企业的价值观、信念、作风、习俗、传统等③
群体意识说	企业文化是指企业员工群体在长期的实践中所形成的群体意识及行为方式。所谓群体意识，是指员工所共有的认识、情绪情感、意志及性格风貌
精神现象说	企业文化是企业在运转和发展过程中形成的包含企业最高目标、共同价值观、作风和传习惯、行为规范、思维方式等内在的有机整体，是以物质为载体的各种精神现象，是企业的"意识形态"

综上，对企业文化的定义，学界可谓见仁见智。我们在借鉴国内外学者观点的基础上，从精神层面的、狭义的角度对企业文化进行了界定，即企业文化是企业内大多数成员通过长期的生产经营实践而逐步形成的，为他们所共同认

---

① 姜万勇. 企业软实力建设与评价研究 [D]. 中国博士学位论文全文数据库，2015.
② 喻丹丹. 浅谈新经济时代的企业文化创新及知识管理 [J]. 商情，2015.
③ 师宇. 昆明醋纤公司的企业文化整合研究 [D]. 云南大学，2004.

可的思维方式和行为规范的总和，其中蕴含着被他们所一致认同的核心价值观念；是以企业管理哲学和企业精神为核心，凝聚企业员工归属感、积极性和创造性的人本管理理论。同时，它又是受社会文化影响和制约，以企业规章制度和物质现象为载体的一种经济文化。

2. 企业文化特征分析

企业文化是企业在长期的生产经营过程中，形成的反映本企业特点的价值观念、行为准则、企业精神和形象等的融合。广义的企业文化是指企业所创造的具有自身特点的物质和精神文化，狭义上的企业文化是指企业所形成的具有自己特点的价值理念、经营宗旨和道德准则的综合①。为了对企业文化有更深入的认识，我们从以下几个方面来分析企业文化的特征。

（1）主观性与客观性并存。企业文化作为一种管理文化，属于意识形态的范畴，具有主观性。企业文化这一理论的提出、构建及最终形成，都是靠人来实现的，尤其是企业家的价值观念往往直接影响着企业文化的形成，所以企业文化具有一定的主观性。企业文化的客观性表现在，企业文化是在社会经济、政治等客观因素的影响下，伴随着企业的产生而出现的。此时的企业文化往往处于自发的状态，是企业成员在企业经营管理实践中自然而然形成的一系列习惯、规范及整体的氛围，无论人们是否能够意识到，它总是客观的存在着并起着一定的作用。

（2）共识性与独特性并存。企业文化的共识性可以从两个方面加以理解：第一，人们已经认识到了企业文化对企业发展的重要作用，并已形成了共识，认识到了建设优秀企业文化对企业发展的重要性；第二，一个企业的企业文化代表着该企业共同的价值观念，是被大多数员工所共同认可，并自觉遵守的价值观念、道德规范及行为标准的总和。企业文化的独特性是指每个企业的企业文化都是不尽相同的，都有自身的特殊性。因为，每个企业都有自己独特的发展历史、地理位置、性质、类型、规模、人员、心理背景等因素。这些内外环境因素不同，导致企业在经营管理过程中形成个性化的价值观念、经营理念、道德规范等。企业只有创建符合自身发展实际的独特的企业文化，才能形成自己独特的竞争优势。

---

① 田德珂. 企业文化、心理授权与工作绩效的关联机制研究［D］. 中国优秀硕士学位论文全文数据库，2011.

（3）稳定性与创新性并存。企业文化的稳定性，表现在其形成需要一个长时间的沉积、聚合与不断内化的过程。企业文化一旦形成就具有了相对的稳定性，对企业的发展有着指导性的作用，并且会随着企业的生产经营实践而不断地传承下去。企业文化的创新性，是指在当今科技信息迅猛发展、市场竞争日益激烈的背景下，企业文化要随着企业内外环境的不断变化而适时的进行调整，以其无穷的魅力引导、激发全体员工的创新潜能，以促进企业的可持续发展。企业只有在创新精神的指导下，以创新的活动来适应变化着的社会需求，才能得以可持续发展。

总之，企业文化是在长期的生产经营过程中形成的特定的文化价值观念、道德规范以及生产观念。企业文化包括两部分，一部分是显性文化，包括厂房、硬件设备、原材料和所生产出的产品等等。另一部分是隐性文化，是以人的思想精神为基础的各种文化表现，包括企业的管理制度、行为方式，等等。企业文化是企业在各种活动及结果中，所努力贯彻并实际体现出来的以文明取胜的群体竞争意识，并表现为企业总体的风采和独特的风格模式[1]。企业文化体现在企业的生产、经营、管理的全过程，体现在每个细节，每个角落，每个环节。

1.2.2　企业文化基本类型研究

企业文化可从各种不同的角度去划分和研究，从而得出不同的企业文化类型。在西方，美国哈佛大学商学院教授约翰·P. 科特和詹姆斯·赫斯克提出了强力型企业文化、策略合理型文化和灵活适应型文化等企业文化分类方法。企业文化的研究进入中国以后，许多学者根据中国企业的特点，又归纳出不同的分类方法，如，按所有制划分、按生长点划分、按引进程度划分、按内容特色划分、按最高价值划分、按价值理念划分，等等[2]。

1. 库克与赖佛提（Cooke and Lafferty）企业文化类型

见表 1 - 3。

---

① 洪晓新. 非文化无以致远——浅谈企业文化 [J]. 市场论坛，2009.
② 张妙偲. 国有企业文化建设的研究——以中国中化集团公司为例 [D]. 天津大学，2009.

表 1 - 3　　　　　　库克与赖佛提（Cooke and Lafferty）企业文化类型

文化类型	主要特点
人文关怀文化 （humanistic-helpful culture）	鼓励企业成员积极参与企业事务，并相当重视团体中的个人；希望成员间能有开放的、支持的、建设的互动
高度归属文化 （sffiliative culture）	企业成员对其所属工作团体能有相当的认同、友善的态度、开放的心胸与强烈的满足感
抉择互惠文化 （approval culrure）	避免冲突，强调和谐的气氛，支持他人意见，可换取他人对自己的支持
传统保守文化 （conventional culture）	保守，重视传统，特色是层级节制，严密节制；要求成员顺从决策，恪守规则
因循依赖文化 （dependent culture）	层层严密监控，决策集权
规避错误的文化 （avoidance culture）	有罚无奖赏的文化，若表现优良，则理所当然；企业成员不再愿意负担任何责任，将自己受责备的可能性降至最低
异议反制文化 （oppositional culture）	充满了反制对立的意念，异议分子往往是令人赞赏的对象。企业成员会因所提之批评而声名大噪，获得崇高的地位与影响力。长此以往，会使企业成员习惯为反对而反对，因而做出不切实际的决定
权力取向文化 （power culture）	不注重成员的参与，重视职位所赋予的权威，易言之，企业成员相信，只要攀登管理阶层，监控部属，并对上级的需求做响应便可得到奖励①。如此企业中，人与人之间的关系不再存在，取而代之的是职位与职位之间或角色与角色之间的关系。部属很可能会抵抗此种权威式的控制，因而降低贡献心力的意愿
竞争文化 （competitive culture）	成王败寇，企业成员会因突出的表现而受到奖励与重视，企业成员彼此处于竞争态势，不可自拔，合作意愿低
力求至善文化 （perfectionistic culture）	追求完美，坚忍而固执。企业中，努力不懈的人才会受到重视。企业成员皆避免犯下任何错误，并使自己随时对周遭事物保持高敏感度
成就取向文化 （achievement culture）	处事有条不紊、能够自行预定目标与完成目标的个人
自我实现文化 （self-actualizing culture）	此种文化有三个特点：一是重视创造性，二是质重于量，三是兼顾工作的完成与个人的成长

2. Rousseau 企业文化类型

见表 1 - 4。

---

① 徐耀强. 中外企业文化十大类型解说（上）[J]. 中国电力企业管理, 2009.

表 1 - 4   Rousseau 企业文化类型

文化类型	企业文化子维度
满足文化	人道帮助文化：为参与及人员导向的管理 关怀亲爱文化：强调人群互动关系，分享感觉 追求成就文化：强调员工自我规划目标并充满热情的完成目标 自我实现文化：鼓励员工乐在工作、发展自我及时常创新
安全/人际文化	赞同接纳文化：避免冲突的发生及重视人际的互动关系 传统谨慎文化：公司为传统、保守及较高的控制性 倚靠依赖文化：员工较依赖主管的决策，较少参与 回避保守文化：企业失败的员工则给予严重的惩罚
安全/任务文化	对立抗衡文化：公司鼓励同仁间的对立及互相批评 权力控制文化：成员重视争取更高的职位及控制部属 强调竞争文化：成员努力与同侪竞争以争取奖酬 完美主义文化：公司非常认同完美、持续力及辛勤工作的员工

3. E. 戴尔和 A. 肯尼迪 Rousseau 企业文化类型

美国企业管理家 E. 戴尔和 A. 肯尼迪，在深入考察世界"500 强"企业后，发现大部分企业的文化可概括为以下四种类型（如表 1 - 5、图 1 - 1所示）。

表 1 - 5   E. 戴尔和 A. 肯尼迪 Rousseau 企业文化类型表

文化类型	主要特点
硬汉式的企业文化	自信，个人主义挂帅，追求最佳及完美，提倡冒险精神、创新意识
努力工作及尽情享乐文化	工作与娱乐并重，企业成员喜欢采用低风险、迅速回报的方式来取得成功。以紧张的努力工作来增强企业实力，避免大的风险
以公司为赌注的文化	决策中包含的赌注极大，需要几年后才知道结果
注重过程文化	很少回报或完全没有回报，成员很难衡量自己所做的事，只能把全部精神放在"如何做"上，也称"官僚"文化①

① 彭宇. 常德市鼎城区地税局组织文化建设研究 [D]. 中国优秀硕士学位论文全文数据库，2009.

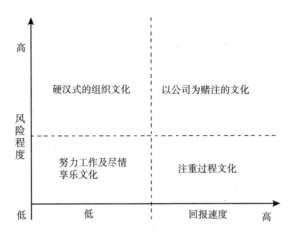

图 1 - 1　戴尔和肯尼迪的企业文化类型模式

4. Cameron Rousseau 企业文化类型

1985 年，密西根大学工商管理学院的 Kim S. Cameron 以企业接受风险之程度（内向—外向）及企业行为之弹性程度。"弹性—控制"为构面，将文化分为四类：支持型文化、创新型文化、效率型文化及官僚型文化（见表 1 - 6、图 1 -2）。

表 1 - 6　　　　　　　　**Cameron Rousseau 企业文化类型表**

文化类型	主要特点
支持型文化（supportive culture）	企业环境通常相当开放、和谐，有家庭温暖的感觉，企业中具有高度的支持、公平、鼓励、信任与开放，具有很高的相互合作精神，是十分重视人际关系导向的工作环境。接受变革
创新型文化（innovative culture）	面临的竞争环境较为复杂、多变、激烈及动态性，在这种环境下，具有企业家精神或充满企图心的人较容易成功，工作较具创造性、挑战性和冒险性①
效率型文化	特征是企业间重视绩效和讲究效率，存在相互竞争的氛围，经常冒大风险和接受大变革
官僚型文化（berueauratic culture）	企业层级分明，有清楚的责任及授权，工作标准化和固定化，行事态度谨慎保守，此类型文化通常建立在控制和权力的基础上，不喜变革

---

① 高丽 . A 公司企业文化、组织变革、组织承诺的关系研究 ［D］. 中国优秀硕士学位论文全文数据库，2008.

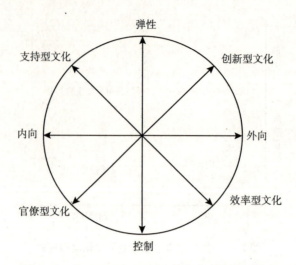

图 1 - 2　Cameron Rousseau 的企业文化类型模式

5. Quinn 企业文化类型

Robert E. Quinn 教授用两个主要的成对维度（灵活性—稳定性）和（关注内部—关注外部），将指标分成四个主要的类群①，四个象限代表着不同特征的企业文化，分别被命名为：家族型（clan）；活力型（adhocracy）；市场型（market）；层级型（market）。如表 1 -7、图 1 -3 所示。

表 1 - 7　　　　　　　　　Quinn 企业文化类型表

文化类型	主要特点
家族型（clan）	强调人际关系，企业就像一个大家庭，彼此帮忙，忠心和传统是重要的价值观，重视人力资源发展所带来的长期利益、士气及凝聚力
活力型（adhocracy）	强调创新与创业，企业比较松弛，非规范化，强调不断的成长和创新，鼓励个人主动创新并自由发挥
市场型（market）	强调工作导向及目标完成，重视市场及产品，对市场有敏锐的洞察力
层级型（hierarchy）	强调规则至上，凡事皆有规章可循，企业重视结构化与正规化，稳定与恒久是重要的观念②。领导以企业有良好的协调和效率为荣

---

① 周西有. 企业文化对内部控制执行成效的影响研究——以广东省江门市企业为例［D］. 五邑大学，2009.

② 吕良杰. HG 公司企业文化构建研究［D］. 中国优秀硕士学位论文全文数据库，2013.

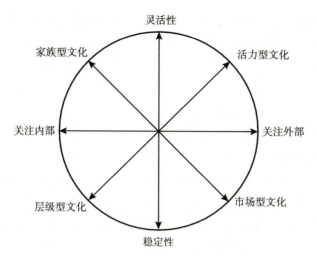

图 1 – 3　Quinn 的企业文化类型模式

6. 威廉·大内企业文化类型

日裔旅美学者威廉·大内提出三种企业文化类型：J 型文化、A 型文化、Z 型文化。见表 1 – 8。

表 1 – 8　　　　　　　　　威廉·大内企业文化类型表

文化类型	国别特征	主要特点
J 型文化	日本式企业文化模式	实行长期或终身雇佣制度，使员工与企业同甘共苦；对员工实行长期考核和逐步提升制度；非专业化的经历道路，培养适合各种工作环境的多专多能人才；管理过程既要运用统计报表、数字信息等清晰鲜明的控制手段①，又注重对人的经验和潜能进行细致而积极地启发诱导；采取集体研究的决策过程；对一件工作集体负责；人们树立牢固的正题观念②，员工之间平等相待，每个人对事物均可作出判断，并能独立工作，以自我指挥代替等级指挥
A 型文化	美国式企业文化模式	短期雇用；迅速的评价和升级，即绩效考核期短，员工得到回报快；专业化的经历道路，造成员工过分局限于自己的专业，但对整个企业了解并不多；明确的控制；个人决策过程不利于诱发员工的聪明才智和创造精神；个人负责，任何事情都有明确的负责人；局部关系
Z 型文化	兼顾日美长处企业文化模式	长期的雇佣、信任和亲密的人际关系、人道化的工作条件，能满足员工自身利益的需要，符合美国文化，又学习日本管理方式的，是美国未来企业发展的模式

---

① 刘淑红. 基于情感管理的中国企业文化建设研究［D］. 湖北工业大学，2006.

② 李勇. 论 Z 理论在麦当劳管理中的运用［J］. 现代经济信息，2013.

除以上企业文化类型外，还有日本河野丰弘则把企业分为三种类型：（1）活力型：具有活力，追求革新，挑战精神旺盛，无畏失败。有目标、面向外部，上下左右沟通良好，能自发地提出设想，责任心强。（2）官僚型：企业导向、例行公事、过度谨慎等等。（3）僵化型：习惯导向，安全第一，自我保存，面向内部，行动迟缓，不创新。清华大学魏杰将其归为"经营性企业文化、管理性企业文化和体制性企业文化三个方面"。（1）经营性企业文化：指的是企业在处理对内管理过程的各种关系中所形成的价值观和方法论。（2）管理性企业文化：是指企业在对外经营中所表现出来的价值观和方法论。（3）体制性企业文化：指的是为了维系企业体制而产生的企业文化。

企业文化类型，各家说法不一，其分类构面有的从领导的角度分，有的从员工的表现与态度分，有的则以企业目标的达成分。由于企业结构不同、企业目标不同、企业成员组合不同，其分类方式也不一样。上述企业文化分类使我们对各类文化有更周延的了解，就分类标准而言，库克与赖佛提较符合穷尽的原则，但分类略嫌庞杂。Quinn、Cameron、河野丰弘等学者分类的纬度大致相同，均是以"内—外"和"控制—灵活"的竞值架构四分，分类的结果也大致相同。威廉·大内分类主要是聚焦于美国企业和日本企业之间的差异。魏杰的分类则着重于企业文化的内容。

1.2.3　企业文化基本结构研究

1. 文化结构划分理论

企业文化结构是指企业文化系统内各要素之间的时空顺序、主次地位与结合方式。它表明各个要素如何联系起来，形成企业文化的整体模式。目前对企业文化结构的划分，学术界有多种看法，主要有下述几种看法。

（1）三层结构。对三层结构的划分，加拿大学者佩格·纽豪热（Peg G Neuhauser）、佩·本德（Pay Bender）和科可·斯特姆斯伯格（KL[①] Stromsberg）提出三层次结构图，最外层是物质层，即企业的标识和词条；第二层是企业行为层，即企业的行为和习惯；中间层是企业的精神层，即企业共有观念和核心价值观[②]。

---

① 何载福. 企业文化建设实践与绩效研究［D］. 中国优秀博硕士学位论文全文数据库, 2006.
② 盛莉. 我国商业银行服务文化建设研究［D］. 南开大学, 2009.

（2）四层结构。2004 年，刘光明在《企业文化》一书中把企业文化分为四个层面：物质层、制度层、行为层、精神层。精神层是企业文化的核心。

（3）五因素。1982 年，特雷斯·迪尔和阿伦·肯尼迪出版了《企业文化》一书提出，企业文化的要素有五项：企业环境、价值观、英雄、习俗仪式、文化网络。其中，价值观是核心要素。

（4）七因素。1982 年，《走向成功》的作者汤姆·皮特斯和沃特曼认为企业文化有七种要素：经营战略、组织结构、管理风格、工作程序、工作人员、技术性能、共同价值观[①]。这七种要素称为"麦肯齐 7S 结构"，其中共同价值观仍是核心要素。

有关企业文化结构理论不同的结构划分法都有其依据和理由，而我们采用了刘光明的四层结构划分法，最主要原因是刘光明的划分法从中国国情出发，根据中国目前大部分企业的发展现状和中国企业文化特点进行划分；其次，四层划分法既详细又不烦琐，对企业文化的硬件方面和软件方面都有兼顾，从表层到核心层都被包括在内，不将一个层面分为多个因素，避免了重复研究；最后，考虑到中国家族企业发展过程中受到中国传统文化、儒家文化和"家族"文化的影响，多种文化的影响促使家族企业文化成为一个复杂系统，由物质到精神的过程正是构成家族企业文化结构的过程（见图 1-4）。

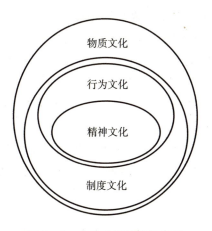

图 1-4　企业文化结构示意图

---

① 王银娥. 企业文化的全球视角及其本土化研究 ［D］. 西安财经学院学报，2005.

2. 企业文化结构四层次理论

企业文化这四个层面中，物质文化最为具体实在，属于表层，构成企业文化的硬件外壳；行为文化是处在浅层的活动①，构成企业文化的软件外壳；制度文化处于中间层，是观念形态的转化，成为企业文化硬、软外壳的支撑；而精神文化则是观念形态和文化心理，为企业文化的核心层。企业精神文化是企业文化的精髓，它主导着企业文化的共性与特性，主导着本企业文化的发展范式。精神文化通过制度文化来表现，支撑着企业员工的行为，使之具有本企业核心文化的特点。

（1）企业文化的物质层。企业文化作为社会文化的一个子系统，其显著的特点是以物质为载体，物质文化是它的外部表现形式②。物质层是企业成员创造的产品或服务以及各种物质设施等构成的器物文化，以物质形态为主要表现。物质层主要包括产品和服务、组织环境、组织外部特征。产品和服务是企业生产经营的成果，是物质层的首要内容，因为它以最终成果的形式展现企业文化。企业环境指企业存在的物质环境，包括建筑物、机器设备、福利设施等，这些实物长期存在，它的设计思想、维护情况、改善状况都能反映一个企业的文化。优秀的企业文化是通过重视产品的开发、服务的质量、产品的信誉和企业生产环境、生活环境、文化设施等物质现象来体现的。

（2）企业文化的行为层。企业行为文化是指企业成员在生产经营、学习娱乐活动中产生的，是精神层和制度层的动态体现，包括企业经营、教育宣传、人际关系活动、文娱体育活动中的文化现象③。只要是受到长期熏陶的组织成员，他的行为在一定程度上必然折射出组织的文化。根据成员行为产生影响的程度，可以划分出企业领导行为、组织模范人物行为和企业一般成员行为。成员间的行为可以相互影响，因此领导者和模范人物应该意识到自己的带头作用，注意自己的一言一行。同时，每个成员的行为都反映了企业的文化，在与外界联系时，他们的言行已代表了企业形象。

（3）企业文化的制度层。企业文化的制度层又叫企业的制度文化。制度层是指企业在进行生产经营管理时所制定的、起规范作用的管理制度、管理方

① 楚江峰. 人力资本投资在企业文化建设中的基础作用［D］. 中国优秀博硕士学位论文全文数据库，2006.

② 张延平. 关于重机公司企业文化建设的探讨［J］. 安徽冶金科技职业学院学报，2007.

③ 王洪安. 株洲市自来水有限责任公司企业文化建设研究［D］. 中国优秀硕士学位论文全文数据库，2013.

法和管理政策以及由此而构成的管理氛围①。制度层是精神层的反映，将精神层的各种观点和方法以制度的形式表现出来，是对精神文化的认可和加强。同时，制度层通过行为层得以实现，起到约束和激发员工行为的作用。制度文化是精神文化和行为文化的中介，它反映了精神文化，并作用于行为文化。

（4）企业文化的精神层。企业精神文化是指在一定社会文化背景下，在生产经营过程中产生，长期形成的一种精神成果和文化观念，包括价值观、企业精神、企业思维、企业理念、企业哲学等，是企业意识形态的总和。

价值观是企业的基本观念及信念，企业文化的核心。价值观指导人们有意识、有目的地选择某种行为，是判断行为对错、价值大小的总的看法和根本观点。

企业精神是全体成员达成共识的内心态度、意志状况、思想境界和理想追求等意识形态的概括和总结。

企业思维是全体成员认同的思考问题的方式或思路。

企业理念是企业经营管理和服务活动中的指导性观念，包括产品理念、人才理念、生产理念、技术理念、营销理念、决策理念，等等。

企业哲学是企业在生产、经营、管理过程中表现出来的世界观和方法论，是企业进行各种活动、处理各种关系所遵循的总体观点和综合方法。精神层中的各种要素相区别而又相联系，它们共同决定了企业的意识形态。

企业精神文化是相对于企业物质文化来说的，是一种更深层次的文化现象，在整个文化的系统中，它处于核心地位，是企业的上层建筑。

1.3　企业文化测量评估研究

从国外企业文化现象的发现到企业文化研究多年来的迅猛发展来看，他们走的是一条理论研究与应用研究相结合，定性研究与定量研究相结合的道路②。国际上对于企业文化的研究方法，在 80 年代出现了两派：一派是以爱德加·沙因教授为代表的定性化研究，另一派是以奎恩教授为代表的定量化研究。前者对企业文化的概念和深层结构进行了系统的探讨，也曾提出进行社会学意义上的现场观察、现场访谈、对企业文化评估等③，但却因为这种方法难

---

① 刘驰. 基于产业集群的知识产权管理研究 [D]. 中国博士学位论文全文数据库，2010.
② 陈红玉. 对中国企业文化发展的再认识 [J]. 经济与管理，2006.
③ 柴舸. 东航企业文化分析与研究 [D]. 中国优秀硕士学位论文全文数据库，2009.

以进行客观地测量，难以比较研究企业文化与企业行为的效益关系而受到批评。后者则认为组织文化可以通过一定的特征和不同的维度进行研究，并有说服力地提出了一些组织文化模型，用来对组织文化进行测量、评估和诊断，进而开发出一系列量表，对企业文化进行可操作化的、定量化的深入研究。但是，这种被归结为现象学的方法同样遭到人们的批评，认为该方法只是着眼于组织文化之表，而不能深入到组织文化的深层意义和结构中。具有影响力的定量理论研究，来源于美国密西根大学工商管理学院的奎恩和肯伯雷。他们在1984 年提出了用于分析组织内部冲突与竞争紧张性的竞争价值理论模型，然后扩展到对组织文化的测查，以探查组织文化的深层结构和与组织的价值、领导、决策、组织发展策略有关的基本假设①。该理论模型有两个主要维度：一是反映竞争需要的维度，即变化与稳定性；另一个是产生冲突的维度，即组织内部管理与外部环境②。在这两个维度的交互作用下，出现了四种类型的组织文化：群体性文化、发展性文化、理性化文化和官僚式文化。竞争价值理论模型，为后来组织文化的测量、评估和诊断提供了重要的理论基础。就定量分析来说，关于企业文化测量的工具与方法也呈现多元化的格局，国外引人关注的测量工具主要有以下几种。

第一，Chatman 构建的组织文化剖面图（organizational culture profile, OCP）。该图非常详尽，最初的 OCP 包含 54 个价值陈述语句，以及创新性、关注细节、结果导向、侵略性、支持性、强调报酬、团队导向和决策等八个维度。OCP 采用 Q 分类自比式计分方法，是少数提供了关于可靠性和有效性细节的测量工具之一，后来 Sarros 等人分别对 OCP 测量方法进行了改进，将自比式计分方法改进为更利于使用者的利克特计分形式。

第二，Hofsted 构建的测量表。他认为，组织文化由价值观和实践（Practice）两个部分组成，其中价值观是核心，而实践由表及里地又可以分为象征（symbol）和议式（ritual）等。其中，价值观部分由三个独立维度组成，包括对安全的需要、以工作为中心和对权威的需要，而实践部分则由六个独立的成对维度组成，包括过程导向—结果导向、员工导向—工作导向、本地化—专业

---

① 陈娟. 企业跨文化冲突管理［D］. 中国博士学位论文全文数据库，2008.
② 梁立波. 中德企业文化差异及在合资公司中的整合研究［D］. 中国优秀博硕士学位论文全文数据库，2007.

化、开放—封闭、控制松散—控制严格、规范化—实用化①。通过实证分析，Hofstede 强调了在实际应用中组织文化实践的部分六维度度量模型的重要性。

第三，是 Denison 等构建的组织文化问卷（organizational culture question-naire，OCQ），Denison 等构建了一个能够描述有效组织的文化特质（trait）模型，该模型认为有四种文化特质与组织有效性有显著相关，即适应性（adapta-bility）、使命（mission）、一致性（consistency）和投入（involvement），其中每种文化特质对应着三个子维度，在此基础上设计出（OCQ）量表，包括 60 个测量项目。

还有一种不能不提的测量工具是 Haccoun 和 Vandenberghe 所提出来的 ECO。他们认为没有一种文化测量工具能准确且无遗漏地涵盖所有文化特征。故他在综述 12 种组织文化测量工具的基础上，界定了五种基本核心文化维度：赞誉—支持、承诺—团结、创新—生产力、控制和持续学习②。

1991 年，英国的 JAI 出版公司的《组织变革与发展》第 5 卷刊出了五篇关于组织文化的论文，其中，有关企业文化测量的论文有三篇：（1）"组织文化和组织发展：竞争价值的方法"，主要介绍了竞争价值框架，描述在此框架下所定义的四种主要的文化指向，目的在于探讨竞争价值模型对于研究组织文化的用途；（2）"组织文化的定量研究和定性研究"③，他们用聚类分析的方法提供了混合研究的范例；（3）"竞争价值文化量表的心理测验和关于组织文化对生活质量影响的分析"，表明不同文化类型与生活质量之间的密切关系。

1997 年，Pierre Du Bois 和 Assoeiates Ine 出版了一套组织文化测量和优化量表，其中包括用于组织分析的模型和用于组织文化研究的步骤。其模型包括七个方面：（1）社会经济环境（包括社会文化环境和市场竞争等）；（2）管理哲学（包括使命、价值观、原则等）；（3）对工作情景的组织（包括企业组织结构、决策过程等）；（4）对工作情景的知觉（包括对工作的知觉和对管理的知觉）④；（5）反应组织行为（包括工作满意度、工作压力。工作动机和归属感等）；（6）企业经营业绩（质和量两方面）；（7）个人和组织变量（包括年

---

① 陈琼华. 在华合资企业跨文化管理战略要素研究 ［D］. 中国优秀硕士学位论文全文数据库，2009.

② 徐姗姗. HY 公司企业文化建设研究 ［D］. 中国优秀硕士学位论文全文数据库，2010.

③ 陈宝激. PL 企业并购文化风险测量模型研究 ［J］. 企业家天地，2007.

④ 殷世河. 不同所有制下的企业文化研究 ［D］. 中国优秀硕士学位论文全文数据库，2011.

龄、职位、个人价值观等)①。

1.3.1　企业文化测量诊断研究

随着企业文化基础理论研究的不断深入，企业文化的测量、诊断研究也悄然兴起。国外如 Zammuto 和 Krakower 运用了聚类分析法对企业文化进行了测量；Roger Harrison 和 Herb Stroke 在 1992 年通过实证研究得出大部分组织共有的四种文化，经变化后可适用于不同企业等。Pierre Du Bios 和 Associates Inc 在 1997 年出版了一套用于组织文化测量和优化的量表；Cameraon 和 Quinn 在 1998 年出版的《诊断和改变企业文化：基于竞争价值理论模型》，为诊断企业文化提供了较好的理论框架以及有效的测量工具。

1. 企业文化测量特征

客观性：测量目的在于发现并精确地描述客观存在的"真实"的企业文化。很多企业有明确的企业文化理念的提法，比如 GE 的文化理念是"更精简、更迅速、更自信"，但这一理念是否真正融入到了每个员工的行为取向中，是否客观地存在于企业中，可以通过企业文化测量来验证。因此，企业文化测量是从员工认同实践的程度来衡量企业文化特征，而不只是简单地描述某种文化理念的内容。

相对性：测量时所得到的只是企业成员对企业文化特征的一个描述性序列，企业文化测量就是分析这种描述性序列的特征，然后把它与其他企业文化的平均水平比较，一般以类别或等级来表示。

间接性：企业文化是一种内化的企业特性，但它可以通过企业生产经营活动中的各种行为表现出来，所以，企业文化测量是通过测量企业成员的行为特点来间接地得到企业内在的价值观②。

个异性：每个企业都有自己特定的历史和外部环境，企业文化具有个异性。测量中对文化个异性的反映深度取决于量表的设计，一个量表的测量维度划分得越细致，越能够反映出企业与众不同的文化细节和文化特征③。

---

① 李晓健. 基于竞争价值模型的企业文化比较研究［D］. 中国优秀博硕士学位论文全文数据库，2005.

②③ 张洒英. 企业绩效管理的文化分析［D］. 同济大学，2015.

2. 企业文化测量工具与维度

（1）企业文化测量的工具选择。

企业文化测量研究大致可以分为两类：一类是关于不同组织的文化差异的比较研究，重点在于寻找并分析企业文化在哪些方面会出现显著的差异，从而做出经验性的结论。另一类则是关注企业文化的本质特征，从企业文化对企业行为的影响机制入手来设计企业文化的测量模型。

企业文化测量理论框架的代表人物一个是美国麻省理工学院沙因（Schein）教授，他主张通过现场观察、现场访谈以及对企业文化评估等方式对企业文化进行测量，测量应围绕企业的内部管理整合和外部环境适应来进行。另一个代表人物是美国密西根大学工商管理学院的奎恩（Quinn）教授，他主张通过企业竞争性文化价值模型对企业文化进行测量，竞争价值模型从文化的角度考虑事关企业效率的关键问题，即从企业的外部导向和内部导向两个维度来衡量企业文化的差异对企业效率的影响[①]，目前该模型在企业文化测量诊断方面的影响日渐增加。

企业文化测量涉及的基本工具包括测量尺度、测量信度、测量效度和测量常模。

（2）企业文化测量的维度。

影响企业文化特征的因素很多，在设计企业文化量表时，需要选择能够反映不同企业之间文化差异的关键因素，也就是说要准确设计企业文化的测量维度。企业文化的测量维度选择一般有三个要求，①能够反映企业文化的特征；②能够测量出不同企业之间的文化差别，具有代表性；③维度之间相互独立，能够满足统计检验的要求。

3. 企业文化测评类型与途径

（1）企业文化测评的基本类型——基于跨国公司视角。

在优秀的国际企业，企业文化评价非常普遍，对于改善企业管理、提升企业竞争力和企业可持续发展具有非常重要作用。跨国公司的企业文化评价一般有以下几种类型。

调查式评价。GE 前董事长杰克·韦尔奇曾说过：我们采用年度员工调查

---

① 孙子祥. C 公司企业文化再造研究［D］. 中国优秀硕士学位论文全文数据库，2011.

的方式，来了解我们的理念在公司里扎下了多深的根①。我们用这种调查来帮助校正我们的方向，就像是什么探测器。调查的题目都是直接关于那些理念的以及我们的信息是否已经传达到位。很多跨国公司，每年都要委托专业的第三方做员工意见调查或客户意见调查，以了解企业文化建设的实际效果，改善企业管理和提高员工士气。

审计式评价。思科公司是一个靠并购企业发展起来的国际著名公司，他们结合自身的实践经验，总结和开发出来一套成熟和适用的文化审计工具。思科在进行企业并购之前，总是要对并购对象进行企业文化审计，通过审计来发现被并购公司的文化的优、劣势，考察是否与思科文化契合，评估双方的融合难度，以此作为制定企业并购策略的重要依据。

诊断式评价。2003 年，IBM 公司准备从一个 PC 公司彻底转变为服务型的公司，为此，他们专门成立企业文化工作小组，在全体员工中开展大规模的企业文化诊断，并邀请全体员工进行文化大讨论。最终，通过大量的数据和员工意见，IBM 不仅提炼出来一套适合服务型组织的价值观，并且针对员工提出的诸多问题，一一制定对策来改进，通过文化诊断激发了员工参与组织变革的激情，对组织变革起到巨大的推动作用。

体检式评价。在联想集团，每年都有两个"体检"，一个是行政部门对员工进行身体体检，目的是帮助监测身体状况，提醒员工要有针对性地强身健体，保障每个员工都有好的革命本钱。一个是企业文化部门对企业进行文化体检，帮助各级管理者发现和改善团队的管理问题，进而提高各级管理者的带队伍能力，改善团队氛围，增强团队乃至整个企业的凝聚力。通过两个持续的"体检"，为联想集团持续发展提供源源不断的动力。

照镜式评价。一些跨国公司在员工发展的过程中，非常注重对员工的个体文化和团队文化进行评价，通过评价来分析员工的个体性格、沟通风格和价值观等特征，以帮助员工正确地认识自我、认识他人，为上下级之间、团队成员之间相互理解、相互适应提供重要的依据和参考，促进了员工自我管理技能，促进团队建设。

总之，用数据说话是优秀跨国公司的一种管理习惯，优秀跨国公司非常注重企业文化评价。通过企业文化的评价，目的是建立企业文化"软数据"，通过对企业的"软"数据进行有效管理，进而改善企业的"硬数据"（也就是企

---

① 朱竹林. 如何建立企业文化评价体系 ［J］. 企业文明，2009.

业业绩指标），把"软"数据和"硬"数据进行协调发展，促进了企业的可持续发展。

（2）建立企业文化评价体系的三种选择——基于中国企业实际。

企业文化评价体系建立，是一个企业的企业文化体系走向成熟的重要标志。建立一个企业文化评价体系不能一蹴而就，需要多年的实践，不断调整、优化和完善才能逐步形成。

根据企业文化建设的不同阶段，企业建立企业文化评价体系有三种方式可供选择。

第一种：以达标为导向的企业文化评估。

这类评价，适用于企业文化建设的初期，企业文化架构体系尚未建立。为了推动企业文化建设，把企业文化理念体系、行为体系、视觉体系等方面的要素，细化成为一系列的评价指标，可以直接检查和发现企业文化标准化的体系和要素是否健全①。例如，通过检查企业文化规划、工作计划和组织实施等方面的资料，检查企业文化手册、员工行为手册、企业 VI 手册和企业宣传片、企业文化环境布置等硬件是否具备，以此来推动企业文化建设的启动和开展。

这种检查多用定性的方式，通过实物观察和检验的方式来评价，考核对象是负责企业文化的部门，可以直接打分，对于促使下属单位启动企业文化体系建设，收到较好的绩效。但是，要防止误导企业文化，防止企业文化建设的形式主义产生。

第二种：以过程为导向的企业文化评价。

这种评价，适用企业文化建立架构体系之后，需要建立企业文化传播和落实体系，开展一系列宣贯活动。企业文化总结提炼出理念体系、行为体系和形象体系之后，很多企业都头痛难以"落地"，企业文化部门策划了一系列的企业文化传播活动，使企业文化在员工中被激活。

由于企业文化落地和激活，是一个循序渐进的过程，需要在不同时期设计不同的主题、内容和形式。这个阶段企业文化评价的内容，大多为了检查各个单位是否开展了员工培训、案例征集、演讲比赛、团队建设等活动，以及各个单位参加文化活动的人数、频率以及学习效果。这种针对企业文化传播活动的评估，检查各个单位是否完成上级布置的各项工作任务，有力地促进各个单位企业文化有效开展。这种评价属于针对性检查，每年都可以开展。

---

① 王乔 . 黑龙江省国有林区文化建设研究［D］. 中国优秀硕士学位论文全文数据库，2014.

第三种：以效果为导向的企业文化评估。

当企业文化架构体系和传播体系建立之后，企业文化建设的重心转到企业文化建设的效果评估上。通过定期的企业文化监测，不仅促使各单位的文化要符合企业的主流文化，并且要使企业文化发挥强大凝聚力、向心力和创造力作用。比如，一些企业把员工的价值认同度、员工敬业度、客户忠诚度，等等，作为各个单位的考核指标，落实到各级经理和主管的绩效指标里，使企业文化成为各级经理和主管的职责，通过企业文化效果检测，企业文化工作更加系统化，不断凝聚和激发企业软实力，推动了企业长期发展。

4. 企业文化测量的实施步骤

结合定性研究和定量研究的理论观点，进行企业文化测量，首先要通过现场观察、现场访谈、调查问卷和查阅文献资料等定性研究的方法①，了解目前企业文化状况和员工对企业文化的感知状况，借此构造出企业文化测量的整体框架，形成企业文化测量模型。然后，运用量表等定量分析的方法，具体分析企业现有文化的优劣性，并对企业文化的差距进行总结性概括，进而提出改进建议。

具体而言，企业文化测量分为以下四个步骤。

（1）测量模型设计阶段。

通过查阅大量的文献资料，对已有的测量成果进行深入研究，结合现场观察、现场访谈等方式，总结提炼出可以用于企业文化测量的多个企业文化维度以供参考。然后经过征求专家意见，从备选的文化维度中挑选出适合进行企业文化测量的内容形成企业文化量表，主要包括两种形式的问题。

一种是采用标准化量表形式，针对各个维度设计价值观及管理行为特点方面的条目，让测试对象按企业实际情况的符合程度进行打分评价②。

另一种是提一些简单的开放性的问题让员工进行回答。量表的设计首先要根据企业的特点，建立相应的测量维度再针对各个测量维度编制测量题目。

（2）测量模型检验阶段。

为了保证最终研究成果的针对性和有效性，在进行正式的企业文化测量之前可以安排一次预测量。预测量采用一个相对较小的样本量对于之前形成的量

① 赵世刚. 中国商业银行企业文化测量的理论与实践［J］. 中国金融，2007.
② 崔新景. 医院执行力文化研究［D］. 中国优秀硕士学位论文全文数据库，2009.

表进行填写，回收后只进行简单的描述性统计，不形成文化测量的结论，目的主要在于通过对预测量结果的因子分析，检验前期形成的文化测量模型是否有效，并及时做出适当的调整①。

（3）正式测量阶段。

经过预测量，得到经过修正的测量模型之后，扩大样本量进行正式的企业文化测量。在这一阶段，可以在问卷中增加衡量企业经营业绩的指标，以期通过回归分析了解企业员工如何认识企业文化与各个经营业绩指标的相关性，以及现阶段员工对于整个组织的经营效率的认可程度。

（4）统计分析阶段。

正式测量的问卷回收以后，首先经过认真的筛选将不符合统计要求的问卷予以剔除，否则将严重影响整体数据的一致性，导致无法获得结论或得到错误的结论；接着运用 SPSS 等专业统计分析软件对调查结果进行统计，得出结论并解释；最后为企业文化建设提出建设性意见。

1.3.2　企业文化评估研究

企业文化评估是企业测评研究的重点，按照评估目的以及应用范围的不同，一般可分为三个研究方向。

1. 企业文化类型评估

最为著名的是 Quinn 和 Cameron 通过实证研究提出的企业文化评估量表（OCAI），其主要判断依据有六个：主导特征、领导风格、员工管理、组织凝聚、战略重点和成功准则；此外类似的有 Goffe 和 Jone 的双 S 立体模型，主要是基于组织中的社交性特点而建立的。这两个测评表评估的方式差不多一样，主要区别是维度以及类型采用的划分方法不一样。

2. 企业文化风险评估

诸多学者从不同维度考察了企业文化风险评估的指标体系。陈传明等通过对个体、组织以及企业文化实践三个层面的研究来评估企业文化的刚性，从而防范在战略实行中文化上的风险；Chatman 构建了组织价值观量表（OCP），

---

① 刘可青. 企业文化诊断评估研究［D］. 中国优秀硕士学位论文全文数据库，2014.

其评估维度包括 7 个方面，即：革新性、稳定性、尊重员工、结果导向、注重细节、进取性和团队导向；郑伯埙认为其维度包括：科学求真、顾客取向、卓越创新、甘苦与共、团队精神、正直诚信、表现绩效、社会责任、和亲睦邻 9 个维度；Hofstede 建立了多维度组织文化模型（MMOC），其主要维度包括价值观和惯例。

3. 企业文化效果评估

对于企业文化效果评估的研究还处于定性分析阶段，少数学者进行了定量研究。中国企业文化测评中心（CCMC）通过对 Quinn 和 Cameron 等人研究的梳理和分析，在此基础上建立了企业文化的测评体系①，即和君创业咨询有限公司建立了以 GREP 竞争力为核心的企业文化评估体系，系统包括 4 个维度和 17 个评价要素。然而，相关的评估研究在指标选取和实用性方面仍存在不少缺陷，评估后改进的方向和步骤也有所欠缺。

4. 企业文化健康评估

国外企业文化研究已比较成熟，大量关于企业文化定量研究的成果为企业文化健康度的测量奠定了方法论基础。1992 年，Harrison 和 Stokes 出版了《诊断企业文化——量表和训练者手册》，确定了大部分组织共同具有的四种文化以及存在的问题，在此基础上，针对不同企业提出相应的变化建议，这种诊断可用于团队建设、组织发展、提高产量等。1996 年，德尼森通过对关键文化特性的分解，把文化特性与企业经营管理的核心要素、企业管理行为及员工的行为联系起来，并把这种联系安排在一个科学的象数体系中，为人们从量和质的角度考察企业文化与企业经营管理以及企业经营业绩之间的关系，提供了直观的测量模型和工具。运用德尼森的企业文化模型，可以把某一企业的文化分别与经营业绩较好和较差的企业的文化进行对比，以明确该企业在文化方面的优势和不足②；还可以测量企业现存的文化以及考察该企业文化如何在提高经营业绩方面发挥更好的作用，并提出改进企业文化建设的方案③。1998 年，Cameraon 和 Quinn 出版了《诊断和改变企业文化：基于竞争价值理论模型》，

---

① 何华. 企业文化理论研究溯源与前瞻：一个文献综述［J］. 市场论坛，2013.
② 张慧玲. 德尼森企业文化调查模型［J］. 中外企业文化，2004.
③ 徐汉文. 企业文化健康度评价：内在逻辑、指标体系与实施路径［J］. 江海学刊，2009.

为诊断组织文化状态和管理能力提供了有效的测量工具，为理解企业文化提供了理论框架，同时也为改变组织文化和个人行为方式提供了系统的策略和方法。

在组织文化定性测量研究方面，埃德加·H·沙因（Edgar H. Schein）主张，评测组织文化的步骤包括：其一，组建一个包括组织成员和专家的小组；其二，提出组织的问题，聚焦于可以改善的具体领域（问题）；其三，确保小组成员理解文化的层次模型；其四，确定组织文化的表象，确定组织外显价值观；其五，研究价值观与组织表象的匹配度，从不匹配处探查深层次的潜在假设；其六，如果探查效果不理想，重复以上步骤，直到理想为止；其七，评测最深层的共享假设，发现哪些假设有助于或阻碍目标问题的改善。

可以看出，虽然国外学者并没有明确提出企业文化健康度的概念，但已为企业文化健康度的测评提供了多种方法，并已在实践中广泛运用。不过，一方面，这些方法主要基于发达国家的经济发展背景，若直接用于中国企业文化健康度的测评可能会产生诸多不适应症；另一方面，不少理论偏重于某一方面的测评，如企业文化特质、企业文化对经营业绩的贡献等，尚不能适应全面测评企业文化健康度的要求。因此，必须博采众长，构建切合中国实际的企业文化健康度测评体系。

1.3.3　企业文化研究典型量表

企业文化本身的复杂性给它的测量带来了很大的困难，它不仅需要开发特定的工具，而且使用不同的方法。它的这些测量特征对测量工具的设计提出了具体要求，即企业文化到底测什么？如何测？前一个问题要求给出一个可操作的企业文化概念，而后者则要求量表给出一个测量的维度框架，即解决从哪些维度来测量评价企业文化的问题。

一般认为，企业文化的内涵从外到里可以分为三个层次。

（1）符号层，指企业的物质文化，包括企业名称、标志、标准色、外部形象及文化传播网络等。

（2）制度、行为层，指员工与企业的行为准则，包括一般管理制度、特殊制度和企业风俗。

（3）观念层，包括企业共同价值观以及基本信念。从测量的角度来看，这种定义不容易进行操作的原因也在于此，还需要针对企业文化的测量来界定一个操作性的企业文化概念，目前应用的比较常见的定义为 Schein 在 1985 年提出的：

"企业文化应该被视为一个独立而稳定的社会单位的一种特质。如果能够证明人们在解决企业内外部问题的过程中共享许多重要的经验，则可以假设：长久以来，这类共同经验已经使企业成员对周围的世界以及对他们所处的地位有了共同的看法[1]。大量的共同经验将导致一个共同的价值观，而这个共同价值观必须经过足够的时间，才能被视为理所当然而不知不觉。"

这个概念的本质就是企业的共同价值观与基本假设，也就是把企业文化的测量界定在企业的观念层。目前大多数的测量量表都是以企业价值观与基本假设作为测量对象，在国际上常用的企业文化测量工具中，有三套测量企业员工行为特征（如 FCA 量表），其余七套则测量企业价值观与基本假设（如 DQCS 量表），其中有两套量表测量内容包括价值观和企业管理特征（如 VSM94 量表）。

1. 国外企业文化研究典型量表

（1）Denison 组织文化量表。

由瑞士洛桑国际管理学院（IMD）的著名教授丹尼尔·丹尼森（Daniel Denison）创建的"丹尼森组织文化模型"是衡量组织文化最有效、最实用的模型之一[2]。丹尼森认为理想企业文化的四大特征：外部适应性、内部整合性、灵活性、稳定性参与性。

参与性（involvement）：涉及员工的工作能力、主人翁精神（ownership）和责任感的培养。公司在这一文化特征上的得分，反映了公司对培养员工、与员工进行沟通，以及使员工参与并承担工作的重视程度。

参与性三个维度：

授权：员工是否重视活动授权并承担责任，他们是否具有主人翁意识和工作积极性；团队导向：公司是否重视并鼓励员工相互合作，以实现共同目标，员工在工作中是否依靠团队力量；能力发展：公司是否不断投入资源培训员工，使他们具有竞争力，跟上公司业务发展的需要，同时满足员工不断学习和

---

① 张迺英. 企业绩效管理的文化分析 [D]. 同济大学，2015.

② 许跃华. 中小学教师工作满意度及其组织文化对学校发展的影响分析——基于安徽省庐江县 299 名中小学教师的实证研究 [D]. 苏州大学，2012.

发展的愿望。①

一致性（consistency）：用以衡量公司是否拥有一个强大且富有凝聚力的内部文化。

一致性三个维度：核心价值观：公司是否存在一套大家共同信奉的价值观，从而使公司员工产生强烈的认同感，并对未来抱有明确的期望②；配合：领导者是否具备足够的能力让大家达成高度的一致，并在关键的问题上调和不同的意见；协调与整合：公司中各职能部门和业务单位是否能够密切合作，部门或团队的界限会不会变成合作的障碍。

适应性（adaptability）：主要是指公司对外部环境（包括客户和市场）中的各种信号迅速做出反应的能力③。

适应性三个维度：创造变革：公司是否惧怕承担因变革而带来的风险，公司是否学会仔细观察外部环境，预计相关流程及变化步骤，并及时实施变革；客户至上：善于适用环境的公司凡事都从客户的角度出发，公司是否了解自己的客户，使他们感到满意，并能预计客户未来的需求；组织学习：公司能否将外界信号视为鼓励创新和吸收新知识的良机。

使命（mission）：用于判断公司是一味注重眼前利益，还是着眼于制定系统的战略行动计划。

使命的三个维度：愿景：员工对公司未来的理想状况是否达成了共识，这种愿景是否得到公司全体员工的理解和认同；战略导向和意图：公司是否希望在本行业中脱颖而出，明确的战略意图展示了公司的决心，并使所有人都知道应该如何为公司的战略做出自己的贡献；目标：公司是否周详地制定了一系列与使命、愿景和战略密切相关的目标，可以让每个员工在工作时做参考。四种文化特质即适应性（adaptability）、使命（mission）、一致性（consistency）、投入（involvement）和组织有效性显著相关，其中每个文化特质对应着三个子维度，一共组成了12个子维度，每个维度都有特定的解释④。上述四个特征中，每个又各有三个维度，12个维度分别相应地对市场份额和销售额的增长、产品和服务的创新、资产收益率、投资回报率和销售回报率等业绩指标产生着重

---

① 陆影. DC公司文化建设研究［D］. 中国优秀硕士学位论文全文数据库，2013.
② 龚娜. 重组企业的文化测评与建设研究［D］. 中国优秀硕士学位论文全文数据库，2009.
③ 罗志勇. 四川龙桥黑熊救护中心跨文化管理分析［D］. 中国优秀硕士学位论文全文数据库，2007.
④ 杨方舟. 我国公务员文化建设中的问题及对策研究［D］. 中国优秀硕士学位论文全文数据库，2009.

要的影响①。见表 1 - 9。

表 1 - 9　　　　　　　　　　Denison 组织文化量表

序号	维度	描述
1	授权	组织的绝大多数同事都高度投入他们的工作中
2		组织的决策通常是在能获得最佳信息的层面上做出的
3		组织广泛共享信息，这样大家就可以方便地得到自己所需的信息
4		组织里每个人都相信他们能产生积极的影响
5		组织每个人都在一定程度上投入组织商业计划的运行
6	团队导向	组织积极鼓励不同职能单元之间的合作
7		整个组织像一个团队那样工作
8		组织基于团队协作来完成工作，而非等级制度
9		团队是我们基本的工作单元
10		工作是有组织的，因此每个人都知道自己的工作和组织目标之间的关系
11	能力发展	组织赋予员工权限，使大家能够自主行事
12		组织员工的能力正不断得以提升
13		组织为提升员工的技能进行了持续的投资
14		组织视员工的能力为竞争优势的重要来源
15		我们常为没有掌握必需的技能而使工作出现问题
16	核心价值观	组织领导及管理层如他们所倡导的那样做事
17		组织的管理风格富有特色，管理实践也与众不同
18		组织有一套明确一致的价值观体系以指导我们从事组织活动
19		忽视组织的核心价值观将使我们陷入困境
20		组织有一系列行为准则，告诉我们如何分辨是非
21	同意	当内部发生分歧时，我们努力寻求双赢的解决方案
22		组织有强势的文化
23		即使对于困难的问题，我们也能够很容易地达成一致意见
24		在关键问题上，我们经常难以达成共识
25		组织内部对于什么样的做事方法是正确的或是错误的有明确共识
26	协调整合	我们做事情的方式非常一般，并且是可预测的
27		组织不同部门的人有共同的看待问题的方式
28		对组织不同职能单元之间进行协调很容易
29		跟组织其他部门的人一起工作感觉就像跟其他组织的人一起工作一样
30		组织不同层级在工作上的目标是一致的

① 刘琨. 文化因素对跨国企业整合的影响研究 [D]. 中国优秀硕士学位论文全文数据库，2014.

序号	维度	描述
31	创造改变	大家的处事方式是灵活易变的
32		组织对竞争对手及商业环境的变化有很好的应变
33		组织不断采用新的更好的工作方式
34		组织企图变革的努力通常会遭遇阻力
35		组织的不同部门经常联合进行变革
36	关注客户	客户的意见和建议常会导致组织进行变革
37		客户对我们的决策有直接影响
38		组织所有成员对客户的需求都有深入的理解
39		组织的决策常常会忽略客户的利益
40		组织鼓励员工直接接触客户
41	组织学习	我们把失败看成是学习和成长的机会
42		组织鼓励创新和承担风险，并给予一定的回报
43		组织有很多事情都会不了了之
44		学习是日常工作的一项重要目标
45		我们明确知道彼此的工作情况
46	战略导向	组织有长远的目标和方向
47		我们组织的战略正引导其他竞争对手做出变革
48		组织明确的使命为我们的工作赋予意义和方向
49		组织对于将来有清晰的战略
50		组织的战略方向对我来说是不清晰的
51	目标	我们对于组织的目标有广泛的共识
52		组织领导设定的目标是野心勃勃的，同时也是现实的
53		组织领导已经公开表明我们所需达成的目标
54		我们根据既定的目标持续跟踪工作进展
55		大家知道为了达成长远的目标该做些什么
56	愿景	我们对于组织的未来有共同的愿景
57		组织领导眼光长远
58		组织里的短期想法常常有损组织的愿景
59		组织愿景激励着我们员工
60		我们能够满足组织发展的短期需求，同时不会为此而损害组织愿景

（2）OCAI 企业文化量表。

①企业层面上的研究。

大多数企业层面上的研究关注的是企业文化和企业有效性之间的关系。研究者们构建测量问卷中，主要是为了深入探究企业文化如何影响企业的有效性。在众多的测量问卷中，较有影响力的有 Denison 构建的组织文化问卷（organizational culture questionnaire，简称 OCQ）、Quinn 和 Cameron 构建的组织文化评价量表（organizational culture assessment instrument，简称 OCAI）。这里主要介绍 OCAI 问卷。

美国密西根大学商学院的 Quinn 教授和西保留地大学商学院的 Cameron 教授在竞争价值观框架的基础上构建了 OCAI 量表[①]。OCAI 根据六方面的判据来评价企业文化：主导特征、领导风格、员工管理、企业凝聚、战略重点和成功准则。问卷共有 24 个测量条目，每个判据下有四个陈述句，分别对应着四种类型的企业文化。对于某一特定企业来说，它在某一时点上的企业文化是四种类型文化的混合体，通过 OCAI 测量后形成一个剖面图，可以直观地用四边形表示[②]。OCAI 的突出优点在于为企业管理实务者提供了一个直观、便捷的测量工具，而且在企业文化变革方面有较大的实用价值，可以按照下面的 OCAI 问卷和指导语来测量企业的文化[③]。

首先根据企业的现状，按照和每种判据下四种情况的符合程度，将 100 分分配给这四种情况。依此类推，先回答完所有描述现状的测量条目；然后回到问卷的开始，思考这样的问题：如果你的企业在今后五到十年内要达到成功，你觉得企业文化"应该"怎么样？请在"偏好"列下面，按照"应该"的企业文化和每种判据下四种情况的符合程度，将 100 分分配给这四种情况（例如，20—50—20—10），并回答完所有描述偏好的测量条目。

以一个例子来说明：假如你最终的现状得分分布为 30—50—15—5，而偏好得分分布为 10—20—30—40，那么你可以把这两种得分分布画在图上。

②个体层面上的研究。

大部分个体层面上的组织文化研究者认为组织价值观是组织文化的核心，而且它能通过理论和方法上进行重复鉴定，也能做操作性定义和测量，所以大多数个体层面上的组织文化量表严格地说都是组织价值观的量表。这些测量问卷中以 Chatman 的 OCP 问卷影响力最为广泛。

美国加州大学的 Chatman 教授为了从契合度的途径研究人——企业契合和个体有效性（如，职务绩效、组织承诺和离职）之间的关系，构建了企业价

① 滕永波. 企业文化测量：理论基础与模型分析 [J]. 山东财政学院学报，2006.
② 张春盛. 柏力公司企业文化的诊断研究 [D]. 中国优秀硕士学位论文全文数据库，2012.
③ 漆冰子. JZ公司企业文化建设研究 [D]. 中国优秀硕士学位论文全文数据库，2014.

值观的 OCP 量表。最初的 OCP 量表由 54 个测量项目组成，反映了企业价值观的一些典型特征。Chatman 认为 OCP 量表可以区分出七个文化维度（革新性、稳定性、尊重员工、结果导向、注重细节、进取性和团队导向），但是在实际的不同测量应用中，每个维度对应的测量项目可能有所差别。

OCP 量表的测量项目通过对学术和实务型文献的广泛回顾来获得，经过细致的筛选最终确定下 54 条关于价值观的陈述句①。和多数个体层面上的研究采用 Likert 的计分方式不同，OCP 量表采用 Q 分类的计分方式，被试者被要求将测量条目按最期望到最不期望或最符合到最不符合的尺度分成 9 类，每类中包括的条目数按 2—4—6—9—12—9—6—4—2 分布，实际上是一种自比式（ipsative）的分类方法②。在西方国家，OCP 是最常用的企业价值观测量量表之一，它在我国台湾和香港地区也有一定的影响。Judge 将 OCP 精简为包括 40 个测量项目的量表，Q 分类按 2—4—4—6—8—6—4—4—2 分布。

OCP 包括的价值观维度很具体，感兴趣的读者可以按照下面的 OCAI 中文版问卷和指导语来测量一下你所在企业的文化。

通过这样的分类，你可以判断出企业价值观中那些是企业现在所重视的，还可以和偏好的价值观相比较，看看价值观还需要做怎样的改进。如果按头等重视（重要）到第九等重视（重要）按 9—8—7—6—5—4—3—2—1 的方式计分，则每个价值观都有具体的得分③。你可以组织企业中对企业文化和企业经营熟悉的人员组成一个团队，通过讨论（不是平均）发现本企业"客观"和"将来应该（偏好）"的价值观条目得分。这样一来，你还可以去观察企业员工和企业之间对价值观的现状和偏好的差距。这些信息对于企业的价值观设计和建设是非常有用的。

例如，如果你的企业现状中"稳定发展""井然有序"排名靠前，而偏好反映出"冒险精神""快速掌握机会""结果重于过程"排名靠前，那么在设计企业价值观时，就要注意反映创新、结果导向的内容。你还可以考察员工们的偏好和企业偏好之间价值观的差距，重点通过各种方式向员工灌输差距大的价值观。

---

① 王卓. Study on the Relationship between Intercultural Sensitivity and Psychological Well – being Based on an Investigation in Chinese Overseas Students in Australia［D］. 西安外国语大学，2014.

② 刘消寒. 企业文化、企业创新动力与创新能力的关系研究［D］. 中国博士学位论文全文数据库，2011.

③ 漆冰子. JZ 公司企业文化建设研究［D］. 中国优秀硕士学位论文全文数据库，2014.

（3）盖洛普 Q12 测评法。

Q12 就是针对前导指标中员工敬业度和工作环境的测量，盖洛普通过对12 个不同行业、24 家公司的 2 500 多个经营部门进行了数据收集①。然后对它们的 105 000 名不同公司和文化的员工态度的分析，发现这 12 个关键问题最能反映员工的保留、利润、效率和顾客满意度这四个硬指标②。这就是著名的 Q12。

乔治·盖洛普认为，对内没有测量就没有管理，因为你不知道员工怎么敬业、客户怎么忠诚。盖洛普拥有员工自我评测忠诚度和敬业的指标体系，Q12就是员工敬业度和参与度的测量标准。盖洛普还认为，要想把人管好，首先要把人看好，把人用对。给他创造环境，发挥他的优势，这是管人的根本。用中国的话来说使每个员工产生"主人翁责任感"——盖洛普称作敬业度，作为自己所在单位的一分子，产生一种归属感③。

盖洛普发明的 Q12 方法在国际大企业中引起了很大反响，其主旨是通过询问企业员工 12 个问题来测试员工的满意度，并帮助企业寻找最能干的部门经理和最差的部门经理。盖洛普在用 Q12 方法为其他公司提供咨询时，这套方法早已在盖洛普公司得到检验。所有盖洛普员工每年要接受两次 Q12 检验，经理们还会与员工进行很多交流，来确保公司队伍的优秀和寻找优秀的部门经理④。找出人的优势。盖洛普的核心思想是优势理论，这一理论认为，把个人、企业定位围绕独特优势来进行是最有效的，也就是中国人常说的扬长避短⑤。

这个工具，它将会问人们 180 个问题，用三到四个主题来帮助被测试者来识别他们的优势。比如，你认为"你是一个有竞争力的人吗？""你虽败犹荣吗？""你适合当一个领导者吗？"等等，在问这些问题时，同时希望被测试者回答时提供一些具体的例子，而不仅仅是"是"或"不是"，以确保答案的准确性。

盖洛普的 Q12，是测评一个工作场所的优势最简单和最精确的方法，也是

① 许映童. 高科技企业人员激励机制设计——以 w 公司为案例的研究 [D]. 复旦大学，2007.
② 陆蕾. 员工敬业度与企业业绩相关性的研究——以 C 公司为例 [D]. 东南大学，2009.
③ 施伟君. 国际品牌酒店服务质量提升的研究 [D]. 中国优秀硕士学位论文全文数据库，2012.
④ 徐玉海. 企业员工敬业度的调查与分析 [D]. 中国优秀硕士学位论文全文数据库，2009.
⑤ 蔚子·约翰·蒂默曼博士谈行为经济学与质量管理 [J]. 上海质量，2014.

测量一个企业管理优势的 12 个维度①。它包括 12 个问题。

①我知道对我的工作要求吗？

②我有做好我的工作所需要的材料和设备吗？

③在工作中，我每天都有机会做我最擅长做的事吗？

④在过去的六天里，我因工作出色而受到表扬吗？

⑤我觉得我的主管或同事关心我的个人情况吗？

⑥工作单位有人鼓励我的发展吗？

⑦在工作中，我觉得我的意见受到重视吗？

⑧公司的使命目标使我觉得我的工作重要吗？

⑨我的同事们致力于高质量的工作吗？

⑩我在工作单位有一个最要好的朋友吗？

⑪在过去的六个月内，工作单位有人和我谈及我的进步吗？

⑫过去一年里，我在工作中有机会学习和成长吗？

（4）霍夫斯坦的组织测量维度。

在霍夫斯坦的组织测量维度理论基础上发展出来的 VSM94（Value Survey Module 94）量表在西方企业界已经得到广泛的应用和认同②。如表 1-10 所示。

表 1-10 霍夫斯坦的组织测量维度

第一层次	第二层次
价值观	职业安全意识
	对工作的关注
	对权利的需求
管理行为层	过程导向—结果导向
	员工导向—工作导向
	社区化—专业化
	开放系统—封闭系统
	控制松散—控制严密
	注重实效—注重标准与规范
制度层	发展晋升—解雇机制

① 刘维巍. 人本视野下我国服务型政府的构建研究［D］. 中国优秀硕士学位论文全文数据库，2011.

② 王凯利. A 集团天津分公司企业文化建设研究［D］. 中国优秀硕士学位论文全文数据库，2013.

（5）双 S 立方体模型。

Rob. Goffee 和 Gareth. Jones（1998）构建了双 S 立方体模型，以社交性为纵轴，以团结性为横轴，将立方体的一面划分成四个部分，每个部分代表一类文化[①]。社交性高、团结性低的文化称为网络型文化；社交性高、团结性高的文化称为共有型文化；社交性低、团结性高的文化称为图利型文化；社交性低、团结性低的文化称为散裂型文化。与此平面垂直的 Z 轴被分为两段，前段代表文化的正面形态，后段代表文化的负面形态。想要企业特色转化为竞争优势的资源，必须先定位自己的组织、部门或团队，才能知道是否需要重新调整组织定位（Jones，1998）。因此，他们设计了四种工具来评估组织文化。

工具一：观测检查表，设计实体空间（physicalspace）、沟通（communication）、时间（time）和认同（identity）四个项目，并列出四种文化在各个项目中的一般表现，回答者选择出最符合组织情况的文化类别[②]。

工具二：企业特征量表，设计 23 个题项，每个题项是一句陈述句，回答者根据题项与组织的相符程度选择，用五分量表法（1 = 非常不同意，5 = 非常同意）。12 题得分相加得到社交性分数，12 题得分相加得到团结性分数，有一题同时出现在社交性和团结性中[③]。每个维度的得分范围从 12 分到 60 分，以 36 分作为分界线，根据两个维度的得分确定是哪类组织文化。此步仅判断文化类型，还没说明文化是倾向正面或负面形态。

工具三：文化形态量表，每类文化对应 6 个题项，共 24 题。根据工具二得知文化类型，在相应文化类型下判断 6 道题。每道题是一句陈述句，用五分量表法（1 = 非常不同意，5 = 非常同意）判断。如果单项总分高，说明文化是负面型；如果双项总分高，说明是正面型。

工具四：关键事件分析，每类文化均列出十种情境，根据已判断的类型阅读该类型下的情境。每种情境均列出正面型和负面型的反映，回答者判断在每种情境下组织倾向于哪种反映。此步是为了确认是否已正确辨识文化。

普遍认为共有型文化是最理想的文化，但社交性和团结性往往相互矛盾，维持起来很困难。Goffee 和 Jones（1998）指出，没有一种组织文化是

---

① 孟坤. 组织文化视角下的知识管理与组织绩效关系的研究 [D]. 中国博士学位论文全文数据库，2011.

② 宫平. 企业文化定量研究初探——以 HELC 公司为例 [D]. 中山大学，2009.

③ 陈发祥. 知识管理绩效与组织文化相关性研究 [D]. 中国博士学位论文全文数据库，2011.

绝对的好或坏。共有型文化易产生于领导者极富魅力的小公司和志工团体，而营利组织难以仿效；网络型文化在需要高度弹性和创造力的竞争状态下①，可产生极大力量；图利型文化适用于变化迅速，需要领导快速地反映的产业；散裂型文化在一些情况下令人满意，如工作相互依赖性低、成果主要靠个人活动的情况（Goffee，Jones，1998）。Goffee 和 Jones 设计的测量工具很实用，并且通过四个工具检测，不但从不同方面来测量组织文化，而且还能确保测量准确②。

（6）OCS 量表。

Glaser、Zamanou 和 Hacker（1987）开发了组织文化测量量表（Organizational CultureSurvey，OCS），该量表是标准的测量量表，在调查过程中，可以与其他测量技术结合，如关键事件访谈、编码访谈等。OCS 量表主要测量组织文化的六个组成部分：合作—冲突（teamwork-conflict）、氛围—士气（climate-morale）、信息流（informationflow）、包含（involvement）、监督（supervision）和会议（meetings）。

OCS 量表有 62 个题项，分为 5 个子量表：氛围、包含、沟通、监督和会议。开始时要求员工描述在组织中的工作是什么样的，并鼓励通过故事来解释他们的感受。然后将问卷发给所有成员，并在规定的地点和规定的时间填写完，从而消除回收率低的问题和取样错误，增加量表的有效性。五个子量表的每个题项都是符合中间可靠性和中间一致性分析的要求。修订后的量表只有31 个题项，因为，如果题项可由其它子量表中的题项预测出时就将其删除。为了评价 OCS 量表的可靠性，完整的工具还包括 35 到 52 个题项。这些题项提供回答者生日和他们母亲的婚前姓氏，这样可以把测试与再测试中的匿名问卷对照起来。

Falcone 认为，可以运用此量表来帮助组织建立特定时期的组织文化，还可以发现一些组织存在的问题。但是此量表有个最大的缺点，就是不能通过单独使用而获益。因此，与其他方法共同使用才能使此量表更有效③。

（7）OCP 量表。

---

① 陆海志. 企业文化对员工组织认同的影响研究［D］. 中国优秀硕士学位论文全文数据库，2010.

② 宋联可，杨东涛，魏江茹. 组织文化量表研究综述及评析［J］. 华东经济管理，2006.

③ 龚娜. 重组企业的文化测评与建设研究——以中国联合网络通信有限公司重庆市分公司为例［D］. 西南大学，2009.

O'Reilly 等人（1991）从匹配的角度研究人与组织的匹配、个体结果变量间的关系，通过文献回顾，设计了组织文化概评量表（the Organizational Culture Profile，OCP）。OCP 量表从团队导向（team orientation）、注重细节（detail orientation）、进取心（aggressiveness）、结果导向（result orientation）、尊重员工（respect for people）、稳定性（stability）、创新（innovation）七个组织文化维度进行测量，测量价值观的工具一般采用两种形式或方法，Chatman 称为标准的和自模的。在标准的方法中，回答者根据对题项认同的程度，用 Likert 量表法测量，每个人的价值观是独立被测量的。在自模的方法中，测量对各种价值观的偏好，回答者要求要么把一组价值观分等级排列，要么选择一个价值观而以牺牲其他价值观为代价进行强迫选择①。OCP 量表采用 Q 分类方法，即是一种自模的强迫分配的形式。回答者分两次对 54 个题项分等级，一次是描述感知到的组织文化，一次是描述期望的组织文化。所有项目要求被分成从最符合到最不符合（或从最期望到最不期望）9 类，每类包含的题项数量分别为 2、4、6、9、12、9、6、4、2②。

OCP 量表被证明用于卫生保健业人员、会计、政府人员是可靠的，Tepeci 和 Bartlett 认为量表缺少一些服务业文化的要素，将其修改后又用于服务行业并证明有效。许多研究组织文化概念和操作的方法是借用 O'Reilly 等人的维度研究，这些维度聚随后集成任何组织的特定分享模式，但并不是分类所必要的。在研究个人—组织匹配的研究中，OCP 量表是最常使用的量表之一。

（8）国外其他研究量表。

自从理论界和实践界认识到组织文化的重要性后，相关研究接踵而至。随着定量研究的发展，如何测量组织文化成为关键。许多研究人员尝试设计组织文化量表，并积极地将其运用到实践中。除了以上介绍到的量表外，国外已开发了相当数量的量表。

Insel 和 Moos 设计工作环境量表，评价被感知的四个部分：领导支持（supervisor support）、任务导向（task orientation）、任务清楚（task clarity）

---

① 汤圆. 组织价值观及其适配度对员工敬业度的影响作用研究——以 r 集团为例［D］. 山东大学，2009.

② 李坤. 基于自组织的企业文化系统协调关系的研究［D］. 中国优秀硕士学位论文全文数据库，2008.

和创新（innovation）。一共有 36 个题项，每个题项是一句陈述句，判断所在组织是否相符，符合选 T，不符选 F。Alvaro 等人运用此量表来研究组织文化与全面质量管理的关系。Pierre Du Bois 和 Associates Inc1997 出版了一套组织文化测量和优化量表，其中包括七个方面：社会—经济环境、管理哲学、对工作情景的组织、对工作情景的知觉、反应、企业文化经营业绩、个人和组织变量[1]。

Mc Dermott 和 Stock（1999）设计的量表，一共 9 个题项，灵活（flexibility）、授权（empowerment）、成长（growth）、变化（change）和创新（creativity）5 个题项测量灵活导向程度，控制（control）、稳定（stability）、效率（efficiency）和可预测性（predictability）4 个题项测量控制导向程度。采用七分量表法测量（1 = 很少强调，7 = 高度强调），用相关题项的平均分评价灵活或控制导向。运用此量表，Mc Dermott 和 Stock（1999）建议成功运用技术需要灵活与控制混合的文化，Marianne 和 Kenneth（2002）认为绩效高的工厂采用平衡灵活和控制的文化。

Adrienne 和 Caroline（2003）设计量表测量信息文化，55 个题项分成七个部分，各部分包含题项数目不等，根据比例评价。大多数题项用"强烈赞同、赞同、不确定、反对、强烈反对"评分，少数题项用"总是、时常、有时、很少、从不"来评分，还有少数题项用"是、否"评价。

此外，还有一些受到认可的组织文化量表：工作价值观测量（the survey of work values，SWV）（Wollacketal,1971）、工作内涵和价值观量表（the meaning and value of work scale，MVW）（Kazanas，1978）、规范诊断指标（norm diagnostic index）（Allenand Dyer，1980）、组织信仰问卷（organizational beliefs questionnaire）（Sashkinand Fulmer，1985）、组织价值观一致性量表（organizational value congruence scale）（Enz，1986）、Kilmann – Saxton 文化差距测量（Kilmann – Saxton culture-gap survey）（Kilmannetal，1986）、公司文化测量（corporate culture survey）（Glaseretal,1987）、比较重点量表（the comparative emphasis scale，CES）（Meglinoetal，1989）。

2. 国内企业文化研究典型量表

1984 年前后，组织文化传入中国，很快得到了企业界和学术界的认同和

---

① 高华. 基于企业文化的置信集团执行力研究［D］. 西南财经大学，2008.

响应。一大批文献相继问世，并且一些管理实践也受到了国外的重视，但国人所操作的理论语言几乎依然是西方的（韩巍，2004）。通过文献回顾发现，定性研究组织文化的多，而定量研究组织文化的少。在组织文化测量方面，与国外相比，我国的研究还很薄弱。

（1）台湾大学郑伯壎教授在 Schein（1985）研究的基础上设计了 VOCS 量表，包含科学求真、顾客取向、卓越创新、甘苦与共、团队精神、正直诚信、表现绩效、社会责任和敦亲睦邻 9 个维度[①]。郑伯壎（1993）对这 9 个维度进行因子分析后，发现可得到两个高阶维度：外部适应价值（包括社会责任、敦亲睦邻、顾客取向和科学求真）和内部整合价值（包括正直诚信、表现绩效、卓越创新、甘苦与共和团队精神）。VOCS 量表是完全本土化的量表，在中国组织文化测量方面具有开创性，但是比较抽象，回答者不易理解。

（2）占德干和张炳林（1996）利用香港中文大学亚洲研究中心的 KwokLeung 和 Harty Triandis 设计的中国价值倾向调查表进行实证研究，对 40 个儒家价值指标进行因素分析后发现，得到 8 个因素：君子人格、人际伦理、自我控制、知足常乐、面子、重利轻义、超脱圆滑、清高[②]。并从 61 个项目中找到两个主要维度：组织控制程度，是控制灵活还是控制稳定；经营管理哲学，是以员工为中心还是以工作为中心[③]。

（3）北京大学光华管理学院根据案例实证分析的结果，设计了由 34 道题项组成的量表，该量表采用七个维度：人际和谐、公平奖惩、规范整合、社会责任、顾客导向、勇于创新和关心员工成长。后来在实践中，又将这七个维度减为六个。

（4）清华大学经管学院构建了由 40 多道题组成的量表，从八个维度测量：客户导向、长期导向、结果导向、行动导向、控制导向、创新导向和谐导向和员工导向。

（5）徐淑英、王辉、忻榕学者提出企业组织文化测量的基本维度，基本维度量表如表 1 - 11 所示。

---

① 左兵. 高校组织文化研究模式述评 [J]. 职教论坛, 2013.
② 戚明阳. 中国企业核心价值观构建的理论研究 [D]. 中国优秀硕士学位论文全文数据库, 2012.
③ 韩巍, 张含宇. 组织文化研究的方法选择 [J]. 当代经济科学, 2003.

表 1 - 11　　　　　　　　　　基本维度量表

1	2	3	4	5
非常不重视	不重视	不确定	重视	非常重视

您所在的企业	非常不重视	不重视	不确定	重视	非常重视
员工发展（α = 。82）					
关心员工个人的成长与发展	1	2	3	4	5
发展员工的潜能	1	2	3	4	5
理解，信任员工	1	2	3	4	5
重视员工的建议	1	2	3	4	5
提供知识及技能的培训机会	1	2	3	4	5
人际和谐（α = 。84）					
重视团队建设	1	2	3	4	5
鼓励合作精神	1	2	3	4	5
促进员工之间情感的交流	1	2	3	4	5
鼓励员工之间的相互协作	1	2	3	4	5
员工之间相互体贴	1	2	3	4	5
顾客导向（α = 。82）					
最大限度满足顾客的需要	1	2	3	4	5
客户的利益高于一切	1	2	3	4	5
提倡顾客就是上帝	1	2	3	4	5
向顾客提供一流的服务	1	2	3	4	5
真诚服务客户	1	2	3	4	5
社会责任（α = 。90）					
重视社会责任	1	2	3	4	5
企业的使命就是服务社会	1	2	3	4	5
经济效益与社会效益并重	1	2	3	4	5
重视社会的长远发展	1	2	3	4	5
勇于创新（α = 。80）					
乐于接受新生事物	1	2	3	4	5
注重新产品，新服务的开发	1	2	3	4	5
鼓励创新	1	2	3	4	5
大胆引进高新科技	1	2	3	4	5

　　国内学者也在尝试开发组织文化量表，期望开发出适合我国环境的量表。但是成功的量表必须经过大量的数据检验，而我国在这方面的工作还远远不够。

　　纵观国外三十多年关于企业文化理论的研究，其主要走理论研究与应用研究相结合、定性研究与定量研究相结合的道路。20 世纪 80 年代中期，在对企业文化的概念和结构进行探讨之后，便马上转入对企业文化产生作用的内生机制，以及企业文化与企业领导、组织气氛、人力资源、企业环境、企业策略等企业管理过程的关系研究，进而对企业文化与企业绩效的关系进行量化的追踪研究①。定量研究是在企业文化理论研究的基础上，提出用于企业文化测量、诊断和评估的模型，进而开发出一系列量表，对企业文化进行可操作化的、定量化的深入研究。随着跨国公司的全球性范围活动，各国经济合作关系的空前多样化发展及国际间企业兼并活动的日益活跃，无不涉及跨越文化的制约因素。近年来，对跨文化行为的研究成为企业文化研究的一个新动向。目前，国内外对企业文化的基础理论问题研究已比较深入，但对于企业文化与企业效益、企业发展方面的应用研究还较少，基本上还处于定性分析的初级阶段。尽管研究的视角有所扩展，但企业文化研究定量的少、定性的多。总的来说，从企业文化的研究史可以看出，学术界、企业界已经做了大量的理论和实践探索，建立了多角度、多方位具有一定理论和实用价值的企业文化模型。同时，许多学者对企业文化和企业经营业绩的关系、企业文化的测量、企业文化理论等方面进行了大量研究，取得了丰硕成果。然而，国内外学者在企业文化的基础模型、企业文化与企业管理、企业文化同企业核心竞争力的内在联系作用机理及实现路径、企业文化传承与创新等方面的研究尚不多见，这将是未来学者研究的重点和新的研究视角。

---

　　① 清志. 中国企业文化发展的独立思考 [J]. 东方企业文化, 2012.

第2章

家族企业文化发展与演进

　　家族企业是世界范围内最为普遍的企业形态之一，家族企业在世界经济体系的构建和发展中扮演着重要的角色。在美国《财富》杂志提供的500家大型企业中，被家族控制的就达175家，在英国116家最大公司里，有29%的公司都是家族企业。在中国，家族企业的存在有着悠久的历史，国人受"儒家思想"影响，以家庭、家族、血缘为根基的经济根深蒂固。自改革开放以来，随着社会主义市场经济体制的建立和完善、人们思想意识形态的转变，以家族企业为主体的民营经济在中国有了更为广阔的发展空间①。改革开放近四十年，中国的家族企业得到了长足的发展，并在增加国家财政收入、解决社会劳动就业、促进国民经济发展等方面发挥了重要作用。但是近几年，中国家族企业的"短寿"现象也引起了人们的关注，成为学术界研究的焦点之一。家族企业如何摆脱"一代创业，二代守业，三代灭亡"的宿命，实现自身的可持续发展，成为自身面临的难题。

　　家族企业文化是家族企业的精神支柱，是家族企业的灵魂，并引领着家族企业的发展方向，发挥良好的导向功能，强大的凝聚功能，严格的约束功能，有效的激励功能，创新的驱动功能。特别是在家族企业生命周期的每个阶段，家族企业会面临不同的问题，家族企业文化会起不同的作用。因此，要正确认识每一阶段家族企业内外环境的特征，深入把握家族企业文化对企业的影响，充分发挥家族企业文化的功能，更好地促进家族企业可持续发展。

---

① 吴俭. 浅谈家族文化对家族企业的影响［D］. 吉林大学，2007.

2.1 家族企业内涵与特征

从古至今，纵观全球，家庭都是人类最基本的生活单位，家庭关系则是最基本的关系圈层。当家庭或家族发挥其社会经济功能，涉足生产、分配、交换、消费，并将家族中的血缘关系、伦理规范、家庭制度等投射于社会经济活动中时，家族或家庭就成为了企业的生长点①。因此，家族企业成为人类最古老的一种企业形式，即使在当今世界，无论在发达国家，还是在发展中国家，家族企业都在顽强的生存和发展着，并在社会经济生活中占据着重要地位，如表 2 - 1 所示②。

表 2 - 1 世界各地的家族企业发展状况

国家（地区）	家族企业发展状况
美国	90% 的企业是由家族控制
英国	8 000 家大公司中 76% 是家族企业，他们的产值占 GNP 的 70%
德国	所有企业的 80% 是家族企业
澳大利亚	80% 的非上市公司和 25% 的上市公司是家族控制公司
韩国	家族企业占企业总数的 48.2%
印度	500 家大公司中有 75% 是家族控制的，全国 297 000 家注册公司中，有 294 000 家是家族企业
意大利	所有工业公司员工超过 50 人的公司有 46% 是家族企业，员工在 20 ~ 500 人之间的公司有 80% 是家族企业
荷兰	所有企业中的 80% 是家族企业，员工超过 100 人的企业中 50% 是家族企业
西班牙	年度销售额超过 200 万美元的公司中 71% 是家族企业
拉丁美洲	家族企业占所有私人公司的 80% ~ 90%

资料来源：曾忠禄，易正伟：家族企业长寿之道. 企业管理。

家族企业是一种既古老而又新鲜的企业组织形式，是指以血缘关系为基本纽带，以追求家族利益为首要目标，以实际控制权为基本手段，以亲情第一为首要原则，以企业为组织形式的经济组织。不同区域、不同行业和不同规模的

---

① 王春玲. 中国家族上市公司内部治理结构及其绩效的实证研究 [D]. 暨南大学，2007.
② 申茜. 赵培家族制与当代中国家族企业的成长问题研究 [J]. 商场现代化，2007.

家族企业各有特色，其企业文化也各有千秋，但是以血缘、亲情为纽带，以家庭、家族为其实体存在的意识形态，以家庭、家族成员之间的上下尊卑、长幼有序的身份规定为行为规范，以崇拜祖先和家族绵延兴旺为人生信仰是每个家族企业文化的共有特征①。但理论界至今对"家族企业"的概念，还没有形成统一的表述。

2.1.1　家族企业内涵界定

我们认为，家族企业概念的界定应考虑三个要素。（1）家族主要成员（含二代）在家族企业持股或担任重要职务的因素，即作为一个家族企业，必须以家族成员为主体，并且有二代成员参与企业管理。（2）家族成员对企业有一定的控制权的因素，必须以家族企业长远发展的视角定位家族企业，即要以动态思维研究家族企业的概念，而不应以静态思维（如仅停留在考察创业初期家族企业的特点）审视界定家族企业。有些学者认为所有权与经营权完全为一个家族所掌握才是家族企业的观点只符合创业与成长初期状态下家族企业的特点，而不符合在市场中发展成熟的现代家族企业的特点②。现代家族企业所有权与经营权分离是必然趋势，不仅家族企业所有权因企业市场化发展需要而被其他家族和非家族成员分享，而且随着家族信托业与职业经理人引进家族企业，家族一代或二代成员表现为只持股而不参与经营管理的情形成为常态。在这种情形下，区分是否是一个家族企业的标志，应该是家族主要成员（一代或二代）在不持有绝对股权和不直接经营管理的情形下仍然对企业有绝对控制权③。（3）家族企业文化价值观传承的因素，如果在家族成员不持有绝对股权和不直接经营管理的情形下依然被认为是家族企业，企业文化与价值观的传承就起着决定性的作用。这是因为，家族企业在发展中不仅创造了闻名世界的代代相传的具有知识产权的品牌，同时创造了包含家族忠孝思想与伦理道德等因素的企业文化与价值观，并且得到了家族成员的认同和社会公众的认知。

1. 美国学者关于家族企业的阐释

（1）美国新企业史学派的代表人物 D. 钱德勒（Alfred D·Chandler）认

---

① 杨静. 论现阶段中国家族企业文化的再造 [D]. 西南大学，2006.
② 徐杨. 我国家族企业研究分析 [D]. 太原大学，2010.
③ 卢莹. 大午集团代际传承的模式探索 [D]. 南开大学，2008.

为："企业创业者及其最亲密的合伙人和家族一起掌握大部分股权。他们与经理人员维持紧密的私人关系且保留高阶层管理的主要决策权，特别是在有关财务政策、资源分配和高阶层人员的选拔方面。"① 此定义是从企业经营权和所有权的角度界定家族企业，强调家庭成员掌握了家族企业的大部分股权，并对家族企业拥有经营控制权，此种类型的家族企业多数处于发展初期②。该定义没有提出具体的股权结构以确定何为"大部分"，忽视了家族企业的发展阶段性，没有考虑到家族企业的动态发展，具有一定的局限性。

（2）美国著名学者克林·盖克尔西指出，要确定一个企业是否属于家族企业，判断的标准不是企业的名称以及家庭成员在企业经营中所担任的职务，而是判断所有权的最终归属③。该定义从资本所有权的角度界定家族企业。他同 D. 钱德勒一样，以家庭所有权为依据判断某一企业是否为家族企业，没有考虑到现代家族企业中存在的股权合理配置，强调所有权而忽视了经营权，不利于家族企业的健康发展。

（3）美国哈佛大学知名学者 G. 唐纳利（Robert G. Donnely）认为，家族企业系同一家族至少有两代参与公司的经营管理，且两代承续的结果使公司的政策与家族的利益、目标有相互影响的关系。据此定义，他进一步指出符合下列七个条件中的一个或数个，才能称为家族企业：①企业的价值观念与家族成员的价值观念是相同的④；②现任企业 CEO 的妻子儿女或前任为现任董事会的主要成员；③家族关系是决定管理继承的主要因素⑤；④家族成员与公司的关系决定了他一生的荣誉；⑤家族成员在公司的地位决定了他在家族中的地位；⑥家族成员行动都反映了企业的信誉和荣誉⑥；⑦家族成员自认有义务持有公司之股份，理由并非为了财务利润而是为了使公司继续延续下去以代表家族之存续。该定义从经营管理权的角度界定家族企业，强调家族成员对企业经营管理权代际传承和价值观，符合处于成熟期且经营管理权实现了家族成员二代传承的家族企业的特点⑦。但他对家族企业的所有权和经营权的关系以及家族成

---

① 李若颖. 我国家族企业成长期的继承模式研究 [D]. 北京交通大学，2007.
② 刘栗池，陈昆玉. 中国现代家族企业制度 [D]. 云南财经大学，2012.
③ 黄高余. 家族企业公司治理理论研究 [J]. 经营管理者，2014.
④ 黄芳俊. 董事会结构与企业经营绩效之关系 [D]. 暨南大学，2009.
⑤ 陈淑娟. 东方管理视角下中国家族企业接班传承研究 [D]. 复旦大学，2011.
⑥ 黄士哲. 董事会结构特性与企业经营绩效关联研究——以台湾地区上市柜公司为对象 [D]. 暨南大学，2007.
⑦ 杨正炉. 福建家族企业治理结构转变研究 [D]. 集美大学，2013.

员持有股权份额并未进行阐述，这样不利于企业吸纳外来资本发展壮大，如资产并购、发行股票、公司上市、发展目标实现，特别是忽略了处于创业初期和成长期、只有一代人参与家族企业经营管理的情形。

从以上分析可以看出，美国学者给家族企业的定义都存在不同程度的漏洞。D·钱德勒认为只有家庭成员掌握所有权和经营权才能被认定为家族企业，而没有涵盖掌握控股权的家族企业。克林·盖克尔西则强调企业所有权只有被家庭成员拥有才能称之为家族企业，而将掌握经营决策权的家族企业排斥在外。因此，他的定义更加倾向于早期的家庭作坊式的企业，与股权分享、所有权经营权分离现代家族业相去甚远。而 G·唐纳利侧重从企业的代际传承来界定家族企业。三位美国学者基于不同的视角提出认定家族企业的标准，兼具有合理性和不合理性。

2. 中国学者关于家族企业的论述

（1）台湾地区学者的观点。我国台湾学者叶银华以"临界控制持股比率"来判断家族企业，将个别公司股权结构的差异性与家族的控制程度作为主要因素进行考察①，认为家族企业应具备以下三个条件：①家族的持股比率大于临界持股比率；②家族成员或具二等亲以内之亲属担任董事长或总经理②；③家族成员具三等亲以内之亲属担任公司董事席位超过公司全部董事席位的一半以上。该定义从动态的角度肯定了所有权和经营权是认定家族企业的两个关键性因素，以家族成员持有大部分股份作为判断家族企业标准更加符合发展成熟期的家族企业③。但是，该定义忽略了家族成员虽然持有少部分股份但拥有家族控制权的家族企业。

（2）大陆学者的观点。潘必胜认为，当一个家族或数个具有紧密联盟关系的家族拥有全部或部分所有权，并直接或间接掌握企业的经营权时，这个企业就是家族企业④。他还根据家族关系渗入企业的程度及其关系类型，把家族企业分为三种类型：①所有权与经营权完全为一个家族所掌握；②掌握着不完全的所有权，却仍能掌握主要经营权；③掌握部分所有权而基本不掌握经营

---

①　费菲. 家族企业股权集中度、国际创业与企业绩效——基于家族上市公司数据的实证研究 [D]. 中山大学，2009.

②　秦志林. 民营企业不同成长阶段的治理模式研究 [D]. 天津商学院.

③　钟学军. 我国家族上市公司股权集中度与公司绩效关系研究 [D]. 湖南大学，2012.

④　胡哲峰. 对中国民营企业公司治理发展趋势的探析 [D]. 浙江财经学院，2009.

权。该定义将所有权和经营权结合起来，并进行了分类。因此，比美国学者克林·盖克尔西的观点进了一步，但没有像台湾学者叶银华一样提出如"临界控制持股比率"来判断公司模式的现代家族企业，略显不足。储小平认为，从家庭、家族及其延伸的关系网络来界定家族企业，把家族企业看成是家族成员对企业的所有权和控制权保持拥有的一个连续分布的状态，而不是某一种具体形态①。该定义从所有权和经营权角度出发，以动态的视角来考察家族企业，具有一定的客观性，但是该定义没有提出家族企业的判断标准，缺乏操作性。贺志峰认为，家族企业是通过家庭契约联结的企业组织，而非家族企业则是通过市场契约联结的企业组织。该定义从契约角度将家族企业与非家族企业进行区分，提供了新的研究视角，具有一定的意义，但是没有提出家族企业的认定标准，操作性不强。

3. 不同学者从不同角度对家族企业的界定

（1）从家族企业的发展阶段与组织形态来界定家族企业。台湾学者黄光国，从家族企业的发展阶段方面对家族企业的含义进行了分析，认为家族企业有四种形态：①是"完全"意义上的血亲关系的家族企业；②是采用了一定的管理方式，由家族企业创业者掌握大部分权力，家族成员参与次要管理职位；③是从创业者及家庭成员掌握大权的"人治"，过渡到了按规章制度行事的"法治"；④是"所有权"与"经营权"相互分离，也就是具有现代意义的家族企业。他认为这四类形态，就是家族企业发展的四个阶段。

（2）从系统论角度来界定家族企业。甘德安从系统论的角度认为，"家族企业是以传统的文化为核心，比较重视人情关系网，家族其所有权和控制权没有全部分离，其生命周期与创业者及创业者家族的发展周期紧密联系，其决策由股权的所有者来集中作出，其重要职位大多由家族成员担任，是一个具有开放性的非稳定的系统。同时，他也认为一个企业是不是家族企业要看企业的治理结构，如果家族成员是在该企业中工作，那么这个企业就被认定为是家族企业。"

（3）从社会学及文化角度来界定家族企业。陈凌认为，家族式的经济组织是通过非正式的制度安排而形成的非正式的经济组织②，家族企业往往被看

---

① 朱元鸳. 公司治理对内部控制有效性的实证研究 ［D］. 江苏大学，2012.
② 姜流. 家族企业的战略性转型研究 ［D］. 河海大学，2007.

为是一个大的家庭，并承担着一定的经济功能，其组织结构、运行方式与家庭基本上是相同的。吕政认为"家族企业是一个具有文化伦理性的经济组织，是企业与家族的结合体。"这种对家族企业的界定角度，更强调家族企业的文化性和特殊文化背景对家族企业的巨大影响。

从以上种种阐述中，我们可以发现家族企业的概念是相对灵活、难以界定的。通过借鉴学者们的研究成果，我们认为，家族企业是单个家庭或具有血缘及亲缘关系的家族拥有企业所有权并保持临界控制权，家族核心人物掌握企业经营权（尤其是剩余控制权），家族利益与企业利益保持高度统一，受"家本位"或"家权威主义"等传统伦理思想深刻影响，具有很强的文化及伦理特征的经济组织。

2.1.2　家族企业特征分析

"家族企业"是"家族"与"企业"两种社会组织的结合体，主语为企业，所以它是一个经济组织，但它又是属于"家族"性质的，这就不可避免的烙上文化伦理的印痕。家族企业的产生与发展壮大，无时无刻不体现出经济与文化之间相互渗透、相互影响的合力作用。在家族企业创设初期，所有权与经营权完全往往掌握在一代家族成员手中，但随着家族企业发展壮大，企业所有权与经营权会发生分离，职业经理人管理家族企业将会是未来的大势所趋[①]。二代家族企业表现为家族成员持有企业一定股权，能够直接或间接控制企业的特点，作为一个典型的家族企业须具有企业文化与价值观，并且是可持续传承发展的企业组织[②]。企业产权结构是区分家族企业与非家族企业的关键，采取单一产权结构与混合产权结构为标准对家族企业进行分类符合家族企业的本质特征[③]。

1. 家族企业的特征

（1）家族企业是以血缘、亲缘及地缘关系为基本纽带而组成的群体。家族企业成立之初，组织结构的核心一般是血缘关系，但随着企业的不断发展壮

---

① 陈言信. 我国家族企业权力传承问题研究 [D]. 四川师范大学，2013.
② 汪娜. 当代中国家族企业边界定义的重新划定 [D]. 华东政法大学，2012.
③ 沈炳珍、吴婷婷. 我国家族企业产权开放模式探析 [D]. 杭州电子科技大学，2008.

大，组织结构也会逐渐地向外围扩展到亲缘、地缘及关系缘的方向。家族企业内部关系以血缘为核心，由近及远的往外扩散，形成一个同心圆的网状结构，成为一个巨大的不断往外辐射的关系网，且以差序格式进行管理。

（2）家族企业以实现家族利益的最大化为基本出发点和首要目标。家族企业成立之初，其动机总是为了一个家庭或是家族内部的根本经济利益，通俗地讲，就是发家致富、光宗耀祖。在家族企业中，家族利益才是企业的首要目标，企业利益和家族利益是保持高度统一的。由于家族企业是"家族"和"企业"的统一体，所以企业在追求其长远发展，实现其利益最大化的同时也是在追求整个家族的整体利益，即整个家族长久的兴旺发达[1]。随着企业规模的扩大，同心圆式的组织结构也在不断地向外发展，一旦企业遇到外部巨大的压力时，家族企业往往为保全家族利益而首先瓦解和分化同心圆的外围部分。

（3）家族企业的产权结构表现为所有权与控制权合一或部分分离的形态。在家族企业中，家族企业的老板一般既是董事长又是总经理，也就是说，他既是投资者也是经营者，企业内部的主要职位也都由家庭成员担任，他们以所有权的控制来促使其经营管理权力的实现。即使有的家族企业发展到了一定的规模，作为股份公司的组织框架和制度安排已经具备，并聘请了专门的职业经理人，但其实际的绝对所有权及控制权仍然被家族核心成员所拥有。家族企业中，真正"老总"事无巨细，凡事都要亲力亲为，对家族外"经理"不充分信任；专门的职业经理人在一定程度上会受到家族成员的挤压，做事有所顾虑而不能充分施展其才能。并且在家族企业中，其所有权与经营管理权主要也是在家族内部传承的，主要表现为子承父业。这样，家族企业的产权结构就表现出所有权与控制权的合一或是部分分离的形态。

（4）家族企业有其自身独特的企业文化。社会中最重要的社会机构就是"家族"，"家族"是从最深厚的文化层次中一直流传下来的，时至今日，它依然是人们行为的核心[2]。人们第一重的社会生活是家庭生活；第二重的社会生活是亲戚邻里朋友等关系。"家族企业"在"家族"的影响下，使家族企业文化以"家本位"文化为核心，在企业内部管理上带有浓厚的家族色彩。在管理上，家族企业对企业成员有双重要求，比较重视家族成员的利益与情感，对待家族内部成员是"情大于法"，大事化小，小事化了；而对于"外人"却严

---

① 秦钰. 我国家族企业可持续发展问题研究 [D]. 山东大学，2012.

② 吴颖. 现代企业文化与家族文化的相融性研究 [D]. 云南大学，2006.

格按照市场运行规律来决断。家族企业强调特殊的人际关系而非企业内明确的经济规范及规章制度，即便是有成文的规章制度在一定程度上也难以发挥应有作用。

2. 中国家族企业的特征

近 40 年，中国家族企业发展迅速，尽管发展方式有所不同，但是受传统文化和外部社会环境的影响，中国家族企业具有自身的特征。

（1）家族企业在创业初期，所有权与经营权集中在家族成员手中，多由家族成员出资出力才得以发展壮大。为保证企业正常经营，家族企业的股权绝大部分集中在家族成员手中，并且家族成员拥有绝对的经营管理权限，以便随时调整经营方式应对市场变化[①]。家族企业在成熟期，家庭成员的后代不断承继上一代股权，持股人数不断增加，尽管部分家族企业通过对外融资的方式稀释部分股权，但是家族企业的股权仍集中在家庭成员手中[②]，家族成员通过控制重要岗位的人事任免权、财务权和战略发展方向等实施对家族企业的管理。

（2）家族企业在创业初期，采用家长式集权化管理模式。企业主凭借其资本、能力和胆识等，使家族企业发展壮大并成为核心人物。待家族企业成长发展时期，为方便经营管理，企业主往往采用集权化的管理模式，采取家长制的管理手段，将家族企业的经营管理权牢牢控制在家庭成员手中。此种管理模式过度依赖企业主，一旦企业主出现个人意外，如获罪或意外事故，则会对家族企业造成极为严重的影响，不利于家族企业的长远发展。

（3）家族企业在创业初期，财务具有封闭性。中国家族企业多为中小型企业，财务负责人通常为家庭成员，财务管理制度不健全，甚至有些家族企业没有财务人员，由企业主自行负责财务事宜，使家族企业财务状况只有企业主或财务负责人才知道。另外，家族企业的资本多为家庭成员出资构成，因而企业是否盈利和盈利如何分配只关系到家庭成员，也就是说家族企业的财务如何和家庭成员外的第三人没有任何关系，第三人也无须知晓家族企业的财务状况。同时，绝大多数家族企业并没有通过上市对外融资，无须按照上市公司的规定公开财务状况。因而家族企业的财务状况具有很强的封闭性。

（4）家族企业在发展至成熟期，所有权与经营权实行代际传递。根据民

---

① 王玲旦. 家族企业治理模式的演变及影响因素研究 [D]. 2012.
② 蔡祖飞. 中国家族企业的管理分析 [J]. 现代经济信息，2012.

营企业调查报告和公开资料显示，下面将国内部分家族企业实行代际传承方式示例以汇总表（见表2-2）。

表2-2 中国部分家族企业代际传承汇总

继承时间	公司名称	创始人	继承人	二者关系
1993	福建劲霸时装公司	洪肇明	洪忠信	父子
1994	理文造纸	李运强	李文俊	父子
1994	万向集团	鲁冠球	鲁伟鼎	父子
2000	格兰仕集团	梁庆德	梁昭贤	父子
2000	红豆实业	周耀庭	周海江	父子
2001	传化集团	徐传化	徐冠巨	父子
2001	中宝集团	吴良定	吴捷	父子
2001	横店集团	徐文荣	徐永安	父子
2002	方太厨具	茅理翔	茅忠群	父子
2002	广厦集团	楼忠福	楼明	父子
2003	海鑫钢铁集团	李海仓	李兆会	父子
2003	长青置业	刘恩谦	刘乃畅	父子
2003	黄河实业集团	乔金岭	乔秋生	父子
2003	华西集团	吴仁宝	吴协恩	父子
2004	均瑶集团	王均瑶	王均金、王钧豪	兄弟
2006	广州榕泰	杨启昭	李林楷	翁婿
2008	天通股份	潘广通	潘建清	父子
2011	盼盼集团	韩召善	韩国贺	父子
2012	美的集团	何享健	方洪波	职业经理人
2013	兰州黄河	杨纪强	杨世江	父子
2013	步长集团	赵步长	赵涛	父子
2015	力帆俱乐部	尹明善	尚游、陈卫	职业经理人

受我国传统文化"子承父业"的影响，家族企业主在选择接班人的时候，优先考虑自己的直系血亲，通常为儿子或者女儿。如果没有直系血亲，则会在家族内部选择优秀的继承人继承，以保证家族企业在家族成员内部传承。除非特殊情况，企业主不会把家族企业交由外部成员或者职业经理人。显然，为顺利实现家族企业交接班，第一代企业主安排家族第二代接班人担任家族企业重要岗位。

（5）家族企业日渐社会化。家族企业发展至成熟期，出现日渐社会化发展趋势。其有两个显著特征：①随着二代家族成员的不断增加，导致股权结构在家族成员中重新分配，集中在某个人手上的股权份额不断减少，部分家族成员仅仅是持股，不参与家族企业的管理①。为更好地发展家族企业，诸多家族企业都会通过引入职业经理人的方式让其管理经营家族企业。中欧国际工商学院家族传承研究中心的研究数据显示，在中国 A 股上市的 747 家族企业中有逾400 家已有二代进入，人数为 700 多位；担任高管或董事会职务的二代占所有二代的 56%，无任职但持股的占 41%，另有 3% 的二代不任高管不持股，仅为基层职员。其中，CEO 为家族成员的占 54.4%，而 CEO 为职业经理人的占45.6%。由此可见，职业 CEO 的比重已然上升，和家族成员几乎平分秋色，职业经理人已经成为家族管理权接班的新趋势和新兴力量。②家族企业积极寻求公司上市或者新三板挂牌，通过稀释股权的方式对外融资，缓解家族企业财务压力，增加资金流动性。伴随着外部成员的进入，家族成员的股权在一定程度上被稀释，难维持以前的股权结构，逐渐社会化是必然趋势。

综上所述，从中国家族企业发展过程来看，一般经历创设期、成长期、成熟期三个发展阶段，且不同阶段的家族企业特点各有不同。综合国内外学者关于家族企业的观点，有的学者以家族企业在某一时期的静止形态界定其概念有失偏颇，而以家族企业动态发展界定其概念，符合家族企业中后期发展变化特点，同时有利于家族企业从创业到成熟后的长远发展。

3. 中国家族企业的类型

中国家族企业发展方式不一，类型多样，我们将家族企业作以下分类。

（1）按企业核心成员构成，可分为四种类型：一是父子型。又分为父带子型（或称子承父业型）和父子合作型。前者指父辈完成或基本完成创业，子辈经过精心培养和严格训练后继承家族事业；后者指父亲与儿子分工明确，共同创业和发展②。二是兄弟型。主要指兄弟携手由共同决策到各持一块分权经营，成就家族事业。三是夫妻型。即在夫妻共同浇灌和精心培育下，企业得以起步和发展。四是核心混合型。企业的家族成员中既有血缘关系又有亲缘关系，既有父兄辈，又有子女辈，既有夫妻、亲戚，又有同学、朋友，以一个或少数几个家族成员为核心，其他成员参与经营管理。

---

① 刘美玲. 中国家族企业可持续发展研究［D］. 东北财经大学，2006.
② 独家基. 我国家族企业制度研究［D］. 兰州大学，2010.

（2）按企业管理模式，可分为三种模式：一是作坊式。这类企业的管理大都没有定式，企业日常经营管理和战略决策，主要依靠企业主的直觉和以往的经验①。二是现代式。这类企业具有明确的章程和发展规划，机构健全、分工合理，企业管理体系和运行机制都比较完善，经营基于市场调查和科学分析而做出投资决策②。三是渐变式。企业从家庭作坊起步，随着规模扩大逐步引入家族以外成员，建立了相应的企业管理规章制度，但这些制度难以发挥实质性作用，企业处于传统型向现代型转化与嬗变阶段③。

（3）按企业产权变化，可分为四种形式：一是家族产权＋家族成员管理。具有代表性的是"温州模式"，企业所有者、经营者、生产者三位一体，企业由家庭作坊逐步发展而来。二是家族产权＋家族成员与非家族成员（引进的社会公众成员）共同管理。在这类企业中，制度化管理逐步与亲情管理有机融合。三是非家族产权＋家族成员管理。具有代表性的是传统"苏南模式"以及部分"准家族化"的国有企业，企业的剩余索取权归乡镇集体或国家所有，家族成员参与经营管理掌握实际的剩余控制权④。四是"红帽子"型。表面上顶着乡镇集体企业或国有企业的帽子，实为家族企业。

以上分类从三个视角出发，对家族企业的类型进行细分，且提出具体的特征，涵盖了家族企业从创设初期、到发展成长直至成熟三个时期的家族企业类型，比较全面反映了实际中存在的家族企业现象。但是，由于划分的视角比较分散，所分类型显得烦琐，如夫妻、父子、兄弟姐妹，可统称为家族成员，而管理模式实际是指家族成员亲自经营管理，还是采取信托管理或职业经理人管理。我们认为，企业产权结构是区分家族企业与非家族企业的关键，采取单一产权结构与混合产权结构为标准对家族企业进行分类，既简单明确，又抓住本质，所以，家族企业可分为以下两种类型。

一是单一产权结构的家族企业。单一产权结构的家族企业的特点是所有权和经营权合而为一，家族主要成员对企业拥有绝对控制权。这种类型的家族企业主要表现为从企业主到基本员工都是家庭成员，没有非家庭成员，相互之间具有血缘和亲情关系。也就是说，家庭成员掌控人事任免权、财务权和其他权限。家族企业创业与成长初期，如家庭小作坊，多为此种类型，为家族成分最

---

① 黄骁娟. 国产视频投影机家族企业的管理创新研究［D］. 电子科技大学，2007.
② 独家基. 我国家族企业制度研究［D］. 兰州大学，2010.
③ 刘平青. 轨迹与特征：家族企业现实问题研究［D］. 华中农业大学，2003.
④ 谢铭. 家族企业制度建设中的权力分配研究［D］. 广西大学，2009.

高的家族企业。这类企业存在的问题是，所有权结构单一化，家长制管理模式下决策不科学，产权不明晰，财务不透明，融资难等，企业的规章制度对家族成员来说是形同虚设，企业"家长"徘徊于亲情和制度之间影响工作，产权不明晰和财务不透明也会引起家族成员之间的矛盾与纠纷，融资难不利于企业规模的扩大等①。

二是混合产权结构的家族企业。混合产权结构的家族企业，即现代公司制度下的家族企业。当家族企业发展到成熟期，为避免家族企业的财产与个人财产混同，部分家族企业选择成立有限责任公司，发挥股东在出资范围内承担有限责任的优势，有效隔离财产混同风险。但如果出现家族企业所需资金越来越多，而家族成员的出资或者通过银行借贷的方式所筹措的资金依旧无法满足家族企业的发展需要情形时，部分家族企业会通过对外融资的方式寻求外部资金，通常外部融资的方式表现为上市，吸引新股东投资。同时积极建立健全现代企业制度，完善股东会、董事会和监事会架构，以有效保持家族企业有效运转。现代家族企业的所有权和经营权相对分离，由于引进外部人才或吸收外部投资，产生两种情形：一种是某一家族仍然掌握企业的控制性股份②，委托外部专家或企业经营目标企业，即"高所有权—低控制权"模式。该种模式下，因家族成员掌握企业的控股权，所以对企业拥有最终的实质控制权。另一种是某一家族为吸收外部投资，丧失了控制性股份，仍牢牢地控制着企业，形成实质性控制，即"低所有权—高控制权"模式③。

这类企业存在的问题，一是企业文化难以形成，难以建立科学的约束和激励机制，家族企业由于受家族内部关系的影响，企业文化难免带有很强的家族色彩，非家族成员很难融入其中，形成有凝聚力的企业文化。二是不利于建立科学的激励体制。由于家族企业文化难以形成，在激励制度上，只能跟金钱挂钩。因为金钱是掌握在家族手中的，多奖少奖都由家族说了算，这样易走入每当提及奖励便想到钱的误区，而且家族企业激励机制的主观性、随意性都较大，企业不注重满足管理人员其他方面的需求，不能够建立科学的激励体制。

中国自 1978 年改革开放以来，在法律保护私有财产和国家发展私有制经济的政策支持下，家族企业发展迅速，成为私有制经济重要组成部分，在国民

---

① 赵卫忠. 家族式企业管理存在的问题剖析，2012.
② 梁显忠，孙文玲. 家族企业的分类及优缺点分析，2003.
③ 李淮颖. 我国家族企业融资困境的对策研究，2011.

经济中扮演着重要的角色①。但是，由于对家族企业的概念与特征，家族企业的类型，家族企业治理的原则、方法和路径等基础理论研究不够，实践中关于家族企业的认识和理解莫衷一是，客观上影响了家族企业治理及良性发展。

2.1.3　中国家族企业发展历程

家族——从社会学的角度看，被视为国家的最基本的社会单位，是依照自然的血缘关系构造而成的社会单位，可以从"九族"和"五服"中寻到传统中国社会家族的脉络和特征。在中国历史的长河中，中国社会的政治与文化伦理传统都始终维护着这种以"血缘"为纽带的家族价值观念。家族企业创业者在创业初期从家庭作坊起步，通过"血缘"为纽带的家族成员，在共同的经济利益驱动下同心协力，通过彼此间的心理契约，积累企业发展所需的各种资本，逐步形成为企业组织形态②。这些家族企业在生产经营管理中也表现出明显的家族特征。

家族权威。权威是不容质疑、挑战和绝对的。家族企业所有者把家族权威与企业领导权威高度集于一身，在家族企业成员中享有很高的权威，表现的行为主要是有：会授权但很少分权、作风独断、贬抑下属、维护其尊严和不断教诲下属。

家族利益至上。中国传统文化中的各种道德均要求以家庭利益作为基本出发点，以家族利益为最终目标。由此形成的"家族至上"价值观强调：无论何时何地何事，都要以家族利益为重。在家族企业里则意味着企业员工均要以家族为出发点，家族先于员工个人，高于员工个人，重于员工个人；基于社会情感财富保护，家族利益先于其他利益，高于其他利益，重于其他利益；家族联系重于其他一切联系，形成以家族至上的思想理念和准则，并在企业管理中潜移默化地影响家族企业员工，从而引导家族企业员工的行为。

强调人情和关系。家族企业里尤其是中小家族企业内部，员工大部分或是绝大部分都是家族中人或是家族的朋友，有明显的裙带关系，对其他人群具有明显的排外性。这导致了家族企业管理都是以人情为基础，企业内部中人与人之间的关系也表现出与家族的远近亲疏的差序格局，家族企业领导居于核心位

---

① 海鸣. 民营经济政策演变中的理论创新，2007.
② 涂玉龙. 家族、家族文化与家族企业发展，2012.

置，其与员工之间的关系就像家族中的家长与家族成员之间的关系一样，从而使企业管理和业务运营协作表现出一种家庭式氛围。

无形契约。家族企业管理不是靠白纸黑字的文书契约，而是靠心灵契约——无形的契约。家族企业内各成员都编织在由血缘、亲情和友情所决定的差序格局网络里，企业内人与人之间的交往中，因为个人利益就是家族利益，家族利益也是个人利益，家族内部的契约管理就变得可有可无。企业如果与员工签订劳动合同，也只是一种形式，最后的执行按事先的口头约定，表现出双方的心理约定。它虽然不是有形的契约，但发挥的契约的承诺。

家族企业是家族和企业的结合体，这决定了它有别于其他经济组织，尤其中国的家族企业深受五千年传统文化的影响，形成了独特的家族与家族文化，并根植于家族企业中影响着企业的发展。近几年的家族企业骄人的市场业绩数据也向人们展示了这种组织形式的独特魅力。据福布斯中文版的统计公开资料显示，中国上市家族企业从 2013～2016 年加权销售增长率比上市国有企业和非家族民营企业同期销售增长率高出近 10% 和 8%，此三年的加权平均利润率也高出上市国有和非家族民营业企业分别约为 10% 和 7%，上述的成长性和营利性指标均表明，家族主义治理下的家族企业具有较强的市场竞争优势，这种独特的竞争优势是其他经济组织形式不易模仿的①。

中国家族制度自产生以来，在几千年的封建社会中，始终以各种变化了的形式继续存在和发展，对人们政治经济活动产生不容忽视的影响②。中国的家族企业始于明清，缓慢发展于封建社会，鸦片战争之后，作为对传统家庭手工作坊的替代和补充，早期中国家族企业得以萌发，以后在半殖民地半封建社会的中国艰难地生存和发展，而 1949 年以后不久便引入"苏联模式"，使家庭企业几乎陷入绝境，真正得到快速发展是 1978 年改革开放以后。

改革开放以来，中国家族企业经历了从无到有、从弱到强的发展过程。如今，民营企业已成为中国经济发展中的重要力量，而家族企业又占民营企业的90% 以上。可以毫不夸张地说，中国家族企业的出现和强劲发展在一定程度上改变了中国经济发展的面貌。但是，长久以来在中国，家族企业就是落后管理的代名词。"用人唯亲，裙带关系，管理混乱，公私不分"等这些词语都和家族企业联系在一起。确切的情况是，家族企业管理的弊端被无限地放大了，而

---

① 涂玉龙. 家族、家族文化与家族企业发展，2012.
② 翟洪霞. 家族企业与家族文化初探［D］. 北京工商大学，2005.

其优势却没有得到人们的重视和认可。家族企业未能真正地发展壮大、做大做强，我们认为主要是由于中国家族企业发展时间不长，尚未能形成有特色、能为企业的长久发展提供动力的企业文化①。

1. 早期中国家族企业的孕育与成长（明清时期～1840年以前）

1840年以前，封建家庭政权统治时期传统家庭手工业的自给自足与早期中国家族企业的孕育。传统中国社会中，家族制度作为封建政权不可或缺的辅助力量，在社会的政治经济生活中起着十分重要的作用②。在自给自足的经济结构中，一种生产技术，特别是手工业制作技艺，往往是在一个家庭或家族的经营管理实践中首先总结提炼出来的。类似于英国17～18世纪家族企业的手工作坊在中国宋代就已出现。特别到明清时期，专门垄断一种生产技术而形成名牌产品的家族手工业行业日渐增加。如北京就有勾栏胡同何氏的布，前门桥陈氏的首饰，双塔寺李氏的冠帽，东江米巷党家的鞋，大栅栏宋家的靴，帝王庙街刁家的丸药等等，它们都名噪一时，家资巨万。但总的来说，在中国几千年发达的家庭手工业之上却未能建立起现代工业经济。究其原因，至少有三：①中央集权的家族政权无不把治家之法推广到治国的范围。视君臣为父子，视国家如一家一族，不赞成用任何物质利益原则来调节人际关系。②重道而轻农工商的文化传统。商业排在士农工商四民之末，在传统儒家文化中最没有社会地位。③封建家族势力总是极力保守自己家族的技术秘密，技术分工的范围维持在一个家庭内部，技术创新十分缓慢③，封建家族政权和发达的家庭手工业共同孕育着早期中国家族企业，却难以自然发育成为现代企业组织形态。

2. 近代中国家族企业的萌动与举步维艰（1840～1949年）

1840～1949年这一百多年中，中国近代史上记载着的是一段内忧外患、民族存亡的历史。正是在这种动荡激烈的变化过程中，阻碍自由市场经济发展和企业组织形成的政治、经济和文化桎梏逐步被消化以至于被打破，为自由交换而产生的早期中国家族企业开始萌动。早期中国家族企业萌动的主要原因：

---

① 黄赞. 基于生命周期理论的中国家族企业文化建设研究 [D]. 湘潭大学，2012.
② 郑晓燕. 中国家族企业在制度变革中的可持续发展研究 [D]. 山东大学，2008.
③ 翟洪霞. 家族企业与家族文化初探 [D]. 北京工商大学，2005.

首先，几千年的家庭手工技能的沉淀积累为早期中国家族企业的出现提供了现存的生产工艺和能工巧匠①。其次，洋枪洋炮打开中国大门的同时，也打破了传统自给自足的思想禁锢；殖民统治者大量倾销商品以及在华投资办厂的商业行为，一方面催生了自由交换的市场经济和企业组织模式，另一方面使得自给自足的小农经济和家庭手工作坊难以为继，产品需求市场和劳动力供给市场逐步出现。最后，在内忧外患到了民族存亡之时，当时的社会精英从心在仕途转向决心办实业救国，如出现状元企业家张謇。再者，封建家族官僚看到兴办实业，既可捍卫政权统治力量，又不失为一种敛财增收的"文明"途径，于是出现资本与技术、劳动力结合的官僚资本主义。同时，国家政策也向有利于民族企业发展方面改弦更张。如1912年中华民国新政府成立及其所采取的奖励兴办实业等措施，激起了一些商人和资本家进一步"振兴实业"的强烈要求和愿望②。狭缝中成长起来的早期中国家族企业得到了一定程度的发展，出现以荣氏家族企业为代表的大型早期中国家族企业③。然而，长期的列强入侵和军阀混战，社会秩序和金融货币制度紊乱，交通梗阻，信息不畅，使早期中国家族企业发展困难重重。特别是家族政权统治势力的存在，典型代表为蒋宋孔陈四大官僚家族，采取压制、排挤和兼并手段，与民争利，早期中国家族企业举步维艰④。

3. 1949 年以后中国家族企业的濒临绝境并"地下经济"潜伏（"苏联模式"时期，1949 ~ 1978 年）

中华人民共和国成立后，直至"一五"时期，在"综合经济基础论"的影响下，以民族工商业为代表的中国家族企业，有着三五年左右与新兴国营工业和平共处、竞争发展的时期⑤。但在此后的一个较长时期内，"左"的思想逐渐占了上风。1953 年 ~ 1956 年，经过国家对农业、手工业和资本主义工商业的社会主义改造、"大跃进""人民公社化"运动和"文化大革命"，生产资料公有化的程度虽然达到了空前之高，但是社会生产力发展却遭到不少禁锢。家族企业面临的不是如何发展的问题，而是能否生存的问题。中国共产党第十一届三中全会以后，确立了以经济建设为中心，实行改革开放的路线，允许多

---

①⑤　刘平青. 转轨期中国家族企业研究 [D]. 华中农业大学，2003.

②　郑晓燕. 中国家族企业在制度变革中的可持续发展研究 [D]. 山东大学，2008.

③　康晓光，杨龙. 我国家族企业在经济发展中的作用分析，2012.

④　马丽波. 家族企业的生命周期 [D]. 东北财经大学，2008.

种经济形式同时并存、共同发展①。家族企业如沐春风，终于迎来了大发展。一定意义上，改革开放后重新成长起来的家族企业走了一段"历史的回头路"。它们由"地下经济"而重生，经过近四十年的迅猛发展，现已成为中国当前最具活力的企业组织形态之一。

4. 中国改革开放以来家族企业的发展历程（1978 年至今）

1978～1992 年，中国家族企业的萌芽与起步阶段。1978 年，全国有 14 万城镇个体工商业者，他们以家庭为单位来经营企业，这是中国改革开放后第一批家族企业。它们规模小、技术低，多采用手工生产方式，目的在于维持和改善家庭生活，即发家致富。期间，家族企业也面临着一些挫折，因为国家陆续出台有关私营经济的法规政策，全国范围内登记工作的开始，对一些家族企业进行了整顿及规范化管理②。大的宏观经济环境的变化，使家族企业出现了先有下降，后有缓慢回升的曲折发展态势。

1992～1997 年，中国家族企业快速发展阶段。1992 年，邓小平"南巡谈话"，中国共产党第十四次代表大会的召开，使改革开放又上一个新台阶，人们思想也随之日益解放。此时，家族企业的发展无论是从社会环境、舆论导向、经济态势、法律制度等各个方面都受到极大的鼓励与支持，这时的家族企业迅猛发展，进入高速发展期。家族企业规模迅速扩大，效益日益提高，并且开始借鉴学习国外先进的经营理念和管理方式，整体呈现出蓬勃发展的趋势。

1997 年至今，中国家族企业的理性发展阶段。1997 年，中国共产党第十五次代表大会进一步把个体、私营等民营经济确定为我国国民经济的重要组成部分，家族企业进入了正规的理性发展时期。这时的家族企业开始重视自身素质的提高，一部分规模较大、发展较快的家族企业开始向现代企业转变。这时期，家族企业日益朝着产业多元化与国际化发展，并开始对产权制度和管理制度进行探索和创新。

2.1.4　家族企业文化识别模型

中国传统文化经过数千年的制度强化，所产生的社会心理积淀使整个国家

---

① 丁伯成. 国内中小型家族企业发展战略研究 [D]. 合肥工业大学，2008.
② 李从质. 我国家族企业的发展与社会化，2003.

的上中下各层对传统文化达到很高的共识度，对人的心理、行为及企业的组织模式和经营活动都产生着重大影响①。"家文化"体现了中国传统文化的突出特征，是中国家族企业的核心。大量中西方文化的比较研究表明，中国人"家"观念之重，"家文化"积淀之厚，"家文化"规则对中国人的社会、经济、政治等各方面的活动影响很大，同时也对家族企业文化的形成具有重大影响②。但随着中国企业管理向世界接轨，以中国传统文化为基础的家族文化正受到来自现代企业管理文化的挑战。在商业竞争中如何化解文化差异冲突，融合先进理念，保持家族企业文化活力，已经受到越来越多的关注。

1. 家族企业文化内涵

"文化"是人们世代相传的生活方式，正因为有了"文化"的世代传承，人们才能够不断地发展进步。从经营活动的角度来考虑，企业文化是企业内组织的生活方式，由员工"世代"传承。为了满足企业自身运作的要求，必须要有共同的目标、共同的理想、共同的追求、共同的行为准则以及与此相适应的机构和制度③。企业文化是企业在长期的实践活动中所形成的并且为企业成员普遍认可和遵循的且有本企业特色的价值观念、团体意识、工作作风、行为规范和思维方式的总和④。

尽管人们也曾怀疑过企业文化学说的价值，但是，现在企业文化学说已经成为学者们一个重要的研究领域（Lee & Chen，2005；Sorensen，2002；Young，2000），特别是关于企业文化的形成、发展及保持等方面。在学术界，企业文化学说引起的广泛关注，也为家族企业文化的研究提供了很多的理论范式。因此，研究家族企业文化需要弄清楚与非家族企业相比，家族企业文化所具有的异质性，也就是要找到把家族企业文化作为特定研究对象的意义所在。

Gallo 认为与非家族企业相比，家族企业文化有四点区别：①家族企业有更多的股东，但控制股东为家族企业主，并且股东之间有着更多的内部联系；②第一代和第二代领导人对于家族企业的影响方式是不一样的；③家族股东和其他股东对企业有着不尽一致的承诺；④只有企业的需要才能决定企业内的变革和发展活动。Gallo 的研究的主要贡献在于归纳了企业文化在家族企业中的

---

① 周开宁. 论我国家族企业的文化渊源，2008.
② 刘钢. 案例研究：陷入管理困境的宏基公司［D］. 华南理工大学，2006.
③ 梁旭. 基于组织文化的图书馆服务能力提升，2007.
④ 田宁. 浅论我国企业文化的建设，2011.

一些外在现象，但是对于这些现象背后存在的真正原因却没有讨论。之后，Lief 和 Denison（2004，2005）对此进行了补充解释，他们不仅分析了家族企业与非家族企业的文化差异，还探讨了这种差异背后的原因。

Lief 和 Denison（2004）认为家族企业的稳定性和业绩都有超越表面现象的深层原因。独特的企业文化便是隐藏在这些现象之后的原因：家族企业文化影响着家族企业、家族成员及员工的具体行为。为此，他们就企业文化与企业绩效之间的关系进行了家族企业与非家族企业之间的比较研究。他们收集了20 家家族企业和 389 家非家族企业的数据并进行了相关分析。研究发现，家族企业在外部适应性、对企业使命的认识、内部一致性和员工参与等方面都有着更好的表现。他们的结论是家族企业拥有比非家族企业更加积极的企业文化，而正是这种文化使得家族企业的业绩更加优秀。Lief 和 Denison（2005）对隐藏在这些结论背后更深层次的原因进行了探讨，发现家族企业文化的特殊性主要来自于企业的创始人。家族企业创始人独特的个人思想给企业打下了自己的印记，并且这种印记在企业的整个生命期都会存在。他们认为内部和谐与外部适应的企业文化对企业有着更为积极的效果，家族企业文化无疑具有这样特点。Vallejo（2008）对家族企业文化的特殊性也做了较深入的研究。研究发现：①在家族企业中，特别是企业发展初期，员工具有更高程度的忠诚感、参与度以及身份认同感，这些因素就导致了员工对企业的高承诺；②家族企业拥有一个很好的工作氛围，高水平的协作与信任，这些都转化为了更好地组织协调与默契；③家族企业，特别是一代治理、一代和二代共同治理的情况下，再投资积极性很高，属于长期导向行为；④家族企业具有很明显的变革型领导行为，这种领导行为加强了组织成员凝聚力，使得家族企业在困难面前变得异常的团结。但是，今后应该分别确定家族企业与非家族企业的企业文化维度，进一步就家族企业组织变革、身份认同感、忠诚感、信任、参与度和工作气氛等之间的关系展开研究。

家族企业文化具有浓厚的伦理色彩，而这里的伦理色彩主要是具有鲜明的"家（家族）文化"色彩。家族企业文化是家族文化与企业文化相融合的产物，但家族企业文化并非简单地被包含于企业文化中，它本身具有丰富而独特的内涵。比如家族企业文化中蕴含着丰富的"关系人情网"，这也是单纯的企业文化中所少有的。家族企业文化，是在核心家族成员所拥有的价值观的指导下，在企业长期的生产经营实践活动中所形成的，被全体员工共同遵守的，具有浓厚的"家（家族）文化"色彩的价值观念、道德规范、行为准则及风俗习惯的总和。文化的价值观取决于家族企业家的价值观，家族企业文化，很大程度上是由家族企业家个人的价值观念、文化修养及思想境界决定的，换言之，家族企业文化即是企业家的文化，许多家族企业的成与败都与企业家个人素质有着重大的关系。

（1）家族企业文化是多层次的，但其内核就是企业家的价值观念与行为标准。企业家的价值观念及行为标准决定着企业文化的发展方向、所处的高度和层次。企业家作为家族企业文化的"总设计师"，对企业文化的设计、塑造及具体的贯彻落实都潜移默化的渗透着其本人的价值观念、思维方式和行为准则。

（2）家族企业文化具有浓厚的"家文化"的伦理色彩。家族企业文化受"家文化"等伦理思想的影响，具有浓厚的伦理色彩。家族企业的血缘性特征使其文化从"家族""家庭制"等传统"家文化"伦理观念上筑起。家族企业文化以家庭文化观念为核心，以家庭伦理制度为道德准则，难以摆脱以家庭或家族为核心的血缘、亲缘及地缘关系的影响，表现出浓厚的非理性的家族伦理。

（3）家族企业文化具有浓厚的人情关系色彩。家族企业文化在一定程度上是企业家个人的文化，这样它就不可避免地带有浓厚的人情关系色彩。在家族企业中，人事任免表现为普遍主义与特殊主义共生的特征。从理性上来看，企业主在选择员工的时候不是任意的，而是按照其有用性标准，择优录取的普遍主义原则。但在实际的选择中则不然，家族企业中更多依据的是关系性标准，根据与企业主个人关系的亲疏远近来选择的特殊主义原则。企业中各级管理人员的任命及员工的升迁主要依据他们与公司老板血缘关系的远近及对老板的忠诚度而定。这样，在家族企业中就有了情感法则与功利法则，对不同关系的人而言所遵循的法则也是不同的，对家人、亲人、熟人等关系遵循的则是情感法则，对没有关系的"外人"遵循的则是完全不带情感的功利法则，家族企业中处处能体现出人情关系、家族裙带关系网。

（4）家族企业文化具有浓厚的唯功利性色彩。家族企业创立之初，大多是家族企业的老板以其敏锐而独到的眼光，迅速抓住有利时机而发展起来的，其目标实现企业利润的最大化。这样，家族企业设定的发展目标往往考虑的是利润，在企业内部表现为产品在市场上的占有率或销售额等，这样的发展目标使家族企业中充斥着浓厚的唯功利性色彩。但当家族企业发展到一定阶段，基于相关利益者理论认为，家族企业追求非经济目标。家族企业文化在家族成员的唯功利经营理念指导下，必然也带上了浓厚的唯功利性烙印。这种唯功利性的企业文化，由于其目标明确，所以在家族企业创业初期对企业的成长是有利的。但是，随着家族企业规模的不断扩大，企业要想持续发展，必须要突破这种唯功利性企业文化的枷锁，把社会责任的大旗扛到自己肩上。这样，家族企业才能更充分调动广大的社会资源，实现永续发展和质的飞跃。

（5）家族企业主个人的文化素养和思想境界对企业文化起主导作用。在现代的市场竞争中，家族企业主具有良好的经营境界是非常重要的。特别是在风险、投资、决策三权高度集中在家族企业主手中的情况下，一个家族企业主能否自觉地提高自身修养和素质，用美好品德和才华去凝聚人心，打造一个无坚不摧的团队精神，能否善于学习借鉴和超越别人的经验，从企业实际出发走自己的路，永不停止自我超越，这直接关系到企业的形象和企业的生存发展。一个具有爱心奉献、理念创新、拥有特殊知识和技能的企业主，就可以将企业文化资本转化为经济资本。家族企业能够生存到今天，是与企业主具有独到的判断与决策的胆识分不开的。他们有的承受风险的能力特别强，有的对机会特别敏感，有的有独到的技术创新思路，有的有运作市场的丰富经验，有的有纵横交错的人际关系网络基础，有的善于沟通协调、组织管理①。所以，家族企业文化很大程度上取决于企业主个人的文化素养和思想境界，实质是企业家文化的一种体现。家族企业领导人往往集家长和管理者的权威于一身，在决策上独断专行。这一方面使家族企业可以很快地捕捉市场机遇并利用之，另一方面也增大了决策失误的风险。

总之，家族企业文化的内涵是家族企业家的价值观、经营哲学、创业精神以及道德意识等观念层面的文化，以及深受观念层次文化影响而形成的物质文化、行为文化、制度文化和精神文化。家族企业家的意识形态是家族企业文化的核心，它决定着物质文化、行为文化和制度文化。从动态的观点来看，家族企业文化是家族企业的各利益相关者相互博弈的动态平衡。家族企业的利益相关者包括家族成员、非家族的一般员工、非家族的中高层管理者、非家族的产权所有者、政府以及来自产业链上下游的利益相关者等。他们的利益需求交叠于家族企业，利益相关者之间发生着各种错综复杂的博弈。家族企业文化形成于博弈过程之中，反映了博弈平衡的结果。

---

① 戴鸿丽. 家族企业文化构建的思考［D］. 辽宁财政高等专科学校, 2003.

2. 家族企业文化特征

（1）家族企业文化特征。

家族企业文化是指在家族企业中以血缘关系为基础，以家的管理模式为特征的企业文化。家族企业文化的特征主要表现为：

①权威与亲情交织的"家文化"。家是寄托温情的港湾，是存在着家长的绝对权威和相互宽容的组织，是扶助成长和老有所养的依靠[①]。"家文化"是家长权威和家族亲情关系的文化。这种企业文化表现为独断、权威、事必亲恭，员工主动性差，一切听从老板指挥。

②家族利益高于一切的"家族主义"。"家族至上"的群体意识把成员个体完全归属于家族，个人利益服从家族群体利益，追求家族的兴旺、发达和荣耀[②]。这种为了家族的利益，为了光宗耀祖，可以产生强烈的成就动机，促使人们去追求事业的成功。家族主义还表现为家族成员要相亲相爱、相互帮助、相互扶持、同舟共济，创业依靠家长，成功惠及家族。

③子承父业的"继承制"。在中国的传统文化中，以父家长为中心，以嫡子继承为基本原则。要维持家族的延续，一脉相传，儿子就要传承父辈的事业，并将之发扬光大，以振家风，提高家族的社会地位。如果大权旁落在外人手中，则被认为是"将祖宗的家业败坏在自己的手上"。

④血缘关系以外的"低信任度"。家族企业中，血缘关系是信赖的基础，信任只存在血亲关系之中，先天的无血缘关系形成了一种很难逾越的隔阂。信任度的高低依据内部成员之间存在的血缘、亲缘、友缘、学缘、地缘等关系的亲密程度进行取舍。家族企业的领导者（核心圈）由创业者及其继承人组成，重要岗位由血缘、亲缘关系的近亲组成，一般岗位由远亲和朋友组成。

⑤血缘关系下的凝聚力与离心力共存。一方面，家族企业创业初期，由于血缘、亲缘等亲情关系的家族成员一荣俱荣、一损俱损，大家在追求家族利益感召下，可以暂时放弃（甚至牺牲）个人利益，不怕苦、不怕累、不计个人得失，拧成一股绳，共谋企业的发展。另一方面，由于成功后的成果是靠亲情进行分配的机制，不能够满足不同的家族成员的利益欲望，他们为了追求各自

---

① 李书进. 家族企业文化创新探析，2007.
② 刘丽莉. 我国家族企业文化研究，2008.

的利益就会形成不同的利益群体与核心层，明暗、软硬对抗，矛盾增多，不断激化，离心力加大，企业发展困难。

⑥建立在家长权威基础上的"独断专行"。一方面，企业领导的独断、权威、事必躬亲，在员工中产生一种惧怕、按老板的指示行事的心理态势；另一方面，由于家族成员掌握着重要的管理位置，家族利益和企业利益高度一致，大家为着共同的目标而努力，所以家族企业容易协调各部门的关系，政令通达，易于控制与管理。

⑦家族利益一致基础上的"高保密度"。家族成员身居要职，掌握着企业的核心秘密，由于家族利益和企业利益高度一致，他们会严守秘密，而使自己的企业在激烈的竞争中立于不败之地。而且家族成员的和睦和信任可以大大降低企业的管理成本。

因此，家族企业文化有其独特的优势所在，如何扬长避短，形成独特的企业文化再造方式才是最主要的，尤其随着企业规模的不断扩大和外部环境的迅速变化①，家族企业的种种弊端逐渐暴露出来的时候，更要不断创新，逐步突破专业化、规范化的"瓶颈"，实行企业文化再造。

（2）中国家族企业文化特征。

家族企业文化的形成和发展有其深厚的现实和文化基础，离不开它赖以存在的社会地域环境，深受民族传统文化和所处社会历史阶段的影响，形成了家族企业具有自身特点的企业文化。

①宗族性特征。家族企业文化大多根植于宗族血缘文化，这也是中国家族企业文化最显著的特征。家族企业经营者认为，亲戚和朋友是自己人靠得住，由他们来参与经营管理自己放心，因而看重血缘、情缘关系的理念在企业是主流文化。企业内注重乡亲、熟人、朋友的感情联络，人与人的关系往往罩上一层温情脉脉的面纱。家庭中亲戚们担任了企业的大部分重要的职位，绝对地控制着企业的所有权和经营权，以家庭利益为首，在家庭内部成员之间联系密切，形成了以家庭血缘关系的强大聚合作用来实现自身对企业管理的宗族血缘文化。我国有名的家电企业万和集团，其宗族性特征很明显，万和集团掌舵主要是卢楚其、卢楚隆和卢楚鹏三兄弟，而集团的管理和资本运作也主要依靠这三兄弟及亲友。

②地域性特征。中国家族企业文化地域特色明显。基于地域文化的企业价

---

① 杨静. 论现阶段中国家族企业文化的再造 [D]. 西南大学，2006.

值观、管理模式和经营风格等比较容易得到本地企业员工的认同和接受，因而大多数家族企业文化的创建都或多或少受到地域文化的影响①。而事实上，家族企业文化要发展，也离不开地域文化基础的支撑，家族企业文化的特色与定位，更须借助于地域文化的支撑。以浙江的家族企业为例。温州的制革业、宁波的制衣业、东阳的建筑业、绍兴的纺织业、义乌的小百货、永康的小五金等都驰名中外，都与浙江文化滋润下的传统手工技艺有着十分密切的关系②。浙江各地企业的企业文化虽各有千秋，但都浓缩了浙江地方文化的精髓。

③重实效性特征。家族企业的创业之初，追求单一盈利的企业目标是企业主的最基本、最强烈的创业动机。这种动机对企业的最初成长无疑是有利的。市场经济讲究"时间就是金钱"，使家族企业对效率和结果十分重视。讲究实效性激发了经营者、创业者的潜力和创造力，并为企业的发展迅速积聚资金。但是片面追求经济效益，其负面影响也非常明显，它可能使企业对顾客坑蒙拐骗，失去顾客的信赖；它使一些经营者不注意改善企业员工的工作环境③、随意延长工作时间、克扣工资，不能按时支付工资，失去职工的忠诚。过分的逐利倾向与实用主义则会带来经营中的眼光短浅、贪图小利，从而使企业发展难上台阶。过分的讲究实效性使企业的决策缺乏明确的长远战略目标，决策较"短视"，一般仅考虑近2～3年的战略目标，对企业长远战略目标考虑较少，目标不清晰。部分家族企业虽也制定了企业战略规划，但多数没有得到贯彻执行，以致规划形同虚设，造成家族企业发展受到规模经营限制，一时难形成大企业、大集团。浓厚的实用主义与注重财富积累的倾向促使家族企业主要集中于投资少、见效快的短、平、快方面传统行业，如纺织、家电行业等。

④人治性特征。人际关系治理在家族企业文化中具有鲜明的老板意志。中国诸多家族企业的成功都始于创业者的杰出贡献，他们的经营哲学和理念已经深入到企业的各个方面，产生不可低估的影响。综观当前中国家族企业的文化，都深深地打上了创业者的烙印，企业家的经营理念就是企业的经营理念，企业家的意志就是企业的意志④，企业家个人文化取代了企业文化，这对企业的持续发展将产生重大的影响。许多家族企业能够存在到今天，与经营者具有独到的绝招有关。比如有的承受风险能力特别强，有的善于抓住市场的机会，

---

① 谢梦远. 浅谈民营企业文化建设, 2014.
② 徐汉文. 民营企业文化健康度评价研究及 FD 公司实证分析 [D]. 南京理工大学, 2008.
③ 黄碧秀. 泉州民营企业文化建设初探, 2008.
④ 井维玲. 和谐社会背景下民营企业文化的研究 [D]. 吉林农业大学, 2008.

有的有很强的融资能力，有的有很强的人际关系能力等。这些独到的能力，使他们养成了无往而不胜的自信。再加上产权归自己所有，形成对外人严重不放心的心理习惯，所以许多家族企业经营者总是事无巨细，事必躬亲。虽然设了许多管理部门，聘请了许多得力高手，但总让他们有职无权，凡事不敢决断，等待老板指示决定。这种状况使家族企业笼罩在唯意志企业文化的浓厚氛围中，在这种文化氛围中，老板就是企业的绝对意志，几乎没有人能对他的决定产生影响①。这种唯意志的企业文化一旦根深蒂固，企业整体经营管理水平和创新能力便会不断下降。

⑤弱遗传性特征。文化的遗传机制，只有在较长的时间才能形成。文化的遗传有赖于文化精神的连续性，有赖于群体的稳定性和认同性，有赖于精神文化的积淀。以上三个条件，中国国有企业大都具有，而家族企业却不具有。就国有企业来说，其企业领导人如何实施领导，推行何种文化作企业统率，不是他们起主要作用，而是由机制决定的②。只要机制不变，不论企业领导人如何代代更迭，他们都会自觉不自觉地从机制中，形成与这种文化相适应的精神文化③。而家族企业则不同，由于它们诞生的历史不长，企业创业的经营者大都还掌握着企业的大舵，即使退到了董事长的地位，因暂时难以割舍的情怀，却仍然对企业文化起主宰作用，企业文化的遗传基因，主要还存在于老板们的思想和行为之中。他们的企业经营理念需要连续地传下去，却还没有文化的传人和遗传的稳定机制。而家族企业员工的高流动性，使文化的遗传基因很难在员工之中得到移植。这就使企业文化的自觉培育和巩固，无论对老板还是企业来说，都有很大的难度。当然，这种情况也有有利的一面，如果企业经营者一旦认识到位，下定决心超越自我，在这种强势文化的背景下，家族企业文化的遗传基因也是在不断变化的。

3. 家族企业文化的功能

任何一种文化都有一定的功能，家族企业文化与一般企业文化具有相似的功能。家族企业如果能够克服自身的一些弊端，按照现代企业原则运行，那么，家族企业文化就能更好地发挥其功能，从而促进家族企业的可持续发展。

---

① 林宽. 中国家族企业的现状与未来发展趋势研究，2010.
② 樊增强. 民营企业发展障碍：企业文化视角解析 [D]. 西安电子科技大学，2002.
③ 倪钢. 我国民营企业文化创新问题研究 [D]. 河南大学，2006.

（1）良好的导向功能。家族企业的经营管理活动要有正确的思想作为指导，家族企业文化作为家族企业的灵魂，为企业的一系列决策、目标及价值观念指明了方向。家族企业具有了明确而正确的发展方向，才能朝着目标努力，实现自身更好的发展。同时，家族企业文化核心层的理念能让员工把现实努力与长远目标结合起来，为家族企业员工的未来发展指明方向，成为家族企业员工在前进道路上克服困难的动力。

（2）强大的凝聚功能。家族企业成功的基础，靠的是家族企业强大的凝聚力。家族企业文化可以围绕家族企业的发展目标，将家族企业成员的价值观念和信仰统一起来，将家族成员凝聚为强大的群体合力，使他们对家族企业都产生归属感和使命感，自觉付诸行动，有效推动家族企业生产经营的发展。

（3）严格的约束功能。家族企业文化是家族企业管理行之有效的途径，它以其成文的或是约定俗成的规则、程序办事，对员工的思想与举止行为产生潜移默化的影响。通过文化的渗透使得家族企业成员慢慢形成共同的价值观念与自我控制的能力，这样就能严格地约束员工的行为，调节员工之间人际关系，极大地调动全体员工的积极性与创造性，从而更好地提高企业的经济效益。

（4）有效的激励功能。家族企业文化的激励功能，是指家族企业通过一定的刺激，使全体成员产生一种高昂的情绪，使他们不断努力向上。这种激励功能主要体现为关心激励、信任激励以及宣泄激励，等等。以人为本，尊重人、关心人、理解人的家族企业文化，能有效地调动家族企业成员的积极性与创造性。正如罗争玉指出的："你能用钱买到一个人的时间，你能用钱买到劳动，但你却不能用钱买到一个人的主动和一个人对事业的贡献。而所有这一切，都是我们企业家可以通过企业文化的设置而做到的。"

（5）创新的驱动功能。随着经济全球化的到来，创新已经成为家族企业生存与发展的必要条件。家族企业创新除了产品的技术创新，还有组织管理，思维观念以及服务方面的创新，等，但是这些创新都必须要有良好的家族企业文化作为后盾。良好的家族企业文化能够形成全员创新的文化氛围以及宽容失败的精神，使得家族企业员工人人愿意创新，时时渴望创新，处处能够创新。可见，优秀的家族企业文化，能驱动家族企业通过创新不断发展。

4. 家族企业文化识别模型

家族企业文化的识别是依靠某些工具模型来甄别某家族企业文化的特点，以便于后续的学术研究或管理实践，是进行家族企业文化研究和管理实践的基础。家族企业文化的识别需要有效的工具模型来支持，这也是家族企业文化研究的一个重要方面。家族企业文化的识别模型包括以下三种。

（1）Dyer 的三种亚文化模型。

Dyer（1986）把家族企业文化划分成了三种亚文化类型：公司文化（firm culture）、家族文化（family culture）和董事会文化（board culture）。在研究家族企业文化的时候，很多学者都会利用 Dyer 的家族企业文化结构模型，可见 Dyer 的模型具有很高的权威性。

①公司文化。主要涉及四种不同的文化类型：家长式（paternalistic）、放任式（laissez-faire）、参与式（participative）和职业式（professional）。在家长式的文化下，企业内部存在着严格的等级制度，企业的创立者和其他领导掌握着经营管理的决策权和其他关键性的信息；另外，企业员工被认为不值得信任，但是可以在严格的监督下按照要求行事并完成目标。在放任式的文化下，情况则刚好相反。家族成员虽然还掌握着企业重大事务的决策权，但他们把企业一般性事务的经营决策权交给了可以值得信任的员工。家族成员对一般事务的控制减少，家族成员被员工认为放弃了领导职责。在参与式文化氛围中，在彼此高度信任的基础之上，家族成员鼓励员工参与到企业的决策制定过程之中来。最后，职业式的企业文化中，企业领导与员工的关系完全是私人化的，工作中的关系只是建立在客观程序和一系列规则之上。

②家族文化。按照对待权威、达成目标以及管理冲突三个方面的内容，家族文化被划分为三种不同的文化类型：家长式（patriarchal）、协作式（collaborative）和冲突式（conflicted）。在家长式的家族文化中，家族中一个非常有权威的人掌握着决策权，他制定了目标，而其他成员只能追随着他。与家长式的家族文化相反，处于协作式的家族文化中的家族成员们共享着信息并且相互合作以完成家族的决策；他们有着共同的目标，也会很谨慎地表达自己的观点以保持家族成员的和睦。冲突文化中的家族成员则没有共同的目标，每个人都有着自己的目标且分头行事。

③董事会文化。这种亚文化有四种类型：纸面式（paper）、图章式（rubber-stamp）、顾问式（advisory）和监督式（overseer）。董事会全部由家

族成员组成且很少开会，领导者制定好了所有的决策，董事会成员只是重复着领导者制定好的决策，这就是纸面式的董事会。在图章式的董事会中，值得信任的非家族成员出现了，虽然他们的建议被认为很重要，但不一定会被采纳；非家族成员还是进不了真正的决策层，他们只是起到一些辅助的作用。非家族成员是顾问式董事会的重要成员。虽然还是家族成员控制着董事会，但是非家族成员对董事会的决策和公司制度有一定的影响力。顾问式董事会的职责是提供建议和保护好股东们的利益。最后是监督式的董事会，全部都由非家族成员构成。这样的董事会经常开会，尽管决策与家族成员的意见不一致，但是他们有权力制定公司的战略决策，这样的董事会在公共化的家族企业存在。

　　Dyer 的模型主要涉及了企业文化第三层次的内容，描述了家族成员之间以及与非家族成员之间的权力关系在不同场合的表现，而没有将家族企业第三层次的内容概括，见图 2 − 1。

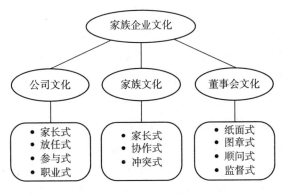

图 2 − 1　三种亚文化模型

　　（2）Denison 的四维度模型。

　　Denison 等学者（1990，1995，1996）发展了一个关于企业文化的四维度模型，该模型开始主要用于公共化公司的企业文化识别，后来，Denison（2004）证明了该模型在家族企业同样具有适用性。Denison 的模型以基本信念和假设为核心，共包括四个文化维度：适应性（adaptability）、使命（mission）、一致性（consistency）和参与（involvement），每个维度又可以分解为三个方面的内容，见图 2 − 2。

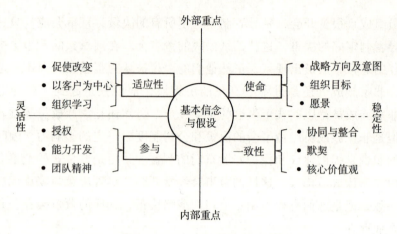

图 2-2　Denisem 四维度模型

在 Denison 等学者看来，组织对自己所处的环境、组织的员工、客户、竞争对手等方面的认识以及在领导者内心根深蒂固的某些假设和观念，都会影响组织的行为方式。Schein 认为一个组织总是在为内部认同感与外部事件的平衡进行着努力并促成必要的改变。Denison 等学者借鉴 Schein 的思想提出了企业文化的适应性维度，并且从促使改变、以客户为中心和组织学习三方面来衡量。组织关于未来的目标与愿景就是组织的使命，这个维度可以用战略方向及意图、组织目标以及愿景来衡量。一致性维度被定义为组织为了在内部创造必要的资源以应对外部挑战和不可预测的变化，而进行的达成目标和解决问题活动的标准方法，这个维度可以用协同与整合、默契和核心价值观来描述。最后一个维度是参与，指的是为了改善竞争环境而进行必要的授权和协作活动，可以用授权、能力开发和团队精神来描述。同时，适应性与使命两个维度主要关注组织的外部环境，适应外部环境的变化和达成组织的目标都与外部环境有关，而参与与一致性则侧重于组织的内部资源整合和能力提升。另外，适应性与参与会增强组织的灵活性，而一致性与使命则保证了组织的稳定。

（3）Vallejo 的四维度模型。

Vallejo（2007）提出了一个关于家族企业文化结构的模型，并实证验证了模型的合理性与有效性。Vallejo 的模型有四个维度：承诺（commitment）、协调（harmony）、长期导向（long-term orientation）以及客户服务（customer service），其中的某些维度又可以分解为若干方面的内容（见图 2-3）。Stinnett 对 3 000 多家家族企业的文化进行了深入的研究，这些企业遍及美国以及非洲、欧洲和拉丁美洲等 20 多个国家。Stinnett 总结出了家族企业文化所具有的六个主要特征：欣赏（appreciation）、共处（spend time together）、承诺（commitment）、沟通（communication）、高程度的宗教导向（high level of religious orientation）以及积极解决危机的能力（ability to resolve crises positively）。在借鉴了 Stinnett 的结论后，Vallejo 提出了他自己的模型。一是承诺，这个维度与 Stinnett 提出的"承诺"与"共处"有关。家族企业特别强调承诺的重要性和价值。承诺这个维度又可以分解为认同感、参与和忠诚三个方面的内容。二是协调，这个维度包含了 Stinnett 提出的"欣赏""共处"和"沟通"三方面的意思。良好的工作环境和和谐的人际关系是家族企业的特征之一，这些都是在人们之间相互欣赏的基础之上发展而来的。三是长期导向，这个维度与 Stinnett 提出的"高水平的宗教导向"和"积极解决危机的能力"很相近。相较于非家族企业来说，家族企业具有显著的长期导向文化。四是客户服务，家族企业的领导者认为，来自客户的感动是企业的巨大财富，也会成为竞争源泉之一。公司的员工与客户进行着直接接触，他们的个人行为在很大程度上影响着客户对公司的满意程度，这也就需要用企业文化的力量来引导他们，家族企业的领导者就特别重视这方面的工作。

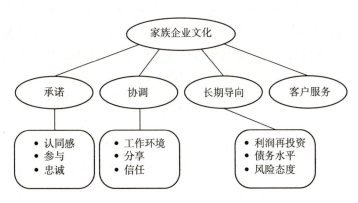

图 2 - 3　Valle Ju 四维度模型

上述研究给我们的启示。（1）在提出他们自己关于家族企业文化结构模型的时候，学者们都特别强调了企业文化在家族企业中的特殊性，也从另外一个侧面证实了家族企业文化确实存在着特殊性。（2）对于家族企业结构模型的研究，学者们并没有进行专门的深入研究，一般都是在研究某个问题的时候，因为需要（诸如对文化的测量）而开发了一个模型。对于这种在很强的目的驱使下发展起来的模型，我们对它们的效度和信度持有保留意见。（3）家族企业文化可以从不同的角度进行测量，也就使得学者们提出的模型不尽一致，有些强调物质的，有些侧重价值观方面的内容，或者将二者结合起来。

2.2 家族企业文化优势与劣势

Schein（2005）认为企业文化是组织内最具影响力也是最稳定的部分。如果把企业看成是一个"黑盒"的话，那么家族企业文化的效用研究指的是文化对"黑盒（blank box）"输出的影响。企业文化影响组织的经营绩效、内部组织结构和战略实施等。有理由相信，家族企业文化对家族企业同样有着巨大的影响。

首先，企业文化是组织的竞争优势之源，企业文化可以使家族企业获取持续竞争优势。Barney 认为，企业文化是家族企业的重要战略资源，它通过提升和保持企业家精神使家族企业获得超过对手的、独特、持续的竞争优势。就家族企业内企业文化与企业家精神之间的关系来看，家族企业利用企业文化来增强组织内的企业家精神、促进产品和服务的差异化，从而家族企业获得了相对于竞争对手的竞争优势。家族企业文化与家族企业内的企业家精神有关，其四个维度是：个人与组织、内部与外部以及集权控制与相互协作，相比于非家族企业，家族企业文化更易促进企业家精神，而家族企业会因为企业家精神而取得竞争优势。企业家精神可以降低组织的运作成本，从而把家族企业变成最有效率的组织。

其次，企业文化可改善家族企业中组织成员的工作态度。组织活力（organizational energy）被定义为"组织在多大程度上可以调动它的员工全力去完成组织的目标"。实际上，这个概念反映了组织成员对组织目标的承诺程度。家族企业内的组织活力就与企业文化有关，"适当的组织产生于文化"。家族企业中，家族企业可以为员工创造一种"家"的感觉，它让员工感觉组织为他提供的不仅仅是一项工作，更是一种生活的方式。组织员工愿意生活和工作于这样的组织里，并为完成组织目标而倾尽全力。

最后，企业文化还可以影响家族企业经营控制权的继承问题。家族企业面临的最大挑战就是继承的问题，家族企业经营控制权的继承问题关系到该企业能否作为家族企业而继续存在。Stavrou、Kleanthous 和 Anastasiou（2006）把家族企业文化作为中间变量，深入研究了家族企业文化与经营控制权代际转移及二次创业问题之间的关系。研究发现，家族企业继承人的个人特征与能否适应企业文化，影响着经营控制权的继承效率。继承人可以在接手之前，多参与企业经营活动并加强与组织成员的沟通和交流来改善企业文化适应性的问题。

企业文化是企业软实力的重要方面。企业文化深深地影响着企业活力、经营效益、组织运行成本等，特别是影响企业的长期生存和发展能力。在中国，家族企业数量众多，但是却不能够真正地做大做强，很重要的一个原因是，中国家族企业尚未能形成有特色、有优势企业文化。与此形成对比的是，发达国家的家族企业在经济总量中占据很大一部分的比重，对本国的经济发展起到了重要的作用。

2.2.1　家族企业文化优势分析

1. 家族企业文化能够增强企业凝聚力

家族企业中血缘关系弥补一般企业中纯粹经济关系的暂时性、不稳定性等不足，家族成员之间与生俱来的信任是靠契约约束的人际关系难以比拟的。家族企业多雇用家庭成员、同乡或好友，雇主和雇员之间的关系，犹如一个家庭成员之间的关系，他们不但在企业中实施仁政，善待员工，而且还经常深入到员工中去，了解员工生活。因此在家族企业中，人际关系和谐，员工队伍稳定，公司成员一般都能效忠于企业，以公司事业为己任，全心经营，努力工作。员工在心理上有归属感，对企业目标有认同感，企业有着很强的凝聚力。家庭对企业负责的态度、长期的投资、快速的行动和对企业的爱，这是许多一般企业难以达到的。

2. 家族企业文化有利于企业内部沟通

家族企业成员，他们的价值观有着相似和相互融合的地方，沟通时双方很容易站在对方立场上考虑问题，夫妇和兄弟姐妹们更能懂得彼此说话的主要意思及隐含的决心和犹豫，能够到达很好的沟通效果。另外，口头的和非口头的信息能在家庭成员和老乡间迅速传递，有利于及时解决企业成长中遇到的问题。

3. 家族企业文化稳定性强

家族企业中的所有权的垄断可以保持企业经营理念和目标政策的一贯性，从而保持企业的相对稳定性，使企业文化源远流长。

4. 家族企业文化促进决策迅速

由于在领导制度上，家族企业实行家长权威制，企业成功得益于家族企业主人的企业家素质，所以人们经常将家族企业与"企业家的企业"相提并论，创业时期企业权力集中利于果断做出决策。另外，家族成员在一起开办企业，对企业资产是高度负责的。由于家族成员更易建立共同利益和目标，其利益的一致性使每一位成员对外部环境变化具有天然的敏感性，从而在决策上①，家族成员之间更容易达成共识，能对市场变化作出快捷、灵活的反应，提高了决策效率。再者，尤其是小规模家族企业内部信息系统的有效性，使小规模的家族企业与大企业相比，只需非常简单的信息系统就可以有效地制定和实施各项重要决策，并取得经营的成功②。

5. 家族企业文化有效代理成本低

代理成本发生在所有权与经营权分离的企业制度里，尤其是经理式公司里，当股东退出决策层、企业经营决策权由经理们把持时，就会出现经理（代理者）的疏忽、偷懒、挥霍与作弊的行为，也就是出现了代理成本，从而侵吞所有者的利益。而在家族企业里，所有权与经营权相统一的产权配置结构，最大限度地保证了经营者行为取向与企业利益之间的激励相容，降低了企业的委托成本；另外，家长集权的家族制治理结构降低了企业运营过程中的决策成本和协调成本，家族成员彼此间的信任及了解的程度远远高于其他非家族企业的成员③，家族企业成员之间可能负担较低的心理契约成本。

家族企业的管理成本较低。特别是在企业初创时期，家族企业能以较低的

① 辛金国，潘小芳，管晓永. 家族性因素对家族企业绩效影响的实证研究，2014.
② 陈玉方. 家族企业的优势与弊端 [D]. 绍兴文理学院，2006.
③ 柳泽民. 民营经济发展中存在的家族制问题，2004.

成本迅速集聚人才，上下同心协力，能在较短的时间内获得竞争优势。即使在守业和发展时期，家族成员在对资产的关注度上的优势，家族成员之间的忠诚信任关系等因素，都会降低监督成本和约束成本。

6. 家族企业文化激励机制效果好

家族企业采用利益共享、风险共担的机制，使企业的存在与发展同家庭的利益是紧密相连的。因此，家族成员视企业为自己的生命。为了企业，他们不惜自我牺牲。在企业创业初期，大多数企业资金缺乏，只有家族企业成员可以在不发放工资的情况下义务工作，这种精神所产生的生命力是一般的非家族企业难以具备的。

首先，家族成员之间有着天然的人伦信用关系，由此易于形成一种忠诚信任关系，家族伦理约束简化了企业的监督和激励机制。与公众企业相比，意味着成本的节约与效率的提高。其次，家庭成员的团队意识强。中国人深信"打虎亲兄弟，上阵父子兵"。家族式企业植根于"家"文化，由于"家"本身就是一个团队，家庭成员相依相扶、相互学习又是一个"好家庭"的起码条件，所以在家族式企业中易于培植团队精神。像中国传统的家庭会的促膝交谈，便是一种组织成员集体思考、激发群体智慧的团队学习。另外，在企业文化方面家庭化，强调以道德伦理为基础的和谐与融洽，由此产生的广大员工对企业这个家的归属感和认同感，也有助于团队精神的发挥①。

7. 家族企业文化信息系统有效

内部信任和相互依赖使企业成员之间的信息交流、知识传递极其充分，这样的环境也使有前途的下一代家族成员能够较早地接触企业经营的核心内容，并不断进步成长②。尤其对于小规模家族企业而言，小规模家族企业各成员追求目标的一致性，使相适应的信息系统的构建不仅简单，而且非常有效。总裁通过家族成员和人际关系组成的信息系统来获得企业的内外部信息，然后在这些没有人为扭曲、真实可靠的信息支持下，总裁有能力作出和实施正确的决策，并由此在家族企业中获得实质性的权威合法性地位。总裁利用自己的权威地位和他的个人意志，驱动分散的各家族成员去追求家族的最大利益，并形成

---

① 谢振芳. 家族企业的是与非, 2003.
② 陈凌, 应丽芬. 代际传承：家族企业继任管理和创新, 2003.

一个以总裁为中心，具有活力的组织，在较低的交易成本下取得经营的成功，且易形成企业合力。在这个成功经营的过程中，显然，信息流动畅通起着至关重要的作用。同时，畅通的信息支持总裁作出高质量的决策，不仅使总裁获得了权威地位，而且使他成为家族企业的凝聚核心。

8. 家族企业文化自我组织能力强

家族企业在领导制度上实行家长权威制，由此派生了用人机制、决策机制方面体现的个人绝对权威。在企业组织方面非正式组织外显化，即亲情或血缘关系形成的"差序格局"在企业组织中鲜明地起着作用，由此导致了组织内非正式组织有明显的层级。家族式企业的家长权威、"差序格局"促成了家族式企业内部在分工与协作方面的自适能力及自我调整能力，这种组织因"长幼有序"而形成了相对稳定的治理结构。

2.2.2 家族企业文化劣势分析

文化是一柄"双刃剑"，中国家族企业文化得益于厚重的传统儒家文化的影响，表现出强大的凝聚力和稳定性，但同时传统儒家文化的一些弱点也显现于家族企业文化之中，体现在与现代经济环境的不相适应，并影响到家族企业的经营管理能力。

1. 家族企业文化的独断性不利于家族企业的科学决策

一个家族企业能够生存并发展，与创业者独到的判断、决策、经验、胆识分不开，在企业刚起步或出现危机的困难时期，企业非常需要集中领导，果断决策，统一意志，统一行动，节约时间成本，提高办事效率，这样才能把握住市场上稍纵即逝的机会。然而，当企业发展到一定规模时，这种单凭企业主个人的经验、智慧、权威去做判断和决策的风险渐渐变高。企业主的独断专行，使他们盲目地依靠经验主义进行决策，而且难以接纳不同意见，甚至压制不同意见者。企业中这种家长式的集权管理文化突出表现为企业主的灵魂作用，比如，家族其他成员做出的决策也必须得到创业者的首肯，即使这些创业者已经退出企业经营一线，由家族第二代成员做出的重大决策还必须征询一代的意见。而且由于非家族成员不持股或很少持股，所以一般很少干预或不干预家族的经营决策。即使在家族成员内部，由于家族的核心成员掌握大量的股份，因此，非核心成员也无法干预核心成员的决策。他们很少对核心成员的方案提出自己的看法，即使有的提出了，也很少能够真正坚持己见。家族企业主这种刚愎自用的管理方法不能够集思广益，尤其随着企业的不断发展，无论是技术、产品，还是市场、融资，均超出了企业主所拥有的经验沉淀和知识准备，这样做出的决策很容易因不适应现代企业的经营管理现实而出现失误。做决策时既缺乏必要的科学论证，更不存在有效的权力监督，这也是很多家族企业大起大落，生命周期短的根本原因①。

2. 家族企业文化的排外性不利于家族企业引进优秀人才

家族企业内部成员把自己的利益与企业的利益紧密相连，表现出极端的忠诚和凝聚力。而对非家族成员却有一种无形的隔阂，特别是当外族成员从企业中获得利益的时候家族成员很自然会流露出抵触和戒备心理，所以即使是那些很优秀的高端人才，通常也得不到企业主的信任。由于在用人上家族企业背离了基本的公平原则，所以家族企业中的非家族成员如果能力得不到最大限度地发挥，就会产生与企业离心离德的情绪，并最终会选择离开企业，这也就产生了家族企业中员工的流动性大的现象；另外，因为大部分家族企业主不愿意把经营权和所有权分离，不放心把经营权交给外聘的职业经理人去控制，或者对外聘经理人的权力设置种种限制，主要由于外部经理人市场不健全，导致管理效率低下，极大浪费了企业的管理资源，同时也影响了优秀职业经理人进入到家族企业的积极性。因此，家族企业文化的排他性特征已严重阻碍了企业竞争力的发展。

3. 家族企业文化的封闭性不利于家族企业的创新

中国长期自给自足的自然经济形成了人们小富即安的意识。当一个家族企业取得一定成绩，达到规模企业时，一些企业主就开始停止追加投资、拓展市场和研发新产品。持续投资动力不足，有倾向但强度不够。刚刚完成了资本的原始积累，原本是企业最好的发展时机，却因为不愿冒风险，跌入了封闭守旧的圈子里。而现代企业所处的是一个日益开放，竞争日趋激烈的环境。当非家族企业都在紧锣密鼓地筹建自己的研发中心，培养研发队伍时，家族企业者却还是以一个产品打天下的方法去应对局面，必然要与高端技术和前沿产品失之

---

① 黄花. 中国家族企业文化的现状及其发展［D］.菏泽学院，2007.

交臂，不但影响了企业做大做强，甚至将成为阻碍企业可持续发展的禁锢。

4. 家族企业文化的亲情性不利于家族企业的规范管理

家族企业文化是一种以亲情为基础，缺乏制度意识的文化，在家族企业中企业利益与家族利益是相互重叠的，家族企业作为一个营利性组织在追求企业利润最大化的同时，还要兼顾到家族成员、顾客、社会等的利益，而且在感情和制度的天平上，明显偏向了感情这一边，对其他利益相关群体有威胁。由于是凭感情做事，家族企业的生产经营行为就未免不受影响，企业的制度对家族成员而言形同虚设，在制度的执行上亲情重于制度，不利于建立现代企业制度。这种重人情、轻制度的文化使家族企业的管理失去了科学的尺度，也降低了企业凝聚力。也失去了持续发展的动力。

2.3　中国家族企业文化问题研究

文化具有很强的传承性，同时特定的环境因素也会影响某种具体的文化。中国是一个具有悠久历史的国家，光辉灿烂的中华文明一直以来都影响着生长在这片土地上的人们。中国家族企业文化既渊源于中国优秀的传统文化，又根植于现代市场经济文化之中；既吸收了外来的优秀的现企业管理文化，又体现了家、家庭、家族的个性文化。

2.3.1　中国家族企业文化的本源研究

家族企业文化是指在家族企业中以血缘关系为基础，以家的管理模式为特征的企业文化。中国家族企业文化有其独特的优势所在，如何扬长避短，形成独特的企业文化。在企业规模不断扩大和外部环境迅速变化，家族企业的种种弊端逐渐暴露出来的时候，更要不断创新，逐步突破专业化、规范化的"瓶颈"，实行企业文化再造①。

中国文化可以说是一种"家文化"，这种文化从理论上讲特别适合家族企业的生存和发展。家族企业是在"家族"的基础上产生的"企业"，它的核心

---

① 杨静. 论现阶段中国家族企业文化的再造 [D]. 西南大学，2006.

仍然是一个"企业"。企业是存在于一定的社会环境中的企业，企业文化是社会文化的一个有机组成部分，在中国作为一个以家庭为本位的国家，文化几乎都从家族观念上筑起。海外华人创办的企业几乎无一例外是家族企业形式。中国的家族企业植根于以血缘、亲缘、地缘为纽带的亲情主义，其文化具有浓厚的"家天下"的思想。社会结构的基本特征是"差序格局"，即传统中国的人际关系是以血缘为序列、以父子为经、以兄弟为纬的立体关系网，家族企业在组织形态上正是传承了中国的这种传统方式①。

1. 家族、家族文化

中国家族企业是在家（家族）文化的根基上完成其企业文化构建的。中国是一个家（家族）文化传统极为悠远与厚重的国度。在中国传统文化中，家是一种具有超常稳定性的社会存在，长期处于伦理道德形态的中心位置，这使中国文化具有鲜明的家本位特征②。家不仅是传宗接代之所，而且是生产和社会生活的基本单位。家（家族）文化构成了中国传统文化结构的基石和核心。

家族包含着家与族。家是指家庭，是由同居共财的亲近血缘群体构成。族则是指家族与宗族。自春秋晚期以后，家族的范围大体以五服为界，至于五服以外共远祖之同姓，是为宗族。族在说文中从㫃从矢。㫃是一群人的标示，矢是谋生的工具或防卫的武器。由于族是以血缘因素作为原始群聚前提的，当群居扩大化及复杂化后，渐渐以姓氏作为区分族群的标示。此时，族实际上已经表现为家的扩展与延伸。徐扬杰在中国家族制度史中提出（2014），中国的家族制度产生于原始社会末期，共经历了先后承继的 4 种不同形式，包括原始社会末期的父家长制家族、殷周时期的宗法式家族、魏晋至唐代的世家大族式家族以及宋以后的近代封建家族。中国家族制度演化发展的轨迹清晰完整、源远流长。与其他任何文化所不同的是，中国的家（家族）文化具有极强的渗透力和持续的影响力。这是因为中国传统社会的经济是在以农业为基础、以自给自足为特征的小农经济条件下发展起来的。这种经济的发展打上了儒家传统文化的深刻烙印。在士、农、工、商四大阶层中，农居于仅次于士的位阶上。长期的重农轻商，使中国经济具有鲜明的封闭性和凝滞性。正是这种生产模式造

① 朱晓辉，凌文辁. 家族企业文化再造 [D]. 暨南大学，2004.
② 胡帆. 家族企业文化的源流及其嬗变 [D]. 广东五邑大学，2008.

就了长期稳定的以家族为单位，以血缘为纽带的内生的经济关系。家（家族）文化之根已深植于中国人的血脉之中。

（1）家（家族）人伦。以血缘为纽带形成的家庭——社会人际关系网络

在人与人的关系上，中国人注重人伦。中国著名的社会学家费孝通先生曾经在《乡土中国》一书中提出著名的差序格局论。他认为，在差序格局中，社会关系是逐渐从一个一个人推出去的，是私人联系的增加，社会范围是一根根私人联系所构成的网络①。这一社会关系的网络是以血缘关系为基础形成的。更具体地说，它是根据生育和婚姻事实所发生的社会关系，从生育与婚姻所结成的网络，可以一直推出去包括无穷的人②，过去的、现在的和未来的人物，基于此，这个网络像个蜘蛛的网，有一个中心，就是自己。以己为中心，像石子一般投入水中，和别人所联系成的社会关系，不像团体中的分子一般大家是立在一个平面上的，而是像水的波纹一般，一圈圈推出去，愈推愈远，也愈推愈薄③。费孝通先生认为，从自己推出去的和自己发生社会关系的那一群人里所发生的一轮轮波纹的差序格局论。中国人对血缘的重视，延展到了整个社会，决定了中国人的社会生活和人际关系。传统中国社会的人际关系正是在以父系主导的血缘关系基础上形成的立体关系网。

（2）家（家族）生活。以和合为核心推进的家（家族）生活。中华民族是一个崇尚和合的民族，和合文化源远流长，也深深渗透于家（家族）文化之中。孔子以和作为人文精神的核心，强调礼之用，和为贵。孟子曰：天时不如地利，地利不如人和。荀子则进一步提出：故人之欢欣和合之时，则夫忠臣孝子亦知其闵矣。注重和合，是中国文化乃至中国人的特性。钱穆先生认为：融会协调，和凝为一，这是中国文化精神的一个显著特性。文化中发生冲突，只是一时之变，要求调和，乃是万世之常。认为中国文化的伟大之处，乃在使冲突之各方兼容并包，共存并处。这种和合文化使中国人的家庭生活具有强大的内聚力。

（3）家（家族）治理。以父系家长制为特色产生的家（家族）控制体系。在中国长期的封建社会中，家庭作为最基本的社会组织，是以父家长制为中心的。作为一家之主，家长不但是家庭生产的组织者、家庭消费的分配者，还拥有支配家庭财产以及支配妻子儿女的绝对权威。家庭中自上而下的强制性秩序

---

① 钟静静. 扶贫项目的效益与青海土族农村社区发展, 2011.
② 胡帆. 家族企业文化的源流及其嬗 [D]. 北京大学, 2008.
③ 黄彦震. 清代中期索伦部与满族关系研究 [D]. 中央民族大学, 2013.

正是以父权为核心构建的。至宋以后更是强化了作为封建社会的最高道德原则和观念的三纲。中国传统家庭伦理的重要内容之一是崇尚家庭的和睦以及家庭与社会的和谐。为此，特别重视五伦：圣人有忧之，使其为司徒，教以人伦：父子有亲，君臣有义，夫妇有别，长幼有序，朋友有信①。在这里人际关系被概括成 5 种：君臣，父子，兄弟，夫妇，朋友。在这 5 种关系中，有 3 种是家庭关系，另两种也被看作是家庭关系的延伸：君臣如父子，而朋友如兄弟。当和谐与平衡被视为理想的终极家庭价值时，家族至上的意识便成为传统家庭伦理的核心精神。此外，中国传统家庭伦理还具有始于家庭而推及社会的重要特点。如孔子说：入则孝，出则弟，谨而信，泛爱众。孟子认为：老吾老，以及人之老；幼吾幼，以及人之幼。天下可运于掌。人人亲其亲，长其长，而天下平。在中国传统社会长期发展的过程中，家族是社会的细胞，家庭私德被扩展为社会公德，使家庭关系与社会关系的处理有了一致性。

（4）家国关系。儒家的治国理念是由家及国形成的。以家天下为归依诞生的家国同构的政治文化范式。大学道：古之欲明明德于天下者，先治其国。欲治其国者，先齐其家。欲齐其家者，先修其身。儒家把身、家、国、天下看成是一个相互贯通的大系统。在家国同构的宗法制度下，家是缩小了的国，国是放大了的家。在家国同构的治理模式下，一方面，人治的特征渐次形成；另一方面，进一步强化了整体本位的价值观，先由家庭（家族），继由社会逐渐湮灭了个人，使个体的权力和自由受到了一定的约束。

2. 中国家族文化的主要特征

中华文化从一开始就是以血缘关系为本位，家庭是人们最初和最重要的社会组织方式②。几千年家族文化传统的社会心理积淀对企业的组织与经营行为、对家族企业的生命周期都产生着重大影响③。因而，家族传统伦理不可避免地成为华人企业制度的根基，管理不是建立在社会化大生产的分工原则上，而是建立在传统家族伦理的差序格局和家长权威基础上④；企业运营不是以市场为导向，而是追求家族利益最大化；维持企业存在的不是正式的契约关系，

---

① 冯国泉. 礼法本位与自然本位——儒道和谐观的路径选择及其当代启示 [J]. 理论与现代化，2006.

②④ 周生春，王明琳. 市场、技术、规制与家族企业的演化——一个对家族文化决定论的质疑 [J]. 浙江社会科学，2004.

③ 王军. 我国家族企业制度变迁研究 [D]. 南京师范大学，2006.

而是家族成员之间的信任和情感。正如德国学者马克斯·韦伯所言："在中国，一切信任，一切商业关系的基石明显地建立在亲戚关系或者亲戚式的纯粹个人关系上面，这有十分重要的经济意义"。中国家族文化是在几千年的中华文明演进中不断形成的，对中国社会的政治、经济和文化有着深刻的影响，中国社会的各个层面都染有家族文化的痕迹。因此，中国家族文化具有以下六个方面的鲜明特征。

（1）家族文化的核心内容是亲缘原则。家族是按照血缘关系形成的组织，血缘关系是家族构成的基础。家庭和家族是我国历来最重要的社会组成单位。台湾学者李亦园认为中国文化是"家的文化"；著名经济学家汪丁丁也认为"从那个最深厚的文化层次中流传下来，至今仍是中国人行为核心的，是家的概念"。家族的亲缘关系在传统农业社会中以血缘为纽带，以男女、辈分、长幼等级为秩序，以婚姻为联系，形成了以家族为核心的人际关系架构。这种人际关系结构在中国传统社会是核心的因素，在今天依然发挥着巨大的作用。亲缘原则是家族文化的最集中表现。人们对亲缘关系的重视远远超过了其他的任何社会关系的认同。家和家族的概念深深的印在中国人的脑海中。实际上，家族血缘、亲缘关系成为中国社会潜在的人际交往规则。在同一家族中间，家族成员具有相同或者相近的血缘关系，有着相同的祖训（价值观）和共同的利益追求。家族成员因为血缘的关系，彼此之间存有天然的信任关系，自己的命运和家族的命运联系在一起。日裔美国学者福山曾深刻地指出：20 世纪的中国历史固然伤痕累累，唯一比其他机制更强韧、更蓬勃的就是父系制度的中国家庭。因为，家庭一向是中国人对抗外在险恶政治环境的避风港①。然而同时，福山也指出，中国的家族文化属于低信任文化，信任只存在于血缘关系的家族之内。在中国人的心目中，家族亲缘原则永远是第一原则。

（2）家长权威是家族文化的集中表现。在儒家思想的主导下，家族内部也存在差序格局。长幼先后的尊敬关系是维系家族关系秩序的重要保障。三伦（父子、夫妇、兄弟）五服是人人必须遵循的伦理规则。在父权传统影响下，父子关系是最主要的社会关系，远远超过其他任何社会关系。父亲的权威要远远高于子女及其他家庭成员。父权社会中，父权甚至可以说是绝对的，其他人必须服从。家族伦理观念被视为最为重要的社会观念，特别强调"忠""孝"。传统文化把"忠""孝"观念列为核心，每个人的神圣使命就是忠于国家，孝

---

① 崔广全. 中国特色现代家族企业管理模式创新研究［D］. 苏州大学，2006.

敬父母。"忠""孝"观念不但是家族道德观念,更是团结家族和维系社会秩序的起点。"夫孝,天之经也,地之义也,民之行也",天经地义的"忠""孝"观念孕育了中国特色的家族文化,也树立了家长领导的绝对权威①。

(3)差序格局是家族文化的等级结构特征。费孝通先生将中国社会结构和西方社会结构对比时,发现了中国社会结构的基本特征是"差序格局"②。他认为传统的中国人际关系实际上是"以己为中心,像石子一般投入水中,和别人所联成的社会关系,像水的波纹一般,一圈一圈推出去,愈推愈远,也愈推愈薄"③。换句话说,中国社会的信任度是随着关系的远近有很大区分的。费孝通认为中国社会的差序格局结构与西方社会团体格局结构在组织组成方面呈现了不同的特征。中国人在进行组织设计时与西方人不同,我们本能地倾向于把人分为两类:一类是与我们有固定关系的"内人"(家族关系或者泛家族关系),另一类是没有固定关系的"外人"或圈外人。尽管中国社会是差序格局,但是在此基础上形成的关系网确是中国人最为重视的社会网络。西方人倾向于把人视为个体,虽然对于认识的人与不认识的人也会做出某些区分,但从根本上讲,西方人有一体系对所有人都适用的行为准则。"新教伦理和资本主义精神"让西方人才是真正意义上的"四海之内皆兄弟"。

(4)关系意识是家族文化处世原则。关系是指一个或者一个以上的个人或者团体与一个或者一个以上的个人或团体之间作用、相互影响的状态。与西方社会相比,中国的传统文化模式和心理特征表现为极强的关系意识。人们以血缘为核心,通过姻缘、地缘、学缘、业缘等构成一张张关系网,讲究内外有别、亲疏分明,形成一种特殊主义的人际关系社会网络。中国社会非常重视关系及其作用。梁漱溟先生把中国社会与西方社会作了比较之后断言,中国社会既不是社会本位,也不是个人本位,而是关系本位④。现实社会中,中国人在人际交往时,首先要判断关系的类型。关系在中国人的社会身份辨认也是十分重要的。表面上,组织中的人际交往似乎遵循正式身份与工作角色,然而实际上,与组织领导人隐而不宣的这样那样的关系(通常是家族或者泛家族化的关系)才是更重要的因素。家族文化影响下的关系成为中国人在复杂社会网络中寻求突破的关键。正如马克斯·韦伯总结的那样,"在中国,一切信任,一切

---

① 唐雯雯. 家族企业文化对家族企业发展的影响研究 [D]. 中南林业科技大学,2013.
② 谢志辉. 家族文化对家族企业发展的影响分析及实施对策 [D]. 哈尔滨学院,2010.
③ 吴理财. 中国农民行为逻辑的变迁及其论争 [D]. 华中师范大学,2013.
④ 袁利升. 试论社会资本与高职院校毕业生就业 [D]. 广州科技职业技术学院,2010.

商业关系的基石明显地建立在亲戚关系人关系上面，这有十分重要的经济意义"，与西方国家的个人主义有跨文化的区别。

（5）信任度的内外区分是家族文化的显著特点。美国学者福山在其著名的《信任——社会道德与繁荣的创造》一书中提出了将文化进行划分为低信任度文化和高信任度文化。前者信任存在于重视血缘关系的社会，如中国、法国；后者信任超越血亲关系，如美国、德国。福山认为社会信任是社会资本的重要内涵。他对社会资本的定义就是人们在一个组织中为了共同的目标去合作的能力，是从社会或者社区中流行的信任中产生的能力。这种建立在宗教、传统、历史习惯等文化机制上的信任度构成了一个国家的社会资本。一个国家的信任度高低直接影响了组织的规模和效率。可见，福山的社会资本概念，无论对于家庭生活、社会的稳定还是经济组织的效率都具有重要的影响。在中国社会中，家庭和家族的概念是文化中心的概念。传统的以家族为边界的关系交往，就社会这个层面来讲，逐渐形成了低信任文化。然而，简单地将中国文化归结为低信任文化显然是有失偏颇的，因为在家族内部或者泛家族化的组织内部，存在着高信任的文化氛围。李新春教授认为"相比于西方发达的市场经济，中国社会信任缺乏，而私人信任较发达，而且私人信任是一个内外有别的'差序结构'；区别于西方基于'信心'之上的普遍信任，我国家族主义信任则是建立在'忠诚'之上的"。可见，内外有别的信任度是家族文化影响下的产物。

（6）特殊主义是家族文化的对外原则。特殊主义与普遍主义是一对相对的概念，由美国学者帕森斯和希尔斯提出的。特殊主义是指根据行为者与对象的特殊关系而认定对象及其行为价值的高低，而普遍主义则是指对对象及其行为的价值认定独立于行为者与对象在身份上的特殊关系。特殊主义可以说是家族文化的代名词，因为特殊的关系往往都是建立在家族或者泛家族化的私人关系之上。特殊主义让人往往只相信跟自己有关系的他人，而不信任外人。中国文化的特殊主义最重视的是血缘关系，由血缘关系推演开来的文化传统让很多国外学者感到震惊。"在其他国家需要通过合同、律师、担保、调研、广泛征求意见以及各种时间耽搁才能完成的各种交易，海外华人只要依靠电话、握手或清茶一杯即可以解决问题"[1]。这种建立在私人关系的行为方式是家族文化最为显著的特征。

---

① 张震. 信任与家族企业研究综述［D］. 电子科技大学，2006.

（7）泛家族化是家族文化的扩张。泛家族化是家族文化的突出特征。中国家族文化不仅给家庭和家族内部提供一套伦理规则，而且把它泛化到社会政治、经济生活的方方面面。任何家族以外的组织、群体，包括企业和国家都可以视为"家"的扩大。天下一家的大一统概念不单单存在于政治层面。中西方"家"的概念存在一些共同特征，如亲情规则、内外有别和家长权威等。但是把家族观念和行为规则泛化到社会的各个层面，确是中西方文化的截然不同之处。台湾学者杨国枢曾对泛家族主义有过简单准确地描述：在传统社会内，在家族中的生活经验与习惯常是中国人唯一的一套团体或组织生活的经验与习惯[1]，因而，在参与家族以外的团体或组织活动时，他们自然而然地将家族中的结构形态、关系模式及处世方式推广、概化或带入这些非家族性的团体或组织[2]。也就是说，在家族以外的团体或组织中，中国人会比照家族主义的取向来进行。具体而言，中国人的泛家族化历程主要表现在三个层次：①将家族的结构形态与运作原则，概化到家族以外的团体或组织[3]，即比照家族的结构形式来组织非家族团体，并依据家族的社会逻辑如长幼有序来进行运作。②将家族中的伦理关系或角色关系，概化到家族以外的团体或组织；亦即，将非家族化的团体成员予以家人化，成员间的关系比照家族内的情形加以人伦化。③将家族生活中学到的处事为人的概念、态度及行为，概化到家族以外的团体或组织；亦即，在非家族性团体或组织内，将家族生活的经验与行为，不加修改或者稍加修改即予以采用[4]。总之，中国人是经由刺激类化的途径将家族的组织特征、人际特征及行为特征推广到家族以外的团体或组织。

2.3.2　中国家族企业文化的特征研究

在中国人的观念中，"家"是一个至关重要的概念，几千年来形成了一整套完备的、以家为核心的伦理道德规范和观念体系[5]。长久浸润在这样的社会文化环境中，中国人便形成了强烈的家族主义观念。家族主义在中国家族企业

---

① 房竞茵. 家族企业治理的对策及适用研究——以 H 家具公司为例［D］. 中山大学，2010.
② 程艳. a 集团公司人力资源管理问题及对策研究［D］. 南开大学，2007.
③ 吴颖. 现代企业文化与家族文化的相融性研究［D］. 云南大学，2006.
④ 李敏，李良智. 关系治理研究述评［J］. 当代财经，2012.
⑤ 黄赞. 基于生命周期理论的中国家族企业文化建设研究［D］. 湘潭大学，2012.

文化中必然地存在着，中国的现实社会是基于"血亲"和"情感"的关系本位社会，以尊上、忠信、服从为特征的家文化是中国家族企业文化的本质所在，家本位思想和家权威主义思想是中国家族企业文化的最显著特征。绵延几千年的传统"家文化"既是家族企业文化的本源，又是家族企业成功的重要条件。鉴于中国家族企业文化中强烈的"家"观念，曹燕和吴曰友（2008）以文化的视角重新界定了家族企业的概念，他们认为"家族企业是一个或几个具有紧密联盟关系的家族，以家族文化这种稀缺的、有价值的、不完全融合和不可替代的特殊资源为核心的企业组织形式"①。家族伦理文化作为传统文化的基石，为企业在创业成长期带来决策效率、高度的凝聚力、和谐的内部人际关系、财产安全（田祖海等，2003）。尽管如此，戴湘和李宝山（2007）认为中国家族企业文化中"家"的观念具有很强的排他性，给家族企业的成长带来人才"瓶颈"、委托—代理的困境，以及非理性的继承问题。他们构造了一个建设家族企业文化的超文化多维模型。中国传统文化是家族文化基础，它以传统儒家文化为主干，包容百家之长，在漫长的历史长河中不断兼收并蓄优秀的外来文化，成为潜移默化之中影响国人的强大精神力量②。植根于传统文化的管理思想，其中不少方面已被证实对企业的成功与可持续发展举足轻重。

中国家族企业深受中国传统文化、家族文化、创业精神以及现代经营管理文化等各因素的影响，其企业文化也就打上了这些文化本源的鲜明烙印。中国家族企业文化具有九个明显的特征。

（1）家族式的管理模式。中国家族企业基本都是实行家族制的集权管理模式。家族成员都在企业内部担任要职，企业的核心权力均被家族成员所把持，家族牢牢掌握着企业的控制权。这种管理模式可以利用家族成员的血缘关系来维持企业的团结与稳定，并且保持运行与决策的高效率。

（2）重实效的价值取向。家族企业十分注重效益，追求盈利就是家族企业主在创业之初最重要和最基本的动机。在他们的眼中，企业的目标就是盈利，也是企业存在的根本意义。市场经济强调竞争，家族企业需要依靠效率来战胜竞争对手；重实效的价值取向不仅体现了家族企业主对利益的追求，也激发了家族企业主们的创造力和潜力，促进了企业的迅速发展与壮大。

---

① 曹燕，吴曰友. 家族企业研究综述——从家族企业文化角度再界定家族企业 [D]. 江西师范大学，2008.

② 戴湘，周荣森. 儒家文化的影响与超越：中国家族企业文化案例研究 [J]. 统计与决策，2007.

（3）家长式的领导权威。家族企业中，家族企业主有着绝对的领导权威，整个企业都在家族企业主的绝对控制之下。家族企业主既是家族的"家长"，又是整个企业的"家长"。一方面，家族成员集团是以家族企业主为核心，家族成员在家族企业主的领导下为了共同的目标而努力，他们所拥有的权力与获得的利益都与企业主有很大的关系；另一方面，企业员工必须按家族企业主的指示行事，很少有决策与行动的自主权。

（4）差序格局的等级结构。在中国家族企业中存在着明显的"差序格局"的现象，家族企业主不自觉地按照关系的远近来划分亲疏，从而在自己的周围形成一个亲疏远近的人际格局。家族企业主会把企业内部人员分成两个部分——家族成员和一般成员，并且随着关系的亲疏而导致信任程度的下降。

（5）重人治的管理方式。由于家族企业中，家族文化有极大的影响力，从而使家族企业内部很难真正严格地推行某项管理制度。在这种企业中，对亲人和熟人的管理方式遵循着亲情和人情规则，对没有亲缘关系、非亲非故的人则遵循的是不带情感、完全的功利法则。因此，家族企业内部治理方式是"人治"而非"法治"，人治在家族企业初期阶段有一定的作用但具有某种程度的随意性。

（6）变革型的领导行为。中国家族企业领导者往往都具有强烈的价值观和个人理想，强烈的个人意识可以产生巨大的人格魅力，员工愿意追随。在实际工作和生活中，中国家族企业领导者也会激励员工做好工作，并创造完成某项任务所需要的条件来配合员工们的工作。另外，他们向自己的员工表达出高的期望，并能在工作中给予员工积极的鼓励与帮助，因而能够激励员工为了企业的目标而相互合作、共同奋斗。

（7）创业型的思维模式。艰苦创业的经历使创业型的思维模式渗入了中国家族企业主的骨髓，并成功地把这种思维模式深深地植入每个企业员工的心中。强烈的成就欲望和风险意识、坚忍的意志、高度重视细节、不怕失败、勇于挑战、超越自我、超越他人等都是中国家族企业文化中创业型思维模式的体现。

（8）创新性的管理意识。中国家族企业的企业家们总是对新事物、新知识、新概念、新技术比较敏感，只要能有助于企业发展的一切新鲜事物，他们都愿意尝试。在管理方面的创新主要受到三个方面的影响：日常管理中暴露出来的管理纰漏；新的管理方法、管理理念所带来的启发；以及企业家对于过往的深刻思考与自我反省。

（9）追求卓越的经营理念。在中国家族企业之中，不管是创始人还是继任者大多具有强烈的事业心、追求高成就，喜欢挑战极限①。事业给他们带来的成就感是一种巨大的激励，他们希望自己的企业能够不断地发展壮大，也希望自己的企业能够基业长青。因此，中国家族企业的企业家们会无止境地追求卓越，并且把这种精神传递给企业和员工，使之深入骨髓并化作自主的行为。

2.3.3 中国家族企业文化的影响与效用研究

中国家族企业文化对企业的影响有利有弊。陈波（2004）就研究了中国家族企业文化与竞争优势之间的关系。由于家族企业的特殊结构，家族企业文化与其竞争优势的相关性十分显著，但这种相关性并不是简单的线性关系，而是一种取决于情势的复杂关系②。家族企业文化对企业竞争优势的形成与保持，突出地体现出了"双刃剑"特征。高波（2005）认为，在同样的产权制度和市场结构条件下，文化成本是中国家族企业成长的主导性约束条件。只有当潜在的边际收益超过边际文化成本时，家族企业主才可能放弃或转变自己的特定文化取向，做出拓展交易的选择，如引入职业经理人、外籍员工和外来资本等社会资源③。这一约束致使中国家族企业的成长轨迹呈现出创业期、突变期、分化期三个不同的阶段特征。创业期，通常是由一个有创新精神、冒险精神和权威的创业者创办一个企业；突变期，是指企业形态由家庭企业、家族企业向泛家族企业转变；分化期，即在大量家族企业被淘汰、消失的同时，极个别的家族企业实现了成功转型。实际上，文化约束就是企业文化在家族企业的形式在不断演化过程中发挥了阻碍的作用。邓小军和韩慧丽（2007）从管理与文化的关系出发，认为家族企业文化在催生家族企业产生，决定家族企业经营特征的同时，这种文化专断性、排他性的特征阻碍了现代企业管理模式在家族企业中的运行，进而削弱了其持续经营的能力④。他们认为中国家族企业文化与现代管理制度存在三方面的矛盾：与现代企业产权制度存在矛盾；与现代企业决策机制存在矛盾；与现代企业人力资源管理存在矛盾。因此，家族企业文化成为中国家族企业引进现代管理思想和管理机制的重要障碍，如何建设先

---

① 黄赞. 基于生命周期理论的中国家族企业文化建设研究 [D]. 湘潭大学, 2012.
② 陈波. 中国家族企业的文化特征与竞争优势 [D]. 武汉理工大学, 2004.
③ 翟启杰. 中国家族企业并购风险与防范研究 [D]. 南京工业大学, 2007.
④ 邓小军, 韩慧丽. 论家族企业文化与现代企业管理模式的矛盾性 [D]. 西北民族大学, 2007.

进的家族企业文化也就成了中国家族企业发展的关键课题。值得注意的是，两位学者并没有否定家族企业文化对中国家族企业发展的重要促进作用。帅亮（2008）研究了中国家族企业的代际继承过程中企业文化、领导者性格与继承成功性的问题，提出了研究的理论框架并做了实证研究。总之，领导者的性格、家族企业文化都与继承成功性有着显著的相关性。尽管如此，由于没有进行与非家族企业的比较研究，我们并不知道这种结论是不是只在家族企业中成立。

2.3.4　中国家族企业文化的发展历程

中国家族企业文化的发展历程与中国家族企业的发展历程是相伴而生的。考察与研究中国家族企业文化的发展历程，必须首先了解中国家族企业的发展历程。我们将自改革开放以来，中国家族企业经历的近四十年发展历程划分为如下三个阶段①。

1. 20 世纪 80 年代后期，中国家族企业文化的萌芽阶段

20 世纪 80 年代后期，企业文化理论在世界上刚刚诞生，企业文化的重要性刚刚引起全球的关注，但是这个新概念此时还没有真正传入中国。在改革开放初期，中国家族企业大多都处于创业的幼年期，企业规模小，技术低下，大多数企业都是本着家庭的发家致富为目标，围绕利润而开展的经营管理活动，而并没有关注家族企业文化对家族企业的重要影响。家族企业文化在一定意义上就是创业者的文化，创业者及家庭中的核心成员作为家族企业的核心成员，他们对企业发展的经营理念和管理方式直接决定着家族企业文化的发展基调和方向，决定着企业核心价值观的形成。当时，家族企业创业者及核心成员文化素质普遍较低，较少用文化的理念来对家族企业进行管理。这时，中国家族企业文化处于萌芽状态，首先在理论上，关于企业文化的体系还没有被提出来；其次，在实践中，也没有在文化管理上为家族企业创业者提供成功的经验和失败的教训。家族企业的创业者仅凭自身的胆识和特质，通过自身在企业管理中的经验教训，总结出符合该企业发展阶段的家族企业文化，并不断探索企业文化在家族企业管理中的作用。

---

① 温路. 可持续发展视角下的中国家族企业文化研究 [D]. 河北师范大学，2010.

2. 20 世纪 90 年代，中国家族企业文化的成长阶段

20 世纪 90 年代，国外企业文化理论不断引入中国，也出现了一些得益于企业文化管理的成功企业例子，中国家族企业涉足的领域及发展规模不断壮大，此时的家族企业创业者不单纯考虑到发家致富，而开始考虑家族企业长远发展战略，注重企业文化对企业管理的重要作用，家族企业文化进入了成长阶段。具备了一定规模的家族企业，此时开始初步构建企业的文化体系，寻找是企业核心价值观合适的表述，逐步提炼出了适时的能更好促进家族企业发展的文化理念。新创立的家族企业中，创业者根据已有实践经验更加清楚地认识到家族企业文化对提高企业管理效率的作用，在家族企业创立之初便开始注重企业文化的设计、体系建构，全面而系统地建设企业的核心价值观、企业精神、企业愿景、企业形象等，为家族企业的长远战略谋求文化支撑。

3. 21 世纪初期至今，中国家族企业文化的繁荣发展阶段

随着新世纪的开始，中国加入了 WTO，家族企业文化建设也进入了繁荣发展的阶段。家族企业作为国民经济的重要组成部分，国家政策、法律权限、舆论环境等综合环境都为家族企业的发展提供了平等、公平的竞争平台。同时，中国加入 WTO，中国有实力的家族企业也能充分参与国际产业分工，与国外企业合作竞争，并不断学习优秀企业的管理理念和企业文化，家族企业文化呈现出繁荣发展的势头[①]。在这一时期，一些家族企业创业者对家族企业的物质文化建设较为重视，但往往把企业文化简单地理解为狭义的企业的物质文化，着重于改变企业生产与生活环境、企业形象的树立、CIS 战略的引入，以及热衷文化活动的举办，等等。虽然这一认识是片面的，但客观上对家族企业物质文化建设有一定的促进作用。在家族企业文化的成长阶段，也有人对家族企业最为敏感的话题"家族治理模式"提出异议。在当时，中国家族企业主要以家族化管理为主，但是随着企业规模的发展壮大，家族成员的领导力和管理水平就不能满足其需要，一些家族企业主开始摸索适合企业在新阶段的治理模式，开始了从家族化管理转向职业化管理的探索。

---

① 张笑兰. 我国民营企业创新文化建设的哲学思考 [D]. 浙江工业大学，2014.

2.3.5　中国家族企业文化问题与困境

1. 中国家族企业文化存在问题

中国家族企业在其发展过程中形成了其独特的企业文化,绝大部分形成了以家族式管理为特色的血缘文化或者是由企业家说了算的独裁企业文化[①]。但随着企业内外环境的变化,这种文化的弊端也充分显露了出来。具体存在以下几个问题。

(1) 对企业文化认识不足。由于家族企业所有制性质和生存环境的影响,家族企业的价值观多为利润导向和市场导向型,企业经营者大都把注意力集中在赚钱和攫取利益上,不重视或错误理解企业文化,使企业缺少真正意义的企业文化。在中国的一些中小型家族企业中,有的根本就没有明确的企业文化,有的虽然有,但过于肤浅,流于形式。许多家族企业的价值追求、经营理念、道德意识是在长期的经营过程中自发地、无意识形成的,具有浓厚的经验主义色彩,简单零碎,不成体系[②]。这些企业的文化建设还没走上正式的轨道,根本没有发挥出企业文化所应具有的重要作用,特别是吸引人才、留住人才、实现人才价值的重要作用,更谈不上通过构建优秀的企业文化来提高企业核心竞争力[③]。这种情况下,企业文化形同虚设,实际上是企业文化的表层化,也可以说是文化缺失。

企业文化建设表层化与企业文化缺失还表现在许多家族企业视企业文化为口号,把企业文化空泛化、形式化,至于能否真实全面地反映本企业的价值取向、经营哲学、行为方式、管理风格,能否在全体员工中产生共鸣,真正地起到强烈的凝聚力和向心力的作用以及是否有鲜明的企业特色,根本不清楚[④]。有的家族企业把企业文化看成是唱歌、跳舞、打球等文体活动,于是纷纷建立舞厅,成立乐队、球队,并规定每月活动的次数,作为企业文化建设的硬性指标来完成[⑤]。也有的企业认为企业文化就是创造优美的环境,注重企业外观色

---

① 陈乐,彭晓辉. 传统家文化视角下家族企业文化演化路径分析 [D]. 湖南人文科技学院, 2013.

② 吴元波. 家族企业"侏儒症"的文化思考 [D]. 西北大学, 2007.

③ 徐全忠、郝玉梅. 我国家族企业文化建设存在的问题与对策 [D]. 内蒙古财经学院, 2006.

④ 王延臣. 中国家族企业组织文化的问题表现及创新路径 [D]. 邢台职业技术学院, 2008.

⑤ 张建心. 辽河油田分公司企业文化创新研究 [D]. 东北大学, 2005.

彩与布局的和谐统一，花草树木的整齐茂盛，衣冠服饰的得体大方，设备摆放的协调优美等①。客观地说，这些对企业来说是必要的，能增进友谊、沟通感情，也展示了企业的形象，但实际上，这些根本无法体现企业的核心价值追求，更无法发挥企业文化的凝聚与辐射作用，与现代企业文化相距甚远②。

（2）没有将企业文化建设上升到战略和决策层面。由于对企业文化的作用不够重视，价值观多为利润导向和市场导向型的，企业经营者大都把注意力集中在经济利益追求上，很多家族企业在战略和决策上大都放在生产和市场开拓上，对企业文化没有过多的考虑。有些家族企业在文化上有所重视，但是没有将其上升到战略和决策上，只是将其作为一种形式而已，使企业文化的功能得不到充分发挥。在制定战略和决策时，很少将企业文化作为一种核心竞争力看待，从而忽视了企业文化的作用。

（3）在用人方面没有冲破家族观念。家族企业文化大多根植于家族亲缘文化与地缘文化，家族企业所有者认为，血浓于水，亲戚是自己人，放心、靠得住，他们参与管理责任心强、效率高，因而看重血缘关系与亲缘关系，于是家族中的亲戚把持了公司的核心职位。这种通过以"家族利益为纽带，以家族血缘关系为强大凝聚力"而实现的家族亲缘文化，克服了企业创业初期面临的种种困境，保证了企业平稳而快速地发展。但由于经常以亲情代替规则，以关系代替制度，使企业的规则与制度形同虚设，难以执行和落实。随着家族企业由改革开放初期的个体企业过渡为目前的公司制企业，家族企业的家族亲缘文化使企业在充分授权方面裹足不前或盲目授权③，在管理上"内外"有别，用人上"任人唯亲"，难以做到人尽其才，物尽其用，也就难以满足企业员工的社会尊重需要和自我实现需要。另外，家族成员对利益占有的期望很高，在利益分配方面难以做到公平与公正，满意感会逐渐降低，纠纷与矛盾增加④。

（4）企业家的个人素质普遍偏低。企业文化在塑造和建设过程中有一个显著的特点，那就是企业的发起者对企业文化的塑造起关键的作用，家族企业文化的塑造更是如此。家族企业的文化特征往往体现为企业老板的个人喜好或者是创始人个人的价值观。其价值观是否科学，对企业文化制定的影响也是非常大的。中国家族企业主要发起于中小私营企业，家族企业创业者的思想道德

① 孙宝军，施向群. 试论邮政企业文化的转型与重建［J］. 邮政研究，2004.
② 徐全忠，郝玉梅. 我国家族企业文化建设存在的问题与对策［D］. 内蒙古财经学院，2006.
③ 陈乐，彭晓辉. 传统家文化视角下家族企业文化演化路径分析［D］. 湖南人文科技学院，2013.
④ 吴元波. 家族企业"侏儒症"的文化思考［D］. 西北大学，2007.

素质、经营管理理念、科学文化素养等，由于受生存状况、教育环境、历史条件等因素影响相对比较低。虽然近几年中国的私营企业主或主要投资人认识到了学习与文化的重要性，在采取各种方式补课，文化水平与学历结构逐年在提高和改善，但总体上还是偏低①。文化素养偏低导致了对企业文化建设缺乏正确认识，对企业价值观、经营理念无法进行深刻的逻辑构建与准确的语言表述，企业文化建设缺乏系统性和科学性，感性的成分大，理性的成分少。一些家族企业在制定企业文化时，把企业文化变成纯粹的"老板文化"。目前中国部分家族企业经营者对企业文化的认识还是模糊的、肤浅的，即使有些家族企业自觉推行了企业文化管理，但也处于自发管理阶段，而没有形成具有核心价值观、企业愿景与经营理念的家族企业文化。

2. 中国家族企业文化面临困境

现代经济中，家族企业是世界舞台的一个主角。人们选择这种企业制度，往往是看重其巨大的企业凝聚力，但不可否认的是，从文化建设来看，家族企业面临以下困境。

（1）传统家族文化对外人缺乏信任容易引起信任危机。以"家文化"为基础的中国家族企业内部的信任关系是建立在血缘亲属关系之上的，它弱化了"家"与外界联系的纽带，信任度是随着家族关系而逐次递减的。在"家族主义"文化支配下的家族企业，管理者往往会把企业的员工划分为"自己人"和"外人"两个圈子，只信任内部亲近的家人而疏远外人，从而使企业对外部人力资源难以形成真正的信任，弱化了外来人才对企业的凝聚力。有学者在对欧美和中国台湾的企业比较研究后指出："中国式的企业经营形态相对于西方的'契约关系'与'市场规范'的经营方式而言，总不能免除传统家族观念和人际关系的束缚②。"

（2）传统家族文化的排他性导致企业用人机制的任人唯亲。家族企业文化具有浓重的关系色彩，"任人唯亲"是中国家族企业的通病。以家族为本位的传统伦理使人们在处理人际关系问题时，常常从所在家庭、家族的利益出发，认为血浓于水，把亲情放在一个十分重要的位置。在任用人才时，觉得父子、兄弟、亲戚最为可靠，亲属凭血缘关系而不是凭专业才能占据重要的领导

---

① 徐全忠，郝玉梅. 我国家族企业文化建设存在的问题与对策［D］. 内蒙古财经学院，2006.
② 赵振淇. 家族企业文化建设研究［D］. 沈阳工程学院，2015.

职位，重要的管理部门多数是由具有血缘、亲缘关系的人员主控，企业内部往往出现人际关系复杂、制度形同虚设的局面。同时对所谓的"圈内人"与"圈外人"采取不同的管理方式，对前者采取随机的"人治"进行管理，对后者则制定规章制度实行"法治"，这种"内外有别"的双重化价值认同标准，背离了基本的管理理论中公平原则。

（3）传统家族文化的专断性使得企业决策缺乏科学性和民主性。传统家族文化专断性主要体现为企业领导者的家长作风和个人主义泛滥。中国文化的本质强调的是对君主、家长等的尊重，唯权是从，家族企业创始人拥有绝对的权威，无人敢提出挑战，使权力过度集中，尤其是家族企业所有权与经营权合一的特征，使独裁、缺乏制度制衡成为家族企业的顽症。最高层领导者凭主观判断代替科学分析，以个人喜好做出决策，往往由于个人才能和经验的不足而力不从心，在缺乏集思广益的情况下，导致错误决策，而且这种错误决策一旦形成，由于缺乏必要的民主制约机制而难以纠正，必将给企业经营发展带来不利影响①。

---

① 王萍. 我国家族企业持续发展的文化解析 [D]. 河海大学，2005.

第3章

家族企业文化与企业竞争力

文化是一个组织的灵魂。企业文化是当代社会影响企业本身绩效的根本原因及关键要素，并将成为决定企业兴衰成败的核心力量。企业文化是企业生存、竞争和持续发展的根本。家族企业文化作为家族企业核心竞争力的重要组成部分，对家族企业的健康发展、基业长青有着至关重要的作用。同时，企业文化与企业生命周期的研究也表明，家族企业文化是影响家族企业可持续发展的关键因素。知识经济时代，当今家族企业组织也越来越意识到企业文化对企业发展的重要意义，在企业管理方面也开始注重企业文化的建设与发展。

针对中国家族企业的"短寿"现象（据统计，中国家族企业寿命只有2.9年），研究家族企业文化对家族企业可持续发展的影响，发掘家族企业文化建设中存在的主要问题及影响因素，探讨如何建设中国家族企业文化以及建设什么样的家族企业文化，期望能对中国家族企业的可持续发展有所帮助，对家族企业文化理论研究提供新的视角。

3.1 家族企业文化提升企业竞争力

3.1.1 企业竞争力相关理论

国外，最早提出竞争力的是美国学者 Selznick，他用"distinctive competence"一词来表述公司在执行战略时的相关技能。尽管后来人们不断对竞争力进行研究，但至此还没有形成统一的竞争力的定义。美国哈佛大学肯尼迪政府学院的企业与政府研究中心 Spence 教授（2002）认为，企业竞争力是指一国企业在国际市场上可贸易的能力。① 世界经济论坛 WEF（1994）把企业竞争力定义为"一个公司在世界市场上均衡地生产出比其竞争对手更多财富的能力"。美国竞争力委员会主席 Fish（2012）认为，企业竞争力是指企业具有较竞争对手更强的获取、创造、应用知识的能力。② 美国《产业竞争力总统委员会报告》（2009）认为，企业竞争力是指"在自由良好的市场条件下，企业能够在国际市场上提供好的产品、好的服务，同时又能提高本国人民生活水平的能力"。③ 日本东京大学教授藤本隆宏（2010）认为，企业竞争力可以从三个层次来考察：静态的能力、改善的能力、进化的能力。静态能力是指企业已经达到的竞争力水平；改善能力是指不断地维持和提高竞争力的能力；进化能力是指建立前两者能力的能力。

企业竞争力是在竞争性市场中一个企业所具有的能够持续地比其他企业更有效地向市场（消费者，包括生产性消费者）提供产品或服务，并获得盈利和自身发展的综合素质。④《中国国际竞争力发展报告》联合课题组（2015）认为，企业竞争力是企业或企业家们在各种环境中成功地从事经营活动的能力。

1. 企业竞争力来源的理论演变

对企业竞争力概念的界定存在分歧，也就导致人们对企业竞争力来源认识的不同。纵观国内外关于企业竞争力理论，可以概括为三种学派：①企业竞争力来源的内生论（资源观和能力观）；②企业竞争力来源的外生论；③其他来源理论（竞争优势理论、国际竞争力理论）。

（1）企业竞争力来源的内生论。

Barney（1991）对竞争力的资源观理论进行了总结与扩展，指出：资源包括企业所有可以控制的资产、潜力、组织过程、信息与知识等，可以划分为物质资源、人力资源和组织资源 3 类，战略性的资源必须具有价值性、稀缺性、

---

① 刁利. 发电企业竞争力评价指标体系及综合评价方法研究 [D]. 中国优秀博硕士学位论文全文数据库，2006.

② 赵炎. 我国物流企业竞争力评价与对策研究 [D]. 中国优秀博硕士学位论文全文数据库，2005.

③ 张亚洲，张旭辉. 新经济条件下企业竞争优势与竞争力的再思考 [J]. 攀枝花学院学报（综合版），2010.

④ 李海泉. 中国证券公司竞争力研究 [D]. 中国优秀博硕士学位论文全文数据库，2012.

不可模仿性和难以替代性。[1] David J. Collins（1995）等指出价值的评估不能局限于企业内部，而要将企业置身于其所在的产业环境，通过与其竞争对手的资源比较，从而发现企业拥有的有价值的资源。[2] Barney（2001）指出资源观在人力资源、经济学、企业家精神、营销和国际贸易等五个方面的应用，探讨了资源观与演化经济学的关系。[3] 中国社会科学院工经所的金培博士（2004）在《竞争力经济学》中提出了将企业拥有的资源（人力、原材料、土地、技术、资金、组织、社会）作为竞争力等。

（2）企业竞争力来源的外生论。

外生论认为企业是同质的，因此企业获取竞争优势基础是外部因素，如外部的环境、竞争者等。Mintzberg 等（1998）阐述了环境的独特方面与组织的特别属性间的关系，如外部环境越稳定，组织结构越正规。环境决定了企业的生存条件，一方面，外部环境考验着企业；另一方面，最终生存下来的企业说明具备竞争力。这个观点的代表人物是 Harman（1977）等，他们认为竞争并不是组织之间有针对性的竞争与冲突，而是组织为了适应环境变化要求而展开的竞争，当企业适应环境要求时就会生存，反之就要遭到淘汰。

（3）企业竞争力来源的能力观。

竞争力来源的能力观的主要观点就是将竞争力作为企业的某种能力。对于竞争力的能力的认识有三种观点：动态能力、核心能力和组织能力。

动态能力的主要观点认为企业是知识的集合体，企业的竞争力来自于知识的积累和学习。该理论最早可以追溯到 Penrose（1959）的著作《企业成长理论》，Penrose 提出了企业是"知识集合体"的观点，并认为知识积累和企业可能性边界扩张的存在紧密的内在联系，企业内在成长是动态的，新知识的积累则主要是经济活动内部化的结果，内部化的过程节约了企业稀缺的决策能力资源。而明确提出"动态能力"概念的是 Teece（1997）等，其将动态能力定义为"整合、构建和重置公司内外部能力，以适应快速的环境变化的能力"。[4] Collis（1994）认为"动态能力"是相对于"普通能力"（操作

① 王圣，张燕歌. 山东海洋产业竞争力评估体系的构建［J］. 海洋开发与管理，2011.

② 崔成芳. 我国交通运输业上市公司竞争力评价研究［D］. 中国优秀硕士学位论文全文数据库，2011.

③ 周君侠. 区域物流竞争力评价理论与实证研究［D］. 中国优秀硕士学位论文全文数据库，2012.

④ 赵振宇，刘曦子. 企业四阶动态能力的层级建构及其模型［J］. 华北电力大学学报（社会科学版），2014.

能力）而言的，将其界定为"普通能力"（操作能力）的变化率的管理能力。Helfat 等（2003）认为动态能力是有关适应和变革，是建立、整合或重构其他资源和能力。

最初提出核心能力概念的是美国著名学者 Prahalad（1990）等，认为企业核心能力本质上是"能力的集合体"，表现为企业所特有的积累性学识，其载体有企业内部个体、企业组织和核心产品、核心技术、关键人才等，并经过积累形成了获取竞争优势的异质性资源。核心能力决定因素：第一，技术因素，如生产技能和多种技术流派；第二，这些技术的整合与协调，如"积累性的学识""协调"和"有机整合"。将其因素进行细化，核心能力的体现在于：文化、技术、人力资源信息和组织等因素。① 作为核心能力，其获取竞争优势的来源在于异质性，这种异质性体现在：①稀缺性；②延展性；③价值性；④难以模仿性。② 金培博士将企业生存发展的能力：对环境适应性、对资源开发、控制、创新和不受物质资源本身约束的知识：创意、观念、战略、体制、经营等要素作为竞争力的核心要素。也体现了核心竞争力源于企业内外部的优势资源。

将竞争力认为是企业的组织能力的是著名的美国企业管理史学家 Alfred D. Chandler（1992），③ 他认为现代企业基本的分析单位是企业和它的学习能力，企业能力是企业在其历史的发展过程中，充分利用规模经济和范围经济获得的研发能力、生产能力、营销能力、服务能力和管理技能，是企业内部组织起来的物质设施和人的能力的集合。

研究在产业环境中如何形成企业竞争力，或者研究在产业竞争情况下企业竞争力的决定因素，始于迈克尔·波特的竞争三步曲：《竞争战略》（Porter，1980）、《竞争优势》（Porter，1985）和《国家竞争优势》（Porter，1990）。迈克尔·波特提出的两个关于竞争力的模型体现出了他的观点：五力竞争模型。其提出产业竞争者、供应商、买方、潜在加入者和替代产品构成了产业竞争的五种力量，相应地影响企业竞争力的因素在于新进入者威胁、替代品的威胁、买方的讨价还价能力、供方的讨价还价能力和现有竞争者的竞争能力。钻石理论模型。虽然是着重于研究产业竞争力，但是其所提出的产业竞争力决定主要

① 宋怡. 基于优势转换的钢铁企业竞争力研究 [D]. 中国优秀硕士学位论文全文数据库，2014.
② 蒋宁. 林产品物流企业竞争力研究 [D]. 中国博士学位论文全文数据库，2014.
③ 王丽欣. 我国上市商业银行竞争力评价研究 [D]. 中国优秀硕士学位论文全文数据库，2010.

因素：生产因素、市场需求、关联产业、企业策略。中国社会科学院工经所的金培博士将生产力和市场力作为竞争力的决定力量，并且这一观点在国内有广泛的影响。后来又提出企业面临的各种关系：企业所处产业状况、与本企业相关企业的关系、企业与国家之间的关系、国际经济形势、社会政治环境企业构成竞争力要素之一。

另外，根据 Porter（2001）的竞争优势理论，竞争优势归根结底来源于企业为客户创造的超过其成本的价值。① 价值是客户愿意支付的价钱，而超额价值产生于以低于对手的价格提供同等的效益，或者所提供的独特的效益补偿。波特分析竞争优势是从价值链的角度，在价值链上实施竞争战略，通过竞争战略创造竞争优势。

第一，价值链理论。迈克尔·波特对企业的活动进行了分析，并依照企业活动对企业价值的影响而进行了分类，其将企业价值活动分为基本活动（内部后勤、生产经营、外部后勤、市场营销和服务）和辅助活动（企业基础设施、人力资源管理、技术开发和采购）。②

第二，竞争战略。迈克尔·波特提出了三大竞争战略：①成本领先战略。成本在企业价值活动中广泛分布，在每一个价值活动中都会涉及到成本，成本领先是目标最明确的一种竞争战略；②差异化战略。标歧立异的实施不一定非得要采取重大措施，有时只需要采取微小的手段就可以实现；③目标集聚战略。目标集聚也称专一化战略，集聚战略的企业选择产业内一种或一组细分市场，并量体裁衣使其战略为它们服务而不是为其他细分市场服务。集聚（集中化）战略有两种形式：在成本集聚战略指导下企业寻求其目标市场上的成本优势，而歧异集聚战略中企业则追求其目标市场上的歧异优势。可以看出，目标集聚战略最终还是要通过成本领先和标歧立异战略来实施。

第三，国际竞争力理论。对国际竞争力的研究最著名的两大机构分别是世界经济论坛（WEF）和洛桑国际管理开发学院（IMD）。WEF 和 IMD 认为国际竞争力是竞争力资产与竞争力过程的统一（竞争力资产×竞争力过程＝国际竞争力），③ 所谓资产是指固有的（如自然资源）或创造的（如基础设施）；所谓"过程"是指将资产转化为经济结果（如通过制造），然后通过国际化

---

① 余祖德．制造企业竞争力的决定因素模型及其实证研究［J］．软科学，2008．
② 刘益．企业价值链管理与供应链管理的协同性分析［J］．北京印刷学院学报，2007．
③ 陶良虎．湖北装备制造业竞争力研究［D］．中国优秀博硕士学位论文全文数据库，2006．

（在国际市场测量的结果）所产生出来的竞争力。1994 年，世界经济论坛（WEF）在《国际竞争力报告》中又将企业国际竞争力定义为"一国公司在世界市场上均衡地生产出比其竞争对手更多财富的能力"。①

在全球化、信息化的今天，任何一个企业在市场中都不敢忽视跨国竞争对手的影响，在市场日益开放的情况下尤为如此；国际竞争力只是影响企业竞争力的一个方面，国内竞争压力的影响也要加大关注力度。

理论界对企业竞争力的来源是存在分歧的，这可能与学者们所处的环境和时代有关，在经济不发达的情况下，资源对于企业来说非常重要，而随着知识经济的发展，人们又开始意识到能力、价值创造、知识创造、国际竞争的重要性。由于决定一个企业的发展的因素是多方面的，使得企业竞争力的来源是多样的，要具体问题具体分析，在评价家族企业竞争力的时候，抓住关键的因素。有的企业在某一方面具有优势，并且处于行业领先地位，而有的企业同时具有多个方面的优势，综合形成竞争力。因此，在评价企业竞争力的时候，首先要清楚家族企业竞争力形成的主因，然后在主要因素的主导下，分别给出其评价指标，这样才能够比较合理地评价一个企业的行业领先地位或者国际竞争地位。②

2. 家族企业竞争力发展要素

企业现有的竞争方式目前也将向健康、科学和高效的现代化方向发展。原始的自杀性的价格竞争将得到抑止，企业间的战略同盟关系将改善家族企业的外部竞争格局，实现企业间的"双赢"和市场供应链的最优化；在家族企业内部实行人力资源战略，对人才进行专业、科学的培养和使用，实现企业的创新能力和企业活力的突破；改善企业的内部治理结构和管理模式，家族成员产权明晰，权责明确，保持家族企业健康团结的快速增长。

（1）建立合作和组织战略同盟。

建立与完善企业间的合作和组织战略同盟是家族企业再次创业中最重要的竞争方式。家族企业立足于本身的核心竞争力和在技术、管理和制度方面的创新能力，组建使企业竞争优势最大化的战略同盟。家族企业在再次创业阶段，自身实力已经有了一定的规模，在这种规模经济的作用下，家族企业会选择多

① 史清琪. 国外产业国际竞争力评价理论与方法 [J]. 宏观经济研究，2001.
② 朱学星. 中国上市矿业企业竞争力评价研究 [D]. 中国优秀硕士学位论文全文数据库，2013.

元化战略或差异化战略来进行企业的扩张成长。这种扩张是基于企业核心竞争能力而划分的，战略同盟的建立正是这种扩张竞争方式的表现。

　　家族企业一般在再次创业阶段选择多元化战略，在自己的主业外开辟新的疆域使企业价值得到最大化发展。但是盲目多元化的众多失败案例教育家族企业不能随意地进入自己陌生的领域。这使战略同盟的出现就有了必然性。家族企业通过兼并、重组和合作等竞争方式可以更轻松地利用合作企业原有的市场形象、营销渠道的宝贵资源，再加上家族企业在企业文化和制度上的改革，可以将资源直接利用，大大降低和控制多元化战略的风险。而战略同盟还有同级企业的正常合作竞争，在家族企业的二次创业阶段，企业的发展必须依靠新产品的更新换代核心的营销渠道的开拓。在竞争企业中大力开展企业合作项目，开展产品的共同开发生产，使各个企业优势互补，缩小产品的开发周期和企业的创新投入，实现双赢的理想结果。①

　　但是家族企业的合作和组织战略同盟的建立是以诚信为基础，如果没有信任作为合作的基石，可能会使企业合作的风险和利益分割产生分歧，最终导致合作的破裂。在企业自身实力的保障之下，家族企业的合作战略同盟的良好运作将会给企业丰厚的利益回报，令企业顺利发展。

　　（2）建立有效的家族成员退出机制。

　　要彻底改变家族企业用人唯亲的现状，就必须使不称职的家族成员逐渐退出管理层，而从经理人市场上聘用高级专业人才。② 随着企业规模的扩张，经营的多样化，原有的创业者在知识、管理能力等方面逐渐不能与之相适应。③此时家族企业应当机立断，促使家族成员逐渐退出。家族成员的淡出可以采取以下途径：一是制度性规定。由权威的家长做出决定，家庭或家族成员强制退出，如浙江金义集团一次解聘了30多位与自己同甘共苦的直系亲属，陈金义自己也辞去了总经理职务。④ 二是从增量上做文章，集团在组建新公司时，严格按照现代企业制度的要求建立。兄弟姐妹、亲戚不能进入公司，然后再把集团的重心向新建的公司转移，逐渐使家族成员退出。第一种途径的变革有力有效，但其缺点是有可能引发家族剧烈的冲突，可以由原始股东建立类似的基金来专门养活退出的家族成员；后一种相对缓和一些，但时间较长，不易引发强

① 任慧军. 建立中小企业技术创新战略联盟的策略［J］. 创新科技，2006.
② 甄开炜. 创新民营企业用人机制的方略［J］. 当代经济，2006.
③ 朱惠军. 试论民营企业人力资源管理对策［J］. 现代商业，2007.
④ 朱长丰. 家族企业特质性与用人制度创新［J］. 企业经济，2007.

烈的冲突与矛盾。

（3）大胆地引进人才及人才资本化。

任人唯亲是家族企业竞争方式的毒瘤，在企业规模化的再次创业中，秉承传统用人观念的家族企业必须引进新的人才竞争机制。在家庭成员退出的同时，要大胆的引进外部优秀人才。首先，选拔时要学会识别人才，全方面考核；其次，在使用时要格外尊重人才，提供发展平台，做到人尽其才；最后，注重人才的培养，树立长期的人才观。非家族成员的家族化是解决人才忠诚问题的一种途径，是指一些处于高级管理阶层的外聘人员通过各种方式转化为家族成员，也称为泛家族化成员。这种转化可以通过姻亲、干亲、结拜等途径达到。这种非家族成员的家族化并不是一种倒退，而是在各种法律、法规、个人信用制度没有建立起来的一种过渡措施。① 高水平的管理人才转化为家族成员可以达到两个目的：一是平庸的家族成员可以安心退出；二是有才能的非家族成员可以安心于企业的经营。②

（4）家族后代的培养。

除家族成员的淡出外，还可以把家族成员转化为专业管理人员，对家族成员后一代进行培养，在其具备了符合本企业的用人要求后，才能进入企业的管理层。③ 事实上许多家族企业更希望家族里多一些能够胜任经营管理的人。慧聪商务网的董事长郭凡生的两个侄子大学毕业后到其企业工作，并且在各自岗位上做得有声有色，用这样的人才无可厚非。④

（5）建立有效的激励约束机制。

家族成员淡出，外部人才引进之后，要使人才发挥其作用，必须建立起有效的激励约束机制。首先，要加强企业员工的物质激励，在收入激励的基础上加强股权激励。在保持其获得一定收入的基础上，还要加强对员工的精神激励。其次，要建立有效的约束机制。内容主要包括：赏罚分明，严格按照规章制度来办事；利用内外部市场机制对职业经理人进行监督；加强监事会的内部监督作用；利用职业经理人信用体系进行监督。防止出现经理人逆向选择。

（6）减少家族成员的内部矛盾。

① 刘丽萍. 中国家族企业演进过程中的管理体制研究 [D]. 中国优秀博硕士学位论文全文数据库，2004.
② 朱长丰. 家族企业特质性与用人制度创新 [J]. 企业经济，2007.
③ 汪腾. 家族企业用人机制的创新探析 [J]. 西昌学院学报（社会科学版），2006.
④ 涂沁，卢伟红. 我国家族企业与现代企业制度融合研究 [J]. 企业经济，2008.

　　任何一种组织能够合理地存在和有效地发展都依靠于其内部成员间共享的一种文化和价值观念，以及基于这种文化和价值观念之上的相互信任关系。在家族企业中，家族成员间特有的信任关系和相对很低的沟通成本，特别是在家族企业初创期，是其取得竞争优势的一个有力源泉。但是，如果处理得不好，让家族政治进入到企业之中，并且进一步让企业外聘人员也卷入到了家族政治当中，外聘职业经理存在较高的代理成本，则会阻碍企业的组织发展进程，上演一场几败俱伤的矛盾冲突。解决家族企业的公司治理，减少家族成员的内部矛盾，是家族企业健康发展的必然要求。

　　(7) 建立、完善家族企业治理委员会。

　　家族企业要有一个家族委员会，当前发达国家家族企业实行家族办公室也是有效的选择。负责把家族内部有关企业发展计划和家族发展计划之间的一些矛盾以及家族成员的内部分歧解决好。有股权又在公司工作、有股权但不在公司工作、没有股权但在公司工作以及没有股权也不在公司工作的四类家族成员之间，在有关分红、投资决策等等方面会存在剧烈的矛盾。[1] 在家族委员会上，处理好家庭消费和企业积累之间的矛盾，以及企业投资方向确定问题，形成一个一致的意见，通过正式的渠道传递到企业中去，可以在一定程度上预防和化解家庭政治对企业运作的影响。[2]

　　(8) 避免一言堂形态，打破独裁主义框架。

　　解决好公司治理问题，既能有效地防止家族企业因内部矛盾和内部政治而垮台，也能为家族企业建立和实施一个有效的战略计划、赢取长期可持续竞争优势做出贡献。引入一些专业咨询公司，给家族企业进行企业化管理运营建议和改造，完善企业的民主机制，打破一言堂，消除独裁主义意识。[3]

　　建立一个家族成员、职业经理人和独立董事各占 1/3 比例的董事会，使董事会成为有关企业重大问题的集体自由讨论和决策场所，[4] 可以帮助家族企业的所有权人和经理人之间建立和发展信任关系，并能在一定程度上保证家族企业所有权人和经理人相互之间承诺的实现。董事会在提高家族企业战略决策能力和提高管理决策质量，以及家族企业接班人培养等等方面都能发挥有效的作用。

---

① 孙佳瑞. 家族企业代际传承问题研究 ［D］. 中国优秀硕士学位论文全文数据库，2013.
② 仲继银. 家族和民营企业的董事会与公司治理 ［J］. 董事会，2008.
③ 林辉. 美国强生：分权管理的反向思维——反观中国的家族企业之路 ［J］. 东方企业文化，2011.
④ 邓擎. 我国家族企业治理结构研究 ［D］. 中国优秀硕士学位论文全文数据库，2008.

（9）全面实施制度管人，制度管企业的运营机制。

家族企业要发展壮大，必须依靠集体、依靠团队的凝聚力和集体智慧的充分发挥。一些家族企业往往逃脱不了短命夭折的命运，就是因为没有树立企业长远发展的战略思想，而是停留在眼前个人利益和家族成员利益上。在家族企业创办人员管理运营能力有限的前提下，借助咨询公司的专业资源，建立完善企业各项管理制度和战略规划，并坚定有力推行实施。① 明确职能分工，确认责权利关系。为了避免不必要的管理纠缠，家族企业必须在管理、职能权限上进行充分明确，以确定管理者之间的责权利关系，避免职权模糊不清、权责不明，导致管理纠缠。当然，有很多方面的因素，具体要根据家族企业的实际进行充分调研、问卷、访谈、沟通，才能更好对企业进行充分、现实地诊断。

3.1.2 家族企业文化对企业竞争力的作用

1. 家族企业文化对家族企业影响

家族文化主要指调整家族成员和家族与社会之间相互关系的伦理、道德规范、行为规范、宗族观念等的总和。② 中国家族文化从形成发展到今天，其特征总的说来可以概括为：明显的宗族性，凝聚性，礼俗性和自我封闭性。

一般认为，以一个或几个血缘关系的家族成员作为企业的核心，直接控制其所有权或经营权的企业组织，就可以称为"家族企业"。③ 传统的中国社会是一个建立在家族基础上的社会，家族文化已深深地积淀于整个社会关系之中，成为影响和形成中国人价值观的要素。④ 所以，企业经营在这种环境下，自然深受家族文化的影响而家族企业的特点更决定了其管理理念必将秉承中国传统家族文化的显著特征，中国家族企业根植于中国几千年的传统文化。换言之，中国传统家族文化构成了家族企业管理的文化根基。

（1）产权高度明晰化。家族内部的产权高度明晰化从家族成员与资产关

---

① 潘丽萍. 中小企业人力资源管理的瓶颈及其突破 [J]. 科技资讯，2008.

② 吴三清. 我国中小企业国际化经营的影响因素及方式选择研究 [D]. 中国优秀博硕士学位论文全文数据库，2005.

③ 吕晓文，凌德政，汪晓梦. 传统家族文化对我国家族企业的影响及其扬弃 [J]. 广东经济管理学院学报，2003.

④ 张正峰. 家族性资源与家族企业中的假性和谐 [J]. 特区经济，2005.

系上看，无论是家族独资经营，还是承包、租赁经营，都是在明晰产权的基础上进行的。[①] 家族企业成员向心力强，凝聚性高，彼此有互助精神。他们具有一种天然的命运相关的共同体，容易团结一致，产生较大的同心力。再者，家庭成员都比较忠诚，在其家族企业就职后，则他的个人期望和家族压力等使他难以脱离该企业。

（2）简化而有效的激励机制。中国传统文化中的重义轻利、手足情深、家族事业等类似观念在家族企业形成过程中，作为非正式约束为其特定的制度安排发挥了不可或缺的作用。[②] 动力激励机制的直接性作为家族企业，其经营者常常是集所有权与经营权于一身，家族企业的经营效益好坏直接影响到经营者，即所有者的切身利益，这也充分表现出家族产权内在激励机制的实现。

（3）经营观念与目标政策的一致性。由于中国人非常讲究家族的"延续性"，所以企业主的创业精神和经营方针都要求其子女继承和发扬光大。因此，家族企业的接班人较为注重企业过去的信誉与展示的招牌，希望再塑企业的美好形象。从这个角度来说，家族企业比较有社会责任，不会贪图小利而破坏家族企业的传统信誉，[③]有利于企业良好信誉的建立与保持。

（4）领导效率高，管理成本低。由于家族企业大部分都是以血缘裙带关系的成员组建起来的共同体，因而，便于集中领导，实行一元化管理。不仅如此，还表现为由血缘和亲情关系使得管理费用低，可大大节省管理成本。[④]

2. 家族企业文化建设对促进企业核心竞争力形成的作用

家族企业文化由于传统伦理道德的影响，因而具有一定的特殊性，但是随着社会的发展，市场竞争的程度激励，它必将和社会文化、现代企业文化不断融合，塑造具有自身特色的企业文化，以文化的力量推动家族企业的健康持续发展。因此，家族企业文化的提升对于增强家族企业的核心竞争力具有十分重要的意义。

（1）注重对传统家族企业文化的继承。家族企业在进行企业文化建设时不应完全抛弃家文化。事实上，中国绵延几千年的传统家文化是家族企业成功的重要条件，抛弃它就等于抛弃了家族企业文化的根基，就没有了家族企业特

---

①③　汪晓梦. 传统家族文化与我国家族企业管理 [J]. 乡镇经济, 2005.

②　田祖海. 传统文化与中国家族企业的发展 [J]. 武汉理工大学学报（社会科学版），2003.

④　王忠民，仲伟周. 中国中小企业：家族文化与企业管理 [J]. 人文杂志，1994.

色的文化基因。传统文化中的思想精华在现代家族企业文化构建中仍然具有积极的不可忽视的作用。如方太的儒家文化。亚洲的新加坡、韩国等国家之所以能在较短时期内发展成为经济发达的新兴工业国，其中一个重要原因就是他们都利用儒家思想来加强企业管理。

（2）全面提高家族企业家素质，塑造企业家文化。家族企业文化的形成过程就是家族企业家的价值观和行为方式从隐性转化为显性的过程，即把家族企业家的经营理念、经营哲学转化为企业生产和经营的实际行动。所以，企业文化提升，首先就是企业家的提升。一是企业家人格的提升。企业家要跟上时代的步伐，陶冶自己的情操，形成崇高的品格、宽阔的胸襟，真正从单纯追求利润转变为具有高度社会责任感和公德心的企业家。二是企业家素质的提高。企业家要从多方面吸收知识营养，善于总结经验，不断学习，提高自身的综合素质，才能开阔视野，驾驭不断成长的企业，才能适应未来发展的需要。[1] 三是企业家要自觉进行理念改革，重塑高层次的核心价值观。企业家的价值观是核心价值观，决定着企业价值观的形成和作用的大小，也是家族企业文化建设的龙头，应摆到最重要的位置上。[2] 而企业家要树立核心价值观，就应从思想深处形成最高理念，自觉开展理念革命，实现由经营理念到政治理念乃至最高理念的质变。

（3）要实现由"家长式文化"向"参与式文化""专业式文化"的转变。家长式文化是家族企业最为普遍的文化范式。这种文化对于初创型家族企业，或者那种必须尽快摆脱危机的企业，效用较大。但是这种文化对家族企业的持续发展存在着负面效应。要保证中国家族企业的可持续性稳定发展，应逐步向能够降低企业内部治理成本的学习式文化、专业式文化转化。参与式文化是指企业的内部组织跨越家族观念的界限，进行泛家族化来共同管理经营企业的一种"群策群力"文化模式。它要求在整个组织的内部摆脱血缘、裙带关系观念的障碍，建立起从上到下，从下到上的管理方式，来共同参与企业的经营管理。专业式文化是指家族企业的内部组织一些专业性的部门或岗位聘用职业经理人来参与管理的一种文化模式。如在企业内部将一些勤学肯干的非家族成员进行培养使之成为专业技术人才，或在一些管理岗位聘用"外脑"来做顾

---

① 王磊. 民营企业文化管理的优势分析及路径选择 [J]. 江苏省社会主义学院学报, 2007.
② 陈乐, 彭晓辉. 传统家文化视角下家族企业文化演化路径分析 [J]. 湖南人文科技学院学报, 2013.

问，逐渐淡化家族化管理，使管理职业化、专业化，科学化。

（4）以用人唯贤的人才策略替代任人唯亲的世袭制。在创业型家族企业中，公司的所有者和管理者之间的信任，可以提升决策和公司运营的绩效。但随着企业外部条件的变化以及公司规模的扩大，逐步建立起科学的人才培养、选拔制度以取代原有的血缘体系，是家族企业文化塑造的基本内容。

企业的发展要靠企业中每一个人的努力，因此将企业的发展与个人的成功和谐地统一起来，充分开发人力资源，是考察企业文化、企业价值观是否符合现代企业管理的科学性和先进性的重要方面。[1] 现如今很多家族企业均有了自己的员工培训体系，建立学习型文化，也有些企业将员工业务水平的提高当作竞争的战略，并确立激励和监督机制作为企业文化建设的重要内容。核心员工流失是困扰家族企业发展的重要问题，企业要通过员工关怀、营造企业温馨气氛、提高员工对企业的满意度、提升对组织的承诺。加强员工的主人翁意识来增进企业的凝聚力也是衡量家族企业文化优与劣、先进与落后的指标。同时公司的选拔制度要透明化，要以才学、能力作为基准而不是以关系的远近作为标准，也是用人唯贤的企业文化的必然要求。

（5）确立长久发展的公司理念并与员工、社会分享企业愿景。家族企业在发展的初始阶段总是给人一种目光短浅、缺乏远大抱负的印象。通过塑造注重长期发展的企业文化，并将公司的愿景及时、准确地传达给企业内部人员以及外部社会是改变家族企业形象的有效手段。公司应通过一系列的发展战略的制定与实施促进这种文化在公司内部生根、发芽直到苗壮成长为公司的强势文化。这样，公司的员工会更加认可公司的发展方向，有利于加强公司的凝聚力，同时也可以加强社会对公司的了解、信任。[2]

（6）明晰产权，逐步实现产权多元化。家族制管理的基础是业主家族制，这种产权关系与企业成长必然带来的社会化程度提高是不相容的，也是企业进入成长阶段后许多矛盾产生的根源。因此，在家族制企业向现代企业制度和管理的转变中，必然要经历明晰产权并逐步实现产权多元化的过程。根据企业的具体情况，这方面的变革可以表现为：一是建立有限责任公司，根据家族成员和创业骨干在企业发展中的贡献，[3] 将企业的产权具体分配到个人，以股东持

---

[1] 潘国强. 文化视角中的中外时间取向差异 [J]. 商业时代，2006.

[2] 孔祥英. 新创企业的企业文化研究 [D]. 中国优秀硕士学位论文全文数据库，2012.

[3] 再娜甫·衣米提. 新疆个体、私营经济发展研究 [D]. 中国优秀博硕士学位论文全文数据库，2006.

股的方式，明晰和规范家族成员和创业元老对企业的产权关系。① 二是建立股份合作制、股份公司，以至成为上市公司，面向企业更多的成员或社会公众，实现企业产权多元化，股权结构多元化，利用产权机制，激励和调动企业员工的积极性，并吸引社会资本，完成家族制管理向现代企业制度管理转化。

（7）以"法治"代替"人治"，实现职业化管理。著名经济学家张维迎发现华人的企业大都是企业家比企业有名，如李嘉诚。但外国企业往往是企业比企业家更知名，如可口可乐。② 这说明中国的文化历来崇尚个人魅力，重人不重制度，人治大于法治。华人企业是领袖中心型企业，而跨国公司是制度中心型企业。在西方，每个人的能力有限，但一旦进入企业这个系统，每个人的能力被充分地发挥出来，甚至有放大效应，管理的成功很大程度上靠的是一套完善的制度、模式。③ 而中国的企业则大不相同，中国企业的管理更多的是靠"能人"。因此，关于人治与法治的把握，对中国的企业将是一个长期的课题。而企业法治的一个重要条件就是实行职业化管理。职业化管理就是解决企业内部问题靠法治而非人治，就是企业依照程序和规则运作，而非靠兴趣和感情维持。只有将企业家的魅力变成程序化的、可被接受的管理程序，这个企业才真正实现了职业管理化。如果一个企业不能真正走向职业化管理，任何宏伟的战略都不可能实现，更谈不上持续发展。

（8）建立有效的管理机构。考察国外成功的家族企业，往往设置专门的机构来讨论与经营相关的家族事务，这些机构包括家族委员会、家族理事会、家族办公室和家族股东会等形式，使企业管理者能够从繁杂的事务中脱身，集中精力去考虑企业核心战略问题。同样，设置了家族理事会这样的机构后，企业就可以更容易根据"功能互补"原则，选择在阅历、观念和能力上与家族董事会成员互补的董事会成员，而不是出于亲情等裙带关系或家族责任的考虑来选择董事会成员。当然，这种做法的前提是外部的董事会成员会努力为企业增加价值。设置专门的家族事务管理机构，也有利于管理制度的有效实施，使亲缘血缘关系不能过多干涉企业的生产经营事务，清晰界定两者关系。

（9）建立良好的宏观政策、制度环境，保障家族企业持续发展。当前，中国处于体制转换时期，政府主导型制度变迁方式仍然是主要的制度变迁方

---

① 陈高林. 家族制管理与私营企业持续成长 [J]. 经济体制改革，2004.

②③ 王鸽霏. 我国家族企业转化期发展对策研究 [J]. 重庆大学学报（社会科学版），2003.

式，政府的制度供给能力和意愿是决定制度变迁方向和形式的主体因素。① 因而，政府应尽快推进法律法规政策的制定，开放市场准入程度，建立和完善为民营企业服务的金融支持体系，健全金融市场，给予家族企业以国有企业同等竞争地位的"国民待遇"，在法律框架内进一步整顿市场，制止打击经济违法活动和不正当竞争行为，为所有企业提供一个公平良性、有序的市场竞争环境。

总之，只有按照企业成长规律的要求，积极推进家族企业管理向现代企业制度和管理的转变，同时有针对性地采取措施解决转变中存在的困难和障碍，并总结和借鉴成功企业的经验，才能实现家族企业的持续发展。

3.2　家族企业文化促进企业可持续发展

3.2.1　家族企业可持续发展理论概述

家族企业作为一种重要的企业形式，能否可持续发展对整个经济社会影响是巨大。国内外学者在对企业可持续发展的基本含义研究的基础上，进一步阐述了家族企业可持续发展的内在要求；同时论证了家族企业可持续发展的可能性及现实性，家族企业无论是在理论上还是在实践上，都是有很强的生命力；还有学者从企业生命周期理论入手，阐述了中西学者关于企业生命周期理论的观点，从而为家族企业可持续发展做了理论基础。

1. 家族企业可持续发展的基本含义

20 世纪六七十年代，世界公害问题日益加剧，全球能源危机出现，人们开始逐步意识到把经济、社会和环境分裂开来谋求发展，这样只会给地球与人类社会带来毁灭性的灾难。② 源于这种危机意识，到了 80 年代，可持续发展这一思想逐步形成。

---

① 吕群智，王令芬. 浅析我国家族企业管理模式的改造 [J]. 商场现代化，2007.
② 徐向红. 江苏沿海滩涂开发、保护与可持续发展研究 [D]. 中国优秀博硕士学位论文全文数据库，2004.

可持续发展作为一种发展理念，其核心内容是人与自然的协调与和谐发展。这一理念在自身发展过程中是不断完善的，其中被广泛接受的可持续发展的概念，是 1987 年由挪威前首相布伦特兰夫人领导的世界环境与发展委员会提出的专题报告——《我们共同的未来》中给出的定义，在这份报告中可持续发展被定义为："既能满足当代人的需要，同时又不对后代人满足其需求的能力构成危害的发展。"

此后，国内外许多学者从各个领域对可持续发展进行了理论与实践研究。这一理念在不同的领域也具有不同的体现，它虽然起源于生态和环保思潮，但却以经济为中心的含义居于主流地位。如 1992 年 6 月在巴西里约热内卢的联合国环境与发展大会上通过的《21 世纪议程》中，主要把可持续发展与经济联系起来，将经济、社会资源与环境作为一个大系统，提出了建立"新的全球伙伴关系，将消除贫困、公众参与作为可持续发展的前提。"皮尔斯对可持续发展的定义："当经济能够保证当代人的福利增加时，也不会使后代人的福利减少。"

（1）企业可持续发展的含义。

企业可持续发展，是 1984 年世界环境管理工作会议上由各国代表提出的。这次会议上，各方代表认为，当今世界日益严峻的环境问题的根源在于各国的企业，同时企业也是解决环境问题、推进社会进步的重要力量。为了实现持续的发展，企业必须要放弃危及其自身生存与发展的不文明的生产方式，转而通过环境管理来树立起良好的企业形象，获得比较竞争优势，使自身在日益激烈的竞争市场上得以长久发展。特别是发展中的家族企业更是如此。

目前，国外关于企业可持续发展的研究主要集中在其含义、影响因素及如何实现等方面。如，关于企业寿命的研究，有阿里·德赫斯的著作《长寿公司》；从企业活力角度入手，有爱瑞·德·葛斯的《有生命力的公司》、艾伦·鲁滨逊的《公司创造力》；还有从环境视角作为切入点，有斯图尔特·L·哈特的《超越绿化：可持续发展的战略》，熊彼特的创新理论。麦肯锡公司在对全球 100 家增长最快的公司进行跟踪调查后，完成了历时长达三年的"企业增长"研究项目，在《增长炼金术》中指出，"企业要想长期发展，不仅要维护企业现有的核心竞争优势，更要努力培养下一轮的核心竞争优势。"理查德·M·西尔特企业的组织目标，不能把追求最大利润看成是企业的首要原则。企业应着重考虑以下四个目标：生产目标，库存目标，销售目标，收益目标。

依据可持续发展的宏观定义，我国一些学者也对企业可持续发展的内涵做了界定。

殷建平在《论大企业持续发展》一书中提出："企业的可持续发展是指企业在一个较长的时间内，通过不断的学习与创新活动，形成良好的成长发展机制，企业组织能在经济效益方面持续增长，在运行效率方面稳步提高，在发展规模上不断地扩大，在同行业中的地位稳步上升。"余琛认为，"企业可持续发展，是指在长时期内，企业的核心能力不能被同行业者模仿，同时，企业能够敏锐的反应外部环境的发展变化，通过不断的学习与持续的创新活动，使自身发展与外部环境时刻相适应。"李占祥认为，"企业可持续发展，指企业在较长时期内由小变大、由弱变强的不断演变发展的过程，它强调了企业在自身的发展过程中所具有的持续性、成长性和不断变革性。"企业要想获得持续发展必须有支持其发展的内在机制，这一内在机制有两个基本点：一是持续发展是企业自身行为的最高目标或称之为核心价值观；二是经营企业的主体即企业家和管理团队必须认同这一宗旨和核心价值观。肖海林认为，"企业可持续发展，是指企业作为营利性和创造财富的组织，它所从事的创造财富的事业能在一个较长的时期内，不断地实现自我超越，由小变大，由弱变强，以持续地不低于市场平均利润率的收益，来满足企业利益相关者的合理利益要求。"普拉哈拉德提出"企业核心能力"，企业竞争优势来源于企业配置、开发和保护资源的能力。著名学者芮明杰认为，"企业的可持续发展是指，企业在可预见的未来，能支配更大规模的资源、占有更大份额的市场、不断战胜并超越自我，从而取得自身良好的发展。"

综上所述，对企业可持续发展的研究，并不是单纯的对如何延长企业寿命问题的研究，而是研究企业在长期的发展过程中如何适应复杂多变的环境，合理的利用内外各种资源，通过追求综合效益（即企业与社会效益的统一）而实现自身持续和更好的发展。潘罗斯认为，企业是一个管理组织，同时也是人力、物力资源的集合，企业内部的资源是企业成长的动力。潘罗斯通过建构企业资源——企业能力——企业成长的分析框架，揭示了企业成长的内在动力。

（2）家族企业可持续发展的含义及内在要求。

我们从可持续发展的角度来研究家族企业，就是分析如何实现家族与企业的价值在长期中延续。家族企业只有持续发展才能既保障当代家族成员的利益增加的同时，也不会使后代家族成员的利益减少。家族企业可持续发展，在于后代人能够保持和发展从前代人手中传承过来的家族企业，不仅能获得自身利益，更能创造出更多的社会财富，从而实现家族利益、企业利益、与社会利益的有机融合。

家族企业可持续发展是一个长期的动态且稳定的发展过程，它是指家族企业在追求自身生存与发展的过程中，能在可预期实现的目标下，支配更多的社会资源，占有更大的市场份额，获得更高的利润，同时为社会创造财富。能够不断地实现并超越自身的经营目标，并且要获得在其领域中能长期稳定发展的一系列条件，从而使得家族及企业基业长青。

家族企业可持续发展的内在动力：①健康持续发展性。家族企业的发展总是一个从无到有，从小到大，从弱到强的稳定的阶段性演化过程。从稳定而持续的发展角度入手，家族企业不仅在今天要发展，而且更要保持其未来的发展势头。②不断能动的创新性。家族企业不断地进行自身的创新，这是衡量可持续发展的状态性指标。家族企业只有通过不断地进行自我肯定与自我否定，不断认清内外环境的变化及自身的问题，才能合理而有效的配置各种内外资源，使其保持良好的发展状态，实现自身可持续发展。③战略目标的科学性。家族企业可持续发展的战略目标不能是单纯的经济利益的追求，其战略目标的制定与选择应该是多维度的，除了自身经济效益的追求之外，还应该包括社会价值与人的价值的协同实现。家族发展，企业制定的战略目标具有科学性，企业才能在实现这一目标的过程中得到企业内部、社会力量的强大支持，从而这一目标才能更好地实现。④价值观的适应性。家族企业可持续发展，首先要求家族企业领导者及成员摆脱"小富即安"的思想束缚，有不断进取的思想观念来促使家族企业在自身生存与发展过程中不断拓展、不断进取。家族企业才能在其领域立于不败之地，成为真正意义上的长青企业。

2. 家族企业可持续发展的可能性及现实性

（1）家族企业可持续发展的可能性。

家族企业注定是"短寿"的吗？家族企业是否具有可持续发展的可能性呢？回答是肯定的，家族企业可持续发展是有其理论基础的。家族企业是一种世界范围内普遍存在的企业形态，美国《财经》杂志评选的全球500强企业中约1/3家族企业。民营企业在我国占全国注册登记企业总数的95%以上，且提供了中国近80%的城镇就业岗位、贡献了全国50%的GDP和税收。中国90%的民营企业采用家族式管理。而家族企业作为一个发展生态系统，不论其规模大小、组织形态、内部结构还是其功能与作用，都是人们为了自己的目的而有意识的设计而成的，其本身不是完全自然化的，有着较强的目的性。家族企业具有不同的有形和无形的资源，这些资源可转变成独特的能力，资源在企业间是不可流动的且难以复制；这些独特的资源与能力是企业持久竞争优势的源泉。

（2）家族企业可持续发展的现实性。

从实践上看，家族企业也是可持续发展的。大量的事实资料表明，当今世界上持续发展的家族企业还是有很多的。在家族企业二代继承的过程中，最重要的是跨代创业精神的培育和发扬光大，持续创业而非守业成为家族企业跨代成长的基本战略。《胡润全球最古老的家族企业榜》2016 年发布的全球最古老的100 家家族企业名单中提到："历史最长的家族企业是日本的大阪寺庙建筑企业金刚组，于公元 578 年成立，现已传到了第 40 代，距今已有 1 400 多年的历史了。其次是日本小松市饭店管理企业粟津温泉酒店，于公元 718 年成立，现已传到了第 46 代，距今已有 1 288 年的历史了。① 即便排行最末的第 100 名企业，也是一家超过 225 年的美国公司。"所有这些老爷型企业，不仅商号依旧，而且都是家族私有的企业，产权关系跨十几代，延续成百上千年。

在世界"500 强"企业中，由家族来控股的企业占到了总数的 35%，有175 家。表 3 - 1 中列出了世界"500 强"企业中的部分家族企业，一方面表明了家族企业不仅是可持续的，而且能经历几个世纪的发展，比如日本的松下，依然位居世界前列；另一方面，我们可以看到后起的如家乐福、沃尔玛、三星等家族企业在当代依然有自身的发展优势，根据自身的特点适应周围的环境，并且能在短时间内位居世界前列。

表 3 - 1　　　　世界"500 强"企业中的部分家族企业（部分）

公司	开创年代	公司	开创年代
杜邦	1802	迪士尼	1926
宝洁	1837	摩托罗拉	1928
洛克菲勒	1858	惠普	1939
强生	1886	LG 集团	1947
标致雪铁龙集团	1890	家乐福	1959
福特	1903	沃尔玛	1962
丰田	1918	三星	1969

① 文江. 家族企业：并非"非主流"模式 [J]. 财会学习，2010.

在中国的家族企业中，时间较长的有创建于 1669 年的同仁堂。在经历了 300 多年的风雨历程中，历代同仁堂人始终恪守"炮制虽繁必不敢省人工，品味虽贵必不敢减物力"的古训。① 时至今日，同仁堂集团已经成功地实现了规范化的公司制转变，成为跨国经营的大型国有企业——同仁堂集团。还有中国香港李嘉诚的长江实业、和记黄埔、长江基建，中国大陆的新希望集团、方太集团、李锦记、百度、网易、盛大等等都是家族企业。我国家族企业的繁荣发展，也表明家族企业的可持续发展是现实的。

总之，从理论上来讲，作为人造系统的家族企业，不是必然要灭亡的，只要它能及时改造自身去适应变化发展的环境，家族企业的可持续发展是可能的；从实践上来看，我们通过分析大量的国内外家族企业的成功案例，可以得出家族企业可持续发展在实践有是答案的。

3. 国内外学者关于家族企业生命周期的理论研究

家族企业可持续发展是一个连续的阶段性过程，我们探讨家族企业可持续发展，要从企业生命周期理论入手。企业生命周期理论认为，企业在与外部环境互动的过程中存在若干个发展阶段，并且在每个阶段都有明显的阶段性特征，面临不同的阶段出现不同的困难与危机，企业能否克服这些问题，成为企业能否可持续发展的关键。

（1）西方学者的企业生命周期理论。

"企业生命周期"这一概念最早是由马森·海尔瑞在《组织成长中的生物模型与经验历史》中提出的。20 世纪 50 年代，他提出可以用生物学中的"生命周期"这一观点来看待企业的发展，认为企业的发展同样也符合生物学中的成长曲线，并进一步指出企业在发展过程中会出现停滞、消亡等现象。

企业生命周期是企业的发展与成长的动态轨迹，包括发展、成长、成熟、衰退几个阶段。企业生命周期理论的研究目的就在于试图为处于不同生命周期阶段的企业找到能够与其特点相适应、并能不断促其发展延续的特定组织结构形式，使得企业可以从内部管理方面找到一个相对较优的模式来保持企业的发展能力，在每个生命周期阶段内充分发挥特色优势，进而延长企业的生命周期，帮助企业实现自身的可持续发展。美国伊查克·艾迪思博士从企业文化的角度对企业生命周期进行了系统的研究。他把企业生命周期比作一个生物体的

---

① 陈亮. 同仁堂的直销试验 [J]. 成功营销, 2007.

成长和老化过程，认为企业作为一个人造系统的有机体，也有自己的生命周期。他把企业生命周期分为三个大阶段十个时期："一是企业的成长阶段，包括孕育期、婴儿期、学步期、青春期；二是企业的成熟阶段，包括盛年期和稳定期；三是企业的老化阶段，包括贵族期、内耗期（官僚化早期）、官僚期和死亡期。"在企业生命周期的每一个发展阶段都有着非常鲜明的特点，并且都面临着不同的威胁。

企业的成长阶段：起步期、发展期、成长期、成熟期四个时期。

企业成长阶段的第一个时期是起步期，在这个时期，企业还未创办，但创业者此时已经拥有了雄心勃勃的创业计划，一旦他们对创业计划和风险做出实践的承诺，企业就此诞生了。① 但是很多情况下一些创业者只是凭空想象，而并未付诸实践，致使企业只停留于空想阶段而最终流产。②

企业成长阶段的第二个时期是发展期，在这个时期，企业已经诞生了，此时的企业缺乏应有的规章制度，创业者往往在企业经营管理上独揽大权，并且会因此出差错，往往是针对问题、危机进行管理。同时，企业发展期存在的最关键问题是资金的不足，企业此时如果失去资金的支持，也将难逃夭折的厄运。

企业成长阶段的第三个时期是成长期，在这个时期，企业迅速的成长，此时的创业者大多认为他们做什么都是正确的，他们把所有的事情都看成是机遇，这往往会种下祸根。他们更多是按照人而非职能来组织企业，创业者仍旧掌握着决策大权。在这个时期，企业的控制力弱成为最主要的矛盾，主要表现在：创业者缺乏长远的战略眼光，容易被眼前的利益所驱使；企业缺少一种系统化的制度，管理成为企业的危机；管理主体依旧以家族成员为主。

企业成长阶段的第四个时期是成熟期，在这个时期，企业成长的最快，企业规模效益开始出现，对市场的开拓能力迅速的提升，产品的市场占有额也迅速地扩大，企业的声誉和产品的品牌已为人们所了解。这一时期，公司开始采取新的格局，创业者聘请了专门的职业经理人，并开始实施授权管理、制度化管理及规范化管理。这是企业能否持续发展的关键时期，对企业创业者也是一个极大的考验。

---

① 程云华. 认识民营企业的生命周期［J］. 包装世界，2010.
② 温路. 可持续发展视角下的中国家族企业文化研究［D］. 中国优秀硕士学位论文全文数据库，2010.

　　针对所处周期选择适当战略针对不同的周期应采取不同的战略，从而使企业的总体战略更具前瞻性、目标性和可操作性。依照企业偏离战略起点的程度，可将企业的总体战略划分为如下三种：发展型、稳定型和紧缩型。

　　①发展型战略，又称进攻型战略。使企业在战略基础水平上向更高一级的目标发展，该战略宜选择在企业生命周期变化阶段的上升期和高峰期，时间为6年。

　　②稳定型战略，又称防御型战略。使企业在战略期内所期望达到的经营状况基本保持在战略起点的范围和水平。宜选择在企业生命周期变化阶段的平稳期实施该战略，时间为3年。

　　③紧缩型战略，又称退却型战略。它是指企业从战略基础水平往后收缩和撤退，且偏离战略起点较大的战略。采取紧缩型战略宜选择在企业生命周期变化阶段的低潮期，时间为3年。

　　（2）中国学者的企业生命周期理论。

　　在中国，一些学者也对企业生命周期理论进行了深入的研究。如李业提出的企业生命周期的修正模型。此模型将销售额作为标准，把企业发展的生命周期分为孕育、初生、成长、成熟和衰退五个时期。企业在不同的发展时期，有不同的形态，会遇到不同的问题，同时会采取不同的策略。单文和韩福荣提出了三维空间周期模型，该模型从企业的应变性、企业的可控性、企业的规模这三个维度出发，并将它们综合起来考虑，从而全面地阐述了企业的生命状态。

　　中国学者对企业生命周期理论的研究中，最有代表性的是中国社科院的陈佳贵教授，他是我国最早研究企业生命周期理论的学者。他认为，"企业生命周期是一个十分重要的问题，是指企业诞生、成长、壮大、衰退直至死亡的过程，企业生命周期可以划分为孕育期、求生存期、高速成长期、成熟期、衰退期和蜕变期六个阶段。"

　　①企业的孕育期。企业的孕育期，指的是企业的创建阶段。无论企业采取何种方式兴建，在孕育期都有以下几个特点：企业可塑造性较强；对企业投入较大；建设周期较长。企业这一时期的发展对企业未来的发展有着重大的影响。这一时期，企业要集中精力抓建设质量及生产的筹备工作，这里主要包括设计产品、筹集流动资金、准备原材料、培训企业人员及选择合适的管理组织模式等等。

　　②企业的求生存期。企业的求生存期，指的是企业已经登记注册，并开始运营的阶段。企业在这一时期有如下特点：企业总体实力相对薄弱，依赖性

强；企业产品的定位方向不稳定，企业转业率较高；企业经营比较灵活，创新性较强；企业发展速度不稳定，易出现波动；企业管理制度不健全；企业缺乏自身形象建设；企业破产率较高。在这一时期，企业必修集中精力做好基础性工作，努力树立自身良好的形象，不断拓展产品市场。

③企业的高速发展期。企业的高速发展期，指的是企业创立后，5~7 年内能得以生存并获得不错的发展而后进入的时期。企业在这一时期有如下特点：企业总体实力不断增强，发展速度不断加快；企业规模不断扩大，从单厂企业向多厂企业过度；企业创造力不断地增强，并形成了自己的主导产品；企业专业化水平不断提高，管理也向规范化迈进。企业的高速发展阶段，是企业可持续发展的关键时期。在这一阶段，首先，企业的发展战略重点应该从争取基本的生存逐渐过渡到争取更为有利的发展机遇及各种发展资源上来，[①] 企业要及时把握时机，从而促使自身能快速、健康地发展；其次，作为企业的决策者要时刻保持清醒的大脑，认清企业内外复杂多变的环境，全面评估自身的总体实力，不能将摊子铺得太大、战线拉得太长，使企业陷入尴尬的困境。

④企业的成熟期。企业的成熟期，指的是企业经过了高速发展以后，而进入的阶段。企业在这一时期的主要特点有：企业发展速度开始放慢，甚至出现停滞的现象，但企业效益还是在提高；企业产品向多样化的趋势发展，[②]并形成了自己的特色、品牌；企业已经树立起了自身良好的形象，并逐步向集团化方向迈进；家族企业在管理上开始从集权模式到分权模式的过渡；企业思想处于保守状态，创新精神持续下降。在这一发展时期，企业要将主要精力放在如何保持并激发企业的创新精神，防止并克服骄傲自大的不良情绪，深入挖掘企业的发展潜能，不断提高企业的经济效益，从而推迟企业衰退期的来临。

⑤企业的衰退期。企业的衰退期，是指企业在成熟期过后，各方面机能逐渐下降的阶段。在这一时期企业的主要特点有："大企业病"问题日益加剧；企业的生产工艺、技术装备逐渐落后；生产不断萎缩，产品不断老化，企业效益降低；负债不断增加，财务状况日益恶化，市场需要下降。在该阶段，企业的主要任务是极力缩短衰退期时间，使企业向蜕变期迈进。

---

①　温路. 可持续发展视角下的中国家族企业文化研究［D］. 中国优秀硕士学位论文全文数据库，2010.

②　梁洪松. 基于企业生命周期的组织创新动因作用机理研究［D］. 中国博士学位论文全文数据库，2009.

⑥企业的蜕变期。企业的蜕变期，是指企业进入衰退期以后，而进行的质变，这里的质变有两种截然不同的情况：一种情况是企业最终走向衰亡。企业在成长过程中的每个阶段，都会因为某种原因而破产死亡，但这里的破产死亡就像没有长大的孩子，属于中期"夭折"；而企业衰退期以后的破产死亡是企业各方面机体的老化导致的，我们称之为衰亡。另一种情况是企业将会蜕变。企业的蜕变期是企业可持续发展的关键时期，企业能否蜕变关系到企业能否持续发展。企业在这一时期的主要特点是：企业的经济形体、企业的实物形体及企业的产品（劳务）等都要发生革命性的变化。这种革命性的变化必须是脱胎换骨的，只有这样企业才能在衰退期得到涅槃，从而获得新生。

3.2.2 家族企业文化对家族企业可持续发展的影响

家族企业发展的动力包括土地、资本、人力（体力和智力）、技术、管理及制度等。但是近年来学者们的研究发现，随着家族企业的不断发展壮大，家族企业通过增加资本投入、引入人才与技术①、借鉴先进的管理方式和制度，给企业带来的发展并不是长久的，家族企业持续发展的动力及最终动力源是家族企业文化。家族企业文化对家族企业可持续发展的重要影响，要充分分析家族企业文化具有良好的导向功能，强大的凝聚功能，严格的约束功能，有效的激励功能，创新的推动功能。只有充分发挥家族企业文化这些功能的作用，才能保障家族企业的可持续发展。还要探讨家族企业文化对家族企业可持续发展的具体作用机制，优秀的家族企业文化能够降低家族企业成本，提高家族企业绩效，并有利于家族企业的核心竞争力的培育，是家族企业可持续发展的内在动力。

1. 家族企业文化对家族企业可持续发展的作用机制

（1）家族企业文化降低监督和约束成本。

约翰·斯图亚特·穆勒指出"……现在要花费大量劳动监督或检验工人的工作，在这样一种辅助性职能上花费多少劳动，实际上就会减少多少生产

---

① 温路. 可持续发展视角下的中国家族企业文化研究［D］. 中国优秀硕士学位论文全文数据库，2010.

性劳动，这种职能并不是事物本身所需要的，而只是用来对付工人的不诚实。① ……建立相互信任的关系对人类的好处，表现在人类生活的各个方面，经济方面的好处也许是最微不足道的，但即使如此，也是无限大的。② ……而如果劳动者诚实地完成他们所从事的工作，雇主精神振奋，信心十足地安排各项工作，确信工人会很好地干活③，那就会大幅度提高产量，节省大量时间和开支，由此而带来的利益不知要比单纯的节省大多少倍。"雇主与雇员相互之间的信任是非常重要的，家族企业主应做到"疑人不用，用人不疑"，健全用人机制，对家族成员与非家族成员平等对待。只有这样才能在更大程度上调动全体员工的积极性与创造性，使员工产生被充分信任的归属感。家族企业文化之所以能降低监督和约束成本，在于家庭内部成员都具有相同的价值观念、道德规范，特别是在企业创业初期，家族成员更是相互信任，团结一致，全力拼搏，相互扶持，毫不计较个人得失，无论在人力、物力、财力上都是倾其所有。即便是家族企业发展壮大以后，成员之间由于血缘、亲缘及地缘关系，相互之间也是充分信任的。这样可以把企业人为的监督变为员工的自省行为，企业制度的外部约束内化为员工的自律行为，员工把企业的事情当作自己的事情来做，工作效率会大大提高，家族企业的监督与约束成本自然会降下来。④

（2）家族企业文化影响和提高企业绩效。

家族企业的绩效从宏观上来讲，会受家族企业内外环境、公司治理、公司管理等多方面因素的影响。但从微观上来讲，就在公司管理方面，家族企业文化是影响家族企业绩效的最关键因素。

企业文化具有导向功能。所谓导向功能就是通过它对企业的领导者和职工起引导作用。企业员工就是在这一目标的指导下从事生产经营活动。我们认为："企业文化影响企业的长期经营业绩，重视企业文化的企业，它们的经营业绩远远地超过那些不重视企业文化建设的企业。"如表 3 - 2 所示，企业文化对企业的长期经营业绩有着非常重大的影响，这里所说的影响不仅促进，而是直接提高企业的长期经营业绩。分别从总收入平均增长率、员工增长、公司股

---

① 石新中. 信用与人类社会［J］. 中国社会科学院研究生院学报，2008.

② 井维玲. 和谐社会背景下民营企业文化的研究［D］. 中国优秀硕士学位论文全文数据库，2008.

③ 张春阳. 我国大型石化企业的企业文化建设探析［D］. 中国优秀硕士学位论文全文数据库，2010.

④ 马为贞. 中国网通地市级公司企业文化建设研究［D］. 中国优秀硕士学位论文全文数据库，2008.

票价格、公司净收入这几个方面进行了说明。

表 3 - 2　　　　　　　公司重视企业文化与否与其经营业绩对比研究　　　　单位: %

	重视企业文化的公司（12 家）	不重视企业文化的公司（20 家）
年收益增长率	682	166
员工人数增加	282	36
公司股票价格	901	74
公司净收入	756	1

　　资料来源：［美］约翰·科特，詹姆斯·赫斯克特著，李晓涛译. 企业文化与企业绩效，中国人民大学出版社，2004：76 页。

　　家族企业文化是家族企业生产经营的指导精神，在家族企业的生产经营中起着至关重要的作用。在家族企业内部，企业文化能否得以良好的运用，直接影响着家族企业的长期绩效。企业内部员工身为家族成员，一般都有共同的价值观念，为了家族企业的发展而不遗余力，而作为非家族成员的家族企业员工，其价值观念和信仰并不一定与家族成员员工的相一致。

　　企业文化具有凝聚功能。企业文化倡导以人为本的原则，尊重人的感情，由员工共同的价值观念形成了共同的目标和理想，并把本职工作看成是实现共同目标的重要组成部分。所以说，家族企业文化要以共同的价值观念为核心，但这个共同的价值观念不应该是偏颇的，而应该是惠及全体员工及企业整体利益的，只有这样，才能塑造员工统一的价值观念和道德信仰。全体员工在良好的文化氛围、和谐的工作环境、融洽的人际关系中，才能激发自身的工作积极性和创造性，充分发挥内在潜能，进而影响他们的工作态度与行为，提高整个企业的长期绩效。

　　(3) 家族企业文化有利于家族企业核心竞争力的培育。

　　中外家族企业成功的实例表明，企业文化作为现代家族企业管理理论和管理方式的重要内容，有着科学的管理思想、开放的管理模式及柔性的管理手段。家族企业的发展源于企业的核心竞争力，而企业的核心竞争力的培育靠的是优秀的家族企业文化的指引与贯彻实施。

　　①家族企业文化为家族企业核心竞争力的创新提供不竭的动力。

　　企业的核心竞争力，是一个动态的发展演变过程。企业要想保有长期的竞争优势，就要随着内外环境的变化而不断地通过创新来维持自身的核心竞争力。企业文化具有激励功能。共同的价值观念使每个职工都感到自己存在和行为的价值，自我价值的实现是人的精神需求中最高层次的满足，这种满足必将形成强大的激励作用。

在知识与信息时代，对核心竞争力的创新，也就是对知识文化的创新，在这一过程中企业文化起着举足轻重的作用。一方面，家族企业文化决定着家族企业成员的价值观念和思维观念。价值观念和思维观念的创新直接决定着其他方面的创新，尤其是作为家族企业的领导者必须要有创新的超前思维，才有可能进行创新。企业文化具有调适功能。调适就是调整和适应。即对企业与外部环境、企业内部部门之间以及员工之间不协调、不适应之处，进行的调整和适应。这样，企业的核心竞争力才能保持其时效性，企业才能得以长足地发展。这就要求家族企业文化是学习型的、开放式的，要突破传统的思维定式与思维惯性，以敏锐的眼光时刻把握内外环境的变化，用新的思想观念为企业的未来规划蓝图。另一方面，家族企业文化决定着家族企业的战略定位。战略定位的创新是企业核心竞争力创新的前提条件，家族企业要保有其核心竞争力，必须在变化的经济形势和市场环境中有正确的战略目标。但是这个目标并不是一成不变的，是随着内外环境的变化不断调整的，优秀的家族企业文化能适时的调整企业的战略目标，而封闭落后的企业文化则不能做到。最后，家族企业文化决定着家族企业技术上的创新。技术创新是企业核心竞争力形成和创新的关键，它是指生产工艺、装备、方法的改进和完善，它既包括企业内部的技术创新，也包括吸收企业外部技术，使其在企业内部进行的技术扩散。良好的企业文化促进企业不断通过技术的创新来推进产品更新的速度，进而为企业的核心竞争力的创新提供不竭的动力。企业领导者应该带头学习企业文化知识，深刻认识企业文化的内涵，对建设本企业文化有独到的见解，对本企业发展有长远的战略思考。要亲自参与文化理念的提炼，指导企业文化各个系统的设计，提出具有个性化的观点，突出强调独具个性和前瞻性的管理意识，通过长远目光、人格魅力和管理艺术，感染和影响职工发挥最大的潜力，推动企业科学和可持续发展。

②家族企业文化是打造家族企业核心竞争力的利器。

在家族企业的发展进程中，家族企业文化贯穿于家族企业发展的始终，它是一种潜移默化的、起长远作用的力量源。家族企业核心竞争力的构建是建立在企业文化氛围基础上的，优秀而先进的家族企业文化对培育企业核心竞争力有巨大的推动作用。下面一个案例说明文化的强大推动力。

年轻人布莱恩·克莱斯是美国考克斯有线电视公司的一名工程师。一次，正在休假的布莱恩到一家器材行购买木料，准备把家里装修一下。由于假期只有 7 天，他把每天的日程都排得满满的。他焦急地等待着木工师傅切割木料，却无意听到附近的几个人正在抱怨考克斯公司的服务质量，而且声音越来越大。布莱恩发现，其中一个人对考克斯的服务质量极不满意。这时他的未婚妻打来电话催着他赶快回家，监督工人们装修。但是对眼前的情景，布莱恩却无法置若罔闻。他走上前去对几个人说道："很抱歉，我听到大家正在讨论考克斯公司的服务情况。我在考克斯工作，请问大家对我们的服务有什么意见，能否愿意给我一个改善服务的机会？如果可以，我一定全力帮助你们解决。"这一番话让这几个人惊讶无比，但是布莱恩态度诚恳，很快就了解到了情况。于是他赶快给公司打电话，向公司汇报了具体情况。不一会儿，公司便派人到那位顾客家解决问题，让顾客非常满意。布莱恩上班之后，又打电话向那位顾客询问服务情况，并给顾客提供了两个星期的试用期，最后，还向顾客表示了诚恳的道歉，令那位顾客非常满意。考克斯的老板葛培特知道了这件事后，对布莱恩称赞有加，并号召所有员工向他学习，布莱恩也从此颇受老板关注，个人业绩也节节攀升，成为公司里的红人。公司的员工如果人人都能像布莱恩·克莱斯一样，那么这个企业绝对是个成功的企业，是个成功的团队。把企业看成是自己的，那么在使用公司资源时，便会尽量做到节约；面对一个大项目时，便会认真忖度，考虑是否值得投资；在解决企业问题时，便会全力以赴，力求最快做好。家族企业文化是家族企业的精神支柱。家族企业文化是企业的灵魂，引领企业发展的方向。家族企业的主体是人，优秀的家族企业文化从员工的角度出发，协调企业的内部关系，将企业员工牢牢地凝聚在一起。

（4）家族企业文化是家族企业可持续发展的内在动力。

家族企业发展的动力源很多，家族企业文化是各个动力源，尤其是企业员工这个弹性最大的动力源的黏合剂。家族企业创立之初，家族企业文化此时是隐蔽的，在一定意义上就是家族企业主或是该家族的文化。此时，家族成员是在统一的价值观念指导之下开始创办企业的，为了自身以后更好的发展，那种内在的动力使得他们相互之间不计得失、一味付出。家族企业发展壮大后，企业员工不断地增加，家族企业文化的作用也逐渐凸显出来。家族企业文化作为"看不见的手"，对员工的思想产生很大的影响，使他们形成了基本上都认同的价值观念和信仰。全体员工受这种价值观念和信仰的支配而团结一致、积极努力的工作，从而使他们凝聚成一股强大的合力，达到事半功倍的效果。总之，家族企业文化作为家族企业的灵魂，是家族企业成员价值观念、道德规范和行为准则的总和，是家族企业可持续发展的内在动力。

　　企业要做百年老店，长期存在下去，不能只靠个别英雄人物，而是要靠制度，靠文化。只有这样，当优秀的领军人物离任后，公司的竞争力和业绩仍有可能延续。中国的中药房多如牛毛，唯有同仁堂换了多少代掌门人，百年不倒，想来应归功于它赖以安身立命的店规堂训：同修仁德，济世养生。因此，家族企业文化是家族企业可持续发展的内在动力。

第4章

家族企业文化体系设计与构建

企业文化直接影响着企业生命力、企业效益、组织经营成本，特别是影响企业的持续性成长和发展能力。中国家族企业数量众多，但却不能真正做大做强，非常重要的原因是中国家族企业尚未能形成有特色家族企业文化。因此，家族企业家必须把企业文化培育的过程作为企业的长期战略，精心设计，长期坚持，精心维护。目前，由于受家族企业文化的认识、价值观等因素影响，家族企业文化建设普遍存在家族企业文化层次偏低、存在行为盲目、流于形式、与企业管理脱节、缺乏创新等问题。加强家族企业文化体系设计与构建，有利于发挥企业文化的导向功能，提升企业核心竞争力，强大企业的凝聚力，提高制度的约束力，有效地激发员工的积极性和创造性。[①] 家族企业文化建设必须从以人为本、不断学习、扩大开放、不断创新等方面促进家族企业可持续发展。由于"家文化"在中国家族企业中普遍存在，"家文化"使得中国家族企业的人员之间存在关系导向的行为，他们轻契约而重信任，人际、血缘关系明显。为此，中国家族企业文化的建设需要重视并充分利用"家文化"的重要作用。

4.1 家族企业文化建设与重构研究

家族企业文化建设的研究是在探讨家族企业文化如何从无到有、从弱到强的过程。在管理实践中，领导者在企业文化方面的工作不是那么显而易见的，

[①] 杨醒. 企业文化在现代企业中的地位和作用 [J]. 发展，2010.

企业文化的建设机制会非显性，衡量标准大多为潜在变量，这就需要学者们对其进行研究。在很大程度上，家族企业的二元性系统，决定家族企业文化反映了家族的特性、价值观，企业创始人及其家族的价值观和意识形态。

美国学者 Schein 是企业文化研究领域的权威，1983 年他在《组织动态》（Organizational Dynamics）杂志上发表了题为《论创业者在企业文化塑造中的作用》一文，探讨家族企业创业者、家族性特征在塑造企业文化过程中的作用。Schein（1983）认为企业文化就是某个组织创造、发现和发展起来的，用来处理组织内外部问题的一系列切实有效的基本假设，这些基本假设也会被传授给组织的新成员。① 企业文化就是源自于创业者对他所处世界的认识。每个企业创业者必然会面对外部的适应性问题和内部的整合问题。在处理好这些问题的时候，企业创业者必须对这些问题有一整套自己的看法和认识，这些意识方面的内容必然会影响他自己以及他领导下的整个企业的行事方法；这个影响机理是创业者的基本假设在企业内传播、全体成员被接受的过程，这样就形成了某个企业独特的文化。他按照"假设——价值观——人工造物"的逻辑，具体地论述了家族性嵌入对家族企业中企业文化的形成。

影响企业文化特性的一些基本假设存在于家族企业创业者的潜意识里面的。Schein 认为基本假设有五点内容，分别是：组织与环境的关系；人性的本质；人类活动的本质；以及社会中人际关系的本质、人际关系网络等。这些基本假设的存在，就使得家族企业创业者形成了对他所处世界的价值观。实际上，从家族企业创立的那一刻开始，家族企业文化就开始萌芽了，尽管随着企业的发展而变化。虽然每个企业的生命周期不一样，企业文化也不一样，但是只要存在这些基本假设，企业内就必然会出现它所特有的文化。

当然，除了创业者以及家族的价值观之外，家族企业内还存在着其他的价值观。不同的学者对家族企业价值观的认识不尽一致。Astrachan（1988）指出在家族企业中存在着四种不同的价值观，分别是所有者的价值观、公司的价值观、家族的价值观以及小区的价值观。同样，Donckels 和 Frohlick（1991）也认为家族企业存在四种价值观：管理层价值观、所有者价值观、家族价值观以及公司价值观。"四种价值观"的观点不仅考察了家族企业内部成员的价值观，也考虑了企业所在社区以及经营环境的价值观。与"四种价值观"观点不同的是，Vallejo（2009）认为家族企业内部只存在三种不同的价值观：所有

---

① 黄赞. 基于生命周期理论的中国家族企业文化建设研究［D］. 湘潭大学，2012.

者价值观、公司价值观和家族价值观。

不管怎样，除了创立者及其家族的价值观之外，家族企业内部确实存在着其他种类的价值观。创业者影响着他所创立的企业以及企业内的员工，这是家族企业的一大特征。创业者也会遇到价值观方面的矛盾，例如，在家族与非家族成员的价值观冲突；组织内部与员工之间的价值观冲突；在组织外部创业者的价值观与真实世界的冲突。那么，家族企业创业者的个人价值观如何在组织内的传播机制有哪些呢？一方面，家族企业创业者的价值观必须要在企业的经营实践中被证明是正确的，可以为组织带来经济和社会效益。另一方面，创业者需要通过某些机制来影响他的追随者。完成了"由点到面"的"传教"过程之后，创业者的个人价值观才能真正成为弥漫于整个企业的企业文化。企业文化是以某些假设前提为基础的一个行为模式，这些假设前提由企业中有先动性的一部分人倡导起来的，并且这个行为模式又会被教授给组织的新成员。

从学者们的研究来看，家族企业文化的建设有着几个方面的特点。①特别强调家族企业创始人的价值观。家族企业文化在某种程度上来说就是创始人价值观的衍生品，创始人的价值观对企业文化具有长久且深远的影响。②家族企业创始人的价值观必须在实际的经营实践中证明其正确性，才能被组织的成员接受、认可，并成为他们的行动纲领。③家族企业创始人的价值观也会与组织内家族成员与其他成员的价值观产生冲突，但是创始人的价值观会"脱颖而出"。④家族企业创始人的价值观不会自然而然地变成企业文化，家族创始人在日常工作中完成了对组织员工潜移默化的传教，以及默会知识的传承。⑤西方学者只强调了家族企业创始人对企业文化的影响作用，而忽视了其他因素对企业文化的影响。这可能与西方的文化传统有关系，西方人的观念中有很强烈的个人主义思想；中国大多强调集体主义行为。

关于中国家族企业文化的建设研究，花永剑（2008）认为，"家文化"在中国家族企业中普遍存在，"家文化"使得中国家族企业的人员之间存在关系导向的行为，他们轻契约而重信任，人际、血缘关系明显。为此，中国家族企业文化的建设需要重视并充分利用"家文化"的重要作用：利用"家文化"，在差序格局的影响下，培植员工对企业的忠诚感；利用"家文化"在企业内部形成快速反应机制；以及利用"家文化"将企业培养成学习型组织。彭晓辉（2010）认为中国家族企业文化存在层级较低、注重表面形式、短视以及缺乏创新的问题，进而提出以人为本的新型家族企业文化建设的问题。为了建设以人为本的中国家族企业文化，需要从六个方面着手进行：提升家族企业核心人的综合素质；克服"差序格局"的消极影响；培育和提升富有特色的家族企业价值观；家族企业应不断提升管理水平，规避决策失误的风险；注重家族企业环境变化对家族企业文化发展的影响；当地政府应更多关注发展的家族企业文化建设问题。周丹、李亚静和张弛（2010）借用耗散结构理论研究了中国家族企业文化建设的问题，他们认为，中国家族企业需要与外部环境之间保持充分的联系，只有保持进行物质、能量、信息和人才的交换，才能保持企业文化的创新的时代特征。缪宏和申红利（2008）认为随着家族企业规模的不断壮大，需要进行企业文化的重构。为此，需要在四个方面做出努力：继承传统文化精华与学习西方先进管理方法相结合；"家族资本"与"社会资本"相结合；创造诚信的市场环境与倡导诚信的企业行为相结合；以及"人治"与"法治"相结合。

4.1.1　中国家族企业文化建设现状

1. 中国家族企业文化建设中存在主要问题

改革开放近 40 年来，中国家族企业文化建设取得了一定成果。少数规模较大的家族企业已经有适合自身发展的独特而成熟的企业文化，例如，华为公司的"狼性文化"，体现为"胜则举杯相庆，败则拼死相救"，蒙牛集团的"牛精神"，方太公司的"儒家"文化等。但多数家族企业的企业文化仍处于低层次、不成熟阶段，往往把企业文化归于喊口号、开展文化活动或企业形象设计等形式，而没有认识到家族企业文化作为家族企业可持续发展的灵魂的真正内涵[①]。综合起来，现阶段我国家族企业文化建设中存在以下主要问题。

（1）家族企业文化层次偏低。

家族企业大多是由家族主要成员控制着，他们很容易将家族内部的文化渗透到家族企业文化中。我国家族企业文化发展的历史显示，由于家族企业主本身的文化层次较低，家族性的初显特性影响，使得家族企业文化层次也较低。家族企业主个人的综合能力往往是有限的，多数家族企业主的文化理念与价值观念仅限于发家致富的经济层面，只是为了家庭或本家族的兴旺发达，当然家族企业也在追求家族的社会情感财富。其价值理念属于较低层次的经济价值

---

① 温路. 可持续发展视角下的中国家族企业文化研究 [D]. 河北师范大学, 2010.

观，而没有达到对社会价值追求的较高层面，近年来，多数家族企业也开始关注企业社会责任。随着家族企业规模的不断扩大，越加制约家族企业的可持续发展。因此，家族企业要想持续发展，就必须摆脱较低层次的家族企业文化的束缚，建设较高层次的有强大企业文化力的家族企业文化，推动家族企业持久而快速地发展。

（2）家族企业文化过于短视。

传统的"家文化"在我国可谓是根深蒂固，受"家文化"的影响也很深。在家族企业内部，老板往往对员工的信任程度是有差距的，家庭、家族内、亲戚、同乡、同学等也是分层次的。所以，家族企业文化具有严重的家庭化、家族化和情感化的倾向。家族企业的目标就是家族的兴旺发达，对社会责任、民族责任则很少考虑。家族企业文化往往只注重眼前利益，经营管理短视化，诚信观念缺失，任人唯亲，裙带关系严重，这种价值观念现在已经导致了我国家族企业信誉上的危机。在家族企业内无信则不立，如果不及时扭转信誉上的危机，势必会影响家族企业的可持续发展。家族企业中人际网、关系网纷繁复杂，企业制度因人而异，人情大于制度，人治大于法治，久而久之使得规章制度对"自己人"如同虚设，而对"外人"则严格要求，"自己人"对"外人"不断排挤，即使是有能力的"外人"也是升迁无望，敢怒不敢言，不公平的用人企业环境，最终产生怀才不遇的心理而挥袖走人，导致家族企业内人才流失严重。家族企业文化中情感等非理性的理念重于规章制度，企业内部人际关系亲密但缺乏理性的运行法则，即便有完善的企业管理制度也束之高阁，这对家族企业的可持续发展非常不利。

（3）家族企业文化流于形式。

我国家族企业对家族企业文化的建设，往往只是盲目追求形式，对家族企业文化的真正内涵没有清醒认识，具体表现在家族企业文化过于政治化、教条化、文体化和形象化。企业文化是源自精神、出自本能并付诸实际的一种本质或现象。其本质在于使企业员工能够形成一致性的价值观念，从而使整个企业由内到外散发出一种延续性的"魅力"，将全体员工凝聚在一起。这种延续性的"魅力"将会在企业的经营管理当中战无不胜，使家族企业内的员工转变被雇佣的观念，让他们产生主人翁的归属感。企业文化应该是内化到每一个企业成员的观念与行动中，但大部分家族企业构建的企业文化，只偏重于喊口号、搞活动、开会议、统一员工服饰等表层上的东西。这样的家族企业文化停留在形式层面，属于短期行为，很快就会消失，也难以行驶企业文化力的推动力及凝聚力，对企业可持续发展并没有实际意义。

（4）家族企业文化与企业管理脱节。

家族企业文化是企业的灵魂，是家族企业管理的制胜法宝。而有些家族企业家，往往单纯地把企业文化建设说成是企业的精神。我国具有代表性的家族企业，如新希望集团提出本企业的核心价值观是"与祖国一起发展、与人民携手致富①、与社会共同进步"；吉利集团也提出"争创世界名牌，造国人买得起的好车"的核心价值理念。在一些规模较大的家族企业不断提出自身核心价值观的同时，一些家族企业也开始从制度文化上进行探索，寻找适合企业发展阶段的制度文化创新。华为 1997 年的《华为基本法》中指出："责任意识、创新精神、敬业精神与团结合作精神是我们企业文化的精髓②；爱祖国、爱人民、爱事业和爱生活是我们凝聚力的源泉；尊重知识、尊重个性、集体奋斗和不迁就有功的员工，是我们事业可持续成长的内在要求；资源是会枯竭的，唯有文化才会生生不息。华为没有可以依存的自然资源，唯有在人的头脑中挖掘出大油田、大森林、大煤矿……"此时，创业较早的家族企业已经经历了一段时间的磨炼，对自身的发展阶段、内外环境以及市场竞争情况和社会环境变化等都有了新的了解和认识，并开始调整和修改企业文化中那些虚无缥缈地脱离了家族企业自身实际情况的所谓的经营理念和企业精神。家族企业属于实体性的经济组织，其成功与否都有一定的评价标准，如企业的生产经营状况及经营业绩等。精神因素必须是符合企业自身实际情况的，它渗透在企业的管理体制与经营战略中，以此来发挥企业强大的凝聚力，提高企业的经营绩效，持续不断推动企业的可持续发展。家族企业文化归根到底是为家族企业发展形成强大的内驱力，不能把漂亮的摆设作为实用的珍宝。家族企业文化建设不能脱离企业的经营管理实际和企业现实环境，而要渗透到家族企业经营管理的每个环节中，并随着企业内外环境的变化而发展自身，这样才能维护家族企业的可持续发展。

（5）家族企业文化缺乏个性与创新性。

家族企业文化，是家族企业在一定背景下形成的具有本企业特色的管理模式，是该企业不同于其他企业的个性化彰显，家族企业的家族性特征决定了家族企业文化并没有统一模式。但中国家族企业的家族企业文化都颇为相似，缺

---

① 温路. 可持续发展视角下的中国家族企业文化研究［D］. 河北师范大学，2010.
② 孙铭. 论企业文化的激励作用［D］. 复旦大学，2005.

乏与自身实际相符的个性特色。家族企业文化是家族企业在一定的文化背景下，将自身的发展目标、发展阶段、经营管理、家族特性策略等多种家族企业内外因素综合分析而确立的具有本企业特色的文化管理模式。家族企业文化的个性化是其本质特点，具有符合本企业实际的家族企业文化，才能更好地推动本家族企业的可持续发展。由于家族企业总是处在变化多端的复杂内外环境当中，家族企业要想在这种变化的环境中实现自身的可持续发展，必须不断创新家族企业文化。只有家族企业文化不断创新以适应企业变化发展的需要，家族企业文化才能真正具有时效性，才能进一步指导家族企业的可持续发展。纵观我国家族企业文化，大多是因循守旧，仍是最早提出的企业文化，并把它作为企业发展路上的里程碑，各种环境变了，企业文化也该随之创新。作为家族企业灵魂的企业文化，只有具有创新观念才能使家族企业在其他方面有所创新发展。家族企业文化的创新性，使其更具有时代性或阶段性，这样的家族企业文化才能不断推动家族企业的可持续发展。

2. 中国家族企业文化建设中的主要影响因素

改革开放近 40 年来，中国家族企业迅猛发展，现已成中国社会主义市场正融入到家族企业文化的建设中来。只有全员参与，才能建立行之有效的、并被大家共同认同的价值观念、道德规范及行为标准等等，这样的家族企业文化才能更好地促进家族企业的良性发展。针对上述中国家族企业文化建设中的主要问题，我们认为有以下几点主要影响因素。

（1）家族企业主对家族企业文化认识上的局限性。

①概念认识上的模糊。家族企业主对企业文化的认识，大多是通过阅读国内外企业文化的书籍来实现的，学习国内其他先进企业的经验得到的，如《细节决定成败》《追求卓越》，但是这些书籍及案例对企业文化的论述一般只是采取成功案例的写法，而对于企业文化及其概念并没有做系统地论述与分析。这样一来，致使家族企业主认为企业文化是很深奥的，在认识上也不清晰。有的家族企业主照搬课本、断章取义，可能用一句并不适合本企业自身发展的格言作为自己经营的理念。家族企业认识企业文化的另一个途径，就是参加各种培训、进修班及学术会议等。但是他们短期内学习所获得的知识与信息，以及对企业的参观也并不能及时消化、吸收成为自身内在的文化素养，所以，他们对企业文化的认识也只限于表面上，而没有上升到价值观念的顶层设计层面上。

②功能认识上的模糊。家族企业主对家族企业文化功能的认识，往往是从书本上看到的一些理论。一些家族企业主甚至把家族企业文化和企业形象识别系统 CIS 捏在一起，认为进行了 CIS 设计便等于培育出了有效的家族企业文化。但是结果并非这样。当一些企业实践 CIS 后，其经营绩效并没有得到很好的改善时，他们便认为推行家族企业文化的管理作用效果并不明显。有的企业家认为家族企业文化只是口号、开例会等形式。于是也就把家族企业文化当成了真正的口号与形式来搞，对家族企业文化的管理上的特殊功能没有形成正确的认识。

③关系认识上的模糊。一些家族企业高管认为，家族企业文化只是家族企业经营管理的一个方面，与生产管理、战略管理、人力管理、销售、产品研发等属于同一个层面上的。他们认为，其他管理涉及企业生存发展的当前利益，属于硬管理，应该硬抓；而企业文化属于软管理，属于长期性的锦上添花的管理，可以有条件时再抓。总之，他们对家族企业文化没有足够重视，对家族企业文化是家族企业发展的灵魂的理解大打折扣，根本没有认识到家族企业文化对家族企业其他管理的统领与指导作用。

（2）家族企业文化在价值观上的扭曲性。

家族企业文化的核心是家族企业的核心价值观念，家族企业文化的核心价值观念一般是利润导向型与市场导向型相结合的价值观念。这种价值观念使得家族企业在自身的经营管理当中有一定优势，如较强的市场、信息，人才、风险及效益观念。家族企业为了实现自身利润，能采取更为灵活多变、反应及时的经营管理策略。但同时，家族企业对企业文化即企业价值观念的理解会产生一定片面性或扭曲性，企业文化多被理解功利主义、形式主义等思想。一些家族企业结合自身灵活变通性较强的经营策略、经营手段，为了达到企业自身目的而往往采用一些腐败行贿、人际拉拢甚至偷漏税等不合法的经营手段，这就严重破坏了市场经济公平竞争的原则，同时也败坏了社会风气。这是家族企业对企业文化的歪曲理解，这样的家族企业文化不属于真正意义上的企业文化，需要社会主流价值观的及时引导。

（3）家族企业文化与企业员工直接利益的非相关性。

美国管理思想家伊查克·艾迪思说："企业的整个管理制度可能是写在一页旧信封的背面放在创业者的马甲口袋里①；家族企业的创业者，主要突出个

---

① 汪兴东. 基于企业生命周期企业文化构建的策略性分析 [D]. 重庆理工大学，2005.

人作用及家族成员的利益，在企业管理方面重人治而对全体企业员工考虑较少，内部各种契约关系比较简单，以口头沟通为主，信息传达迅速，经营决策权高度集中。"在家族企业中，企业主往往是独断专行的，加上企业内部员工有"内外人"之别，所以，家族企业文化更多的是家族高管及该家族的文化。家族企业对家族企业文化建设并没有引起足够的重视，即便是有的家族企业及家族成员主比较热衷于家族企业文化的建设，但由于员工，尤其是非家族成员的员工作为被雇佣者，他们更多的追求物质方面的因素，并考虑自己圈外人的身份，所以更关心个人物质利益的得失，对家族企业老板的所谓个人文化等内容，如果与他们没有形成直接的利益关系，他们当然会对此漠然视之。员工对家族企业文化的关注冷淡，使得家族企业文化建设只是家族企业主在独自倡导，这样建设出来的家族企业文化往往是家族企业主个人的文化，并不能被全体员工共同认可和遵守①。因此，家族企业文化建设的主体应是家族企业全体员工，家族企业主只有大力调动家族企业全体员工的先动性与创造性。

4.2 家族企业文化设计

4.2.1 家族企业文化设计原则

1. 与民族的文化背景相匹配原则

中国作为一个发展中国家，从文明程度看，交织着三种文明：农业文明、工业文明、现代文明②。中国社会正从传统农业社会向工业社会转变，一些地区将从工业社会进入现代化社会。家族企业的发展与中国社会转轨过程密切相关，家族企业文化建设也与三种文明紧密相连，因此，应该根据不同地区的实际建立和培育家族企业文化③。沿海发达地区家族企业文化建设应与信息化、全球化相适应，应与现代化建设的进程相适应。中西部地区家族企业文化建设

---

① 温路. 可持续发展视角下的中国家族企业文化研究 [D]. 河北师范大学，2010.
② 李德黎. 论当代中国民营企业文化建设 [D]. 电子科技大学，2005.
③ 刘凤姣. 我国民营企业文化建设问题研究 [D]. 湖南农业大学，2006.

则应与农业产业化、农村城镇化、工业化的步伐相一致。家族企业在不同发展阶段会选择不同的企业制度，家族企业文化建设必须与选择的企业制度相适应①。目前中国的家族企业只有部分属于现代企业，而家族企业文化是与家族企业发展的初级阶段相适应，只有当家族企业进入现代企业制度阶段时，才会要求建立与之相适应的现代企业文化②。因此，不能抽象地谈论哪种企业制度、哪种企业文化谁优谁劣，而应结合家族企业具体的发展阶段、企业规模、产业特点和性质做出具体的分析和评价③。

2. 合璧中西、融合古今的原则

中国传统文化博大精深，源远流长，应该认真弘扬民族优秀的传统文化，并应随着时代发展不断赋予其新的内涵，家族企业应继承这些优秀的传统文化。传统文化的某些伦理规范如仁、义、礼、智、信等与现代管理理论并不矛盾，家族企业的文化建设应吸取中华民族传统文化的精华④。同样，一切西方先进的管理理念和优秀文化成果都应被家族企业大胆借鉴。例如日本企业文化受儒家、佛家、道家文化影响，其管理哲学以"关系"为核心。英美等国的企业文化则具有典型的"契约"文化特征，企业的各种关系主要靠契约维系。家族企业要建立优良的企业文化就必须对东西方文化进行融合，并在此基础上进行家族企业文化的进一步创新。在物质文化上，树立中国家族企业的产品、树立品牌意识，服务形象在制度文化上，形成与现代市场经济接轨的企业制度在精神文化上，创造出反映时代精神的、具有中国特色的家族企业文化。

3. 个性与实用性相结合的原则

任何企业都是在特定的行业共性文化的背景下成长和发展起来的，同时又有其自身的个性特色⑤。但是，也不能盲目地追求企业文化的个性而忽视了企业文化的实用性。当前有一种很为流行的观点，企业价值观贵在有个性，与别的企业保持着差异，追求个性几乎成了一种时尚。但忽视实用性而为了追求个性的价值观，至多是点缀企业的亮点。片面地追求个性，最终却将是失去自

①　张永峰. 我国民营企业文化建设研究 [D]. 东北农林大学，2006.

②　李德黎. 论当代中国民营企业文化建设 [D]. 电子科技大学，2005.

③　殷世河. 不同所有制下的企业文化研究 [D]. 山东科技大学，2011.

④　陈新年. 珠江三角洲民营企业文化建设研究 [D]. 广东工业大学，2006.

⑤　李明标. 建设先进企业文化促进印制电路板及其基材产业的发展 (2) [J]. 印制电路信息，2004.

我，因为它选择的参照系是别人，而不是自己，它是为了有别于别人，而不是为了解决自己的问题①。因此，这样的特色价值观体系即使形成了，也不能够与企业所面临的问题相吻合，因而无法发挥其真正的作用力，也终将会为危及企业的生存。

4. 确定企业价值观是关键

确定企业特有的价值观，创立企业文化体系并用以指导企业运行、规范企业行为。企业价值观是在以企业为主体的价值观念，是一种企业人格化的产物。主要是指企业精神和部分意义上的企业哲学。企业的价值观决定了企业的基本特征。在一个企业的不同文化方面，往往存在着一种最受人们重视的根本性的文化方面，它影响着其他文化方面的形成和发展，只有围绕根本性文化，其他文化才有存在的价值，即为本位文化。本位文化决定了企业的个性，它对企业的发展最为关键。企业文化的本位文化的实质是企业的文化价值观。

企业文化要求人们确认、继承和重塑企业的价值观，并将确认的价值观传递给企业全体成员。企业的价值观是在全体企业人具体价值观的基础上形成的，它是在对具体价值观进行综合分析后，塑造的企业共同的价值观。一旦企业的价值观形成，它又将否定企业人的具体价值观，要求企业人放弃个人所信奉的价值观，而遵循共同价值观。企业价值观从诞生那天起，就是以自身的约束力和影响力来反对在其之下的小团队、个人的价值观②。企业的价值观是企业的主导信念。日常信念围绕主导信念可以派生许多，但主导信念是唯一的、排他的③。

5. 重视企业人培育原则

重视企业人的培育，就是创立以企业人为主角的企业文化。任何文化都离不开人，人既是文化的创造者，又是文化的享受者。在创立企业文化时，重视人的因素已经成为成功的企业文化获益者的共识。一位美国"钢铁大王"不无自豪地说："即使我失去工厂，失去金钱，哪怕失去一切，但只要保留我的人，十年后，我还是钢铁大王。"安纳罗格公司有句名言："你可

---

① 张永峰. 我国民营企业文化建设研究 [D]. 东北林业大学，2006.
② 汪薇. 国有勘察设计企业人力资源开发与管理研究 [D]. 西南交通大学，2005.
③ 程欢. 互联网企业文化建设及对策分析——以微众传媒公司为例 [D]. 北京交通大学，2014.

以用钱买到机器，但你不能用钱买到有知识的人，因此，对待人的基本态度
是我们文化的灵魂。"① 在坦德公司，人人知晓的信念是"坦德公司的成员、
创造性的行动和乐趣是其最重要的资源"，"它（指公司哲学）使坦德将人与
计算机合二为一"②。

　　企业文化作为一种新型的企业管理模式，之所以区别于过去的模式，是因
为它以全新的角度重新认识了人的因素③。如果忽视这一点，就恰恰是丢掉了
企业文化中最精髓的部分。人的因素对企业文化的整体形成至关重要，它直接
影响到诸如企业精神的特质、企业文化层次的高低以及这种企业文化能否保证
在激烈的市场环境竞争中立于不被淘汰等。尊重人、关心人、理解人、爱护人
是创立企业文化的核心。

　　在一个重视人的企业里，企业将从员工的身上获得同样的情感回赠。坦德
公司的员工这样看待坦德公司："我不希望世界上有任何东西危害到坦德的生
存。我感到我对原来所在的公司早已人去茶凉，但我对坦德公司的感情却截然
不同。我总想花更多的时间去工作，这里有真正的忠诚，我们都在这个忠诚气
氛中共同工作，在工作过程中共同奋力前进。我不是工作狂，但这儿是我喜欢
的地方。我的目标就是对公司目标的执着追随，它是我与公司所共有的。我认
为人人都是这样想的。我们都希望看到它万事顺遂。"只有在个人的价值得到
充分肯定、个人的主观因素得以充分施展的企业，个人才会认识到，他选择这
项工作，无疑是在选择一条人生的道路，是在接受一种生活方式④。

6. 继承企业优秀的文化传统

　　各个不同的企业都有自己的文化传统。在创立企业文化的过程中，我们不能
忽视原有的文化传统，不能忽视原有文化的存在⑤。事实告诉我们，对原有文化
持虚无态度的企业，根本不可能以博大的胸襟创立新的企业文化。各企业的文化
传统是历史的积淀，它们的存在有一定的合理性，如有的企业有维护民族尊严、
自强不息的传统；有的企业有提倡主人翁意识、提合理化建议的意识；有的企业
有艰苦创业的优良传统；有的企业有发动全体员工改革创新的传统；有的企业有

　① 徐敏迪. 扬州市物流企业人力资本对企业绩效影响的实证分析 ［D］. 扬州大学，2013.
　② 徐萌. SY 广播电视台企业文化建设与管理研究 ［D］. 大连理工大学，2011.
　③ 壮蓉. 知识经济条件下的企业文化管理 ［D］. 山东大学，2014.
　④ 程欢. 互联网企业文化建设及对策分析 ［D］. 北京交通大学，2012.
　⑤ 张富刚. 东明石化企业文化研究 ［D］. 山东科技大学，2007.

树劳模、评标兵的传统；有的企业有干部参加劳动、同群众打成一片的传统等等①。这些优良的传统是我们创立企业文化时需要发扬的因素。对文化传统的继承要建立在新的基础之上，应根据时代的变化，赋予新的文化内涵。

由于涉及不同的文化层次，各个文化方面的影响又根深蒂固，原有文化的改造会有很大的阻力②。文化不仅是一种主观意识上的东西，更主要的是人们在文化意识支配下的文化行为。文化的主观确立，或许可以通过灌输在短时间内做到，而家族企业员工的文化行为，无论如何都需要长时间的内化。因此，原有文化的改造、新企业文化的创立是一项长期的工作，是一场持久战。对原有文化的清理是一项长期艰苦的工作，它需要有正视自我否定痛苦的勇气，需要有辨别是非的能力，需要有承受挫折和失败的心理准备③。

7. 重视企业民主建设原则

企业文化是建立在民主的价值观与信念之上的。人们完全有理由相信"一言堂"的土壤里培育不了真正的、健康的企业文化。企业民主是企业人全体参与创立企业文化的条件。只有在民主的氛围中，企业人才可能感觉到自己被尊重、被理解、被关心、被爱护，才可能调动企业所有员工参与创立企业文化的积极性。企业民主影响家族企业文化改造和创立的各个方面，企业民主程度的高低直接影响企业文化的发展层次。企业民主对家族企业文化的影响是通过企业中人的因素来完成的，因此，离开民主，家族企业文化永远也变成不了企业人的文化行为④。企业文化只能是毫无约束力的文化条文。

没有企业民主，企业文化只可能存在于企业的领导层中，因为在这一企业阶层可能存在着民主。这样，企业文化蜕变成了企业阶层文化。如果在这一阶层仍无民主可言，那么企业文化就变成了可怜的个人文化信念⑤。任何一个企业都有权决定本企业民主的表现方式和民主化程度。

8. 重视对企业人的精神激励

美国学者在《成功之路》一书中这样指出："企业仅仅着眼于财务指标、

---

① 杨世九. 以企业文化引领企业战略的探索 [J]. 山西焦煤科技, 2007.

②⑤ 壮蓉. 知识经济条件下的企业文化管理 [D]. 山东大学, 2014.

③ 汤飞. 现代企业如何实现人力资源的合理配置与管理 [J]. 今日科苑, 2009.

④ 张富刚. 东明石化企业文化研究 [D]. 山东科技大学, 2007.

销售额、收入利益的股票收益率等，只能激起企业中最高层的几个人①、几十个人的积极性，很难唤起基层成千上万的生产、销售和服务人员的热情。"这段话反映出物质分配的不均匀，同时，企业本身能用于物质刺激的份额是有限的。我们可以进行这样一个假设：一个企业将所有新创造的财富都用于鼓励企业人员工的创造性，用于发放每个员工都应有的奖励。事实上，结果并不会满足我们的幻想，因为人的欲望难以用物质的形态得到完全满足。企业文化的根本立足点，在于对企业全体成员的精神激励，使企业成员的精神力量在激励下转化为物质力量，转化为现实的生产力②。因此，家族企业文化建设中所提出的企业目标、企业宗旨、企业价值、企业道德等，应能被企业所有员工所理解、接受并执行，以达到鼓舞团队的作用。

马斯诺需要层次论所讲每一个人都有精神的需求，这种需求不仅仅表现在对物质的欲望上，还包括个人价值的实现，被人尊重、重视的程度，荣誉感等等，精神激励就是为了满足企业人的精神需求，充分激发出企业人潜在的创造力。当然，强调精神激励，并不是对物质刺激这一手段的全盘否定。

4.2.2　家族企业文化设计环节

1. 创立企业文化的程序

创立企业文化需要经过一定的程序，才能逐步实现。综合考察企业文化创立的过程，一般分为六个阶段：调查准备阶段、整体设计阶段、论证试验阶段、传播执行阶段、评估调整阶段、巩固发展阶段。这六个阶段不是截然分开的，它们之间存在着前后继承的关系，前一阶段是后一阶段的前提，后一阶段是前一阶段的文化发展的继续③。每一阶段的工作并不独立存在，它可能与其他阶段的工作交叉进行，在空间上并存。同时，在这些阶段都存在着信息反馈，根据反馈信息，不断地修正自己，使整个文化创立工作处在良性循环之中④。

（1）调查分析阶段。企业文化的调查研究同其他社会调查不同，它是以

---

① 程欢. 互联网企业文化建设及对策分析 [D]. 北京交通大学，2012.
② 郭晓春. 湘潭地区家族企业经理人力资源开发问题研究 [D]. 中南大学，2006.
③ 陈大勇. 论我国医药行业企业文化建设 [D]. 哈尔滨工程大学，2007.
④ 张富刚. 东明石化企业文化研究 [D]. 山东科技大学，2007.

企业发展、企业生产经营为中心，对企业文化因素进行考察，为创立企业文化提供参考信息①。

①企业文化发展史的调查分析。每个企业都有自己的企业文化发展史，区别在于家族文化的个性和特色。企业在创立企业文化时，实质上都在自觉与不自觉地受到过去已有的企业文化的影响，新文化是在旧文化的基础上发展起来的②。因此，创立企业文化需要总结过去，继往开来。

②家族企业文化发展的内在机制的调查分析。企业文化生成与发展的核心机制是内在的对企业活动信息进行加工的机制。它的现实形态表现为企业的经营活动机制。这是创立家族企业文化调查分析的中心环节。

③企业价值观的调查分析。企业价值观是企业文化的中心环节，是核心。对现在企业价值观的调查分析，是确定新价值观的基础。价值观文化是企业文化中最难确定的部分，其稳定性最大、影响力最大。因此确定企业价值观是企业文化建设的首要任务。

④企业文化发展环境分析。企业文化的形成和发展离不开文化环境。文化环境是影响企业文化的外部因素。

⑤企业文化发展战略调查分析。调查分析企业文化的过去、现在的发展轨道，预测企业文化未来的发展道路③。结合企业经营发展战略，对企业文化未来发展可能产生的影响进行战略性分析。将企业文化看成是未来企业竞争的焦点，文化的力量决定企业竞争的力量。

⑥企业人的素质分析。企业文化是企业人群体加工企业信息后的产物。企业人是企业文化生成与发展的产物。群体素质的高低直接影响企业文化水平的高低。创立企业文化，必须调查分析企业人的素质。

（2）总体规划阶段。创立企业文化是一系列的行为，需要制定总体的规划方案，总体规划建立在调查分析的基础之上，不是主观推断的，科学性和灵活性是制定总体规划的前期。总体规划是企业文化的倡导者根据企业文化现实和未来文化发展的设想，在调查分析的基础上制定的文化发展方案。

①提出创立企业文化的目标、宗旨及其作用，从宏观上提出未来文化发展的方向，为本企业文化设计提供指导。

---

① 霄峰. 民营企业文化创新研究［D］. 东南大学，2006.
② 尹恒飞. 企业文化战略实施研究［D］. 四川大学，2006.
③ 张沁忠. 公司企业文化建设问题探析［D］. 广西大学，2006.

②提出高品位的文化价值观。科学、简练、明确地让所有企业人都正确理解企业文化价值观对他们的要求①。

③依据企业的个性特色，以企业价值观为中心，提出企业精神、企业哲学、文化信念等精神文化目标②。

④结合企业经营战略目标，明确物质文化将要达到的指标。提出有针对性、指导性的物质文化措施。

⑤提出切实可行的行为方案。强调企业人的文化先动性和自我约束力，依据企业员工素质来确定强化或弱化制度和规定的约束机制。

⑥对企业原有文化给予客观公正的评价，并提出需要继承和发扬的文化传统。

（3）论证试验阶段。总体规划制定之后，需要进行论证，并在经过选择的区域内，进行推行，从经验和实践两方面充分论证总体规划的可行性③，通过论证与试验，寻找创立企业文化的突破口，以较小的代价获得理想的收益。如果说，调查分析、总体规划还只是文化的倡导者及其助手们的企业阶层行为，那么到论证试验阶段，则需要全体企业人的介入④。前两个阶段大部分内容是建立在事实和理念层面，第三个阶段的工作需要在实践中进行。

①选择传播宣传工具，将总体规划渗透到企业基层，让文化假设接受检验。

②通过座谈会、抽样问卷调查、个别谈话、提合理化建议等形式，搜集反馈信息。

③确定实验区域，进行实地调查，记录数据和材料。

④集中所有的信息进行科学分析，总结出文化"闪光点"。

⑤修正总体规划中不符合实际的部分。

⑥将修正后的总体规划进行再一次的论证实验，直到被大多数企业人认可为止。

（4）传播执行阶段。传播执行是在总体规划经过讨论试验，被大多数企业人认可以后，将文化计划变成文化现实的过程，这一阶段是最为复杂、最为

---

① 刘秀云. 建设新时期企业文化的程序 [J]. 中国质量, 2009.
② 张沁忠. 公司企业文化建设问题探析 [D]. 广西大学, 2006.
③ 吴海艳. 服务型企业员工服务价值观研究——以重庆市电信企业为例 [D]. 西南大学, 2007.
④ 张富刚. 东明石化企业文化研究 [D]. 山东科技大学, 2007.

多变的阶段，也是最为漫长的阶段①。从创立企业文化的意义上讲，显然这一阶段是最为关键的，因为文化现实比文化计划重要得多。

（5）评估调整阶段。企业文化的评估调整，就是根据文化特点、总体规划要求以及客观执行状况，对总体规划②、传播执行效果等方面进行衡量、检查、评价和估计，判断其优劣，调整目标偏差，避开文化负效应，保证正效应，使创立企业文化工作向健康、稳定、正确的方向发展。

（6）巩固发展阶段。巩固发展就是在建立企业文化的基础上，稳定已取得的文化建设成绩，进一步突出家族企业文化个性，发挥企业文化的效能，以新的企业文化为动力，加入企业竞争。

企业文化的创立程序不是截然分开的，它们有内在的联系，在空间上有时有几个阶段同时并存。我们区分为六个程序，是建立在一种假设之上，为我们创立企业文化做参考。在现实中创立企业文化时，需要以科学的态度和企业实际情况来对待。如何在每一阶段突出工作重点，如何合理配置人力、物力、财力，如何着手，如何充分调动企业人群体的参与意识③，如何有效发挥组织者、管理者的作用等问题，都需要在创造思维的指导下，灵活机动地处理。创立企业文化既有程序可依，又无程序可依。程序是总结经验和文化假设的结果，可以依照这些程序。程序又是灵活的、变化的，不存在非这样不能那样的强制性，又是不可依的。最好的程序是一个企业已经建立了最佳文化以后，他们所查过的程序。一切程序都是为创立企业文化这个目的而存在。

2. 企业文化设计的关键环节

（1）处理好家族与企业关系。要想使家族企业获得持续发展，建立有效的家族企业文化，就应权衡家族与企业之间的发展目标。学者卡洛克和沃德认为应围绕以下几个方面来处理：①必须以公平的方式有效建立企业在家族内部、管理层和企业所有权方面做出决策的科学程序；②必须使不同的家族成员都能在企业内部找到回报；③必须明确制度和统一的规定，使家族成员能够再投资，必要时，在不损害其他家族成员利益的前提下获得投资回报或转卖他们

① 孟远哲. 民营企业内部营销与企业文化创新的探讨 [D]. 武汉大学，2006.
② 刘秀云. 建设新时期企业文化的程序 [J]. 中国质量，2009.
③ 唐雪漫. 企业文化与现代化企业制度建设 [D]. 西南大学，2000.

的投资；④必须能有效化解家族企业面临的家庭矛盾，因为家族企业的特性决定了他们的工作和家族成员生活密切地交织在一起。

家族较重情感，他们把注意力集中在成员内部，通常抵制变化。要想继续生存发展，企业系统则应持相反态度，将光投向外部，想办法利用变化。这两个系统有以下三种关系。一是家族至上。即过分强调家族事务，这些想法将损害企业的利益。这将直接损害企业沟通、业绩评估、决策、战略选择等。二是企业至上。即过分强调企业系统的家族企业最终会淡化对家族的关注，结果往往是家族成员之间关系冷漠，在公司事务上彼此勾心斗角①。三是家族、企业系统的平衡态。在这种状态下，家族和企业所关注的目标都能得到重视。创造出一种积极的环境，使家族蓬勃发展，商业活动繁荣。两个子系统的平衡是家族企业经久不衰的基础。家族的价值观和企业理念是计划过程的基础。战略思考对家族以及管理团队都有意义。成功的家族和企业由共同的前景来驱动的。家族企业的长远成功要求制定家族和企业计划。

（2）家族企业文化建设的中坚——企业家。家族企业从创建、发展到壮大，企业家在其中扮演着重要的角色。他是企业文化建设的中坚力量。因此，家族企业的生存与发展对企业家提出了较高的要求。归纳起来，企业家应具备以下素质。①深厚的素质涵养。为应付往后这种难以预测的时代，企业家必须具备像富兰克林所说："25%的职业技术，25%的想象力，其余的50%就是自身的涵养。"② 涵养即指自己用来与社会配合发展的三种基本元素所构成的素质，且要能随机应变。②善于启发部属创意。所谓创意，原没有前辈、后辈与年龄之分，完全是依每个人的资质而有所不同。即使是你的部属，也不能轻视他，往往年轻人的创意会意想不到的出色。现代社会，共鸣是很有必要的。有了共鸣，上下之间才能亲密合作。如果彼此能投合，便有强烈的共鸣，彼此产生愿和伙伴一起工作的欲望。当彼此志趣相同时，便会认为对方能了解自己，觉得可以一起谈论人生与工作。作为企业家，应早发现彼此的相同点而产生共鸣效应。③决断力与责任感。在企业中，从开始就很巧妙地利用了这种人喜欢高升的心理，作为刺激工作动机的方法。比如企业家的津贴、奖金等比一般员工多，这便是地位方面给人的满足。当上企业主候选人时，会出现"三不主义"：不决断、不客气、不反对。不决断就不必负责任；不客气就是抢别人的

---

① 胡舒华. 中国家族企业的国际化研究［D］. 哈尔滨工业大学，2007.
② 魏敏. 试论家族企业及其企业文化建设［D］. 武汉科技大学，2004.

功劳时不客气；不反对就是无原则的服从。要知道，真正的企业家应表现出自己的决断力、选择力、责任感，才能把握好整个企业的方向。④立即消除员工不安。现代社会不论是企业内部或社会中，都有很多不稳定的因素。不论在哪个时代，过度悲观的人都存在。对企业而言，令人担忧的不安定因素实在不少。因此，对年轻人来说，将来是很难把握的。而且，年轻人想订立人生计划，打算将来过什么样的生活，却不太可能。他们无法预测自己到五六十岁时，社会将有什么样的变化，也很少有企业能给他们一份很稳定的工作。所以年轻人有生不逢时、怀才不遇之感，牢骚多。这时，作为企业家与他们接触时，先决条件便是用各种各样的话语，帮他们消除心里的不安。⑤利他主义。前人曾说友情是与"对自己没有好处的人"结交中产生的。以利益所在，而去和别人交往的人，一旦被发现，就会被一脚踢开。人与人之间的交往，如果只想结交对自己有利的人，对没有帮助的人便不屑于结交，自己也会被人批评为"实用主义"或"利己主义"。在家族企业中，企业主更应发挥好自己的人格魅力，将员工团结在周围，这样员工才能更好地去按企业意图去办，为企业创造价值①。身为企业主，更不能怕被别人利用，要尽量让人都来利用你的长处。企业家必须经常与人接触，要能管人、用人。

（3）股权安排与治理结构创新。现代企业管理理论认为，解决企业文化建设这个问题的关键有两个：一是股权安排；二是治理结构创新。通过这样硬化约束的激励机制来重塑企业文化，这也是保持企业文化常新的关键。据资料显示，美国90%以上的上市公司对其不同的管理人员实行了数额不等的股票期权，而在全球公司总裁年薪前10名的排名中，美国老总就占了8名！这种制度的最大好处是能够使管理层较为可靠地为公司的股东利益——也就是为他自己的利益拼命工作（当然实践中也有一些弊端，比如管理者的股票期权与公司股票价格密切相关，因此，有可能导致他们为了提高公司股票价格而采取一些短期目标行为，这就与制度设计的初衷相违背了）；而员工持股在日本较为典型，大约80%以上的公司在实行，这种制度使得员工普遍成为企业的主人，可以分享企业的分红收益、分享企业价值增值，从而使员工愿意为企业的发展拼命工作，这十分有利于形成一种积极进取的团队精神。张维迎教授在其著作曾对此作了解释：将那些对企业有重要作用、对企业的发展有重大影响、同时其行为又不容易被监督的管理者或者其他技术人员纳入公司的股权安排当中，

① 魏敏. 试论家族企业及其企业文化建设 [D]. 武汉科技大学，2004.

使他们真正成为公司的主人，这样可以有效避免在信息不完全情况下的机会主义与道德风险问题。

（4）坚持以人为本。社会环境每天都在发生变化，在企业人力资源管理中，一是如何激励员工，二是如何创新发展。即：①家族企业应该跳出原有的思维框框，考虑到团体、氛围和社会环境等因素，找出家族企业文化的特点，核心是提出一个精神文化理念，它不是空中楼阁，要有可操作的东西，要将它与人力资源管理相结合，有序推动，起到引导企业向前发展的推力；②要鼓励创新，创新可能失败，可能很长时间出不了成绩，所以这需要制度保障。当然，有了精神，有了制度，还需要培养每一个人自觉维护的意识，形成外部评价溢出效应。真能如此，则可算是比较成功的人力资源管理了。

（5）树立共同事业目标。美国著名的管理学家彼得·圣吉在其著作《第五项修炼》中提出企业"共同的愿景"，即一个企业必须有一个共同的价值观及发展目标。这个目标能够引导大家共同去追求、去努力。因为明确了企业目标是企业形成团队精神的核心动力，团队精神在实现企业管理中已占据重要位置，这也是家族企业文化的主要内容。真正的团队必须具备三个要素：①必须能够创造出共同的"产品"，有共同的目标；②全体成员为家族企业共同目标的实现而努力工作；③团队成员之间建立或形成互相认可、互相负责、共同遵守的契约。

（6）倡导发明创新。索尼总裁盛田昭夫称技术创新"是企业的灵魂、是企业的生命"，索尼的技术费用是松下的两倍多，许多具有广阔发展前景的专利产品就出自索尼公司之手，而索尼公司之所以产品享有盛誉、技术领先，这与索尼公司极端重视技术创新的企业文化有十分密切的联系；海尔总裁张瑞敏抓产品质量和服务质量的同时，也十分注重加强海尔的创新能力，海尔的科研曾一度保持平均每天出4个专利的记录，就充分说明了这一点。借助于倡导技术创新，企业通过一系列的制度改革，形成一种重视制度创新、流程创新。鼓励创新精神的氛围，通过持续创新行为，技术创新精神就会成为一种习惯而固化下来，如果再将这种精神扩展到制度、管理等方面，企业就会形成一种内化式的重视创新的思维，而此时，一种强势的、积极的企业文化也就形成了。

（7）变革组织结构。有机式组织成功的关键在于员工对组织的目标和价值有广泛而深入的理解，并能够通过一些侧面的渠道方便地进行交流、分享情报、交换意见和帮助引导，最后辅助企业完成目标。组织改革的主要目标则是建立主管之间的信赖关系，否则他们之间可能会互相倾轧。通过企业文化的构建把管理层级的设计及运行机制的思路转变为全体员工的认识，并通过一些制度文化来保证其顺利进行①，那么就可以克服现有职能型组织结构的缺点，调动员工的积极性，并把员工的个人目标调整到与企业满足顾客需求的最终目标相一致，推动企业良性发展②。

（8）保持学习的高昂斗志。21世纪是一个文化冲击的世纪，企业能否培育自己的文化并发挥其作用，将决定其在21世纪的生存能力，企业的文化将成为未来企业的第一竞争力③。如果企业重视培训，企业就会像《第五项修炼》所说的那样成为学习型的组织，员工就会觉得在企业内能得到不断学习的机会，接受新的知识，不断地提升自己的水平④。同时，员工也会看到企业在成长、在发展。这样，就会有越来越多的员工愿意留下来，流动量就会大大降低，企业就会赢得稳定、发展的局面⑤。员工的素质提高了，又可为企业所用。这就是我们常说的"双赢"。

（9）利用危机变革文化。"激励等于企业目标愿景"。你的企业鼓励什么、支持什么、反对什么都可以通过企业的各项有形的和无形的制度凸显出来；是重视权威还是注重民主？是鼓励维持现状还是锐意改革？而在技术发明上是鼓励冒险创新还是奖励保守？对此的不同制度选择直接决定企业员工技术革新和发明的热情与积极性。而这里的制度就是我们所说的企业文化的主要内容，显然，一个理智的家族企业管理者应该不断的反思自己的企业：是否具有持续创新动力？是否能够不断否定自我、获得发展？如何对我的企业文化进行变革？家族企业文化支配着人们行为模式的价值观、信念，价值观和行为规则越强，组织越庞大、越复杂，就越难找到并改变企业文化。具体到企业文化的变革，其目标并非人格的巨变，而是一种有利于企业各主要方面、可延续下去的行为模式的变革。其目的是要通过一点点的量变的积累来逐步实现质变，确保取得实效。

文化变革可分为两部分。①审核现有企业文化，弄清需要改变的方面；

---

①② 卢怀钿. 华能汕头电厂生产组织变革研究 [D]. 大连理工大学，2005.

③ 李朋. 独特的文化个性是企业发展之魂——海尔集团企业文化建设与文化营销策略研究 [D]. 大连理工大学，2002.

④ 刘玉生. 营造以人为本的企业文化——面对知识经济的泉州乡镇企业文化建设的思考 [D]. 泉州师范学院，2001.

⑤ 周昌湘. 台湾庄周企管顾问公司总经理周昌湘谈：人力资源开发与企业成长 [D]. 大连理工大学，1998.

②制定并实施文化变革策略。利用危机，甚至创造危机来促使文化变革。许多成功变革文化的例子都是从面临危机的企业开始的①。在危机状态中，陈规旧习，包括陈旧文化中隐蔽的行为规则都不再发挥作用。如果没有危机，那就应制造危机，用提倡新价值观的活动冲击公司。如英国航空公司举办了一连串有关顾客服务和对服务类型企业进行管理的员工会议。这些活动是以培训的形式举办的，但实际上是对牢固的旧文化正面攻击。利用象征性行为埋葬旧文化，强调新文化。象征性行为寓意深远，更多得力的领导都能科学规范地运用这些行为。总之，家族企业的企业文化建设对于家族企业的经营起着重要的作用。其中企业家是企业文化建设的中坚，其思想和经营理念直接关系到企业的文化建设与经营。

4.2.3　家族企业文化设计层次

大多学者认为，企业文化设计一般分为四个层次，即表层文化、浅层文化、中层文化和核心层文化。这四个层次的文化，构成了企业文化的一个整体结构。

表层文化是企业文化的第一个层次，是企业的物质文化。它主要表现在企业的一些器物和标示文化上。CIS（企业识别系统）就属于表层文化的范畴。它包括企业的厂房装修、设备设施；产品的结构、外表、特色和包装；厂容厂貌、服务场所；以及企业的信纸信封和员工的工作服等②。物质文化是给客户和社会的第一印象，所以企业一定要加以注重。成功的企业都有成功的物质文化，但有良好的物质文化的企业不一定都成功。它只是建立良好企业文化的基石。

浅层文化是企业文化的第二个层次，是企业的行为文化。它主要表现在人的行为和语言；团体的共性行为活动；各种文体娱乐活动和公关、社交和礼仪活动等。举例来说，日本丰田公司每一条路中间一定有一条黄线，员工必须走在黄线的右边，不可以超越黄线。它的企业文化告诉大家，黄线就等于一堵墙，不能超越！碰到客人礼让，公司里面干干净净，想上厕所，有标示就能立即找到。所以浅层文化不要去小看它，它体现了整个公司的一种价值取向。

---

①　涂海. 国有商业银行企业文化的影响分析与塑造 ［D］. 西安交通大学，2001.

②　苏雪. 我国中小企业文化建设研究 ［D］. 山西财经大学，2013.

中层文化是企业文化的第三个层次，也就是制度文化。它显示了整个企业对文化的一种规范，它包括一些强制性的制度文化和形式上的文化。如企业基本制度、所有权、责任机制、分配机制、用人机制、组织机构和管理模式等①。企业管理薄弱的环节往往就是在中层制度文化这一层次，中层制度规范人的行为方式。

企业文化的最深层次也是最核心的层次，就是精神文化。它是企业的意识形态文化，它会受外部环境和内在因素的影响。任何一个企业的生存文化，都有它的特性。因为它受外部环境和内在因素影响而构成了一个企业的内核，文化的内核也就是企业的精神文化②。它包括企业的精神、企业的道德、企业的价值观和目标行为准则。

企业文化的四个层次之间既有各自的特点，同时又有相应的关联性。物质文化最为具体实在，构成企业文化的硬文化；行为文化是一种处在浅层的活动，构成企业文化的软文化；制度文化是观念形态的有效转化，成为企业硬、软外壳的桥梁；精神文化是观念形态和文化心理，是企业文化的核心。

一般来讲，家族企业文化设计层次内容如下。

（1）家族企业精神——企业文化的灵魂。企业精神是企业文化中的本质要素，是企业员工的集体意识，它反映了企业员工集体志向的决心和追求③。企业精神具有两重性：要么积极进取、乐观向上，要么悲观丧气；要么有胆有识、敢想敢干，要么畏首畏尾、裹足不前；要么勇于开拓进取，要么保守落后、故步自封④。成功的企业都有自己积极进取、富有鲜明个性的企业精神。美国成功的饮食服务企业麦当劳公司，有为顾客提供热情服务为荣的精神；有重视小处、完善细节的精神；有重视团队作用，激发兴奋，鼓舞的精神；有重视服务动作快、品质高、服务好、整洁优雅的精神⑤。由于麦当劳公司为顾客提供了热情和周到的服务，因而它赢得了美国公民的信誉。公司创办人克罗克提出要"让金黄色的'M'形拱门标志成为品质、服务、整洁与值得花钱买来

① 柳天夫. 论工商银行湖南省分行营业部企业文化的构建与提升 [D]. 中南大学，2009.
② 秦文展. 建设先进企业文化必须弘扬科学精神 [J]. 沿海企业与科技，2006.
③ 张有及. 现代企业激励机制研究 [D]. 东北农林大学，2004.
④ 武秀芬. 浅谈天津农村金融的企业文化 [D]. 天津大学，2010.
⑤ 张兵. 监理企业的经营管理研究 [D]. 中国海洋大学，2006.

吃的标志"①。日本松下公司有产业报国、感恩报德等七种精神。日本东京西武百货公司有激励员工追求自我实现的精神等。这些都是积极向上、富有鲜明个性的企业精神。

日本东京西武百货公司激励员工追求自我实现精神所采取的措施足以鼓励员工的工作达到卓越的程度。他们采取的第一条措施是：公司的任何一个商店、办公室都贴着一张既吸引人，又使人费解的宣传画：一个巨大的人头像，头顶上顶着一个小铁塔，塔尖的四周放射着闪电，这叫作西武公司的"热情发电图"，象征员工对公司的热烈情感会化作巨大的智慧，像洪流一样给公司以巨大的推动力。他们采取的第二条措施是：建立一系列保证员工自我实现的制度，如"自我申报制度""专门职务制度""禀义制度""员工再复职制度"，等等。其中"自我申报制度"要求每个员工每年都要填写自我申报表，表达每个员工对自己深造②、工种交换、晋升职务的要求，以及对现在工作的满意程度和意见。该公司一位 29 岁的女系长，做妇女服装的销售工作，她一边工作一边学外语，提出两年后希望做海外工作，但她外语还不行，于是课长帮助她制订了一个外语进修计划，两年后她如愿以偿③。她到海外后十分感激公司的培养，工作、学习劲头比以前更大了，做出了常人意想不到的业绩。该公司认为：在多数情况下，不是人不好，而是没有用好。激励精神、合理用人，当然就能使平凡人干出非凡的成绩。

企业精神是企业文化中的决定性要素，它决定其他企业文化要素的性质。例如它可以使企业价值观、企业信念、企业经营哲学等是上进、乐观、主动、开拓的，也可以使它们是退缩、悲观、被动、封闭的。因此，它影响到企业文化的性质，使企业文化表现为两重性。

企业精神还有一个重要特点是：表现形式简明扼要，语言精练、恰当，富有动员性。有时候可用一句口号表示，如："顽强进取、争创一流""开拓服务、争先创优""顾客第一、人为中心""开拓文明、求实创新"等等。一个企业创建自己的企业精神必须从实际出发，要使员工经过努力可以做到，任何假、大、空的口号和提法，虽然提得高、喊起来响亮，但对员工和企业没有实际意义，都等于没提④。

①④　姚庆霞. 论人本管理与提高国有商业银行竞争力［D］. 郑州大学，2002.

②　聂辉，付海燕. 企业管理应制度化与人性化并重［J］. 企业家天地：下旬刊，2012.

③　胡国民. 试论企业文化［J］. 昌都科技，1991.

（2）家族企业价值观——企业文化的基石。由于文化是人类的生活方式，而只有那些有益的、有价值的生活方式才可能在群体中反复出现，因而价值在文化中居有核心的地位①。同样，企业价值在企业文化中也起着核心的作用。可以说，企业文化的所有内容，都是在企业价值观的基础上产生的，都是在不同领域的体现或具体化②。因此，研究企业文化的许多人把企业价值称为企业文化的基石。

企业价值观对企业和员工的行为取向，对企业兴衰具有决定性作用。正如日本"经营之神"松下幸之助说的那样：公司可以凭借自己高尚的价值观，把全体员工的思想引导到自身想象不到的至高境界，产生意想不到的激情和工作干劲，这才是决定企业成败的根本③。美国管理学家——《寻求优势》一书的两位作者彼得斯和沃得曼也有同样的看法。他们认为，公司的成败取决于价值观正确与否及其清晰的程度。

企业价值观是不断发展变化的。它一般要经历三个阶段：第一阶段是企业存在初期。由于企业经营能力差、规模小，其宗旨也只能是为了企业或员工的生存，或者为了养家糊口而赚钱；第二阶段是企业进入成长期④，经营能力增强，规模逐渐扩大，为了在竞争中取胜，以赢得企业的长足发展，它的价值观便超越了马斯诺生存需求阶段，开始追求"一切为了用户""顾客第一、服务至上"的经营服务；第三阶段是企业进入成熟发达期，它的价值观便跨越了用户和顾客⑤，变为为社会服务，追求进步，对人类文明做出贡献，提高人们的生活质量，促进人类物质和精神生产，个性全面发展等等。不同层次的企业价值观引导和制约着企业员工的行为取向，进而也决定着企业的兴衰。

（3）家族企业目标——企业文化的指示灯。企业目标是以企业经营目标形式表达的一种企业观念形态文化。企业目标就是企业的灯塔。

在企业实践中，企业目标作为一种意念、一种符号、一种信号传达给全体员工，把一个企业的特定经营指向指标化⑥。也就是说，其主旨在于，以一种企业目标（如到2020年实现钢产量××吨，或汽车××万辆，产值××万元等等）的形式，引导全体工作人员通过努力，把这个看不见、摸不着的预期抽

① 王英，王莉. 企业核心价值观与企业文化的关系 [J]. 大众科技，2008.
② 王永锋. 企业激励机制的设计 [D]. 天津大学，2007.
③ 李春平. 青海油田供水供电公司操作员工岗位能力研究 [D]. 兰州大学，2012.
④⑤ 武乌云. 关于国有商业银行企业文化建设的思考 [D]. 内蒙古大学，2007.
⑥ 武秀芬. 浅谈天津农村金融的企业文化 [D]. 天津大学，2010.

象目标变成实在的成果。

　　企业目标有若干基本的特点：①经营目标数量化。多少产值、多少收入等，把企业生产经营要达到的目标变成一系列具体数字，具体化。②全部内容集中化。多少万元的产值、多少吨钢材的产生等具体数字，不但是企业的经济奋斗指标，同时也集中反映着家族企业的集体人格价值追求、企业道德规范、民主建设、团体意识、企业形象等一系列企业文化内涵。③战略指向成果化。具体、实际的数字，又使企业经营战略指向具体的以成果形态事先表现出来，使人们可大体预知过程终点的情形。④发展指标观念化。经各种形式的渗透、宣传和有效的思想工作，使之家喻户晓，尽人皆知，深入人心，成为直接导向和指引人们行为的一种观念。

　　（4）家族企业伦理道德——企业文化的行为规范。企业道德同样是企业的一种反映。企业道德可以分为两部分：一是企业对于企业成员的道德；二是企业对于整个社会的道德①。企业道德是社会道德的一部分，受社会道德的制约，同时它又对社会道德产生反作用。当一个企业树立起与社会道德相应的道德时，这个企业的行为规范有了标准，从而才能和谐地协调企业内部的各种关系②。企业道德并没有强制性的约束力，但是具有强大的舆论和道德约束力，因而企业道德在企业文化建设中起着重要的作用。

　　企业道德，作为一种特殊的行为规范，它的功能、机制、作用是从企业伦理关系的角度发挥出来的。它的整个体系，包括企业道德意识、企业道德关系、企业道德行为，都同法规系列呈现为一种互补的关系网络。它是法律规范和规章制度、业务规定、技术规程等所不能替代的"灵魂法制"。企业道德以善良与邪恶、正义与非正义、公正与偏私、诚实与虚伪等等道德范畴来评价和规范企业、员工的各种行为，调整和控制企业之间、员工之间各种行为的人际关系网络结构。

　　企业伦理道德通过两种途径、调整五种关系。两种途径：一条是通过舆论和教育方式影响人的心灵；另一条是以传统、习惯、规章制度等形式在企业中确定下来③。五种关系是：①企业与顾客的关系，如企业销售必须讲信用；②企业与生产者之间的关系，如真诚合作、互惠互利；③企业组织之间的关

---

　　① 张兵. 监理企业的经营管理研究［D］. 中国海洋大学，2006.

　　② 胡嘉. 长沙市烟草公司企业文化建设改进研究［D］. 湖南大学，2013.

　　③ 唐羿. 加强企业文化建设，创造辉煌业绩——兼议成都置信实业有限公司企业文化建设［D］.西南财经大学，2001.

系，如企业竞争必须友好、公平，不能采取卑鄙手段；④企业组织与员工、各部门的关系，如企业组织必须不断改善工作条件，提高员工工资和福利待遇，员工必须忠于职守；⑤员工之间的关系，如员工之间协同力，开诚布公，同事如兄弟姐妹、相互关照，切忌"落井下石"等等。这些伦理道德实际上是人们心中的"灵魂立法"，用以规范员工和企业的行为，协同并肩，同心同德，为企业繁荣而奋斗。

（5）家族企业制度——企业文化的准则。企业制度文化乃是企业在长期的生产、经营和管理实践中生成和发育起来的一种文化现象①。它既是企业为实现其盈利目标，要求其成员共同遵守的办事规程等，又是处理其相互之间生产关系的各种规章制度、组织形式的行为准则、行为规范②。它在实践上表现为带强制性质的义务。

作为一个独立的企业文化系统，企业制度大体上包含三个方面的内容：①员工群体在物质生产、流通、经营过程中所形成的价值链——生产关系；②建立在生产关系基础之上的各种规章制度和组织形式；③建立在生产关系基础之上的人与人的关系以及种种行为规范。企业制度的完备与否、企业制度的现代化程度的高低，特别是企业文化贯彻"人本"原则的自觉性和能力如何，对一个企业生产经营的成败关系极大③。例如，某水泥厂，坚持科学的人本原则，总结几十年企业管理的经验，提出并推行"规范化工作法"，用统一、科学的规范引发统一的行为，把 8 小时工作时间划分为 32 个时间单元，在每个单元的时间内，规定员工干什么，怎么干，按照什么顺序，干到什么程度，达到什么标准，从而使工作实现程序化、均衡化、标准化。同时，对每个工人实行定岗、定责、定薪，将竞争机制引入生产、管理岗位，彻底打破八级工资制，使员工在相同条件下进行公平竞争。这样，使有消极随意性的员工产生了危机感；主观能动性强的员工更加强了紧迫感；中间状态的员工也大大提高了先动性，从而使整个企业以过硬的微观连续性管理，保证了企业目标的实现，获得了最佳经济效益。

这一事实，以及其他许多注重企业制度文化建设的事例告诉我们，这种立足于"治事"，主要不是"治人"，而是处处注重"感情投资"的企业制度、

---

① 连天雷. 企业人力资源管理中的员工激励研究［D］. 厦门大学，2003.
② 包铭. 民营企业员工激励机制及激励措施研究［D］. 吉林大学，2005.
③ 王永锋. 企业激励机制的设计［D］. 天津大学，2007.

规范、准则等的改革、创新、调整，对企业生产、经营、管理，以及整个企业的发展，具有深远的意义。

（6）企业民主——企业文化的感情因子。企业民主，即企业活动中企业员工的民主意识和主人翁意识，同时也是企业管理的一种制度①。美国很多公司都极其重视企业民主，他们把员工视为同伙人，尊重他们，给予他们尊严，这就大大增强了企业员工的主人翁意识。松下员工做事的热忱，非要老板出面制止不可，因为，他把员工看得比自己伟大。美国的 RMI 公司总经理把大部分时间花在跟员工打招呼、开玩笑、听他们说话，而且还昵称 2 000 多名员工的名字②。正是由于他尊重员工，重视民主，曾三年未投资分文，却挽救了几乎 80% 的损失。

企业民主的内容有三个层次：①企业的民主意识。即从根本上树立企业员工是企业的主人，使他们以主人翁的态度积极参与企业管理。这是决定企业存亡兴衰的决定性因素。美国的许多公司都要求员工要知道公司的事情，要分享信息。蓝贝尔公司要求公司的每位员工都为公司的形象负起责任。美国的许多公司都没有明确的指挥系统，员工能够同最高管理层接触，直接参与公司的管理，大家见面都直呼姓名。②民主权利和义务。员工有了民主意识，还必须有相应的民主权利和义务，它既是民主意识的体现，又反过来促进民主意识的深化。美国惠普公司的用人哲学被称为"惠普方式"，它使每位员工都有权享受公司的荣誉，承认"公司的成就是每个人努力的结晶。"③ 戴娜公司则强调"公司要为那些想要改进技能、拓展事业或仅只想加强通才教育的工作人员提供训练与发展的机遇"。玛斯糖果公司的每位员工包括总经理，只要一周内人人都上班，就可获得一成的销售红利，只要每个人都对公司尽义务，都能及时得到奖励。③企业的民主习惯和传统。这是企业民主制度在企业和员工行为中的具体体现，并形成一种惯例，无须解决困难得以实现的先动行为，比如民主选举、民主评议、民主对话成为一种惯例，它是企业民主发展到高水平、高境界的表现，如南方大厦长期实行的"沟通日"制度，已成为了一种民主习惯与传统④。企业民主的形成需要一个长期的培育过程，既需要外在的社会经济

---

① 唐弢．加强企业文化建设，创造辉煌业绩——兼议成都置信实业有限公司企业文化建设［D］．西南财经大学，2001.

② 陆爽．创建企业文化的重要意义［D］．湖北广播电视大学，2011.

③ 吴杨．企业人性化管理问题研究［D］．华中师范大学，2014.

④ 钟娟．论企业的经济民主——企业民主管理的法制化［D］．安徽行政学院，2001.

条件，又需要企业内部决策层、管理层等各级人员的共同努力，而关键在于决策层的认识和观念①。因为民主意识、员工的参与意识，民主权利和义务、民主意识和习惯的形成，要一个先决条件，那就是企业决策层本身必须具有民主意识，同时又能使用正确的方法培育员工的民主意识和主人翁精神②。

（7）企业文化活动——企业的功能文化。企业文化活动，总的来说，作为企业的功能文化，有如下三个特点。①功能性。不论是哪种形式的文化活动，一般说来，都是为了发挥其特定功能而进行的，并不是因为它们与其特殊的企业生产有必然的、内在的联系。还要指出的是，一般企业文化所具有的如发展物质文明的主导功能、对精神文明建设的主体功能、对智力开发的动力、对共同意识的聚合等功能，它都具有。②开发性。这包括三个具体内容：一是开发生活，拓展人的生活空间，丰富人的生活内容，增添人的生活乐趣，感化员工的生活、心理、文化环境。二是开发人的素质，包括人的体质、智力、脑力以及道德情操、价值追求、品质修养等。三是生产、技术、工艺、产品等的开发。③社会性。一方面企业内组织的各种功能性文化活动，本身即带有共性，是社会各企业、事业单位、学校、团体等都可以用的"通用件"（专业技术培训等例外）③。另一方面，他们又可通过这些功能性文化活动，如歌舞晚会、舞会、各种球赛、报告会等，同社会各界加强联系，相互交流信息，提高企业的社会声望；同时，在与社会各界日益增多的接触中，也可更多地了解用户、消费者对本企业产品、服务的意见和要求，提高产品（服务）质量，促进企业生产经营的发展。

作为企业功能文化，企业文化活动大体上可分为文体娱乐性、福利性、技术性、思想性四大类型。①娱乐性活动。这是企业内部（也包括部分以企业名义）开展和组织的文艺、体育等娱乐活动，如举办和组织员工之家、工人俱乐部、电影放映晚会、录像放映、电子游艺、图书阅览、征文比赛、摄影比赛、书法比赛、周末舞会、文艺演出、春秋季运动会、各种球类比赛、射击打靶、游泳、滑冰、野游、游园、钓鱼比赛、自行车比赛、"五月歌会""戏剧之春""班组之声"等。经常举行交流、比赛、辅导、展览等活动，不仅满足了不同层次员工对文化生活的需要，而且形成了适应现代化生产的社会进步要求的文

---

① 王永锋．企业激励机制的设计［D］．天津大学，2007．
② 吴爱明．我国企业跨文化人力资源管理模式选择［J］．生产力研究，2007．
③ 潘喜梅．论体育在企业文化建设中的促进作用［D］．河南财经政法大学，2009．

明、健康、科学的生活方式和积极向上的文化氛围①。这种文化氛围滋养着企业特有的优良传统和精神风貌。②福利性活动。这主要是企业从福利方面关心的各种活动。企业通过这些活动，在员工中，在企业内外，造成浓厚的人情味，造成有利于企业发展的"人情场"，使员工加深对企业的感情，加深对这种福利环境和文化氛围的依恋感②。③技术性活动。在常规的企业生产、经营之外，围绕企业的生产、经营、技术和智力开发等问题，由企业倡导或员工自发组织进行的技术创新、管理咨询、技能竞赛、教育培训等活动。这类文化活动可以激发员工的创造欲和成就感，使员工看到自己的价值和责任；同时，它又是企业结合生产，在生产过程之外培育和提升员工素质的一个基本途径，而这些活动每一次的圆满结果和获得成功、成果可以使人产生一种自我实现的满足感，从而持久地促进企业健康向上、积极进取文化环境的生成和发展。④思想性活动。这种包括以下类型：首要的是一些政治性的文化活动，如开展形势教育、法制教育、理想教育、道德教育、政治学习和其他有关的思想政治工作。其次，还有一些像新书报告会、生活对话会、沙龙等。

（8）企业形象——企业文化的无形资产。企业形象是指企业文化的综合反映和外部表现。它主要通过企业经营管理的行为及其产品在企业外部的形象，即通过员工的形象、产品形象和环境的形象体现③。企业形象同样是企业文化的一个主要的因素，它在企业内部有凝聚和激励作用，在企业外部有吸引和辐射作用④。

（9）企业素质——企业文化"软"的硬件。关于企业素质，这些年来，学术界和企业内部几乎天天在谈、时时在说，也有以文字问世的，但系统、全面、完备的著述尚未见到。但观点纷呈，说法不一。这里概括地阐述一下企业素质中的人的素质。

企业素质，从大的方面说，分为人的素质、物的素质两大系列。我们认为，人主要有体力素质、智力素质和精神素质三个方面。其中，精神素质是人的主导素质；智力素质是人的主体素质；体力素质是人的物质依托素质，三者的流变统一，构成了立体的人。

（10）团队意识——企业文化的集中体现。团队意识，对于企业来说，是

① 李春平. 青海油田供水供电公司操作员工岗位能力研究［D］. 兰州大学，2012.
② 张富刚. 东明石化企业文化研究［D］. 山东科技大学，2007.
③ 任远. 宏远工程建设有限责任公司企业文化体系建设研究［D］. 北京交通大学，2010.
④ 徐锐. 企业文化是企业的核心竞争力［J］. 知识经济，2010.

至关重要的东西。人们都明白，社会化大生产优越于小生产，优越于自然经济。它为什么优越呢？核心的东西是，靠分工协作、专业化而生成的"集体力"、结合力。这也即是系统论举例说明的"$1+1>2$"（而不是等于2）的"系统效应"，而"集体力""系统效应"的生成是同团队意识中密切相关的①。可以说，没有团队意识，就谈不上群体中成员之间的协同动作，就谈不上作为它们各个能力的总和的"集体力"②。

这就是说，发展企业文化，要增强人们的团队意识，从而改变人们原来只从个人视角考虑问题的思维定式，建立价值体系的思维和行动方式，从而潜意识地对企业产生出一种强烈的向心力，强化人们的整体观念、集体主义。具有强烈团队意识的企业成员，会对企业所承担的社会责任和企业目标有深刻的理解，自觉地调节个人行为，使个人的思想、感情和行为与企业整体目标相联系。这样，企业的各项工作就能有机地联系起来，整个企业就能有节奏地运行。

由此可见，团队意识的功能和作用，首先表现为企业这个整体的一种集体力，即"$1+1>2$"的倍增力，或叫"倍增效应"。其次，它表现为企业全体成员的向心力、凝聚力，"心往一处想，劲往一处使"，把企业和自身目标融合为一体。最后，归属感。以自己作为企业的一员而自豪，并以此为自己全部生活、价值的依托和归宿。每个员工都要意识到这个企业是我获得基本生活保障和发展平台时，这种团队意识便成一种归属和自我实现的意识。

4.3 家族企业文化体系构建

大众创业、万众创新的经济新常态下，家族企业管理必须向现代企业经营管理模式跨越。一方面是家族企业进行自身文化的建设，这可以从企业文化的四个层面上来完善。虽然很多国内外学者认为可以通过聘请职业经理人来解决家族文化的弊端，但我们认为家族企业文化自身建设更加重要，因为，只有从家族及企业源头规避不良因素，才能促使家族企业文化建设更快、更好健康的

---

① 张兵. 监理企业的经营管理研究 [D]. 中国海洋大学，2006.
② 顾丽娜. 高职院校学生自治组织建设与教育价值实现研究 [D]. 绍兴文理学院上虞分院，2007.

发展。另一方面是政府的辅助，家族企业需要借助政府的力量完善外部宏观环境，例如完善职业经理人市场和建立社会信用体系，保障新时代家族企业文化建设能够顺利进行，同时也为文化发展提供一个融合的平台。

4.3.1　家族企业物质文化建设

（1）实施家族企业品牌战略。家族企业的品牌战略对家族企业文化建设有重要引领作用。是家族企业文化建设的核心要素。要根据家族企业特质和需求投入更多的人力、物力、财力，对员工进行商标法律法规的培训和品牌形象战略的宣传教育，全体员工要有品牌意识。使他们认识到创名牌的无形价值，如可口可乐的品牌影响力。从而自觉实施品牌形象战略，以文化塑造品牌。中国传统文化曾造就出一批享有世界声誉的品牌，茅台、同仁堂、方太等。但今天不少家族企业都遇到了发展"瓶颈"，众多专家认为其原因在于缺乏文化氛围。因此，家族企业必须更新观念，大胆创新，努力将优秀传统文化与市场经济相结合，以形成家族企业的独特优势品牌。注重知识产权保障，加大保护商标，特别是著名商标专利权的执法力度。实施品牌形象策略的根本目的是持续赢得竞争优势，如果名牌产品得不到相关法律法规保护，为其他不法企业所侵犯，著名商标的权益就会严重受挫，因此，家族企业必须借助工商、公安等执法部门，加大打击商标伪冒行为的力度，使家族企业卓越的品牌形象和合法权益得到有效的保护，形成长效机制，品牌的适度延伸。对于已经建立起相当知名度的企业，适当延伸品牌，将具有一定资产价值的品牌向新业务领域发展。但品牌延伸要根据企业现有业务和市场反应进行。品牌延伸应是适度的，这个度在消费者心中，是一种心智界定。因此品牌延伸是一把"双刃剑"。

（2）树立良好的企业形象。企业形象是企业的无形资产。为树立好形象，家族企业必须从以下四方面着手：①实施 CIS 战略。发挥整合效应，塑造企业形象。CI 即企业形象识别，CS 是企业经营中的顾客满意战略，CI 与 CS 都是现代企业文化进行整合传播的两大比较有效的手段。对此，家族企业在塑造企业形象时，应将 CI 和 CS 与有机结合起来，实现优势互补，应在建立以顾客为中心的企业文化的基础上，以 CTS 为基本策略，同时吸收 CI 中有效的经营理念与传播手段，树企业良好形象。②树立优秀的产品形象。社会是通过产品认识来评价企业的，可以说，企业形象的塑造是以产品为起点，以质量和价格为转移的。① 产品形象一般表现为质量、价格、包装和款式上。质量形象在家族企业产品形象的塑造中是第一位的，产品质量是企业的生命，没有优质产品，就没有忠诚客户，家族企业就没有市场。产品的外观形象塑造也很重要，它体现设计者的思维方式和审美情趣的高低。③服务创新，优化企业形象。服务是当今市场的黄金，谁拥有市场上这些最有价值的东西，谁就会成为赢家。② 在目前的买方市场时代，家族企业要把服务视为比产品价格与特色更为重要的商品，时刻关注用户需要什么，并为其提供优质服务，使用户成为企业忠实的"上帝"。③ ④为塑造企业文化创造良好的企业环境。企业环境是企业文化的硬实力，是家族企业赖以生存的基础，主要是以产品、环境设施、办公用品等为载体，结合公司特点点缀文化，构成协调优美的环境文化，形成视觉识别系统，并通过宣传、会议、论坛、微媒体等传播渠道将其推向社会及公众，扩大企业知名度。良好的企业环境是企业领导爱护职工，保障其权利的表现，它能激发职工热爱企业、积极工作的自觉性，这有利于增强企业的凝聚力和竞争力。④

（3）构建企业网络。因为管理成本的存在，以及因规模扩大而可能引起组织失灵——组织内部门摩擦增加、官僚作风影响士气⑤、组织效率日益降低等，家族企业不能无限扩大其规模——把所有外部的企业组织都"内部一体化"。而如果通过资金、技术、销售等纽带与它们保持密切联系，形成价值网络，就可以在不增加企业管理科层的情况下，实现家族企业规模经济。因此，家族企业为了避免家族文化中的封闭自满，降低管理成本，有必要构建企业网络。企业网络在一定的条件下能够通过市场协调与企业内部协调的互相转化和替代机制，既能够降低企业的管理成本，又不增加市场的交易成本，从而提高了资源配置的效率。⑥ 从交易成本理论的角度出发，家族企业网络的经济性质，可以理解为一种比市场机制有效、比大型科层制组织灵活的中间组织形式，⑦ 它既能通过网络内企业之间重复交易产生的信任和承诺进行协调，节约市场交易成本，又能在保持企业本身的生产规模不变即无须扩大企业管理层级

① 张永峰. 我国民营企业文化建设研究 [D]. 东北林业大学，2006.
② 赵莹. 中国民营企业文化的系统研究 [D]. 哈尔滨工程大学，2005.
③ 徐佩瑛. 构建民企文化探析，2003.
④ 纪红坤. 中国民营企业文化现状与发展研究 [D]. 哈尔滨工程大学，2006.
⑤ 林淑贤. 家族企业的管理模式探讨 [D]. 复旦大学，2007.
⑥ 胡军华. 华人家族企业网络：性质、特征与文化基础 [J]. 东南亚研究，2003.
⑦ 钟永平. 华人家族企业管理模式及其文化基础研究 [D]. 暨南大学，2003.

及增加管理费用的条件下,① 通过网络内企业之间分工协作形成动态的利益联盟，达到网络整体的内部规模经济和外部范围经济。②

（4）构造文化沟通系统。家族企业文化沟通系统是家族企业文化管理的重要构成部分，它在企业中起着传达、控制的作用。③ 文化沟通系统分为四个组成部分：①文化沟通的意义符号，它是把家族企业文化灵魂系统的意义符号化，通过具体的编码和阐释，使之成为便于沟通、表达、领会的具体意义符号。②文化沟通的动力系统，就是由家族企业领导核心管理层，适时地将文化沟通的意义符号传递到企业基层，或者由工作现场的职工把文化意义符号传达到领导中心的传导动力机制也是家族企业文化的执行机制。培训、表彰大会、企业家给员工写信，交流、建议、报告、反映意见等多种形式都是有力的手段。在家族企业中，这一沟通动力系统最大的阻力来源于人。上级无沟通意愿，下级无沟通动力，企业便无沟通氛围。企业内部不沟通，文化管理的积极作用便丧失，无序的现象会不断增长，企业失去文化控制，组织必然涣散，员工动力衰退，企业无法形成积极向上的合力。③文化沟通的渠道网络系统。家族企业要尽量避免形成官僚化的沟通网络系统，通过早会、例会、公众号平台，董事长、总经理信箱、总经理热线等形式建立多渠道、畅通的沟通网络，鼓励沟通，严禁阻碍沟通，创造良好的沟通环境和氛围。④企业的沟通反馈系统。回访调查、现场巡视和办公、检查、统计报表、总结、汇报、座谈等都是沟通反馈系统的工具。家族企业家不能只在办公室或酒桌、茶楼上办公，要深入实际，调查研究，尽可能获得更多的第一手信息。④

（5）培育诚实守信的道德体系。培育诚实守信的道德体系，家族企业要做好以下几项工作：①加强家族企业文化建设中的企业信用体系建设，注重权利和义务相统一的思想制度建设，从思想、制度方面强化人们的公平交易。⑤家族企业经营者要认识到重视企业商誉和企业信用，可以赢得更多合作者、更多的社会网络资本、更多信赖和支持，对企业在市场上取得竞争优势有利，可以为自己创造更多商机，增加企业经济与社会效益。②积极营造公平竞争的市场经济秩序。企业、政府和消费者是打击假冒伪劣行为和坑蒙拐骗等犯罪活动的三大主力，家族企业要呼吁政府、消费者和行业协会等 NGO 组织三方共同

①② 王莉，石金涛. 中小企业协作网络：性质、特诊与演进过程［D］. 上海交通大学，2006.

③ 陈静. 家族企业向现代公司转型的制度创新研究［D］. 中国海洋大学，2012.

④ 李燕苏. 论民营企业文化再造［D］. 南通职业大学，2005.

⑤ 运乃锋. 我国民营企业转型的内外部环境及实施途径研究［D］. 南开大学，2008.

行动，这样能更有效地进行打假、防伪工作。③建立企业信用管理系统和企业的信用评价系统。即从企业品格能力、资本、担保和环境以及信用要素抓起。在这几个要素中，企业品格是最核心的要素，在很大程度上决定家族企业信用的好坏，也决定企业理念是否正确，企业核心竞争力是否强大。国内外的企业经验证明，实施企业信用管理系统和企业信用评价系统，对强化社会信用意识，建立社会信用体系，防范金融风险有重要作用。

4.3.2　家族企业行为文化建设

企业行为文化的建设离不开家族企业家、企业模范人物和全体员工的共同努力。如果说企业家是将军，那么模范人物则是先锋队，全体员工则是作战的主力部队，而家族企业家和员工的互动将在学习型组织中体现。①

（1）企业家行为文化建设。①企业文化建设是一个自上而下的运动，家族企业家必须身先垂范，在企业内言传身教，从而使企业的价值观、经营哲学、企业精神等能落到实处，保证企业文化不流于形式。当然企业文化也是一个自下而上的反馈回应过程。家族企业家是企业文化的中坚力量，企业家在企业文化的建设中起着创造者、培育者、倡导者组织者、指导者、示范者、激励者的作用。家族企业家是企业精神的提倡者、培育者，他们的对企业精神进行总结、提炼、倡导、更新，示范，使企业文化人格化。家族企业家通过身体力行，引领示范，持久地影响和带动员工，从而把自己主张的思想推行到企业运行的每一个环节、每一个员工。此外，企业家还需要善于理解员工价值观的变化，善于捕捉员工需求结构的变化，从而对企业的价值观、愿景进行创新发展和充实丰富。②家族企业家正人要先正己，唯有如此，才能树立起无形的领导权威，加强个人感召力建设，形成魅力型领导，让广大中高层管理者和普通职员认同其倡导的价值观、企业信念，进而拥有众多的追随者，真正实现企业文化的传播和落实。

（2）模范人物行为文化建设。如果说家族企业家是运筹帷幄的帅才，那么模范员工无疑是冲在前线的先锋队。模范人物的树立有多重功能。①建立具体生动的行为标准。模范人物来源于广大职工群体，是为广大职工所熟悉的对象。在职工中挑选一些行为非常符合管理标准的人员，立为榜样，以供模仿，

---

① 蔡艳梅. 房地产开发企业绿色文化评价与建设研究［D］. 东北石油大学，2013.

在教育上具有案例教学的优势，让广大职工觉得易懂易学，在实际工作中易实行。②根据不同员工的不同心理需求因人而异给予模范人物相应的激励，比如物质激励、晋升、颁发各种形式荣誉证书、公开表扬等，从物质到精神上建立一系列对模范人物的奖励制度，从而激发其他员工进行效仿，达到推行家族企业文化践行的目的。

（3）员工群体行为文化建设。企业文化只有被绝大多数的成员所默认并内化，这个家族企业的企业文化构建方可成功。员工群体的言行举止、精神面貌、待人接物的风格都成为企业形象的重要组成部分。所以，员工群体的行为文化建设直接关系到社会公众对该企业的评价和判断，影响着企业的形象。因此，企业高层在推行企业文化时，一定要设定明确的规范，制定操作性强的执行方案，既保证家族企业文化能顺利执行又确保执行过程中无偏差。员工群体行为文化的建设要注意几个吻合。①标准化与个性化的吻合。标准化指企业自上而下要具有整齐统一的行为规范和准则。比如，公司的问候语、司徽、工作服等是可以统一的。统一才能突出企业的形象，但不能过犹不及，在标准化和统一的基础上，应当允许适度的差别。②活泼与严肃相吻合。工作态度要严肃认真，待人接物要热情活泼，共建温馨的人性化的工作环境，减轻繁重的工作带来的压力，增添生活中的快乐，避免成为"工作机器"，而成为一个全面发展的人。③适度集中与民主的吻合。管理人员要认识到适度的集中与民主的不同使用场合。适度集中有时可以提高工作效率，民主则可以使员工充分感受到自尊、自我价值，这对培育广大职工的集体归属感、向心力和凝聚力是极其重要的。特别是信息化时代的员工更是如此。

（4）创建学习型组织行为文化。建立学习型组织是实行企业文化建设的重要组织保证，衡量一个企业文化建设搞得好坏的一个重要标志就看这个企业最终能否成为一个学习型组织，成功的企业将是学习型企业。[①] 进行企业文化建设是一种人际关系、社会化网络的行为，必须有广大员工的积极参与，才能使建设获得成功要想使广大员工从被动参与转到向往和追求，就应尽快建立先进的组织形式——学习型组织。家族企业往往存在着决策凭经验，观念陈旧等弊端，这更加要求其不断地学习。在这种组织中，引导和要求广大员工进行自我"修炼"，树立共同目标，超越自我，突破定式思维，参加团队学习，建立学习型团队。为进行企业文化再造奠定雄厚的思想基础，强调团队学习、终身

---

① 申红利.《论语》与家族企业文化建设 [D]. 西安理工大学，2009.

学习和全过程学习，使得先进的知识迅速在组织间传播，提高整体的竞争力。① 理解学习型组织的关键，是要将企业视为一种生命体。在其中，大家得以不断突破自己的能力上限，创造共同向往的结果，培养全新而开阔的思维方式，全力实现共同的抱负。② 因此，学习对家族企业说来，是一个持续的过程，是通过各种途径和方式，不断地获取知识、在企业内部传递知识并创造出新知识，以增强组织自身效能，带来行为或绩效的持续改进的过程。通过学习与实践，家族企业获得持续发展的源头活水，有利于培养家族企业恒久的竞争能力。

4.3.3　家族企业制度文化建设

（1）构建多元化的产权结构。家族企业要想摆脱家族血缘、裙带关系文化的特性，必须实现产权的多元化，利用多元投资主体的影响来建立符合现代企业制度的企业文化。如何改变单一产权结构？当前有两种规范做法。①顶层设计法。直接改变产权结构，由单一投资主体转为多元投资主体。通俗来讲就是由独舞改为共舞。②多元化。在企业中设立独立董事。独立董事与企业无产权关系，但是其权利与有产权关系的董事一样，从而达到跳出家族血缘关系进行管理的目的。同时，独立董事一般都是各方面的专家，可把自己的特长移植到企业内，磨合企业，从而在一定程度上摆脱狭隘的血缘制度。③ 中国家族企业在实际运行中，可以综合考虑上述两种思路。采用第一种思路可以通过增资扩股、出让产权、资产转换等形式导入战略投资者，实现产权多元化。也可以让家族企业在血缘关系不破裂的情况下实现内部家族多元化，实行多元化家族企业治理模式，使得家族中个人产权清晰。另外，也应当让人力资本进入产权结构，实行股票期权激励制度，既有效发挥激励作用，又有助于实现产权多元化。④ 用第二种思路即设立独立董事，但独立董事的人数不能太少，至少要有2～3个，这样才能对企业起到较强的监督约束作用，同时可有序引进外部人才，才能支持企业走向多元化。

（2）完善家族企业的治理结构。家族企业治理结构一般分为内部治理与

---

① 唐向华. 家族企业成长中文化转型研究 [D]. 湘潭大学，2012.
② 董随东. "有效的校本培训" 研究 [D]. 华东师范大学，2006.
③ 郭丽丽. 民营企业成长中的产权制度改革研究 [D]. 天津商学院，2006.
④ 蒋新葆. 甘肃省民营企业制度创新研究 [D]. 合肥工业大学，2008.

外部治理。完善家族企业治理结构是建立现代企业制度中心环节。一个良好的公司治理结构可以形成科学合理的企业领导体制和组织制度，解决投资者素质落后于企业成长的矛盾，激励优秀企业家为企业成长努力工作，通过股权激励企业高层，降低外部代理的费用和风险。为了达成这一目标，家族企业首先应当按照现代公司治理的要求建立"三会一经理制"，即在实现公司制基础上，建立健全企业内部治理结构，建立股东会、董事会、监事会和经理班子，明确四个机构的权利和责任，形成科学规范的企业治理结构严格实施责权对称的经营决策制度，使其权力机构、决策机构、监督机构和执行机构既相互独立、各行其职，又能互相协调、互相协作。① 企业既不能一个人独断专行，又不能形成多个中心。在建立良好的内部公司治理结构的基础上，家族企业还应最终建立一个包括债权人、政府、供应商、雇员、顾客、政府和社区等在内的利益相关者制衡机制，保证公司决策科学性，确保公司各方面利益相关者的利益最大化。

（3）健全责权利对称的责任制度。为了更好地实现企业管理上的责权利对称，家族企业应以责任为中心来设计权力和利益，用责任来约束员工对权力和利益的追求。将权力与责任统一。家族企业在设计企业制度时，应对责任、权力和利益做一系列的细化和规定，将企业的责任和任务分配到各个部门或个人，由具体目标确定部门和个人的具体责任，然后由责任界定其权力和利益，并且授予责任者相应的职权，以便能有效地完成企业任务。根据企业激励与惩罚机制，还应根据任务完成情况，给予相应的奖惩，进行有效的激励。通过责任、权力、利益的有效结合，使得管理更有效。

（4）建立合理的人才制度。建立合理的人才制度，就是将培养家族优秀人才同聘用外来专业人才相结合。家族企业要突破发展的"瓶颈"，首先要解决"人才"的问题。因此，必须突出人才的重要地位，用待遇、事业吸引人才，大胆吸引优秀的职业经理人，用制度管理人才，用环境、感情留住人才。为了克服继承权力上的弊端，克服权力交接的困难，许多家族开始退出企业，实行所有权与经营权分离，实施科学的、有效的人才激励和整合体制，吸引和激励各种优秀人才，聘请"职业经理人"进行管理，给他们提供充分施展的舞台，以带动企业核心素质的迅速提升。通过有效的授予职业经理人的管理权，职业经理人潜意识产生管家思维从而减少代理成本。

---

① 何茂涛．民营企业制度变迁与创新研究［D］．山东大学，2006.

家族企业必须建立合理的人才结构，形成一套完整的选拔、培养及考核人才的制度。尽管聘请专家管理是解决人才危机的好途径，然而近几年家族企业发展状况表明，家族企业走上现代化管理不一定要以家族退出对企业的控制为前提，① 家族制管理与专业化管理是可以有机结合的，这就是加强家族内接班人的培养，接受专业化的管理教育和训练。二代权威合法性地位得到保障，这样依赖其本身权威性，就有利于排除阻力，推动组织创新。另外，家族企业接班人的确立，可减少企业内部的权力斗争，避免内耗。这种接班人应具备以下特点：①拥有经营管理天赋，品行端正，能担大业；②受过高等教育，接受过专门的经营与管理训练。② ③其经营管理讲究制度建设与管理实效，注重与国际接轨。

（5）完善激励机制和决策机制。家族企业中所有权与经营权高度统一，企业经营的回报全部归家族所有，企业和员工的利益很难一致，员工的主人翁责任感、归属感难以形成。因此，家族企业需要通过激励机制来保证员工利益和价值的实现，将企业和员工的利益有机地结合，形成利益共同体。③ 绝对不能只想着企业自己一方，双赢思维要有实际体现。总的原则是激励制度要公平合理，利益共享。高度集权的决策方式在企业规模不大、企业创立初期市场变化不快、竞争对手没有形成较大竞争压力时起到了一定的积极作用，即提高了决策的效率和降低了企业的决策成本。但是在经济发展日新月异、市场竞争愈加激烈、游戏规则不断变化的今天，这种决策方式已经不能适应不断发展壮大的家族企业。④ 因为一个再好的企业家也不可能对自己的企业了如指掌，洞悉千变万化的市场，判断国家的政策走向，并做出绝对正确的判断。所以，家族企业要想进一步发展，就必须建立科学的、有效的决策机制。

4.3.4　家族企业文化精神建设

（1）塑造"以人为本"的价值观。要确立"以人为本"的理念，家族企业应当从尊重人格、柔性管理、以员工为上帝，关注员工发展等方面入手。尊重人格。管理者依据层级的权限来纠正和改进生产经营中的问题时，很多时候

---

① 卢福财，刘满芝. 我国家族企业的成长模式及其选择 [D]. 江西财经大学，2003.
② 翟洪霞. 家族企业与家族文化初探 [D]. 北京工商大学，2005.
③ 尹延波，孙秀英. 浅析我国家族企业的管理瓶颈. 2007.
④ 王霄龙. 青岛 TH 公司家族管理模式探讨 [D]. 吉林大学，2006.

也伴随着批评、惩罚等措施。但是使用这种严格的管理不能随心所欲，必须具备一定的规范。企业中的人形形色色，有高级经理，有技术骨干，有生产工人，也有打扫卫生的清洁工，这些人在企业中的地位差异很大，对企业的重要程度也各不相同，但有一点是相同的：他们都是人，都具有自己的人格尊严，在这一点上所有的人都是平等的。① 家族企业文化变革首先要尊重人格，柔性管理。家族企业在发展的早期更多的借助于刚性或硬性的外部控制来管理企业，员工作为一种生产要素更多的是在硬性的外部约束下进行工作。② 这样员工的尊严往往受到损害，创造性无法得到发挥。这要求家族企业进行文化建设时，应更加强调柔性的管理，通过目标管理，让员工参与管理通过工作轮换、工作扩大化、③ 工作丰富化等手段让员工能在不断的岗位更换中发现与调整自己的优势，找到最适合自己发挥作用的岗位。考虑员工的工作特长，关心员工的发展。关心员工的生存和发展是人本理念的基本特征。企业对员工不仅是雇佣和利用，更要对之进行关心和关怀，并以工作为契机实现两者的双赢。一方面企业应为员工提供安全舒适的工作环境，使他们能够在这种环境中以轻松舒畅的心情投入工作，有效地提高工作效率。另一方面关心员工生活，解决员工后顾之忧，注重员工职业技能的提高。

（2）构建协作互助的团队精神。家族企业应采取有效的措施大力弘扬同舟共济的团队精神。一方面增强员工在工作中对企业的认同感和归属感，使员工自觉地把自己的命运、个人的利益与团队活动保持一致，自觉地调整自己的目标使之与团队的目标相协调、相统一。一方面改善企业内部人际关系，建立信任、宽容、热忱、诚挚等基本态度，创造团结、和谐、融洽、亲切的集体氛围，使员工彼此视对方为"一家人"，互相关怀，相互宽容，容纳各自的差异性、独特性。形成友爱的集体氛围，发生矛盾时，站在对方角度，工作中互相协作，生活上彼此关怀，利益面前互相礼让，把企业的内耗控制在最小的限度内，在互动中形成一系列行为规范，和谐相处，充满凝聚力，实现家族企业整体绩效的提升。

（3）培育奉献社会的责任意识。家族企业在社会中诞生、成长、壮大，也必然要回报社会。培育家族企业奉献社会的责任意识，具体措施如下：①家

---

① 李世荣. 企业文化变革在智邦的应用研究［D］. 华南理工大，2005.
② 高峰. 民营企业变革研究［D］. 河海大学，2004.
③ 运乃锋. 我国民营企业转型的内外部环境及实施途径研究［D］. 南开大学，2008.

族企业管理层率先垂范。家族企业领导干部，家族成员，尤其是家族企业家在实际工作中要成为关注社会、奉献社会的楷模，主动承担社会责任，家族企业领导者的榜样作用和垂范作用可以引领广大员工的价值导向和行为准则。②舆论引导。家族企业领导者要利用企业内部一切媒介，大力宣传企业奉献社会责任意识，向员工灌输服务社会的益处。③建立相应的制度。家族企业应该订立促使服务社会的企业精神，以此规范职工的行为。同时制订与企业精神有关的奖惩措施，凡是能够贯彻奉献社会的责任意识的员工，就予以奖励，否则就惩罚。实践熏陶。家族企业要在生产、经营、管理实践中注意融入奉献社会的责任意识，使之成为员工工作的行为准则。① 同时家族企业要以服务社会的责任意识为主题，有效实施 CRS，有组织、有目的、有意识地开展工会活动，从感性上强化职工对社会责任的觉悟和认识。

（4）创建以市场需求为导向的经营哲学。创建以市场为导向的经营哲学：①要以市场为导向进行管理定位，这不是一种简单的线性的、因果式的关系，而是一种交互式的关系。市场的现实需求，需要企业通过市场调查和分析确定各种需求的内容和边界，优化生产要素，调动企业力量，调整企业管理方式，以求满足需求。② 市场的潜在需求则需要企业在市场调查和分析的基础上发挥创造力和想象力，把握技术的发展动向，预测市场潜力，进行目标市场决策，调动企业力量，优化生产要素，调整生产管理方式，以适应顾客需求。②要对企业家进行经营理念的更新，使企业家在制定企业战略时，能够以市场为导向，按照市场的需求变化制定不同的营销战略。③为适应信息化的社会，家族企业也要强化对全体员工的学习、教育和培训，学习现代化的经营管理理念。④家族企业要建立与市场之间强有力的联系渠道，建立快速、准确的市场反馈决策系统，使其能够对迅速变化的市场做出最快捷的反应。

（5）通过分权管理聘请职业经理人。很多家族企业家能够认识到家族企业文化在发挥优势的同时也存在很多弊端，也都希望能够通过分权管理，聘请职业经理人，建立现代企业经营制度等方式来改造和改进传统家族文化。但在信用机制和相关法制不完善的背景下，家族企业难以也不敢开展家族文化改建，这就需要政府能够通过长效机制完善职业经理人市场。

①完善职业经理人市场。由于中国长期以来一直采取上级主管部门任命经

---

① 唐雯雯. 家族企业文化对家族企业发展的影响研究 [D]. 中南林业大学，2013.
② 张建业. 中国轻骑集团企业文化建设研究 [D]. 大连理工大学，2003.

营者的方式，职业经理人市场不健全。而职业经理人市场的不完善，代理风险导致的高信息成本、高监督成本，使家族企业所有权与经营权的分离难以实现。因此，完善职业经理人市场非常必要，可以从以下几方面入手。突破传统观念，使社会承认经理阶层是相对独立的一个职业阶层，从事的是一种高收入、高风险和挑战性的社会职业，经理人员获得的高收入是对其投入的回报。建立各方支持的大容量的经理人才信息库，使得家族企业聘用职业经理人时具有广泛的资源，减少信息不对待。也使得家族企业能够通过对比和搜索，聘请到更优秀的经理人。建立经理人才的市场工资绩效制度，使得职业经理人的自我价值能够通过市场机制来衡量，也使得职业经理人明确自身的价值所在。建立公正有效的仲裁机构，保证职业经理人市场各方的合法权益，提高市场供需双方积极性。

②建立社会信用体系。随着市场的变化，大多数的家族企业主也认识到了家族企业文化的局限。他们认为家族文化需要评价并进行完善建设，并且对未来的现代企业制管理和职业化管理也持积极态度。虽然大多数的家族企业主有这种良好的愿望，但是由于以法律契约为基础的社会信用制度尚未确立，他们对当前形势下的职业经理人和人才交流中心的信用不完全信任，担心道德风险，这就要求建立社会信用体系。对于社会信用体系的建设，应该以政府为主导。这里最重要的就是建立职业经理人的信用评价和监督体系。现实中委托代理问题的出现不简单是职业经理人的道德问题，还有企业主的、家族成员的压力，更主要还是信用的评价体制问题。如果把职业经理人的职业道德、工作表现记录在案，并且向公众公开信用记录，方便查阅，使得企业主与经理人的信息相互对称，就能从制度上增强双方之间的合作，减少代理成本，促使家族企业文化改造顺利进行。

③健全家族企业产权保护法制。家族企业不愿意进行分权管理主要就是担心核心技术的流失，尤其是那些知识型的高科技企业。产权保证越好，员工离开企业的成本就越大，窃取企业的技术的可能性就越小，企业的规模才能做得越大。① 如果法律制度对企业的产权没有给予很好的保证，家族企业就不可能做大。单纯靠人际关系是不能有效地保护企业利益的，应该由相对成熟的法律来保护企业的产权，这样在家族企业蒙受损失之后也不会让叛离的管理者逍遥

---

① 钱建国．家族企业与职业经理人适应问题研究［D］．南开大学，2007.

法外，分权管理者必须承担这种"叛离"的成本。①

④健全个人财产权保护制度。市场经济的基础是财产权制度，健全的市场经济必须以健全的财产权制度作为基础。② 家族企业的职业化、家族性特征，使得其财产面临更大的风险，不仅需要从代理人市场的完善、代理人职业道德的培养等非制度化强制方面着手，而且必须健全中国的财产权保护制度，坚决打击在委托—代理中恶意侵犯家族企业合法财产的机会主义行为，规避逆向选择行为。应当说，所有合法财产的主体享有的权利都是相同的，表现在财产的客体上也就是所有的财产都是平等的。③ 但是，在实际生活中，由于中国长期实行公有制为主体的所有制结构，否定非公有制经济的积极作用，侵犯私有企业财产权的现象时有发生，不利于家族企业文化完善。因此，建立公平的财产权保护制度，坚决打击侵犯家族企业财产权的机会主义行为。政府通过对宏观环境进行建设，为家族企业文化建设提供坚实的保障，也为家族企业文化评价体系提供建设的平台，相信家族企业文化建设和改造能够突破现阶段传统家族企业文化的约束，并向现代企业管理模式迈进。

4.4 中国家族企业文化建设的思路及对策

中国家族企业文化建设中存在的一系列问题，不利于中国家族企业的健康发展。如何建设中国家族企业文化以及建设什么样的家族企业文化，才能更好地促进家族企业的健康发展？我们提出了家族文化建设的基本思路。为学者后期研究提供研究基础。

4.4.1 中国家族企业文化建设的基本思路

1. 家族企业文化建设应遵循以人为本的原则

人在企业管理中既是管理者也是被管理者，人是企业管理过程中的主体，

---

① 王新. 家族企业引入职业化管理探讨 [D]. 中国地质大学, 2006.
② 熊学萍, 何劲. 论家族企业的职业化管理 [D]. 华中农业大学, 2004.
③ 韩冰. 信用制度演进的经济学分析. [D]. 吉林大学, 2006.

人与人之间的行为是企业管理过程的核心。① 尤其作为家族企业，其物力、财力及信息等资源都是有限的，而人力资源却是无穷尽的。"以人为本"是现代企业管理发展的趋势所在，只有抓住这个原则，企业内全体员工的潜力才能真正地发挥出来，对物力、财力与信息等各种资源融合才能得到更好地利用，从而更好地提高企业的经营绩效。家族企业的成员大多有"自己人"与"外人"之说，我们这里的"以人为本"是对"人"的一视同仁，这样才能更好地吸引和留住人才，而为家族企业的健康发展贡献力量。

2. 家族企业文化的功利价值应与社会价值相统一

家族企业文化作为家族企业的灵魂，对企业价值观念和道德观念的形成有着决定性的作用。我们要建立的家族企业文化，要能指导家族企业树立正确的核心观念，实现经济价值与社会价值的有机融合。只有这样的价值观才能得到全体职工的普遍认同，使家族企业在自身发展的基础上也承担起一定的社会责任，从而更好地实现自身的可持续发展。②

3. 家族企业文化建设应符合家族企业的发展阶段

家族企业文化的产生与发展对家族企业的影响不断的加深，是一个循序渐进的螺旋式上升过程，这一过程是随着家族企业发展阶段而发展的。对家族企业文化的建设应该符合家族企业发展的阶段性，不可冒进，急于求成。家族企业文化建设应该根据家族企业的实际情况、实际问题而展开，有所侧重，有所建设。在家族企业发展过程中的每一个阶段，企业文化建设侧重的层面也是不尽相同的，有的较为侧重精神层面，有的较为侧重物质或是制度、行为层面等等。约翰·科特和詹姆斯·赫斯克特对美国将近 200 家公司的状况进行考察后总结出，"只有和企业环境相适应的企业文化才是好而有效的企业文化，③ 强力型企业文化可能会给企业带来成功，也可能会导致企业的失败。"总而言之，家族企业文化的建设应根据家族企业发展的阶段而逐步实施。

4. 家族企业文化建设应体现对创新和可持续发展理念的不断追求

家族企业文化并不是一成不变的，优秀家族企业文化的建立也并非有千篇

---

① ② 　朱雅丹. 浅谈企业文化在企业管理中的作用 [D]. 浙江工业大学，2010.
③ 　李冰. 略论绿色企业文化 [D]. 哈尔滨工程大学，2009.

一律的法则。由于家族企业经营管理机制比较灵活，那么优秀的家族企业文化也应该有灵活、及时适应企业内外环境变化的创新策略，能时刻紧跟时代的步伐、创新的潮流，有对创新不断追求的卓越品质。"穷则变，变则通，通则久"，家族企业文化要充分利用其灵活的运行机制，基于家族企业可持续发展的要求，通过不断的创新改革，才能更好地发挥自身的优势，从而使家族企业立于不败之地，实现真正的可持续发展。

4.4.2　中国家族企业文化建设的对策及途径

1. 建设以人为本的家族企业文化

人是家族企业文化研究中最值得研究的一个因素，因为家族企业文化的根本问题是价值观，价值观的主体是人，家族企业文化作用的对象也是人[1]。现代企业管理学的核心即以最大限度挖掘员工的潜能，更好地实现员工个人目标与企业组织目标的契合。随着内外环境的复杂多变，家族企业要想获得持续的发展壮大，就必须建立以人文本的家族企业文化。[2]

（1）认清关系。以人为本是一种经营管理理念，在该理念的指导下我们应该认清两方面的关系：①家族企业与员工的关系。家族企业的财富是靠全体员工创造的，员工的收入来源于企业的工资和福利，在一定程度上，家族企业和员工是相互依存的鱼与水关系。家族企业要想在当今日趋激烈的市场竞争中获得竞争优势，并不断发展壮大，就必须及时转变传统企业与员工异化关系的旧模式，建立相互依存"一荣俱荣、一损俱损"的唇齿相依关系。②家族成员与非家族成员的关系。在家族企业成员内部，有家族成员与非家族成员之分，无论是谁，作为管理者还是普通员工，应建立公平文化，职位有高低，但工作本身没有贵贱、内外人之分，他们之间更多的是同事或亲密合作伙伴的关系。

（2）具体途径。①认识并了解员工。在传统的管理理念当中，对员工的关心往往是管理者主观假设的。但是随着社会的发展，人们的思维方式与生活行为都有了很大的变化，人们的个性化需求也更加突出。家族企业要想获得持

---

① 魏裕喜. 我国家族企业可持续发展研究［D］. 河南科技大学，2013.

② 温路. 可持续发展视角下的中国家族文化研究［D］. 河北师范大学，2010.

续发展，根据马斯诺需求理论，不仅要对顾客的心理与情感需求有很好的认识，对本企业内员工的心理与情感需求也要有准确的认识。只有这样，才能极大地调动员工的积极性，有的放矢地满足员工的意愿，实现真正的以人为本。家族企业高管应深入基层了解企业员工的心理与情感需求，如访谈法、问卷调查法、圆桌会议法、实地观察法等等。②尊重并关心员工。家族企业文化建设要把员工摆在企业生产与经营管理的最高位，致力于推行以人为本的发展战略。① 员工的积极性与创造性不仅受物质利益的驱使，而且也深受社会大背景的文化所影响。构建家族企业文化首先要尊重员工，相信员工，给员工最大的应行使的权利，使员工在家族企业中真正地感到自身价值所在。让员工感到自己很有尊严，自身价值能得到很好认可的情况下，还要使员工感到一种归属感，如中国的阿里巴巴为员工提供免息贷款，蒙牛成立公益基金，为员工解决实际问题。在工作上，要对员工的安全有很好的保障，同时要有一系列娱乐活动使得员工能舒心地在家族企业中工作。只有尊重并关心员工，以员工共同的价值观念为尺度，才能最大限度地激发其潜在的创造力，实现家族企业更好的发展。③激励并培养员工。家族企业要追求自身的可持续发展，必须注重员工的可持续发展。在家族企业内部要有一套明晰的职位发展表，使员工一进入企业就能很好地了解到一步步向上发展的所有可选择职位，为员工制订职业生涯发展路线图，明确自身发展的目标。同时，家族企业要为员工建立一套完善可行的激励培训机制，不断营造出良好的学习氛围。员工在学习中不断实现自身的提高，在家族企业发展的同时也达到自身的成长和自我价值的实现。家族企业只有将员工的价值观念与家族企业的价值观念更好地统一起来，员工的前程与家族企业的前程紧密地联系在一起，才能促使员工在工作中充满激情与活力。② 那么，拥有这些员工的家族企业也会充满激情与活力，并且会实现持续的发展。

2. 建设学习型的家族企业文化

学习型的家族企业文化建设必须从以下两方面来统筹考虑：

（1）由家族企业领导者发动，营造出整个企业全体员工学习的大环境和大氛围。家族企业文化的建设离不开家族企业高管及家族主要成员的领导与指

---

① 孙君. 塑造以人为本的企业文化［D］. 无锡商业技术学院，2006.
② 唐雯雯. 家族企业文化对家族企业发展的影响研究［D］. 中南林业科技大学，2013.

挥，领导者最主要的任务就是创立并贯彻正确的家族企业价值观，并把它不断渗透到每个员工的心中，使员工形成一种共识。作为家族企业主应该做好以下工作：①能有效地利用自身的地位、魅力与权威，采取有力措施，向家族企业全体员工宣传企业的核心价值观念；②要意识到自己的家族就是家族企业核心价值观的镜像，在自身及家族成员的一言一行等行动中时刻呈现家族企业价值观念与企业形象；③坚持不懈，无论遇到什么样的内外环境变化，都要及时采取措施，更新观念，不断丰富家族企业的价值观念与信条，使得家族企业的价值体系处于一个相对稳定的动态发展过程中。

（2）全体员工主动参与，集体学习，不断提高自身素质。家族企业全体成员是家族企业文化的创造者，同时也是家族企业文化的继承者。只有全员参与才能更好地交流、学习，把工作学习化、学习工作化，真正实现学习与工作的统一。建立学习型组织全体员工在学习工作过程中，自身综合素质得到提升，就能更好地为企业服务，从而得到自身价值的更好体现。这样，员工就会继续努力学习，形成不断学习、不断提高的良性循环模式。

3. 建设开放型的家族企业文化

随着知识经济的到来，在信息化浪潮的冲突下，竞争日趋加剧，家族企业必须采取一种更为开放的姿态，充分利用各种可以利用的社会网络与社会资源，实现自身不断地持续发展。"据统计，大约30%的经济合作是由于技术、财务或者战略方面出现问题而被搁浅；大约70%的失败是由于文化沟通方面出现问题而造成的。"所以，家族企业应该认识到建设开放型家族企业文化的重要性。要建设开放型的家族企业文化必须从以下几个方面入手。

（1）职位上的放权。美国管理学家彼得·德鲁克认为："家族企业要持续发展，不能是'一人'当家，企业高层管理人员中必须有优秀的非家族成员。"这就要求在家族企业中的职位上要具有适度放权，部分中层及高层管理职位要有非家族成员担任。职位上的开放体现了"以人为本"的理念。家族企业文化要实施"任人唯贤，而非任人唯亲"的人事任免制度，抛弃中国传统家族伦理思想中的血缘及亲缘等非理性观念，破除"内外人"之分，解除家族企业内部的人力资源限制，努力完善人才激励与约束机制。唯此，家族企业才能更好地吸引社会的优秀人才，在职位上真正实现"能者上，而非亲者上"的科学的人事管理制度，形成有效的人才市场机制，使其走上现代化的管理道路。

（2）股权上的开放。股权上的开放亦即产权开放，家族企业在保持资本临界控制权的基础上，要打破以往的家族企业产权结构的封闭化。

①要树立家族企业的社会化观念。家族企业主，要充分认识到并不是百分百占有企业的股权才算是家族企业，家族成员只要对企业有控股权，该企业仍然是家族企业。家族企业社会化是家族企业的股份属于不同所有者，实行泛家族化管理，这样家族企业能更好地吸收社会资本，形成科学而有效的决策机制，通过外部血液，从而有利于家族企业的进一步可持续发展。

②调整家族企业的产权结构。有效完善家族企业治理结构在家族企业内部组织形式与制度建设上，实行所有权与经营权的分离，实施现代公司治理结构的科学管理模式。在家族企业成员掌握企业经营控制权的前提下，吸纳社会优秀人才担任企业的中、高层管理人员，要分配给中、高层管理人员、技术人员一定股份，实施股权激励。随着企业的发展壮大及个人对企业贡献大小这一股份可以适当改变，从而很好的留住人才，并能极大调动他们的积极性与创造性。

③财务上的开放。在家族企业中股权一旦开放，财务开放是必需的。在家族控股情况下，财务的开放才能更好地保障其他股东的利益，这就要求家族企业进一步规范财务制度并统一信息披露制度。避免大股东的掏空行为。财务的公开化，有利于更好吸引潜在的投资商，并且能更好地树立企业的整体形象。及时以及定期不定期地对企业财务状况的公布，可以及时沟通企业和股东、债权人、潜在投资者、小股东、政府及其他局外人士联系，健全三会一经理制度，能更好地监督企业健康的发展。

4. 建设创新型的家族企业文化

"所谓创新文化，就是一种能够激发人们的创新意识和热情，增强创新能力和动力，鼓励和支持创新行为，提供宽厚创新活动空间的文化基因、文化模式和文化环境的总称。"[1] 加里·哈默尔认为，企业的成功实际上取决于不断感知和开发未来的商业机遇。在家族企业内部只有建立创新型家族企业文化，才能为企业创新营造出良好的文化氛围，使家族企业充满活力，[2] 从而更好地协调企业各方面的关系，使自身不断适应内外复杂的环境变化，使家族企业内

---

① 谈新敏. 创新文化是建设创新型国家的根本 [D]. 郑州大学，2006.
② 王伯芬. 家族性民营企业的企业文化现状及对策 [D]. 中国石化天津石油分公司，2013.

部与外部时刻都能保持一个动态的平衡关系。

家族企业在创新氛围的培养方面，要及时转变思想观念，对现有的家族企业文化进行全面地诊断分析，找出影响创新型家族企业文化形成的因素、问题所在。譬如家族企业的价值观是求稳定还是具有勇于冒险和变革创新的精神？家族企业管理者的管理风格是管理式还是权威式，还是允许鼓励员工独立思考、勇于探索？家族企业员工工作使命是完成任务即可还是积极追求更好？家族企业的考核、奖励、提拔等管理制度对创新有没有激励作用？家族企业的组织结构的设置是否有利于创新的发展，治理结构是否促进企业有效运行？等等。家族企业要建设创新型家族企业文化必须拥有勇于创新的价值观念，克服家族企业主的专断独行，积极鼓励和支持员工的创新行为，激发员工创造潜力，使得创新成为一种被家族企业成员普遍认同的理念，并且建立良好的创新激励机制，不断加强对创新的资金投入，建立家族企业研发机构以及与高等院校、科研院所的合作。

家族企业在创新的实践方面，通过不断在技术、管理、产品、服务及制度上的创新改变，来实现其产品革新，技术革新、管理流程革新，战略目标的调整以及制度上的创新等等，从而更好地为家族企业的可持续发展构建新的更高的平台和新的发展土壤，为家族企业注入更多新的活力，使家族企业能更具发展潜力、更富有创造性，推动家族企业持续健康发展、成为基业长青的家族企业。

第5章

家族企业文化建设保障与评价

家族企业在发展过程中涉及的很多问题都与家族企业文化有关，因此，家族企业在组织体制、战略决策、经营运作中为企业文化建设提供强有力保障。将文化建设与企业战略相结合、文化建设与形象管理相互促进、文化建设要全体员工达成共识等，要有家族企业文化建设计划、确保领导者全力投入、建立价值驱动的家族企业文化及文化建设保障机制。同时，构建家族企业文化建设指标，并通过评价体系对企业文化进行系统、科学的评价。增强家族企业文化建设发展思想在研究和制定企业发展战略中的指导作用，还必须将家族企业文化建设目标具体化，即用一些可测量的定量的指标或是容易确定的定性指标，将其明确地表征出来，由此构成指标体系，通过对家族企业文化建设水平的分析评价，为家族企业发展目标的制定提供支持。各指标均为数量指标，附带一定的分值和相应评分标准，较准确地对某一家族企业进行企业文化评估，从而帮助管理人员准确认识该单位企业文化发展状况，为塑造企业文化提供决策依据。企业文化建设是一个动态变化的过程，但是企业文化构成的一些基本的要素是相对稳定的，这就为企业文化建设绩效的考查与评价提供了可能。从企业文化的内涵和结构来看，企业文化的外观形态（如物质文化、行为文化、制度文化）大部分的绩效是可以通过定量分析来评价的，而难以定量的企业的深层形态，如企业文化的价值层面，其价值的外显形式依然可以通过一些指标来反映。所以，家族企业文化建设的绩效依然可以进行评价和测量。我们把企业文化建设绩效评价指标体系归结为"三个方面""四种维度""六大内容"。

5.1 家族企业文化建设保障

5.1.1 家族企业文化建设执行原则

家族企业家在思考家族企业文化的本质过程中，构建了企业的基本价值观、基本理念和行为准则。[①] 它通过一定的方式传达出去，为员工所接受，并在将其贯彻于企业的经营管理制度和经营管理过程中，体现于员工的行为。[②] 实践—假设—验证—实践，这是企业文化在企业中的生成机理和作用机理。企业文化的建设和弘扬过程，本质上就是企业文化理念复归实践的过程。企业文化建设应当遵循以下基本原则：

1. 文化建设要与企业战略相结合

企业文化由于其导向、约束、凝聚、激励等重要功能，成为企业战略实施的重要手段。[③] 但当企业战略发生较大调整时，企业文化由于变革的缓慢又可能制约企业战略的实施。因此，企业文化必须与企业战略相适应。加强企业文化建设，必须有一个明确的企业发展战略。只有紧紧地将文化建设与企业战略相结合，企业文化建设才能有不竭的动力和明确的方向。

2. 文化建设要体现行业特点和企业个性

企业文化是一种亚文化，既存在于民族社会文化之中，又因各企业的类型、行业性质、规模、人员结构等方面的差异而有所不同。企业文化的共性是时代特征和社会特征的综合体，反映了社会环境对企业文化的影响。[④] 然而，企业文化又是企业基本特点的体现，是一个企业独特的精神和风格的具体反映，并以其鲜明的个性区别于其他企业，形成自己的具体特点。[⑤] 每个企业应

---

① 章登庆. 企业文化建设落地研究 [D]. 首都经济贸易大学，2006.
② 刘建旬. 青岛供电公司企业文化建设研究 [D]. 南开大学，2004.
③ 王远. 浅谈发电企业的企业文化建设 [J]. 大众科技，2005.
④ 张向荣. 我国中小企业文化战略研究 [D]. 哈尔滨工程大学，2008.
⑤ 路薇. 论塑造个性化的企业文化 [J]. 山东煤炭科技，2014.

根据本企业的具体情况，因地制宜地建设适合自己需要的、具有行业特点和自己特色的企业文化。①

3. 文化建设要与形象管理相互促进

企业文化是企业形象的内在根基，企业形象是企业文化的外在表现。企业形象是企业内外对企业的整体感觉、印象和认知，是企业状况的综合反映。企业形象是企业在于社会公众（包括企业员工）通过传播媒介或其他方式的接触过程中形成的。企业形象有好与不好之分，当企业在社会公众中具有良好形象时，消费者就愿意购买该企业的产品或接受其提供的服务；反之，消费者将不会购买该企业的产品，也不会接受其提供的服务。② 因此，企业应将文化建设与形象管理有机地结合起来。

4. 文化建设要发挥企业领导群体的核心作用

文化是人们意识的能动产物，不是客观环境的消极反映。在客观上，对某种文化的需要往往交织在各种相互矛盾的利益之中，羁绊于根深蒂固的传统习俗之内，因而一开始总是只有少数人首先觉悟，他们提出反映客观需要的文化主张，倡导改变旧的观念及行为方式，成为企业文化先驱者。正是由于领导群体和先进分子的示范，启发和带动了企业的其他人，形成企业新的文化模式。领导群体对新文化的塑造可以起到很好的倡导和总结的作用，可以起到很好的宣传和鼓动作用，可以起到很好的表率和示范作用。

5. 文化建设要全体员工达成共识

企业终究是由广大员工组成的，文化体系的最终完成与实现有赖于他们的认可、积极配合与行为上的支持，因此，文化建设必须以全体员工的整体愿望为基点达成共识，也只有如此，才能确保文化建设的有效性。"共识"，是指共同的价值判断，共识是企业文化的本质。企业文化建设强调共识原则，是由企业文化的本质所决定的。人是文化的创造者，每个人都有独立的思想和价值观，都有自己的行为方式，如果在一个企业中，任由每个人按自己的意志和方式行事，企业就可能成为一盘散沙，不能形成整体合力。企业文化不是企业中

---

① 陈喜丽. 烟草行业企业文化建设关键要素分析［J］. 现代商贸工业，2009.
② 王贝贝. 浅论企业如何提升自身社会形象［J］. 科技信息，2010.

哪个人的"文化",而是广大成员的文化。因此,只有从多样的群体及个人价值观中抽象出一些基本信念,然后再由企业在全体成员中强化这种信念,进而达成共识,才能使企业产生凝聚力。可以说,优秀企业文化本身即是"共识"的结果。① 建设企业文化必须不折不扣地贯彻这一原则。在企业文化建设中贯彻共识原则,应特别强调发挥文化网络的作用。企业文化的形成过程,就是企业成员对企业所倡导的价值标准不断认同、内化和自觉实践的过程。而要加速这一过程,就需要发展文化网络,通过正式或非正式的、表层的或深层的、大范围的或小范围的各种网络系统,相互传递企业所倡导的这种价值标准和反映这种价值标准的各种趣闻、故事以及习俗、习惯等,做到信息共享,以利于共识的达成。② 同时,贯彻共识原则,还需要逐渐摈弃权力主义的管理文化,建立参与型的管理文化。权力主义的管理文化过分强调行政权威的作用,动则用命令、计划、制度等手段对人们的行为实行硬性约束,在决策与管理中,往往用长官意志代替一切,这样做肯定不利于共识文化的生长。因此,打破权力至上的观念,实行必要的分权体制和授权机制,是充分体现群体意识,促使"共识"文化形成的重要途径。③

5.1.2 家族企业文化建设计划

1. 进行企业文化评估

领导团队一旦决定全力建设由价值驱动的企业,那么,下一步要做的工作是对目前的企业文化进行详细的评估。价值评估工具就是为此而设计的,它可以找出企业最重要的若干个价值以及弄清楚企业意识的分布情况,还可以评估个人价值与企业价值、④ 企业目前的价值与企业理想的价值、企业理想的价值与企业的实际价值之间相符的程度。价值评估的主要益处是,能够将"软件"变为"硬件",能够搞清楚企业文化目前的状况,并订立明确的目标,以便对企业文化的转变进行监控。价值评估可以达到以下目的:明确当前企业文化的优点和缺点;确定企业文化转变的方向和先后次序;为企业文化变革所采取的

---

① 黄扬清. 企业文化力研究 [D]. 湖南农业大学, 2005.

② 王芳. 论我国会计师事务所合伙文化的建设 [D]. 中国优秀硕士学位论文全文数据库, 2011.

③ 朱元根. 企业伦理的研究范式与构建 [D]. 中国优秀博硕士学位论文全文数据库, 2005.

④ 沈晴. 欧美日企业文化之比较与启示 [D]. 苏州大学, 2006.

措施和行动提供充分的理由。

2. 确保领导者全力投入，建立价值驱动的企业文化

如果领导者确信有必要进行文化转变，那么他的第一项任务就是实施一个带有强制性的试验。如果试验很成功，那么领导者应进一步进行规划，制订下一阶段企业发展的愿景目标。如果试验不怎么成功，那么领导者应果断地采取新的措施，以便推动企业的更新。企业变革要想得成功，领导团队中的每个人都必须认真审视他们个人的价值和行为，并在必要的情况下进行调整，[①] 以便适应新的企业文化，因为企业的变革，实质上不是企业自己会发生变革，而是企业中的人在变革！没有领导者个人的投入，企业文化的转变不会发生。[②] 许多员工，特别是管理人员，可能发现这种文化的调整十分困难，特别是从控制者变为辅导者，从管理者变为指导者，这些都要求他们进行意识的转变，而意识的转变对于许多人来说是十分难的。结果，那些能够实现自身变革的人将在工作中找到新的意义，而那些无法转变的人将最终离开企业。

3. 在领导团队内部培育价值凝聚

文化变革必须从最上层开始，并自上而下的在企业推行。助理团队的所有成员都必须全力投入文化的转变，并乐于解决他们自身的管理问题。如果领导团队作为一个整体无法为新的价值和行为做出表率，那么下而一层的助理人员将不会主动地接受转变。

领导价值评估工具的目的是帮助管理者找出他们在管理方面存在的问题。在领导价值评估结果的基础上，领导团队的每个成员都应参加个人领导能力的培训项目，并从其他成员那里寻求支持，以便解决自身的领导问题。[③] 企业如果想成功地对文化转变进行管理，那么领导团队内部必须形成一个相互支持和相互信任的环境。

4. 树立全体员工对于愿景、使命、价值的认同

文化变革要想取得成功，企业中的每个人都必须认同并实践新的愿景、使

①　金跃强. 战略视角下的企业动态能力构筑［D］. 新疆财经大学，2006.

②　曹英. 金昌公路总段转型期企业文化培育与提升研究［D］. 兰州大学，2005.

③　王小宁. 国有银行改革：如何实现文化整合［J］. 西部论丛，2005.

命和价值。因此，要让所有员工参与全过程。开展员工参与的第一步，应该是向员工通报领导团队对于目前情况的评估以及进行文化转变的原因。应将愿景、使命和价值宣言的草案交给员工并征求他们的观点和意见，只有完成了这一过程才能将宣言定稿。但员工的参与需要在深层次下进行，需要在企业的愿景和使命与每个工作部门及每位员工的使命之间建立驱动关系。如果不能建立这种驱动关系，员工就无法通过工作实现他们的个人价值。①

5. 建立实施和维护监督机制

实施阶段中的一个重要步骤是在企业内部成立两个跨部门的委员会，以便对新的企业文化的实施和维护进行监督；使创新观念的采集制度化。

文化委员会的目的是营造一种能够激发创造力的氛围，以便将所有员工的智慧集中起来，用于解决企业所面临的关键问题。创新委员会的目的是通过建立一定的机制，将新观念、新想法转化为流程和产品的改进，从而促进企业内部的创新。

文化委员会应由企业内各类人员的代表参加。越来越多的企业开始设立以管理企业文化为主要职责的高层管理职位，如企业文化副总裁。他们的主要职责是监督企业文化的实施、发展和维护。在现代企业里的这种工作包括：对企业文化进行定期监控，以确保企业所信奉的价值得以实践；开展领导能力培训项目，重要是培育内部凝聚力和对员工赋予权力；帮助员工通过工作实现个人价值；确保人力资源管理机制和程序符合企业文化，聘用个人价值与企业价值一致的新员工，使企业成为充满乐趣的工作场所。创新委员会的工作是激发员工产生能够改进产品和流程的观点和想法，建立鼓励员工提出新观点并对员工的观点进行评估的机制。② 同时还要建立与客户和供应商沟通，让客户和供应商充分发表想法的制度。创新委员会面临的挑战是，需要开辟一条创新的渠道，使企业能够不断地进行产品创新，领先于它的竞争对手，同时还能使企业不断地进行流程创新，降低成本或提高质量。③

6. 将企业信奉的价值纳入人力资源管理体系和程序

对于企业而言，能够成功实施并能长期保持文化转变的最有力的工具，是

---

① 王小宁. 国有银行改革：如何实现文化整合 [J]. 西部论丛, 2005.
② 曹英. 金昌公路总段转型期企业文化培育与提升研究 [D]. 兰州大学, 2005.
③ 公茂虹. 建立愿景企业的十二个步骤 [J]. 中外企业文化, 2003.

在人力资源评估过程中引入企业所推崇的价值和行为。企业所信奉的价值必须完全反映在员工的提拔或降级聘用或解雇的标准。只有具备企业所信奉的价值的员工才能得到提升或聘用。领导价值评估和员工价值评估工具可以测量出领导及员工的价值与企业价值之间的相容程度，可以为职位的开升和员工的录用提供依据，同时为员工的培训打下基础。[①]

7. 实施培训项目，为新文化提供支持

支持新文化需要二种培训：为员工提供培训，帮助他们通过将个人的工作使命与企业的愿景、使命和价值相联系，在工作中找到他们人生的意义；为管理者提供培训，帮助他们成为领导者。由价值驱动的企业文化，要求企业将重点从助理转为领导，从奸商转为情商。它需要的是真实，认同公共利益并在生活中保持平衡的人，即由较高的意识层次主导的自我实现的人。向由价值驱动的企业文化进行转变时，最大的障碍将来自那些个人价值完全由较低的意识层次主导的管理人员。他们对生存、地位、自我尊严存在很大的担忧和恐惧。

8. 对内部和外部经营环境的变化进行鉴定评估

现代企业用于确定战略更新方向的依据是企业内部和外部环境提供的反馈。作为对企业绩效进行年度审核工作的一部分，文化委员会应对内部文化进行鉴定评估（价值评定），文化评估报告应包括以下内容：实际价值与企业所信奉的价值的比较，意识的分布，价值的类型，以及文化的力量。同时，创新委员会需要对外部经营环境进行鉴定评估。评估报告不应仅限于企业目前经营的领域，还应包括社会价值的主要发展趋势，人为变化的情况、教育、政治、环境和科技等。理解并分析这些趋势对企业的使命、愿景的影响，以及这些趋势对支持员工个人实现、客户满意和社会商誉的价值的影响。在大型企业中，这些信息被用来进行以愿景预测为基础的规划、考察它们可能产生的结果以及它们可能对产品和服务带来的影响。

9. 检视或调整愿景、使命和价值

根据内部和外部环境的评估结果，对愿景、使命和价值进行微调。之后应向生产经理和员工通报管理团队的建议，而经理和员工应对拟做的修订进行审

---

① 曹英. 金昌公路总段转型期企业文化培育与提升研究［D］. 兰州大学，2005.

核，并制定下一年的指标。这些结果反馈给管理团队后，管理团队最后确定所应做的调整，并通过会议、培训项目和公告栏等形式向所有员工进行通报。

5.1.3　家族企业文化建设保障机制

1. 建立强有力的组织保障机制

（1）建立专职组织机构——企业文化委员会。

家族企业领导层一定要从思想上重视、在行动上支持企业文化建设工作。家族企业领导层要认识到企业文化建设的重要性，能从全局出发，从战略的高度来思考企业文化建设的重要性；要把企业文化建设工作纳入议事日程，与其他工作同部署、同检查、同考核、同奖励。企业文化建设工作需要有专门的部门来负责，而不能由企业内部的职能部门兼管，为此需要建立专门的主管部门——建立企业文化委员会，由企业文化委员会统一领导、组织企业文化建设的各项事务，各职能部门负责具体落实。

建立企业文化委员会的重要作用主要有二：信号传递和组织实施。信号传递的作用主要体现在通过企业文化委员会的建立，让家族企业内部的所有成员感受到企业高层的重视和决心，认识到企业文化建设的重要性，引发组织成员的关注和思考，这样有利于企业文化建设的顺利进行。企业文化委员会应该充当家族企业文化建设的组织实施机构，主要职能在于在思想、组织和舆论上为企业文化的建设做好铺垫，全面负责企业文化建设的实施工作。[①]

企业文化委员会起初可能只有少数几个人组成，但一定要有一个有分量的高层领导担任领导之职。随着企业文化建设工作的深入，领导者要有意识地进行人员方面的充实，应包括企业的各层管理人员和一线职工，以形成家族企业文化建设的强有力的领导核心。企业文化委员会的职责在于计划、指挥、组织和协调企业内部资源，对企业文化建设进行领导和管理。

（2）全员参与企业文化建设。

企业文化就是全员文化。员工是企业的主体，是企业活力的源泉。企业文化建设必须着眼于全员、立足于全员、归属于全员。因此，家族企业必须树立以人为本的思想，坚持把领导层的主导作用与全体员工的主体作用紧密结合起

---

① 黄赞. 基于生命周期理论的中国家族企业文化建设研究 [D]. 湘潭大学，2012.

来，实现员工价值观与企业发展的有机结合。这是家族企业文化建设的核心部分，在企业文化建设的实施阶段，一定要强调这一原则。

在企业文化建设的阶段，领导者极易遇到两个问题：没有足够的同盟者和无法得到组织员工的响应。原因是双方面的，既有领导者自身的原因，也有来自员工方面的障碍。企业文化建设实施的领导者工作不够细致，事先没有考虑周全。例如，领导者自信，在宣传上投入不足。员工在认识上可能也有一些不到位。对未知情况的恐惧忧虑、已有的思维惯式以及来自组织内非正式群体的压力，都可能是组织员工不主动配合企业文化建设的工作。

以上的各种情况都会使得中国家族企业文化建设工作受阻、进度放缓，甚至有被完全放弃的危险。因此，家族企业文化建设的领导者有必要从以下方面进行努力：①做好策划工作，为企业文化建设的实施做好人才储备；②积极寻求支持者，尽可能扩大企业文化委员会的影响范围；③加强宣传力度，极力在全企业范围内传播核心价值观念；④企业文化建设领导者的亲身示范，以自己的实际行动来获取组织员工的支持。这样才有可能在家族企业内部取得认识上的统一，让大家都投入到企业文化建设的工作上来。①

（3）充分利用舆论效应。

舆论是一种群体意识，是公众意志的体现舆论既有正向的功能，也有负向的功能。正向的功能包括：传播真理、褒扬真善美和监督；负向的功能则会传播谣言，误国误民。因此，家族企业文化的建设也要重视舆论的作用，积极引导组织内的舆论氛围，充分利用好舆论的正向功能而消除负向功能。为此，企业文化委员会需要做好以下几个方面的工作：①宣传企业文化的核心内涵。企业文化委员会需要在全企业内部宣传中国家族企业文化的核心价值观，让全体员工都能了解和理解企业文化的核心内涵，并转化为自觉的行动。实际上，这就是利用企业内部的正式沟通渠道传播真理，以达到引导舆论的目的。②创造民主的氛围。完善上通下达的组织沟通渠道，积极采纳员工的合理建议，鼓励全体员工提出企业文化建设工作的具体问题和解决建议。对于员工提出的问题和建议，企业文化委员会要重视，及时处理并反馈结果。由此才能创造出一个公开、透明和坦诚的民主氛围，提高大家对企业文化的认可和承诺，有利于提高全体员工进行企业文化建设工作的积极性。③监测舆论的动向。任何企业都存在着非正式组织和非正式的沟通渠道。家族企业需要监

① 黄赞. 基于生命周期理论的中国家族企业文化建设研究 [D]. 湘潭大学，2012.

测企业内部的舆论动向，及时发现未能通过正规沟通渠道来传达的信息。特别是在企业内部正规沟通渠道失效，或者企业文化建设工作陷入困境之时，更是应该加倍地给予重视。

（4）领导的率先垂范。

企业领导身体力行，全面倡导并践行企业价值观，让员工认可和接受企业的价值观，并自发地效仿。高层领导需要带头遵守企业价值观和行为准则，用实际行动来推动企业文化建设的进程，领导的率先垂范首先就表明了企业高层对企业文化建设的态度和信心。领导者的言行就是员工们学习的榜样，为员工们树立了榜样。

2. 重视建设企业文化传播机制设计

在企业文化产生与发展过程中，文化传播处于基础地位。家族企业需要建立起多样化的传播机制，利用这些传播机制把企业文化的核心内涵传达给全体员工。从这个角度上说，传播才是企业文化建设的根本。因此，在建设企业文化之时，家族企业一定要注重建设企业文化的传播机制。企业文化的传播机制可以分为正式渠道和非正式渠道。

（1）正式传播机制设计。企业文化的正式传播机制是企业文化在全企业范围内传播的重要途径，也是企业文化委员会所依靠的重要手段。家族企业文化的正式传播机制包括：[①] ①企业报刊宣传。企业报刊宣传可以包括的内容有：企业经营管理方面的重大事件；方针和政策；企业领导的讲话；企业人物的专访和报道；企业员工的工作体会和思想动态；典型案例的剖析；企业的历史；以及企业创始人的典型事迹等。②工作场所和生活区的宣传栏、广告牌等。这种渠道的特点有成本低、时效强、与员工的工作和生活联系紧密等。③制作企业文化手册。将企业文化的核心内涵以及其他与企业文化有关的内容集中起来，并编辑成册，分发给企业员工，作为学习和领会企业文化核心内涵的重要依据。④举办各种集体活动。可以利用节日、企业庆典的机会，举办各种集体活动，鼓励全体员工积极参与，让大家在游戏之中增进了解，创造和谐融洽的组织气氛。

（2）非正式传播机制建立。企业文化的非正式传播机制也有助于企业文化的建设，可以全方位、潜移默化地影响员工的思维和行为习惯。对于家族企

---

① 黄赞. 基于生命周期理论的中国家族企业文化建设研究 [D]. 湘潭大学，2012.

业来说，非正式传播机制也是一种重要的传播途径，企业文化的非正式传播机制可以分为对内和对外两种。①对内宣传。可以举办企业文化论坛之类的活动，让员工们积极发表对企业文化的感想，以及对企业文化建设各方面工作的建议；构建多样的沟通渠道，比如直言信箱，尽可能地让员工们的想法和思想动态传递至高层。②对外传播。积极宣传企业文化建设的情况，树立良好的企业形象，为企业文化建设工作造势，让员工们感受到优秀企业文化的魅力，增强他们对企文化建设工作的承诺。

3. 建设可靠的硬件设施保障机制

（1）建立专项资金制度。资金支持是企业文化建设的重要保证。家族企业需要建立企业文化建设专项资金制度，根据企业文化建设的实际情况做出预算，要做到专款专用，切实保证资金能够到位。企业文化建设的费用包括宣传费、培训费和部门建设费等。

（2）加强硬件基础设施建设。根据实际情况和企业文化建设发展需要，适时、适度加大企业文化建设硬件投入，完善员工培训中心、教育基地、员工文化体育场所、图书馆等企业文化设施，为企业文化建设的顺利推进提供强有力的设施保障。

4. 重视先进典型事例的示范

人们行为的改变主要来自学习和模仿，榜样具有巨大的力量，家族企业文化建设更是如此。先进个人和集体的典型事例展现企业的价值观，是家族企业文化的生动教材，具有示范作用，是企业员工学习和模仿的榜样。

（1）树立典型事例。不仅要持续地发现和挖掘企业内部的先进典型事例，更要注意培养先进的个人和集体。先进典型事例的评选需要大家的共同参与，树立真正符合企业文化价值取向、又能使企业员工佩服的典型事例。先进典型的树立要真正做到名副其实，不能有半点虚假，因为先进典型来自于企业内部，员工之间是熟悉的。不能为了塑造典型而不真实，只会得到相反的结果。

（2）积极宣传和推广典型事例。先进典型事例不仅要"树"，更要宣传和推广。典型事例能够给人以鼓舞，能够教育、熏陶和启发人，家族企业需要利用先进典型事例来促进企业文化建设工作。因此，需要通过各种形式的活动把先进个人和集体的事迹推广开来。家族企业要利用典型的人和事来鼓舞和激励员工，强化员工的先动性。

5. 相应的考核和奖惩制度

家族企业家希望建立起积极的企业文化，但是建设的成果如何有待评估。评估机制主要被用来掌握企业文化建设的实际效果，发现不足予以纠正。这是企业文化建设的重要环节，家族企业需要给予足够的重视。有考核，就需要有奖惩机制，奖励先进，惩罚落后。

（1）考核机制。在企业文化建设实施的阶段，家族企业往往会出现员工，甚至企业管理者的言行与企业文化的核心内涵相背离的现实。通过对企业文化建设的考核工作，可以达到表明企业的决心和评估工作效果的目的。家族企业文化的评估要形成制度，用科学、客观和标准的程序和方法来规范评估，以使得出的结果具有真实性和可信性。由此，需要做到目标具体化、全员化，并常抓不懈。

（2）奖惩制度。家族企业文化的建设需要建立奖惩制度，从外部给予员工一定的压力，促使他们遵守企业价值观、转变言行举止。家族企业要建立奖惩制度需要坚持原则：制度透明，规范严格；奖惩分明，以奖为主；坚持执行，重在引导；公平公正等。另外，奖惩制度要以正面激励为主，惩罚只适合那些严重违反企业价值观的行为。

6. 其他配套制度的建设

制度对家族企业文化建设具有重要的意义，既保证了企业文化建设工作能够落到实处，又为各项工作的开展提供了行动准则。

（1）学习制度。学习在家族企业文化建设过程之中处于基础的地位，员工们需要学习企业文化的核心内涵，学习先进人物的事例，学习组织的各项规章制度。为此，家族企业需要建立起有效的学习制度。①家族全员学习。学习的过程需要全体员工都参与进行，上至管理高层，下至一线员工。家族企业领导层要开展积极的讨论和学习，形成统一的意志，为企业文化建设打下坚实基础；企业的各级管理人员也要进行学习，他们起着承上启下的作用，通过学习让各级管理人员支持企业文化建设工作；一线员工更是要学习要使全体员工认可企业的价值观，调动他们的积极性。②学习形式多样化。学习的形式需要多样化，增加趣味性，要让大家愿意学习，真正地参与进来。为此，家族企业可以采取教授授课、座谈会、辩论赛、员工自学、小组讨论等形式。

（2）监督制度。由于受到惯性思维、言行习惯和既得利益的影响，员工并不会积极主动地接受企业文化的约束。因此家族企业在企业文化实施阶段，家族企业需要建立相关的监督制度，让员工理解、接纳并拥护企业文化。领导要积极督促下属学习企业的核心价值观，让下属认可并真正接受企业的价值观，并考察下属在实际工作中是否能遵守企业的规则和规范；组织的每一个成员都需要鉴别身边人是否遵守企业的规则和规范，若是没有遵守，就应该给他施加压力；个人也要加强自律，自觉地参与企业文化建设中来，领会企业文化的真正含义所在，内化为自己的理念，外显为自觉的行动。

（3）物质环境。家族企业文化建设要做好细节工作，需要从企业的工作和日常生活环境入手，让企业的每个员工都感受到企业文化就在身边，让每一个来过企业的参观者都能强烈地感受到浓厚的企业文化氛围。家族企业文化建设需要加强表层文化的建设，企业名称、标志、标准字、标准色、厂旗、厂服、厂标、厂貌、产品样式和包装、设备特色、建筑风格、纪念物、纪念建筑等这些都是表层文化的具体表现。企业的表层文化是企业的直观反映，是企业的"衣裳"；企业形象常反映在厂区厂貌的文明环境上，是企业的"门面"。

5.1.4　家族企业文化建设的组织运作

以传统"家文化"为本质的中国家族企业，在企业规模不大的发展初期往往呈现出极其旺盛的生命力。[①] 但是，我们也不难发现中国家族企业"其兴也勃"背后隐藏着"其亡也忽"的阴影，家族企业平均寿命很短，许多家族企业难以逃脱倒闭的厄运。[②] 因此，家族企业要在市场竞争中发展壮大，必须突破自身的局限，保持家族企业的基业长青，促进家族企业的可持续发展，使中国的家族企业能在未来不断长大，就必须进行企业文化的整合、重视文化建设组织运作。

1. 以人为本，建立现代企业制度

改革开放以来，中国很大一部分家族企业是通过从集体企业、乡镇企业中转制而来，其发展也多依赖创业企业主的个人能力、特殊的关系等资源。家族企业主对企业的发展具有至关重要的影响，领导理论亦表明，领导者的领导风

---

① 王哲. 我国家族企业文化建设研究 [D]. 安徽大学，2013.
② 王萍. 我国家族企业文化建设研究 [D]. 中国优秀博硕士学位论文全文数据库，2006.

格与行为方式会对组织气氛产生很大影响。这对于家族企业而言表现更为突出，因为家族企业很多情况下是领导者、管理者与监督者集于一身。因此，家族企业文化建设不仅要提高家族企业主的领导水平和领导能力，更重要的是培养与现代市场经济体制要求相适的现代企业制度。现代企业制度建立的目标是为了使企业管理有章可循、有法可依。它强调的是外部的监督与控制，通过规范、程序等约束力量提高组织各项活动的可预期性，尽可能地终结企业管理的混乱现象。企业制度的建立与以人为本并行不悖。企业发展过程中强调的以人为本，要求把员工视为组织最重要的资源，为员工提供良好的组织环境，从各个层面去满足员工的需求，调动并尊重员工的主动性和创造性的发挥，在此基础上为顾客提供良好的服务。相反，如果家族企业中任人唯亲，家族成员和非家族成员相互对立，漠视非家族成员利益，仅对非家族成员人力资本进行攫取而忽略了对其进行培训与开发，则会阻碍家族企业的进一步成长壮大。

2. 识别、培养和应用家族企业核心竞争力

当前，中国家族企业大部分是中小企业。家族企业想要在激烈的市场竞争中保持竞争优势，就需要有意识地识别和培养企业的核心竞争力。企业核心竞争力包括核心技术、核心产品、核心人物和核心价值观等。其中，核心人物即前述企业领导者，它引领着企业的发展方向，就中国家族企业集权情况而言，企业领导者的决策直接决定企业的生死。关键技术和核心产品是企业保持竞争力的关键，虽然绝大多数学者认为中国家族企业的演进方向是不断融合外部资本，做大做强。但我们认为，家族企业规模大小与核心竞争力关系不大，就家族企业而言，即便规模较小，依然可以培养专属核心竞争力。比如日本很多中小企业就是通过掌握核心技术，通过"精准化"的方式生产自己特有的核心产品在市场中赢得竞争优势。核心价值观是企业核心竞争力的价值层面，与制度的外在约束不同，价值观内化在企业员工的精神中，是一种软性的约束和激励力量。如使用得当，它将激发组织成员发挥出巨大的能量。

3. 内外兼修，积极承担社会责任

家族企业文化的建设不仅体现在组织内部的文化建设，其组织文化还反映在对社会责任的承担上。世界银行把企业社会责任定义为：企业与关键利益相关者的关系、价值观、遵纪守法以及尊重人、社会和环境相关的政策和实践的集合，使家族企业为改善利益相关者的生活质量而贡献于可持续发展的一种承

诺。家族企业积极承担社会责任，一方面可以从观念与行为的角度向外界传达出企业的信息，树立企业良好的外部形象，从而扩大企业知名度，最终促进企业业绩的提升；另一方面，家族企业良好的社会形象又会反过来促进组织文化的建设与完善，由于公众的认可所可能获取的企业绩效的提升对家族企业而言是一种有效的外部激励，有助于提升家族企业组织成员的荣誉感和自豪感，从而促使其以更好的产品和服务回馈社会。

4. 淡化家长权威，树立继任者权威

20 世纪 90 年代 Pierce 首次提出"心理所有权"的概念，他认为，心理所有权是一种心理状态，"在这种状态下，个人感觉某个目标物（自然属性可以是物质或非物质）或其中的一部分是自己的"。Furby 也通过研究指出，这种心理层面的所有权体验是一种占有感，它使得人们把占有物视为"自我的延伸"，进而影响着人们的动机，导致态度并最终引发行为。其作用在于它能够激发人们对目标的责任感，促使个人维护"自己的"心理占有物。就家族企业代际传承而言，心理所有权区别于法定所有权，在增强继任者企业的占有感及责任感方面发挥着重要的作用，因为，法定的所有权作为一种社会状态，并不一定意味着能够深入继任者内心而转化成一种心理状态，而心理所有权的培养使得继任者即便在没有法定所有权的情况下也会对家族企业承担应尽的义务。这种责任感在心理所有权与家族文化中的"忠""孝"观念结合起来时会显得更加强烈。

前述家族企业代际传承过程中继任者的低接管意识从反面说明了继任者心理层面的接受与认同在家族企业传承过程中起着基础性的作用。心理所有权理论为我们提供了一个极好的研究视角，该理论认为心理所有权的产生途径包括三种：对目标进行控制、对标的物具有深入的了解以及个人投入。就家族企业而言，要成功实现心理所有权的转移，需要注意以下方面。①让继任者参与家族企业运营，可以从基层起步，逐渐向上延伸，在这个过程中试着让继任者控制某一工作领域，这种控制会引致继任者的所有权感，控制力越大，占有感就会越强，从而使继任倾向发生改变。②分享企业运营信息，增加继任者对企业的了解程度。心理学的研究表明，个人获得的信息越多，对某一物体的了解越深，自我和物体之间的联系就会越亲密。在家族企业语境下，企业主应积极想继任者提供相关的所有权目标信息，比如企业结构、运营团队、所开展的项目等。需要指出的是，信息并不是心理所有权产生的充分条件，为此，还需要扩

展联系的广度和深度，加强继任者与家族企业相关领域的联系有助于培养其心理所有权。③充分信任继任者，使其对自己负责的工作、岗位、部门等有足够的自主权。① 继任者在工作过程中投入时间、精力、资源、才干等有形无形的资源越多，心理所有权就越强。与职业经理人可能存在的职务侵占行为不同，企业主无须担心继任者自主权的扩大，因而在继任者心理所有权的培养和转移方面可以大胆操作。组织权威包括正式权威和非正式权威，家族企业代际传承过程中应兼顾对继任者两种权威的培养。就正式权威而言，应依照公司章程，通过赋予继任者一定职位，使之通过参与公司部门计划的制订、项目的执行、部门轮岗等方式，获得相应的职位权威。然而，正式权威作用的发挥需要非正式权威的配合，只有正式权威和非正式权威结合起来，才能发挥倍增的效果。非正式权威与职位无关，它来源于领导者的个人魅力、学识才干等，为树立继任者的非正式权威，需要在企业主的引领下尽可能使其获得创业元老的支持。同时，应考虑组建继任者辅佐团队，辅佐团队不一定需要是创业元老，可以由继任者自己选择，企业主予以把关。此外，要注意培养继任者的完善人格，提升继任者各方面的能力，如决策执行能力和宽广的视野等。

5. 积极吸收借鉴国内外优秀家族企业经验

随着世界经济一体化进程的加速和国际间交流的日益增多，使得我们有机会了解国外家族企业的发展历程，并借鉴其有益的发展经验为我所用。在西方发达国家市场经济实行时间较长，其市场发育也比较完善，相应的其家族企业发展历史与家族企业文化建设经验也更为长久和完备。比如美国不少家族企业经历上百年的发展，经过管理革命，很多走上了两权分离的道路，实行经理人主导的专业化管理方式，其管理过程中对规则和制度的强调值得中国家族企业学习。与中国具有相似文化传统的日本，家族企业发展过程中所实行的"终身雇佣制"和"年功序列制"有效地激励了员工的组织认同感和奉献精神，家族企业中的团队协作意识和精神激发了组织成员的积极性和创造性。就国内家族企业，经过了近40年的发展，也产生了如方太等成功实现传承并使企业稳健发展的知名企业，其所秉持的"儒家文化"，大多由顾客、员工、合作伙伴、社会和股东五个"家"组成的、以顾客为中心、将顾客与员工和谐放在最前面，将股东放在最后的具有社会责任的家，强调品牌、领袖和文化的开放

---

① 王哲. 我国家族企业文化建设研究 [D]. 安徽大学，2013.

和谐文化观。比较而言，国内家族企业由于其立足国内生长和发展，因而更易学习，更具借鉴意义。对家族企业理论发展有指导意义。

5.2　家族企业文化建设评价

5.2.1　家族企业文化建设指标体系构建

1. 构建指标体系作用与设计准则

（1）建立指标体系的作用。

家族企业文化建设模式形形色色，一方面，我们面临着原有企业文化的分化、解体；另一方面，新的机遇正促使我们建立新的家族企业文化。那么，如何结合家族企业的实际情况，评价家族企业文化建设的状况、水平和存在的问题，找到一条可操作性强、见效快的建设道路，是摆在我们面前的重大任务。这都需要我们建立一套家族企业文化建设的评价体系，对原有企业文化和正在建立的新的企业文化模式进行评价。[①]

家族企业文化的形成是一个漫长的过程，检验一定时期企业文化建设实效是提升企业文化水平和素质的必要环节。学者对家族企业文化的认识基本上集中于定性的分析，为了增强家族企业文化建设发展思想在研究和制定企业发展战略中的指导作用，我们必须将家族企业文化建设目标具体化，即用一些可测量的定量的指标或是容易确定的定性的指标将其明确地表征出来，由此并构成指标体系，通过对家族企业文化建设水平的分析评价，为家族企业发展目标的制定提供支持。各指标均为数量指标，附带一定的分值和相应评分标准，较准确地对某一家族企业进行企业文化评估，从而帮助管理人员准确认识该单位企业文化发展状况，为塑造企业文化提供决策依据。[②]

综合评价的作用，突出表现在它为家族企业建设富有自身特色的企业文化提供了完整的衡量标准，为外界或家族企业自身对企业文化进行评估提供

---

① 谢白雪. 我国家族企业文化评价及建设研究［D］. 西安理工大学，2009.
② 吴大器. 供电企业文化建设道路的新思考［D］. 上海电力学院学报，2000.

了依据。① 在认清了自身的企业文化建设现状后，家族企业才会有如何建设企业文化的决策依据，才会有施行动态调整、进一步细化和完善企业文化建设的措施。②

（2）设计指标体系的准则。

指标体系设计准则是我们针对某个特定家族企业设置企业文化评价体系必须遵循的原则，我们按照这些原则的要求制定的评价体系才能如实、有效回应企业文化的建设现状。

评价指标体系是对被评价对象进行全面考察的工作蓝本，它应当在明确的评价目标的指导下，尽可能多侧面、深刻地阐述被评价对象的各个方面。③ 关于评价指标的设计原则已经有大量文献给予描述。这些文献中所强调的评价指标体系设计的目的性和专门性原则，家族企业文化评标体系的设计应当符合评标的特点，为家族企业文化建设工作服务，并充分体现家族企业民族性、区域性、家族性和时代性等特点。

SMART 被世界银行及许多国家政府部门和组织作为在评价工作中所普遍遵循的评价指标体系设计准则。④ SMART 是五个单词的词首字母组成的简写，这五个单词是：特定性（Specific）、可测量性（Measurable）、⑤ 可得到性（Attainable）、相关性（Relevant）、可跟踪性（Trackable）。SMART 准则对一般评价指标设计的基本要求给予了描述，这里结合家族企业文化评标的特点，对 SMART 在家族企业文化评标指标设计中的具体应用和内涵进行了研究和探讨。⑥

特定性（Specific）。指标体系是对评价对象的本质特征、组成结构及其构成要素的客观描述，并为某个特定的评价活动服务。⑦ 针对评价工作的目的，指标体系应具有特定性和专门性。表现在：

---

① 李瑾. 供电企业文化建设综合评价研究 [D]. 中国优秀博硕士学位论文全文数据库，2006.

② 王彦亮. 面向电力行业企业的企业文化管理研究及应用 [D]. 中国优秀硕士学位论文全文数据库，2011.

③ 鲍玉昆. 基于 SMART 准则的科技项目评标指标体系结构模型设计 [J]. 科学学与科学技术管理，2003.

④ 李天成. 无粘结预应力在无梁楼盖中的技术经济性能分析 [D]. 湖南大学，2009.

⑤ 晋刚. 网上拍卖信任影响因素及其信任机制的研究——来自孔夫子旧书网的实证 [D]. 西安理工大学，2008.

⑥ 贺禹. 核电站专业化运营管理研究 [D]. 中国优秀博硕士学位论文全文数据库，2005.

⑦ 魏三川. 黄陵县县域经济竞争力研究 [D]. 西安理工大学，2010.

①目标特定。评价的目标是指标体系设计的出发点和根本，衡量指标体系是否合理有效的一个重要标准是看它是否满足了评价目标。[①] 常见的评价目标大致可分为：一是对评价对象作出客观性评述，指出优点、缺点，并分析原因；二是竞争性评价，即通过对被评价对象进行比较，给出排名，选择优秀的，排除低劣的。[②] 不同的评价目的其评价指标的选用不同，对于客观性评价要求指标体系全面，并且指标之间具有因果性，可以相互验证；[③] 对于竞争性评价，评价指标应具有可比性，易于比较、计算，最好是量化的，并且对被评对象的细微差别是敏感的。[④] 家族企业文化评价指标属于客观性评述，目的是通过体系找出该企业文化的客观现状，分析优缺点，并针对存在问题进行研究。

②导向特定。由于评价的目的不同就决定着评价具有一定的偏向性，即特定的导向作用，因此评价指标必须能够反映出政策的关注点和导向，明确什么是应该支持的、什么是应该鼓励的。家族企业文化建设在一定程度上也具有一定的政策导向性，体现了国家的宏观经济政策、产业政策、行业政策和技术政策，在评标指标体系设计时应注意这些倾向性。

可测量性（Measurable）。评价指标的可测量性是指：对于指标进行评定应当有相应的标准，以相同的标准作为统一的尺度，来衡量被评价对象的表现。可测量性要求并非强调一定是可量化的指标，对于定性指标的测量只要建立详细的评价标准，也认为是可测量的。指标的概念正确、含义清晰，是建立详细的评价标准的前提。详细的指标评价标准能够尽可能避免或减少主观判断，确保指标体系内部各指标之间的协调统一。[⑤] 在家族企业文化指标体系中，市场占有率、净资产收益率、科研开发能力（R&D）、新产品和新技术开发成功率等是定量指标，而其他指标基本上主要是定性指标。对于这些定性指标的评价应建立详细的评价标准，并选择合适力度进行适当地细分，保证定性指标评价在统一标准下进行衡量。[⑥]

可得到性（Attainable）。指标体系的设计应考虑到验证所需数据获得的可能性。如果用于一项指标考察的数据在现实中不可能获取或者获取的难度很

① 鲍玉昆. 科技项目招标投标决策模型及其支持系统研究［D］. 华中科技大学，2002.
②⑥ 万江. 基于多层次模糊分析法的科技招标项目评标［D］. 上海交通大学，2005.
③ 张金隆. IT招标项目评价模型与方法研究［D］. 华中科技大学，2003.
④ 黄业仲. 火电机组设备采购评标研究［D］. 中国优秀硕士学位论文全文数据库，2007.
⑤ 李高朋. 基于供应链的联合计划、预测及补货系统的规范化研究［D］. 上海大学，2003.

大、成本很高，那么这项指标的现实可操作性就值得置疑。这些考察数据的取得方式和渠道应当在指标体系设计时予以考虑。在实际操作中，有相当一部分数据的获得具有难度，特别是判断一些定性指标时难度就更大，这时可以采用一些近似方法获得数据。

相关性（Relevant）。评价指标体系中的各个指标应该是相关的，指标体系不是许多指标的堆砌，而是由一组相互间具有有机联系的个体指标所构成，[1] 指标之间绝对的无关往往就构不成一个有机整体，因此，指标之间应有一定的内在逻辑关系。这里的内在相关性一方面指各个指标应当和评价的目的相关，为评价活动的宗旨服务；另一方面指各个指标应对被评价对象的各个方面给予描述，[2] 并且它们之间具有关联性，能互为补充、相互验证，但应注意不要让各个指标出现过多的信息包容、涵盖而使它们的内涵重叠。[3]

可跟踪性（Trackable）。评价的目的是为了监督。一般评价活动可分为事前、事中和事后评价，无论哪种评价都需要在一定阶段以后对评价的效果进行跟踪和再评价。[4] 这就要求在评价指标设计时，应当考虑相应指标是否便于跟踪监测和控制。对家族企业文化进行评价就是要研究企业文化的现状，发现不良之处，提出建议对策，以便进行修改和完善，因此，在进行评标指标设计时，应当选择一些可用于跟踪监督的指标。如员工行为，通过员工之间的合作关系，员工对企业的感情等等方面来进行跟踪，也进一步的研究企业文化的发展方向。

2. 家族企业文化评价模型建立步骤

有效的企业文化评价关键在于：①文化指标的遴选。即从众多的文化相关指标中选择有代表性的指标以满足企业文化综合分析的需要。②各文化指标权重的确定。合理确定权重，确保其能够恰当地反映评价指标的重要性。③恰当评价框架的建立。适合的评价框架可以较为全面地揭示企业文化状况的综合信息。④对评价结果的应用分析。根据综合指标得分及各指标对综合指标的贡

---

① 魏三川. 黄陵县县域经济竞争力研究 [D]. 西安理工大学，2010.

② 贺禹. 核电站专业化运营管理研究 [D]. 中国优秀博硕士学位论文全文数据库，2005.

③ 柴瑜. 重庆市公益类科研院所技术创新能力评价研究 [D]. 中国优秀硕士学位论文全文数据库，2013.

④ 廖星. 甘肃移动通信公司 IT 设备招标流程及评标体系的设计与实施 [D]. 中国优秀硕士学位论文全文数据库，2011.

献，评价和剖析企业的文化及经营状况，分析其原因并提出对策是企业文化综合评价的出发点和归属点。[①] 为了满足这些要求，建立一套更加合理的企业文化评价模型十分必要。在系统分析中定性和定量分析之间的合理关系应是相互支持，而不是相互独立，甚至决然分裂。我们根据需要可以把"硬"问题软化，把"软"问题硬化。一般采用定性和定量相结合的方法来建立新的评价模型。

（1）严格控制指标的选取。

在企业文化评价中，指标的选取既要有代表性，能很好地反映研究对象某方面的特性，又要有全面性，能反映对象的全部信息。若要满足全面性，势必要增加指标个数；但增加了指标个数，指标间相关程度可能性增大，反而影响了代表性。[②] 所以需要一种方法能将代表性和全面性完美的综合起来，以准确地衡量指标体系的有效程度。家族企业在遵循实用性、公开性等基本原则的基础上，注重专家的经验，结合行业和企业特征，克服单独使用定性或定量分析的局限性，[③] 按照评价标准选取若干方面联合反映研究对象的整体特征，使其代表研究对象不同方面的属性。在每个方面里选取若干候选指标，用聚类分析将其分为若干子类。

由于各指标的分布未知，则对每个子类进行非参数检验，以检验该类中各指标有无显著性差异。对没有显著性差异的指标群，用秩相关系数法选出对其他指标偏秩相关系数平方和最大的指标，用它来反映研究对象在该类中表现出的信息；[④] 若有显著性差异，则把该类分成更小的子类，仍按上面的方法选出代表性最强的指标；如若不然，再分成相关性更强的子类，我们对每个方面都做同样的指标筛选，最后可以得到理想的综合评价指标体系。显然，"子类—显著性检验—更小的类—再检验"，这二动态筛选过程可以确保所分类中的各个指标归为一类。再把反映各个方面的指标联合起来，就基本可以保证指标体系的全面性了。另外，在选择代表性最强的指标时，传统的相关系数法只表示线性相关程度，但指标间可能存在非线性的因素，所以用秩相关系数

① 袁惠英. 物流企业文化评价指标体系设计研究 ［D］. 中国优秀硕士学位论文全文数据库，2012.

② 田丽. 上市公司经营业绩评价体系选择及应用研究 ［D］. 中国优秀博硕士学位论文全文数据库，2005.

③ 艾亮. 企业文化建设研究 ［D］. 中国优秀博士学位论文全文数据库，2014.

④ 刘燕，陈英武. 电子政务顾客满意度指数模型实证研究 ［J］. 系统工程，2006.

法更为恰当。①

（2）建立自适应的评价框架体系。

家族企业所在行业的特点决定了企业经济收益与企业非物质性收入的相关性，同时也决定了家族企业文化对经济收益的影响程度。在一些特殊行业里，家族企业文化中的某些指标会突出的影响到整个企业的收益需要具体分析。例如，在高新技术家族企业里，创新能力是决定企业发展的关键因素之一，企业中创新的文化氛围能够激发员工的创新精神，通过创新成果的推广，转化为相对较大的经济收益。此时，在评价体系的设计中，就应该突出有关创新能力指标的地位，相应地加大其所占的权重。对于餐饮、化妆品等行业，顾客在交易前对于交易品的品质难以充分了解，这种信息不对称导致顾客承担的交易风险较大，为了减少可能存在的损失，顾客往往通过选择品牌或参考其他人的评价选择交易对象。因此，通过增加企业非物质性收入而创造的经济效益也较大。这时，相关企业公众形象和社会影响力的指标就应引起足够重视。

同样，同一行业的不同家族企业又各有自身的特点。所以评价框架体系的建立应充分考虑企业自身情况，把目标锁定在通过评价明确自身现在所处的阶段、诊断自身的文化特质、发现影响推行效果的症结，并及时予以控制或纠正。家族企业自身的力量在这过程中往往是不够的，因此，需要管理咨询专家的介入。通过多次对企业的探访和诊断，员工满意度调查的设计和分析，依据众多同行业同类型企业的案例经验，管理咨询人员常常可以出色地完成评价体系构建任务，进而较为准确地对企业的文化现状做出评价。

（3）注意评价后的诊断分析。

利用综合评价结果进行分析和诊断，进而找出改善和提高家族企业文化运营状况及其建设成果的对策和措施需要加强评价后续工作。例如，在模糊 Borda 评价法的基础上，对同一类型的多个被评价对象的评价状况进行进一步区分。一般研究多选用格栅获取法计算每个对象的综合得分的方法。格栅获取法是心理学家凯勒提出的，一个栅格由元素和属性组成。

属性具有 2 个极性，一个元素的属性可以用一个线性的尺度来表达，一般通过具有 1～5 刻度或是 1～7 刻度的尺度来表达，我们对家族企业文化建设各评价指标的良好程度主要采用 LIKERT 1～5 刻度，分为非常好（5 分）、较好（4 分）、一般（3 分）、差（2 分）、非常差（1 分）五档，用一线性尺度表

---

① 王璐，包革军等．综合评价指标体系的一种新的建构方法［J］．统计与信息论坛，2002.

示。两极的属性使得元素能够被评价，促进了元素的比较和排序。

3. 家族企业文化评价指标的设定

确定家族企业文化评价指标体系，需要根据家族企业文化的层次结构和家族企业文化的特点来研究。家族企业文化的层次结构划分采取四层结构划分法（物质文化、行为文化、制度文化和精神文化构成），这四个层次结构构成了家族企业文化的一级指标。

（1）二级指标和三级指标的确定。

对于二级指标、三级指标的确定，要借鉴国外企业文化测量的理论方法。国内学者郑伯壎、王国顺的企业文化模型和著名咨询公司的企业文化评估模型，特别要参考杨政、魏光兴、张维华、张一青和王世法等相关企业文化评价指标体系。另外是根据中国家族企业文化的特点，扬其精华，弃其糟粕，并结合现代家族企业发展需要进行确定。① ①家族企业都具有一定的企业文化，并且企业文化可由物质文化、行为文化、制度文化和精神文化构成。②暂时不考虑各个家族企业的只有特点，承认不同地区、不同行业的家族企业文化都具有一些共同特征。③不管家族企业的短期目标或者特定目标有多大的区别，但家族企业的最高目标是一致的，就是实现企业持续长远发展。④不考虑创业期家族企业，主要针对已经进入发展阶段，或者是二次创业的家族企业。

（2）影响指标设定的因素。

①人治性特点的影响。当前家族企业文化都深深地打上了创业者的烙印，企业家的经营理念影响着企业的经营理念，企业家的意志影响着企业的意志。企业家的思想理念、知识结构、管理水平、创新能力和决策能力等在很大程度上决定着家族企业文化的特点，也影响着家族企业的发展。在对家族企业文化评价时，家族企业家的素质和能力是很重要的决定因素和影响因素。因此，需要将企业家行为或者企业家素质作为二级指标，归入家族企业行为文化之中。对于企业家行为的下一级指标，国内外学者多采用企业家战略、企业家人际关系、企业家和员工沟通状况、企业家示范、企业家作风等三级指标来对其进行解释。但是，作为21世纪的现代家族企业家，具备以上这些要素是远远不够的，还必须具备现代化的思想观念，具有必要的专业知识和宽广的知识面，具备现代化管理水平，并且善于不断开拓创新。因此，本研究在以上三级指标的

---

① 谢白雪. 我国家族企业文化评价及建设研究［D］. 西安理工大学，2009.

基层上，增加了企业家的价值观、企业家的知识背景、企业家的管理水平、企业家的创新能力等四个指标，加上以上的五个指标共九个指标，共同作为企业家行为的三级指标。

②宗族性特点的影响。绝大多数家族企业经营以家庭利益为首，家庭内部成员之间关系密切，形成了以家庭血缘关系的强大聚合作用来实现自身对企业管理的家族血缘文化。家族企业发展的过程中，家族文化的这些特点形成了企业对内的凝聚力，同时也造成了企业对外的排斥性。在家族企业中，家族成员携手同心，这对于家族企业的发展起着关键的作用，特别是对于刚刚创业的家族企业更是起到至关重要的作用；但是，当这种家族文化演化成只是注重乡亲、熟人、朋友的感情，只是让家庭中亲戚们担任企业的大部分重要的职位，绝对的控制着企业的所有权和经营权时，此时家族管理就明显适应不了现代企业发展要求，甚至成了制约企业发展的"瓶颈"。为此，我们在评价家族企业文化时必须关注企业的民主程度，也就是企业民主制度。家族企业谋求长远的发展，家庭的力量是不可缺少的，但是充分发挥企业员工的聪明才智更是关键。因此，家族企业家要充分调动员工的积极性，让员工参与到企业的管理运作中来，并且能够充分的考虑员工的建议和意见。家族企业民主制度也要求企业信息渠道能够畅通，领导可以很快了解基层所发生的事，基层也能够很快知道领导层的决策；同时，家族企业内外信息交流也要求顺畅，企业内在机制或程序能够确保内部成员与外部世界之间的信息交流畅通无阻，重要的市场趋势能够迅速识破并传递到企业内部相关人员那里以采取行动。据此，我们将企业民主制度作为家族企业制度文化的二级指标，企业家民主作风、上级考虑下级意见的充分性、家族企业员工参与企业管理的程度、企业信息渠道、企业内外信息交流等五个指标作为企业民主制度的三级指标。

③弱遗传性特点的影响。文化的遗传机制，只有在较长的时间内才能形成。文化的遗传有赖于文化精神的连续性，有赖群体的稳定性和认同性，有赖于精神文化积淀为机制文化。[①] 当前，家族企业员工普遍存在的特点就是高流动性，这使得文化的遗传基因很难在员工之中得到移植。因此，家族企业家为了使得企业文化能够自觉培育和巩固，使得形成的管理机制、经营理念能够连续地传承下去，企业家在选择员工时除了看重员工的技术能力，还考虑员工的

---

① 李锦清. 基于管理熵理论的中国民营企业生命周期研究［D］. 中国优秀博硕士学位论文全文数据库，2007.

忠诚度。所以，我们在设计家族企业文化评价指标时还必须考虑员工行为，这其中除了工作体现员工价值、工作得到尊重、人际关系平等、工作冲突、工作环境满意度等五个普遍指标外，还必须增加对企业忠诚度，也就是员工是否愿意长期留在企业并愿意同企业一起共进退。家族企业员工行为作为行为文化的二级指标，对企业忠诚度等六个指标作为员工行为下的三级指标。

而在精神文化下，将企业文化氛围作为二级指标，在企业风气下除了企业模范人物认知、企业的团队精神等普遍指标外，我们还必须增加员工对企业的认可度，也就是员工对企业的认同及奉献精神、主人翁精神，从而考核企业员工的忠诚度。员工对企业的认可度等三个指标一并作为企业风气的三级指标。

④重实效性特点的影响。家族企业文化具有浓郁的重实效性，使得企业具有唯功利行为，虽然这一点不包括所有家族企业，但可以从相当一部分家族企业中看到。家族企业的目标就是盈利，企业目的就是实现利润最大化，因此这些家族企业的眼光往往只停在"积累资金上"上，不顾企业生产给环境带来了污染，只顾企业经济效益，忽视社会效益。所以，我们在评价家族企业文化时也需要考虑该企业的社会责任，追求非经济目标，也就是企业是否具备环保意识，企业在生产经营活动中遵纪守法程度，企业是否注重地区利益。我们将社会责任作为行为文化下的二级指标，将环保意识、守法经营、对当地社区利益的重视等作为社会责任下的三级指标。

（3）指标设定结合现阶段家族企业发展的需要。

①增强家族企业信用的需要。当前，中国家族企业信用文化缺失是一个很严重的现实问题。据有关部门统计，2016 年在法院审理的所有经济纠纷案件中，合同纠纷案件占 92%；家族企业间签订的合同能够以不同程度履行的不到 70%，有些地区不到 20%；近年来中国每年订立合同约 40 亿份，履约的只有 5% 多一点。由于企业间不讲信誉，互相拖欠货物，构成连环债务链的资金占 2%。

企业信用不仅仅是法律问题，还是企业道德问题。因此，我们在评价家族企业文化时，还必须考虑企业的信用评价，也就是企业在生产经营活动中的信誉度和对合同的履约率。所以我们将企业道德作为精神文化下的二级指标，将企业道德意识、企业道德行为、产品质量保证度等普遍指标作为三级指标；此外，我们还必须增加企业信用，以考核家族企业信用状况。[①] 这四个指标一并

① 谢白雪.我国家族企业文化评价及建设研究［D］.西安理工大学，2009.

构成了企业道德的三级指标。

②提高科技水平的需要。家族企业在生产经营过程中，企业的科技水平和科研能力是相当关键的。家族企业要提高综合竞争力，也需要在企业科技上下功夫，需要提高企业科研开发能力，提高引进新产品、新技术的成功率，家族企业提高新产品、新技术开发速度，增加新产品比重，此外还需要保证企业科学技术独特性和难以模仿性。因此，我们将企业科技作为物质文化的二级指标，科研开发能力、引进新产品和新技术的成功率、新产品和新技术开发速度、新产品比重、技术独特性和难以模仿性等五个指标作为企业科技的三级指标。

③树立品牌效应的需要。树品牌、创名牌是家族企业在市场竞争的条件下逐渐形成的意识，家族企业希望通过树立品牌，让客户对产品和企业有所区别，通过品牌形成品牌追随，通过品牌扩展市场。家族企业产品品牌的创立，名牌的形成正好能帮助家族企业实现上述目的，使品牌成为家族企业的有力竞争武器。可口可乐总裁兼首席运营官史蒂夫·海尔曾经骄傲地说即使全世界的可口可乐工厂在一夜间被烧毁，他也可以在第二天让所有工厂得到重建。他很明白"可口可乐"这个名字的价值，美国《商业周刊》对其品牌价值的评估是673.9亿美元。由此不难看出品牌的效应是非常明显的，而作为现代的家族企业也必须注重品牌的效应和品牌的价值，在企业生产经营过程中也需要将塑造企业品牌放在重要的位置。因此，我们在评价家族企业文化时也需要考虑企业的品牌，分析企业产品是否具有品牌和品牌知名度状况。[①] 所以，我们将企业产品作为物质文化的二级指标，将产品形象、产品品牌、产品售后服务的顾客满意度等三个指标作为企业产品下的三级指标。

④适应外部环境的需要。家族企业谋求发展，除了要加强科技创新、树立品牌、诚信经营之外，还必须关注外部环境，包括国家宏观政治、经济、政策环境，企业社区环境，原材料供需状况、产品产销率及市场秩序状况。家族企业通过了解国家宏观环境和市场环境，了解国家的政策倾向和市场的需求状况，这样在生产经营的过程中才能够少走弯路或者不会走错路。因此，我们在评价家族企业文化时，除了要考虑反映员工安全卫生的工作环境、舒适的生活环境和生动活泼的文化娱乐环境等企业内部环境，我们还需要考虑企业外部环境。所以，我们将企业环境作为物质文化的二级指标，将企业内部环境、宏观

---

① 谢白雪. 我国家族企业文化评价及建设研究 [D]. 西安理工大学，2009.

政策环境、市场环境等三个指标作为企业环境的三级指标。

⑤营造学习型组织的需要。创新是企业不断发展的源泉，是现代家族企业延长企业生命周期和产品生命周期的动力。家族企业进行创新就需要不断地对知识进行更新，这就要求企业在组织上采用学习型文化，培养企业上下的学习态度，家族企业培育支持员工学习、合作和知识共享的软环境，使得学习型文化成为企业中各个成员的思维模式与行为方式，也使得家族企业成为学习型企业。

学习型组织是一个能激励企业全体员工全身心投入学习，以形成充沛的学习力，激发旺盛的创新力和竞争力，推动企业生产力和生命力持续增长的发展型组织。它以全体员工认同的公司发展战略目标为共同愿景；通过团队学习及实践，促进员工自我超越；抛弃落后的思维方式和工作模式，形成系统思考能力；从而把员工的学习转化为创造能量，转化为企业核心竞争力，促进企业的可持续发展。因此，我们在评价家族企业文化时，还需要考虑企业上下是否将学习作为工作的重要内容，团队是否倡导知识共享以及员工是否常常分享工作经验，团队是否积极进行学习并以标杆为榜样互相帮助，企业上下是否信息畅通以及员工是否能够及时接受新鲜事物，企业是否具备普遍性的创新理念培育。所以，我们将学习组织作为行为文化的二级指标，将知识共享、群体互动、畅通的信息渠道、学习作为工作内容和创新理念培育等五个指标作为学习组织的三级指标。

⑥塑造企业形象的需要。在现代市场经济中，企业形象是一种无形资产和宝贵财富，它可以和人、财、物这三个东西并列，其价值还可以超过有形资产。良好的企业形象，可以得到公众的信赖，为企业的商品和服务创造出一种消费心理；良好的企业形象，可以扩大企业的知名度，增加投资或合作者的好感和信心；良好的企业形象，可以吸引更多人才加入，激发职工的敬业精神，创造更高的效率。可以说，良好的企业形象是企业宝贵的无形资产，它对企业内部管理和对外经营方面的影响巨大而深远，这就要求现代家族企业必须树立自己的企业形象。

因此，我们在评价家族企业文化时也需要考虑企业是否具有形象识别系统，消费者对企业的产品及服务的满意程度，客户与企业合作的满意程度，普通大众对企业的评价以及企业在社会上的影响程度。所以，我们将企业形象作为行为文化的二级指标，将企业特色形象（CIS）、消费者满意度、客户满意度、社会美誉度等四个指标作为家族企业形象的三级指标。

⑦完善企业激励制度的需要。激励是指利用某种外部诱因调动人的积极性和创造性，使人有一股内在的动力，向所期望的目标前进的心理过程；也就是激发人的行为，推动人的行为，调动人的积极性，使人们自觉自愿地、努力地工作，并创造好的绩效。家族企业人力资源是现代家族企业的战略性资源，也是家族企业发展最关键的因素。因此，家族企业实行激励制度的最根本的目的是正确地诱导员工的工作动机，使他们在实现组织目标的同时实现自身的需要，增加其满意度，从而使他们的积极性和创造性继续保持和发扬下去。由此也可以说激励机制运用的好坏在一定程度上是决定企业兴衰的一个重要因素。因此，我们在评价家族企业文化时还需要考虑企业的绩效评估能否反映职工的真正成绩，企业的薪酬能否反映职工的实现能力，家族企业能够提供较多的发展空间，员工的提拔或升迁是否由员工的实际能力决定的，企业是否为员工提供良好的福利待遇。所以，我们将企业激励制度作为制度文化的二级指标，将绩效评估、薪酬合理性、员工发展空间、员工升迁合理化、福利待遇等五个指标作为企业激励制度的三级指标。

⑧完善客户至上制度的需要。随着实物经济向服务经济的转变，家族企业以产品为中心的经营观念也逐步转变为以客户为中心。为了实现这种转变，现代家族企业在制定产品以及营销策略时，应该站在客户的角度，并将其作为出发点；在吸引客户、服务客户、保留客户、客户推荐上，必须采取策略性的思维及顺畅的服务流程；同时也需要从与客户互动模式中找出问题，予以改进。家族企业要达到以上需求，需要接受并引进顾客关系管理的概念及工具，以期能够留住客户的心，同时也保持着自身的竞争力。因此，我们在选择家族企业文化评价指标时，需要考虑企业全体成员是否尊重每一个客户，企业是否经常征求客户的意见和建议，企业能否及时了解客户对产品送货、安装、维修等售后服务的满意度。所以，我们将客户导向制度作为制度文化的二级指标，将尊重客户、征求客户意见、对产品和服务的跟踪调查等三个指标作为客户导向制度的三级指标。

⑨树立和更新现代经营理念的需要。在现代市场经济条件下，面对国际国内经济形势变化带来的机遇和挑战，家族企业要在日趋激烈的国际竞争中站稳脚跟并不断拓展生存与发展的空间，必须树立和更新企业经营理念，并用以指导家族企业的经营活动，走出一条在创新中求发展的企业之路。现代经营理念要求家族企业具备明确的市场竞争理念，推行和认可顾客至上的理念，注重搞好与客户的关系并具备"双赢"及"多赢"理念，家族企业能够着眼于长远

发展并正确处理自生能力问题，能够内在的、自觉地遵守诚信。所以，我们可以将现代经营理念作为精神文化的二级指标，将市场竞争理念、顾客理念、理性双赢理念、可持续发展理念、内在诚信理念等五个指标作为现代经营理念的三级指标。

5.2.2　家族企业文化建设绩效评价

企业文化建设是一个动态变化的过程，但是企业文化构成的一些基本的要素是相对稳定的，这就为企业文化建设绩效的考查与评价提供了可能。从企业文化的内涵和结构来看，企业文化的外观形态（如物质文化、行为文化、制度文化）大部分的绩效是可以通过定量分析来评价的，而难以定量的企业的深层形态，如企业文化的价值层面，其价值的外显形式依然可以通过一些指标来反映。所以，家族企业文化建设的绩效依然可以进行评价和测量。

1. 企业文化建设绩效评价的原则

对企业文化建设的绩效进行评估，就要选择适当的评价指标，明确企业文化建设绩效的基本因素，要做到较为准确地描述绩效的实现程度。这就需要坚持一些基本的原则。

（1）全面性设计与层次性展开原则。

全面性设计原则，是指为了真实反映企业文化建设的绩效水平，就要全面而准确地把握绩效的内涵，使指标体系具有设计上的完备性，使指标体系全面反映各有关要素和各有关环节的关联，及彼此间的相互作用过程和结果。层次性展开原则是指，由于企业文化建设的绩效涵盖的内容具有多样性、层次性，指标的设计体系也应该是一个多层次的结构，统筹兼顾，既突出重点，从整体层次上把握评价目标的协调程度，又能从微观层次全面反映企业文化建设的绩效系统。[①]

（2）定量分析与定性分析结合原则。

定量分析较为具体、直观，评价时往往可以计算其数值，而且标准明确，具有相对的客观性，如企业文化建设的经营绩效往往都需要借助这一方法和原则进行评价。但是绩效是一个多为复杂的系统，不是所有绩效都能通过量化的

---

① 熊富标. 企业文化建设绩效的研究 ［D］. 中国优秀硕士学位论文全文数据库，2009.

指标描述。或者说企业文化建设绩效的定性分析的需要远大于定量分析的可能，而且定性分析往往可以克服定量分析的"短视"缺陷，使企业文化建设绩效评价的结果更具有综合性和导向型。但是定性分析也有"主观性"的不足，所以，指标体系的设计必须坚持定量和定性相结合的方式。

（3）静态剖析与动态追踪原则。

绩效既是一种过程，也是一种结果。在企业文化相对稳定并具有一定的强度和适应性的时期，需要对这一结果进行系统的静态层次的剖析，以巩固前期的成果，分析绩效的影响因素，以期在后期文化建设中及时修正和更新。同时，企业文化建设的外部环境是不断变化的。因此，绩效也就有明显的动态特征。所以，指标体系的设计应对时间和空间的变化具有一定的灵敏度和灵活性，并且绩效的评价要多次进行，以求能反映绩效的时效。

（4）对比性与相斥性原则。

所谓对比性，就是指评价指标的设计应具有相对普遍的适用意义，使评价的结果能够实现企业文化之间横向和纵向上的比较。由此，才能做到绩效评价的真实性和可靠性。绩效的实现程度，必须与其过去的绩效、预期目标及同行业绩效的水准加以比较，才能得出可靠的结论。相斥性原则，是指每一个指标应该是独立的、确定的，不同的考查维度应该纳入不同的指标体系因素中，同层次中的不同指标在内容上应该互不重复。而不能过多地交叉在一起，不然会影响绩效水平的判断。

2. 企业文化建设绩效评价体系

企业文化建设绩效评价涉及的范围很广，所受影响因子也很多，并且十分复杂。但是如果能对其绩效进行较为准确的评价的话，对企业文化建设乃至整个企业的发展都有极大的帮助。要做到对企业文化建设绩效的整体状况作出尽量客观、准确、完整的评价，就需要从多方位、多角度进行考察，选取适当的指标和评价对象是关键。依据以上原则，把企业文化建设绩效的评价指标作出如下的分解。

我们把企业文化建设绩效评价指标体系归结为"三个方面""四种维度""六大内容"。"三个方面"是指围绕企业文化的经营绩效、文化绩效、社会绩效。"四种维度"是指考查企业文化的一致性、适应性、持续性、先导性。"六大内容"，是指为了考查操作的方便性，在指标的具体设计方面从价值理念、制度设计、文化网络和组织管理、环境因素、行为习惯、社会形象这六大内容上展开。①

　　需要进行说明的是，由于我们研究所关注领域的影响、人力、物力、财力的有限性，以及企业文化建设的经营绩效评价已经出现相对多的研究成果，所以，所设计的目标比较专注于文化绩效和社会绩效，而较少涉及经营绩效的内容。关于经营绩效的指标构成，读者可以参见财政部统计评价司编的《企业效绩评价工作指南》中，其中把反映经营绩效的指标划分为四个部分：盈利能力状况、资产质量状况、债务风险状况、经营增长状况。是否使员工充分发挥其才能，实现个人的极大价值，已是组织文化的应有之义。考查的角度包括员工教育培训、员工发展目标的确定、员工对工作的成就感等。

　　（1）员工认同感。

　　员工的认同感主要是指员工对推行的企业文化建设是否认同，它的外显的测量形式包括员工参与文化建设的积极性、对文化建设的成果是否有成就感，还包括员工对企业文化建设重要性的认识以及员工（以及家属）对企业所持的自豪感。对于价值理念这一内容评价的具体方法可以通过追踪企业文化建设或者变革所带来的效益的变化情况、专家的考查和评价以及全体员工的评分等方式来操作。

　　（2）制度设计。

　　企业制度，"是企业文化的行为规范，是企业在长期经营管理实践中形成的带有强制性义务和保障一定权利的规范，通常包括企业制定或必须遵守的规章制度、各种程序、办法、纪律等，是企业中人与人、人与物之间相互关系和共同行为的标准，具有鲜明的文化特征"。② ①刘光明则把制度文化划分为三类："企业领导体制、企业组织机构和企业管理制度三个方面。"②这里所说的制度，主要是指企业的成文或约定俗成的规章，主要包括：企业章程、领导制度、薪酬机制、岗位制度等等。③ 制度设计的考查角度有健全性、人性化、民主化、公正性和个性化。健全性是指制定较为完备的企业制度，能够使企业生产、管理做到"有制可依"。人性化是指企业制度设计是否以人而不是以物为中心，是否把人作为生产经营管理的第一要素。民主性是指制度制定的过程是否做到集思广益，确保每一位员工直接或者间接的参与。公正性是指制

　　① 熊富标. 企业文化建设绩效的研究［D］. 中国优秀硕士学位论文全文数据库，2009.

　　② 景国俊. 建立农行企业文化建设评价体系的思考［J］. 农村金融研究，2000.

　　③ 任旭萍. "低碳"背景下企业文化绩效评价体系研究［D］. 中国优秀硕士学位论文全文数据库，2012.

度的设计既要考虑企业的整体利益，也要考虑企业利益相关者的利益；在相关利益者之间要达到一种较为均衡的状态。个性化是指企业制度的主要内容应根据本企业的行业特色、经营规模、地方特征等等制定出具有特色且行之有效的规章。

（3）文化网络与组织管理。

这里所说的文化网络，是从狭义上的文化概念出发的，是指企业文化信息传递的主要渠道和路径，是承载企业文化建设的载体、机构及其运营方式等。[①] 文化网络是组织中基本的沟通方式，从承载者角度看，既包括具体负责企业文化建设的机构，也包括文化的物质载体（如文化设施）；从方式上看，既包括企业正式的信息传播渠道，也包括企业内部以故事、小道消息、机密、猜测等形式来传播消息的非正式渠道。[②]

为了方便操作，可以把文化网络这一内容进行指标的细分：①企业文化设施的使用状况。包括：企业文化设施是否完备充裕，能满足员工精神文化生活的需要；设施使用的效率如何，很多设施是否只是"摆设"而长期闲置，因为成本等原因（如经费限制）没有真正很好地投入日常使用，或者其他主观性因素，使得员工并不积极参与到设施的使用中；设施对全体员工的开放程度，即是否每一位员工都能很好地利用企业现有的文化设施资源（如企业图书馆）等等。②文化建设的受重视程度。包括：有没有设立负责企业文化建设的专门机构；文化建设机构的人员配备情况；文化建设机构在企业中所处的地位和职能；文化建设机构的经费保障；企业的决策层是否把企业文化建设作为日常工作而常抓不懈；员工对于文化建设的重视程度等等。③家族企业文化氛围和传播方式。这两者主要考查：员工对企业文化氛围的感受程度、文化传播的机制是否高效。④家族企业领导风格。即领导的类型：企业领导风格一般指习惯化的领导方式所表现出的种种特点。习惯化的领导方式是在长期的个人经历、领导实践中逐步形成的，并在领导实践中自觉或不自觉地稳定起作用，具有较强的个性化色彩。丹尼尔·戈尔曼曾把领导风格划分为：远见型、关系型、民主型、教练型、示范型、命令型。不同的领导风格会给企业员工带来不同的工作满意度和工作动机。⑤家族企业组织凝聚力。组织凝聚力是一个组织

---

① 陈要立，姜玉满. 基于企业文化要素论的企业文化测评体系架构研究［J］. 全国商情（经济理论研究），2005.

② 王世佰. 交通建筑企业文化建设研究［D］. 中国优秀硕士学位论文全文数据库，2014.

是否有战斗力，是否成功的重要标志，它对组织行为和组织效能的发挥有着重要作用。① 组织凝聚力即指组织对每个成员的吸引力和向心力，以及组织成员之间相互依存、相互协调、相互团结的程度和力量。它可以通过成员对组织的向心力、忠诚、责任感、组织的荣誉感等以及组织成员协作意识来反映。⑥人际关系的融洽程度。既包括整个企业所营造的人际关系的融洽程度，也包括上下级之间相处是否融洽，以及员工与员工之间相处是否和谐等。

（4）环境因素。

考查企业的环境因素，即包括企业的内部环境，又包括外部环境；既涉及自然环境，也涵盖人文环境。家族企业的外部环境包括企业的行业前景、产业政策、市场环境以及企业与周边（如社区）环境。② 内部环境包括生产环境的宜人性、生产的环保性等等。

企业文化建设的绩效深受企业文化环境的影响，同时企业文化的绩效也可以通过这些环境的因素显现出来。基于宏观视角，企业文化的建设是否成为推动社会政治制度、社会经济发展状况、社会科技发展水平进步的动力因素，是否促进了自然环境的改善？基于微观视角，家族企业文化的建设是否促进了与邻里（如社区、街道、城市等）的和睦相处、是否成为地方经济发展的有利因素、是否适应了当地的乡土人情等等。

（5）员工的行为习惯。

根据心理学的解释，行为习惯是指人在一定情境下自动化地去进行某种动作的需要或倾向。或者说，行为习惯是人在一定情境中所形成的相对稳定的、自动化的一种行为方式。员工的行为习惯指企业员工在企业文化的情境中形成日常的行为方式、格调、传统等等。

（6）社会形象。

企业文化的 CI 理论（Corporate Identity System），中文也称企业形象识别系统。其内容包括 MI、BX 和 VI，即理念识别系统（Mind Identity System）、行为识别系统（Behavior Identity System）和视觉识别系统（Visual Identity System）三个方面。这一理论一经推出就得到国内外学者推崇，成为一个复杂而系统的理论。因为篇幅所限，在此我们并无意引入，但是其仍然具有极大的参

考价值和现实指导意义。

这里所指的社会形象，我们把它限定外部形象，在是指公众（主要是顾客、社区居民和政府公务人员）通过企业的各种标志（如产品特点、行销策略、人员风格等）而建立起来的对企业的总体印象。企业形象是企业精神文化的一种外在表现形式，它是社会公众与企业接触交往过程中所感受到的总体印象。对企业文化建设绩效的"社会形象"这一层面的考查，可以从企业的社会美誉度、知名度、品牌的识别度以及企业员工的社会形象四个方面展开。美誉度和知名度的概念清晰，操作相对容易。品牌的识别度主要是指企业名称、标志、标准色、象征图像、宣传口号及建筑外观和装饰等是否具有个性，能否为公众熟记、熟知。员工的社会形象是指企业员工在社会公众头脑中留下的整体形象，是企业文化和理念在主体身上的反映。最后，要说明的是，这里并没有给出十分具体的考查指标，而只是提供了考查的维度，是因为家族企业文化建设因为企业的性质、企业的目标、企业的类型、企业的规模等方面的原因，不可能有一个统一而具体的、刻板的企业文化的绩效考核体系，每个企业都需要从实际出发，找准企业文化绩效考核的切入点，进行科学而有特色的企业文化建设。

5.2.3 家族企业文化建设评估

1. 企业文化建设评估的目的

企业文化的系统建设要以制度为保障，全体员工认知与认同公司的文化理念需要组织的推动，通过建立企业文化建设评估与考核机制，将家族企业文化建设列入各部门的绩效考核评价之中，督促各级管理者开展企业文化建设，检验家族企业文化的成果，总结以往经验，为进一步实现企业文化落地，或调整企业文化建设思路提供客观依据。以确保家族企业文化建设工作得以落实。

2. 企业文化建设评估分类

企业文化建设的评估可采用两种方式，一是过程性评估，即对文化建设的行动进行监测，例如考察文化传播网络的结构和效果，[①] 培训计划的完成率和

---

① 张成义. 南航吉林分公司安全文化建设研究 [D]. 中国优秀硕士学位论文全文数据库, 2008.

完成效果。该项工作由企业文化部根据年度整体计划安排，定期进行过程评估，可每半年评估一次。二是结果性评估，即对当前公司内部的文化特征及各部门的文化与业务工作结合成果进行测评，每年进行一次，包括员工对公司倡导的文化理念的知晓度、认同度；文化理念与规章制度的匹配度、理念思想与行为表现的匹配度；以及文化理念与业务工作结合的具体成果等。

3. 企业文化建设评估工具与方法

通过企业文化评估模型指数分析，对理念认知与认同、制度匹配、行为落地进行量化分析。通过问卷技术获得文化认知与认同、制度与理念匹配、行为与理念匹配的相关数据得到相应强度和离散度，进行企业文化建设评估。

企业文化评价一般都采用综合评价法。所谓综合评价，是指对客观事物以不同侧面所得的数据，作出总的评价。研究对象可以是自然、社会、经济等领域中的同类事物或同一事物在不同时期的表现。常用的综合评价方法有以下几种。

（1）灰色关联分析法。针对部分信息已知、部分信息未知的多因素分析方法。分六个步骤：①确定分析序列；②对变量序列无量纲化；③求差数列，计算最大差、最小差；④计算关联系数；⑤计算关联度；⑥给关联度排序。灰色关联分析法缺点是需要大量数据，且要求数据服从 $N(0, 1)$，计算工作量太大。

（2）模糊综合评价。模糊综合评价是以模糊数学为基础，应用模糊关系合成原理，将一些边界不清、不易定量的因素进行定量化，再进行综合评价的方法。模糊综合评价一般模型的非确定性分类。

①随机性：事物的对象是确定的，但事物出现的规律非确定。

②模糊性：事物的对象本身是不明确的；由概念语言的模糊性产生；内涵清楚，外延不清楚。

（3）层次分析法。层次分析法是定性和定量相结合的多目标决策方法。

根据多目标决策问题的性质和总目标，把问题按层次分解，构成一个由下而上的递阶层次结构，最高层是总目标，称目标层。还有若干个中间层，是为实现总目标应采取的措施、准则、政策（又称准则层）。最底层是解决问题的各方案，称方案层。这样上层的一个元素与下层相连的元素，组成一个递阶层次结构模型。对每一个上层的元素，考虑与之连线的下层元素，在下层元素之间进行两两比较判断，判断结果用一个定量的数字给出，这样形成的矩阵叫判断矩阵。由判断矩阵的最大特征根及其特征向量，确定每一层次中的元素的相对重要性、排序和权值。再通过对各层次综合，得出目标层方案的排序权值。

（4）熵权分析法。

熵是系统状态不确定性大小的一种度量，信息已知多少的一种度量。建模过程：①设定评价指标的理想值；②计算指标对于评价指标理想值的接近度；③对该接近度进行归一化处理；④计算总体熵和指标与方案无关时的总体熵、指标的条件熵；⑤归一化处理，得到表示评价指标的评价决策重要性的熵；⑥确定评价指标的评价权值；⑦再与决策者由经验判断得出的每个指标的权重进行合成，对各个方案进行排序。

第6章

家族企业文化传承与创新

家族企业文化传承是家族企业精神、价值的持续发展。家族企业文化创新是为了使家族企业的发展与不断变化的环境相适应，而突破家族企业原有企业文化中那些不适应环境的企业价值观、企业精神、企业经营理念等内容的束缚，根据家族企业自身的性质和特点，引入新的适应环境变化的价值观、企业精神和企业经营理念等要素重新组合的创造过程。当前企业竞争环境多变，创新步伐加快，中国家族企业发展面临新的问题。由于家族企业发展规模扩大，很多家族企业进入了新的发展阶段，家族企业经营战略、管理模式等转型的需要迫切要求家族企业进行文化创新。要从家族企业文化现状、制定创新目标和方案、实施企业文化创新及文化评价四个方面，分析中国家族企业文化创新机理，提出通过家族企业价值观创新、家族企业愿景和使命创新、家族企业精神创新、家族企业制度创新、家族企业行为文化创新、家族企业物质文化创新、家族企业形象创新等措施促进中国家族企业文化创新，指导中国家族企业的企业文化创新实践[1]。

家族企业在经营过程中往往强调企业成员的个人利益必须服从家族群体的整体利益，形成家族利益高于一切的家族主义文化。这样，限制了员工个体的积极性与主动性。同时，家族企业在做大做强之后不自觉地会排斥新文化、新观点、新理念的进入，势必会阻碍企业的进一步发展。因此，家族企业必须跟上时代的步伐，在进行管理创新的同时，进行企业文化创新，把现代优秀的企业文化融入家族企业文化之中，实现企业文化的多元化，从而使企业实现可持续发展。

---

① 付蓉，徐莹敏. 我国家族企业文化创新机理研究 [J]. 商业经济研究，2015.

6.1 家族企业文化传承

6.1.1 家族企业传承相关研究

1. 关于传承理论模型研究

为了充分理解家族企业权力转移过程，西方学者构建了一系列模型，而且他们在研究过程中把理论模型的构建提到一个非常重要的位置[①]，正如 Stgodin 所说：要对一个观察到的现象或系统做出解释，必须构建一个关于这个现象或系统的结构或特征的模型，否则我们就不能说真正理解了这一现象或系统（Ashby, 1970）。以往关于家族企业权力转移问题的研究大致可以分为两类："标准研究（normative studies）"和"过程研究（Process studies）"。所谓标准研究是努力提出一个成功管理继任过程的标准；过程研究则集中于对权力转移过程的研究。

（1）家族企业的经典模型——三环模式。

盖尔西克（Gerisck）是美国研究家族企业的著名学者。他和其他人合著的《家族企业的繁衍：家族企业的生命周期》（*Generationto Generation：Life Cyclesof the Family Business*）被誉为哈佛管理经典著作。Gerisck 提出了著名的描述家族企业的三环模式。该模型将家族企业看成由三个独立而又相互交叉的子系统组成的三环系统，即企业、所有权和家庭。家族企业里的任何个体，都能被放置在由这三个子系统的相互交叉构成的七个区域中的某一个区域里[②]。

（2）朗基奈克和苏恩（Longenecker & Schoen）——七阶段接班模型。

朗基奈克和苏恩（Longenecker & Schoen, 1991）是最早试图建立代际传承理论模型的学者之一。他们的模型认为家族企业代际传承的过程包括 7 个阶

---

① 余向前，骆建升. 家族企业成功传承的标准及影响因素分析 [J]. 江西社会科学, 2008.

② 陈爽. 我国家族企业突发性危机情势下的传承问题研究 [D]. 中国优秀硕士学位论文全文数据库, 2011.

段，即进入前，初步进入，初步发挥作用，发挥作用，发挥重要作用，接班早期和正式接班。前3个阶段可以概括为接班人在家族企业以外工作以及在家族企业中兼职工作，被称为是一个社会化的过程①。发挥作用阶段表明接班人在家族企业中成为全职工作人员。发挥重要作用阶段表明接班人占据了企业内部管理岗位。在最后两个阶段，接班人占据了高层领导岗位（Longenecker & Schoen，1991）。这是一个解释长期代际传承过程的宽泛的模型。但是，这一模型没有对接班人为何经历某一阶段的内在原因进行分析，而且模型也缺乏对接班人经历某一特定阶段的时间上的考察②。

（3）戴维斯（Davis）——生命阶段模型。

戴维斯（Davis）的模型集中在对时间的考察上，他研究了接班过程中父与子的关系（Ward，1987）。研究指出，在一个家族企业中，父辈和子辈的所处的生命阶段对领导权的代际传承有重要影响。戴维斯（Davis）特别发现，子女一般在17~25岁时，希望能冲破家族的束缚而建立一个属于他们自己的世界；一般在27~33岁时，确定他们自己的职业选择，并从父辈们那里寻找榜样；而当33岁以后，子女们渴望独立和被认可。而从父辈的角度来说，他们在40~45岁的时候，致力于企业的扩张，并喜欢直接控制企业的运作；在50~60岁的时候，开始强调企业和家庭的理念，并且较少直接控制企业的运作；过了60岁以后，他们考虑的焦点问题是对企业的忠诚和稳定，并且无力继续控制企业。Davis建议，权力转移的最佳时机是在父辈50岁以后，而他们的子女在27~33岁的时候（Ward，1987）。戴维斯（Davis）的模型集中在父与子的关系这一宽泛的领域，然而，这一模型所解释的是那些子女早已在家族企业工作的父辈与子辈之间的关系，而不是解释子女为什么加入或不加入家族企业的原因③。

（4）海德勒（Handler）——三阶段模型。

Handler（1989）在Davis研究的基础上提出了一个新的家族企业代际传承的模型。这一模型将继承过程概括为三个阶段，即个人发展、企业发展、领导权继承。在个人发展阶段，潜在的接班人致力于通过学校教育、信仰确立和习

---

① 马军. 我国家族企业接班人的遴选制度与指标体系探索 [D]. 中山大学，2010.
② 姜云. 中国当代家族企业领导者更迭研究 [D]. 中国优秀硕士学位论文全文数据库，2008.
③ 赖晓东. 中国上市家族企业权杖交接时机影响因素及选择研究 [D]. 中国优秀博硕士学位论文全文数据库，2007.

惯养成等学习方式来发展他们自己①。在企业发展阶段，潜在的接班人进入了家族企业，并成为一个全职的工作人员。在领导权继承阶段，潜在的接班人通常是在30~50多岁的时候肩负起了企业的责任并拥有了的决策的权力（Handler，1998）。Handler 的模型将接班人的生命周期及其与父辈的关系结合起来考虑，提供了一个很好的分析框架②。不过，这一模型集中于解释继承过程本身，而非解释是什么原因导致了家族成员经历这一过程。

（5）马修斯—摩尔—费亚克（Matthews - Moor - Flalko）——认知归类路径分析模型。

Matthews 等人（1999）以 Longenecker - schoen（1978）七阶段父子接班模型。

Longenecker - Schoen 将接班 7 阶段进一步归纳为 2 个阶段：即接班人作为全职雇员进入企业工作阶段（阶段1）以及父子领导权传承阶段（阶段2）。按照认知归类学说，从阶段 1 到阶段 2，认知一致的领导者行为可以自动产生认知归类行为，而不一致的领导行为则产生支配性认知归类行为③。不仅根据历史阶段、企业所面临的任务、选择合适的接班人，还要根据所处的环境选择权力交接的时机和策略④。这一模型还特别强调了在权力交接过程中技巧和沟通的重要性。

2. 关于传承视角研究

（1）关于资源观视角的研究。

资源观的早期提出者 Barney 认为，造成企业之间不同竞争优势的正是每个企业所特有的一些资源。Habbershon 和 Williams 在进行家族企业的研究时，将家族企业中的独特资源称为"家族性"因素。随着研究的日益推进，一些学者开始认识到家族内部资源的独特性，并开始以崭新的视角重新审视家族企业传承问题，同时在已有研究基础上加入了有意思的解释⑤。如 Miller 等从传承失败的视角进行研究发现，传承失败主要可归结为三种模式的影响：一是保守（conservative），即家族企业不愿意对过去的状态做出改变；二是突进（re-

---

① 连任. 中国家族企业接班人问题研究 [D]. 厦门大学，2006.
② 李春棉. 中国家族企业代际传承问题研究 [D]. 对外经济贸易大学，2009.
③ 赖晓东. 中国上市家族企业权杖交接时机影响因素及选择研究 [D]. 中国优秀博硕士学位论文全文数据库，2007.
④ 王海晴. 我国家族企业可持续发展研究 [D]. 中国优秀硕士学位论文全文数据库，2012.
⑤ 陈文婷. 家族企业跨代际创业传承研究——基于资源观视角的考察 [J]. 东北财经大学学报，2012.

bellious），即家族企业完全摒弃了过去的做法，在继承后转而投向全新的战略；三是摇摆（wavering），即家族企业过去战略和未来的发展方向不相协调，在其中犹豫不定。在此基础上，Sharma 的研究进一步指出，家族企业的代际传承事实上是一个隐性知识的传递过程，而传承的成功与否很大程度取决于这部分资源能否得以被传递。同时，Sharma 还指出，近期的研究已经越来越关注于这种传承和企业创新与知识创造的关系等。在强调资源和家族企业竞争优势的视角下，研究的重点在于家族企业传承与传承后行为与观念的关系和影响，如传承后企业的创新能力、知识吸收与创造能力、继承者的变革倾向和创业倾向等。也就是说，哪些资源的传承会影响到传承后的哪些关键活动？

①知识转移的过程。

Cabrera - Suarez 等的研究将传承看作在在职者和新进入者之间的知识转移过程。以往对于知识的划分——缄默的/显性的需要被引入到企业中家族内部的传承过程中来。缄默知识的传递需要企业建立特殊的组织机制以帮助将"企业运营的常识和情境"社会化，而这种隐性的传递可以形成家族企业竞争优势的一个重要来源——独特的"家族性因素"。因此，家族企业若要在跨代际间实现持续发展，需要发掘一系列有助于创造价值以及维持家族与企业特殊关系的组织常规。要实现该种传承，则需要克服 Szulanski 提出的四个知识转移障碍（模糊性和不信任；知识源缺乏传递知识的动力；信息接受者动力的缺乏以及情境的因素，如组织的约束、信息传播者和接收者之间的低效率等）。这个模型很好地提供了一个在家族企业内探寻继承过程的效率的思路和方向。从这个角度我们可以认为，前任和继任者的动力、家族的团结和承诺、前任和继任者之间的关系效率等都是研究家族企业传承所应考虑的因素。因此，为了保证传承过程的知识传递的连贯与顺畅，企业或家族有必要对继承者进行培训。一方面，通过理论化的正式培训更好地明确组织知识转移的过程；另一方面，通过经验性的培训帮助继承者尽早地融入到企业运营的情境中去。

②社会资本传承的过程。

除了对缄默知识的转移的关注之外，Steier 考察了与企业创新能力紧密相关的传承要素——社会资本。尽管社会资本的定义与界定、分类已经非常成熟，但其在传承中的应用研究还不多。社会资本在两个方面对企业做出贡献：一是社会资本可以降低交易成本，从而促成并帮助开展合作；二是社会资本可以增强知识的移动性并帮助知识在企业与个人间的分享，而这对于加强企业的创新能力尤为重要。对于家族企业而言，社会资本的传承具有更重要的战略意义。家族企业往往规模中小，依赖于和互补性的合作伙伴或资料来源获取互补性生产能力以及技术诀窍（know - how）。对于继承前的前任创业者而言，其社会资本存量往往是与其较长的任期紧密相关的，这使得在家族企业中第一代创业者（企业领导者）往往具有较好的社会资本积累。那么，企业若要持续地发展，如何把这些社会资本有效地传承给下一代就非常重要了。Steier 提出了跨代之间传承社会资本的四种形式，他们在是否会有意识地对传承进行计划的程度上有所差别。前两种情况（无计划、突然的继承和仓促的继承）是在没有计划的情况下进行的，此时社会资本的传承仅仅是一种没有预期的事件所产成的结果。继承者会花费大量的时间用于理清、维持、作用于企业所嵌入的人际关系网络之中。在第三种情况自然传承下，社会资本是在自然的状态下被浸入到传承过程中去，前任无须刻意地花费大量的时间去转移社会资本，而继承者会通过时间以及经验性的参与逐步接近前任的社会资本。在第四种情况有计划的传承中，社会资本是在谨慎的考虑后有意识地被传承。继承者会积极地开展学习，以便通过学习获得与企业相关的关系网络，继承者会将在社会关系网络上的时间投入视为一种投资，将自己积极地嵌入到企业的社会关系中去。进一步地，Steier 提出了继承者管理社会资本的七个过程，包括释义现有的网络结构、了解现有网络中关系的内容、划分网络的边界、获取合法性、确定自己在网络中的最佳角色、对网络关系有意识地进行管理、重构继任者新的网络与关系①。

（2）关于过程观视角的研究。

什么是家族企业的继承过程？在按照合适的标准确定合适的接班候选人之后，家族企业的继承问题又会是怎样的呢？Lansberg（1988）将企业继承过程定义为一个可以给家族企业带来很多重要的变化的一个矛盾重重的过程，可能涉及家庭关系和传统管理方式的调整和改变，以及企业人事结构和组织架构甚至所有权结构的更新等。Murray（2003）将家族企业的继承过程看成一系列的阶段，而每个阶段都有该阶段必须完成的任务。他认为企业的继承过程耗时，由 2～8 年不等。关于家族企业继承问题的研究，不同学者从不同的角度进行了研究，且形成了一些不同的理论。Bechhard 和 Dyer（1983）的双模型系统理论认为家族企业实际上是由家庭和企业这两个圈子重叠而成的。每个圈子各有自己的身份准则和标准、价值机构和组织结构，合在一起就形成了家族企业

① 陈文婷. 家族企业跨代际创业传承研究——基于资源观视角的考察 [J]. 东北财经大学学报, 2012.

独特的继承机制。相应地，整个继承的过程就可以看成两个系统相互作用、不断寻求平衡的过程。

Gersick 等人（1997）在双系统模型的基础上发展了三系统模型，除了双模型的企业、家庭之外，还增加了所有权这一系统。他们的核心观点是继承远远不只是表面上看到的新老领导人的接替或交接，而是上述三个系统之间互相发展、作用的动态过程。三系统比双系统更加科学、全面地揭示了继承过程的复杂过程，是更为大家接受的理论。

Lambrecht（2005）在传统的企业、家庭和所有权三模型的基础上进行了深入的思考。他认为该模型存在一定的不足之处，比如有些家庭已经不再拥有企业的所有权但是对企业仍然拥有日常管理权。因此，他提出了一个全新的模型：将原有的家族成员个体、家庭和企业由内到外构成三环，而将时间贯穿其中。这三环之间的互动是一个长期而非短期的过程，可能代代相传下去。Chruchill 和 Hatten（1987）集中研究父子两代之间的继承问题，而忽略了其他形式的继承。他通过父子两代的自然生命周期的角度分析了家族企业"子承父业"的过程，并将它分为四个阶段：所有者管理阶段、接班人培养阶段、父子合作阶段和权利传承阶段①。阐述了父子两代继承过程的自然推动力量。Neubauer（2003）从企业所有者的生命周期和家族企业的生命周期两个角度将家族企业的继承过程描述为一个动态、变化的过程②。因为每个周期都可以分为开始、发展、成熟和衰退四个阶段。他认为如果能顺利继承和实施，那么企业将进入下一轮生命周期中继续发展和繁荣，反之，将会导致企业绩效下降甚至破产、倒闭。Dyck 等人（2002）将继承过程形象地描述为一场接力赛跑，并指出这一过程受到四个因素的影响：顺序、时机、技巧和沟通。该理论的观点是，家族企业在进行交接时，要充分考虑企业所处的历史阶段和所面临的任务，适时地进行传递，并需掌握一定的沟通技巧。该理论无疑是一个全新的观点，但还缺乏实证支持。以上研究从各自不同的角度让我们了解了继承过程的复杂性，为后续研究提供了理论依据。

3. 对传承产生影响的主要因素研究

在选择了接班人之后，还有很多因素影响着传承过程能否顺利完成。一般

---

① 张彩虹，时晓利. 家族企业继承研究述评［J］. 中国商贸，2013.

② 王国保，宝贡敏. 国外家族企业继承研究述评［J］. 重庆大学学报（社会科学版），2007.

认为，对代际传承产生影响的因素依次为：接班意愿、传承时机、传位人对接班人能力的信任等。

（1）接班意愿。

众多学者的研究显示，接班人对接手企业的兴趣和意愿对企业传承的优劣起到至关重要的作用①。Stavrou（1999）采用实证研究的方法，用大样本进行检验，得出结果，接班人的接班意愿对传承影响很大，如果接班意愿强烈，那么传承就会比较顺利，相反，则传承过程将比较曲折，传承结果不理想的概率也很大。在接班意愿对满意度的影响方面，Sharma 发现，接班人的接班意愿并不影响传位人和高层管理者对接班过程的满意度，但是它影响到了接班人在接班过程中的满意度。

（2）家族企业代际传承的时机。

李蕾（2003）指出，家族企业代际传承的时机应遵守企业"领导人能力不足""企业稳步经营"或"高速成长"的准则进行传承，如果时机选择不当，会严重影响代际传承的效果；而且家族企业的领导人只要感受到自身的能力已无法满足企业发展的需要②，就应该积极考虑将部分或者全部职位和权能向家族内外人士进行传承；同时，家族企业领导人应该选择在企业经营环境相对宽松或企业高速成长时将一些职位和权能传给后继者③。布鲁诺（2002）的研究也说明，如果企业竞争环境宽松，处于同行业中的领先位置，公司业务成熟，则此时进行传承并获得成功的可能性比较大。相反，当企业处于激烈的竞争环境中，企业自身资源又比较有限，与同行相比不占优势，此时进行传承失败的可能性就比较大。如果在环境不好的情况下，却又不得不进行传承，那需要注重传承效率，必须在较短时间内完成。

（3）传位人和接班人之间的关系。

海德勒（1989）认为，传接双方在包括信任、支持、交流、反馈、相互学习在内的相互尊重和理解对代际传承有重要影响。Sharma（1997）的研究也指出，传位人对接班人能力的信任会影响到股东对传承过程的满意度，进而影响代际传承过程和对这个过程的评价。而主流的观点认为，传续双方之间是否互相尊重、互相信任，直接影响到传承中大家的满意度以及传承的顺利实现。

---

① 杨莉.中国家庭企业社会资本、组织知识、组织文化与代际传承的关系及经营管理模式选择研究［D］.中山大学，2010.

② 黄锐.家族企业代际传承研究综述［J］.山东社会科学，2009.

③ 王晓萍.国内外家族企业研究的最新动态［J］.杭州电子科技大学学报（社会科学版），2005.

Chfisrnan，sharma 和 Rao（2000）提供的证据表明，相对技能而言，正直和承诺对继承者成功可能更为主要。也有研究表示，家庭和睦对代际传承影响甚大，Seymour（1993）指出，家庭的凝聚力和适应性对传位人与接班人之间的关系有着重要的影响。Venter，Boshoff 和 Maas（2005）也通过实证证明了这一点。学术界也大多认同两代人之间如果有和睦的关系更容易促进代际传承的顺利实现。传位人对接班人能力的信任也会影响到传承效果。研究表明，不同的领导特质也能影响到传位人对接班人的信任，进而影响传承能否顺利进行。Sonnenfeld 和 Ward（1988）分析了以往企业主交班模式后，以是否信任接班人为主要内容，按照领导人将在位的传位人行为分为大使型、地方官员型、将军型、君主型等四种类型，进而分析了几种类型不同的传位人可能对传承带来的影响。此外，做好传承计划，落实传承计划并做好传承准备，对代际传承的有效实现有着显著影响。

4. 成功实现继任的企业特征

（1）继任成功的评价指标。

家族企业同任何企业一样，所追求的绩效目标有两个方面，即主观上和客观上的绩效（Rogoff，1996；Saflbrdet，2009；Tagiurinadovais，1992）。主观上的绩效目标是指主要的利益相关者、员工等对某种企业行为过程和结果的满意度；客观上的绩效目标是指某种企业行为所带来的诸如利润、市场份额、竞争能力等客观的企业绩效。Hnadier（1990）认为，权力继任过程的评价，可以从继任的质量和效率两个方面来评价。所谓质量反映的是有关的家族成员对继任过程的切身体验，而效率更多地与他人如何看待继任后的结果有关。很明显，质量和效率是相互联系在一起的，尽管这种联系有时候并不明显，但却是合乎逻辑的（cfKetsdeVries，1993）。西方学者一般采用继任满意感和企业绩效指标。因而，继任作为一个特殊的企业行为，评价其成功与否，也同样依赖于两个相互作用的维度——继任过程的满意度和继任效果（Hnadier，1989；Mosetal，1997）。前者是对继任过程和决策的主观的评价，而后者是继任事件对企业绩效产生的客观结果[①]。

（2）成功实现继任企业的特征。

---

① 张兵．家族企业代际传承模式研究［D］．中国优秀博硕士学位论文全文数据库，2005.

    Gersikc 等人（1997）认为，将家族企业经营管理从第一代过继给第二代能否成功的关键在于是否有一个成功的继承计划[①]。Behsre 和 Carhcon（2000）的观点则是家族企业能否成功的关键在于其公司治理结构特征[②]。JmaesW. Lea 总结了成功实现继承的企业特征以及不能成功实现继任的企业特征，他认为，成功实现企业继任的企业一般具备以下特征：①将企业作为财富的来源，满足生活中需要心理和现实的需要的方式[③]。②家庭成员视企业为家庭的事务，无论企业兴衰，他们都为企业提供勇气和道义上的支持。③家庭成员进入企业前经过培训。④具有善于应变、不懈进取的领导团队，这一点是最重要的特征。

    不能实现成功继承的企业特征：Shal（1992）的一个案例研究发现，Soctt 纸业公司只是在实施了一个有效的继任计划以后才出现了转机。按照 Shal 的估计，Soctt 公司的产量因实施继任计划而提高了 35%，废品率却降低到 1% 以下。继任计划变得如此重要，以至于许多企业倾向于采用一个较为正式的继任计划。弗林（Flynn）对 108 家企业进行过调查，发现目前有 93% 的企业具有一个正式的继任计划或者正准备实施一个正式的继任计划。只有 7% 的被调查对象表示他们将保持非正式的继任管理。然而继任计划在华人企业的落地生根却是非常缓慢。

5. 基于文化内涵的传承研究

    管理是以文化为转移的，并且受其社会的价值观、传统与习俗的支配。"从管理学角度来看，家族企业的兴起有着深层次的社会文化背景[④]，家族企业的家族特征创造了企业的比较优势，同时也带来了家族企业独有的弊端"，中国的家族企业根植于中国的传统文化。因此，对中国家族企业的研究，绝不能简单的套用西方现代管理理论和企业组织制度理论。"中国的传统文化，通过传承、创新和发展，经历了几千年的历史，深刻影响着每一个华夏子孙的人生观、价值观和行为准则"。儒家思想在中国的传统文化中占据着核心的地位，进而形成了一个以家、家庭或家族为核心的特殊的中国社会形式，同时以家庭或家族内部的私人关系就成为人际交往中最重要的关系。雷丁（1993）指出华人家族企业实际上就是一种文化的产物。"他指出，华人社会的人际交往是

① 王海曦. 我国家族企业的传承研究 [D]. 河北经贸大学，2008.
② 李卫兵. 家族企业的演进及管理模式研究 [D]. 中国优秀博硕士学位论文全文数据库，2006.
③ 李秦阳. 论 Gerisck 经典模型对我国家族企业权杖交接的启迪 [J]. 集团经济研究，2007.
④ 王芬. 传统文化对我国家族企业的影响分析 [J]. 生产力研究，2012.

有限的信任，最主要的特征是完全相信自己的家庭，对朋友和熟人的信任取决于相互信赖的程度和投入到他们身上的面子"。中国的关系网无处不在，在强调集体主义和团体利益价值观的社会中，华人与社会有着千丝万缕的联系，这与西方强调个体独立的观念不同。因此，他认为中国是低信任度的社会。"沿着这一脉络，中国学者开始从两个方面研究家族企业。一方面，从信任的角度研究家族企业的公司治理及家族企业的成长，并根据目前中国社会的整体信任缺失现实环境，提出子承父业的家族企业血缘传承的合理性及现实性"。以李新春为代表的学者，从信任的角度研究中国的家族企业的治理问题，从家族企业中家族成员与非家族成员在管理中所占不同的比重入手，研究职业经理人与家族企业创始人之间的代理问题，从而指出家族企业存在的合理性，以及家族企业代际传承的复杂性和现阶段家族内部传承的无奈选择。以储小平（2002，2003 等）为代表的学者，开始从信任的角度研究家族企业的成长。姚清铁（2010）在其博士论文中通过对国际比较与历史经验，对信任与家族企业代际传承的关系进行研究。另一方面，从家、家庭和家族的角度研究家族企业的代际传承。Lansberg（1988）认为，对父母来说，将他们的希望和梦想永续的最好方式，就是将他们一生所从事和建立的事业传递给子孙并代代相传，这是人类的天性。在此意义上，作为家族组织，家族内的不断传承成为家族企业的目的，其重点不在于做好企业，而在于留给子孙，这种传承的目的称之为家业永续。张薇（2007）结合当今中国的现实环境，提出中国式家族企业代际传承问题及概念，并进一步阐述了中国式家族传承的独特之处及其形成的原因，并对中国家族企业权力传承的具体实施路径进行了初步的探索性分析，并大胆地提出了中国式家族企业传承模型的设想。王云飞（2007）探讨了家族企业传承中的文化分析，提出在当前家族企业传承的关键时期，迫切需要根据企业的实际状况，对传统的家族企业文化积极地加以改造和创新，培育积极向上的家族企业文化。王晓婷（2010）提出了基于家庭视角的家族企业传承研究，主要探究在家族企业传承情境下，家庭对家族企业传承方式及效果的影响及作用机制，试图通过控制家庭的影响来改善家族企业的传承效果。随着研究的不断深入，也有不少学者开始从家庭内部或接班人视角研究家族企业代际传承。周燕等（2011）认为，中国传统中以家为主题的文化和伦理，深刻影响着中国家族企业传承的目的、模式以及内容。文化背景下的事业永续还是家业永续的传承动机，促使企业家在家业和事业之间寻求平衡；在其传承的目的指向下，继承人选上亲和贤的矛盾、继承人缺失造成传承困境以及家族企业社会关系资本的传承等都考验着中国家族企业的代际传承。

还有一些学者从文化的其他方面展开研究，罗磊（2002）以文化为基础，通过对华人家族企业与美日家族企业的继承机制进行比较，以便对中国家族企业的继承及下一步应采取的步骤有更清晰的认识。李自琼等（2009）认为，众多家族企业面临代际传承问题困扰，其主要原因在于中国传统文化对传承问题的影响和制约，传统文化也成为对家族企业代际传承影响的主要因素之一。因此，只有深入了解家族企业生存背后的文化因素，才能对中国的家族企业有着深刻的认识，并对中国家族企业代际传承给予准确理解与探讨①。

6.1.2 家族企业文化传承关键要素

1. 影响家族企业文化传承的宏观因素

区别于一般企业，家族企业文化传承在宏观环境上主要受以下因素影响。

（1）政治因素。

政治环境从法律的角度规定了一个国家及其人民的价值取向，从政治环境来看，中国家族企业有着进行文化管理的良好条件。作为社会主义国家，我们强调的是人民当家做主，强调人的重要性，强调"各尽所能，按劳分配"，这与坚持以人为本②，重视人的作用的文化管理思想有很多相通之处，为家族企业实行文化管理提供了潜在的思想条件。另外，近年来，中国中央及地方各部门相继颁布了一系列有利于家族企业发展的法律、法规及政策。这些政策的出台为中国民营企业的加快发展提供了更为宽松的环境，都将促进中国家族企业的发展壮大，有利于家族企业提升自身的管理水平和实施有效的文化管理。非公有制经济已经成为中国国民经济最具活力的部分之一，它不仅对发展中国社会生产力，满足人民多样化需要，促进国民经济发展发挥着日益重要的作用，而且吸纳了大量社会闲散人员和国有企业下岗职工，为维护社会稳定做出了贡献。非公有制经济是社会主义市场经济的重要组成部分，它在满足人民多样化的需要，增加就业，促进国民经济的发展中起着积极作用。非公有制经济的出现和发展，适应了中国现阶段生产力发展水平，是党的改革开放政策的产物。

---

① 赵瑞君. 家族企业代际传承研究视角综述 [J]. 技术经济与管理研究，2013.
② 王立凤. 论企业的文化管理与文化建设 [D]. 中国优秀博硕士学位论文全文数据库，2004.

非公有制经济的健康发展，不仅符合非公有制经济人士的自身利益，也是对国家、对社会做出的贡献，有利于社会主义市场经济的发展，有利于建设有中国特色社会主义的伟大事业。

（2）经济环境。

在中国整个政治、经济条件下，由于社会主义公有制经济居于主体地位，由于人民民主专政的国家政权能够保障社会主义制度，由于非公有制经济始终受到国家的引导、监督和管理。因此，非公有制经济的存在和发展，不仅不会冲击公有制经济的主体地位，动摇社会主义的基本制度，而且还会在与公有制经济的联系、竞争和合作中，有益于公有制经济的发展。当前，中国正处于改革的攻坚阶段、发展的关键时期，无论是深化国有企业改革，调整和优化中国的经济结构，促进社会主义市场经济体制的形成，实行"两个根本性转变"，还是建立全方位、多渠道、多领域的就业体系，保持社会稳定，都需要非公有制经济的进一步发展。从发展前景看，由于中央政策明确，地方政府支持，市场经济体制逐步建立，人们思想观念更新，非公有制经济在一段时期内仍将快速增长，在中国社会发展中也将发挥更大作用。因此，对待非公有制经济，要积极鼓励、引导，使其健康发展。

（3）行业特点。

每个家族企业都有自己所从事的特定行业，每个行业都有自己的经营环境和行业特点，企业不可能偏离自己的行业背景去随意建设自己的企业文化。有的行业投资巨大、回报期长，它需要企业凡事都能周密计划、仔细权衡；而有的行业时间就是金钱，就是效益，太多的考察时间会使企业丧失机会[1]。有的行业服务的对象是消费者；有的行业的主要对象是生产企业，不同的服务对象对企业的具体要求也有很大差别。常见的按照企业的行业特点区分的企业文化有以下几种：①硬汉文化（tough - guy），适用于那些高风险、反馈快的行业[2]；②努力工作、尽情享乐文化（work hard/play hard），强调低风险、反馈快；③长期赌注（攻坚）文化（bet - your - company），主要存在于那些高风险、反馈慢的行业；④过程文化（process），则存在于低风险、反馈慢的行业。所以，家族企业要根据自己行业特点所区分出来的不同企业文化来实施相应的

---

[1]　李锐. 我国家族企业文化管理必然性及对策研究 [D]. 中国优秀硕士学位论文全文数据库，2009.

[2]　王立凤. 论企业的文化管理与文化建设 [D]. 中国优秀博硕士学位论文全文数据库，2004.

文化管理，使企业的文化管理能与行业背景相适应，体现行业的经营特色。

2. 影响家族企业文化传承的微观因素

从微观环境上看，家族企业文化传承主要受以下因素制约。

（1）企业的发展历史。

任何一个家族企业在成长中都会形成自己的风格，积累一种适合自己生存和发展的潜在文化。有的家族企业形成的是健全的、利于企业发展的优良企业文化，而有的企业则形成了病态的、阻碍企业发展的低劣企业文化。好的企业文化一般都能适应企业的发展，企业领导人所需要做的就是寻找其中个别不适应环境的地方加以改进，并进一步强化企业的文化建设与管理。对于病态的企业文化则必须进行变革，使它朝着有利于企业发展的方向改变，否则，病态的企业文化只会循着自身的规律进行反向积累，最终导致企业的失败。企业文化建设是企业文化管理的基础，要进行企业文化管理就必须从企业文化建设开始，家族企业文化管理作为一种特殊的文化管理也不例外。企业文化是与企业共存的一种客观存在，有什么性质的企业，就有什么样的企业文化。家族企业文化建设是从家族文化的深层面来探索企业管理和企业经营成功之道的。家族企业文化建设是一个不断积淀、塑造家族文化的渐进过程，建设家族企业文化的一个重要意义就是要加强家族文化对家族企业管理的促进作用，以充分发挥家族文化对家族企业物质文明和精神文明建设的推动力。因此，家族企业文化建设的成败直接决定着家族企业能否实施文化管理，完善的企业文化建设是家族企业实施文化管理的前提条件与基础。

（2）创立者的文化自觉。

文化自觉是企业家对企业存在价值和经营管理的终极目标的思考，是对企业经济工作中文化内涵、文化意义的理解，是运用文化规律和特点于管理之中的文化理性。企业文化的建设和保持、文化管理的实施，依赖于企业家的文化自觉。家族企业在中国发展时间不长，创立者的文化自觉是家族企业实施文化管理的重要因素。

家族企业的创立者在企业的发展历程中具有举足轻重的地位，在企业实施文化建设和文化管理中起着关键的作用，"家族企业文化等于老板文化"就是一个形象的概括。创立者所秉持的价值观、世界观、经营理念以及创立者自身的性格特点，道德素质等都会对企业文化的建设与管理产生巨大影响。企业文化的主要内容来源于创立者的文化思想，企业文化的建设和保持依赖于创立者的文化自觉，企业文化在员工中的内化程度，决定于创立者文化人格化的水平。同时，创立者文化思想形成的重要原因之一在于能够观察、认识、提炼企业员工的智慧，从而形成有本企业本家族特色的文化。杰出的企业创立者能够把员工自身价值的体现与企业目标的实现结合起来，能创造、管理和改变一种文化，很多家族企业的企业文化是创立者个人文化的映射，创立者的文化主宰着家族企业文化的形成，在不同家族企业中，创立者往往采用不同的文化管理方式。因此，创立者的文化自觉在很大程度上决定了家族企业的文化管理模式。

（3）员工的素质。

员工是企业文化的最大载体，企业文化必须是针对企业员工的整体情况来建立。中国的家族企业由于其自身的灵活性以及市场经济影响，若缺乏先进的管理思想，中国现在大多数的家族企业实行的还是"制度管理"模式，甚至"人治"模式也并不少见，实施文化管理的家族企业更是稀少。因而，随着中国市场经济的不断发展和先进管理思想的不断涌入，文化管理模式在中国定会大有作为①。

3. 影响家族企业文化传承的关键因素

（1）家文化因素深刻影响着中国家族企业文化传承。

台湾学者李亦园认为中国文化是家的文化。该观点简洁地概括出家文化在中国文化中的核心地位。这种文化深深地影响着中国人的各种行为，从现实生活的角度来看，家庭在中国人生活中占据特别重要的地位，尽人皆知；与西方人对照，尤觉显然。可见，家文化是构成中国文化的核心基因，人们的日常行为以家为圆点出发，围绕着家展开，以这个基因为基础，形成特殊的中国文化圈。在这个特殊文化背景下成长起来的家族企业，其运行潜移默化地受着这种文化的影响。特别是在涉及企业传承这样的大问题上，企业掌门人在选择传承路径时，大多数以家文化为核心要素，在自家人的范围内展开传承人的选择，即使是自家人范围内，也是直系血亲优先于旁系血亲。而在亲与贤的抉择中，亲成为首选，为何会出现这种状况？因为，在家文化的引导下，中国人十分注重家，把家看作生活的中心和精神堡垒。家族企业掌门人，在家业与事业权衡之间，往往以前者为重，在选择传承人的时候，首先想到的是家业延续，而不

---

① 李锐. 我国家族企业文化管理必然性及对策研究 [D]. 中国优秀硕士学位论文全文数据库, 2009.

是事业的发达，子承父业是传承的首选，然后才是泛家族化的传承。在这种家文化的影响下，职业经理人能够纳入企业传承范围的可能性微乎其微，这就极大地减小了中国家族企业实现基业长青的可能性。据有关学者研究表明，美国家族企业传承向职业经理模式转换，花了上百年时间，而这个成功很大程度上还归功于美国薄弱的家族文化传统和浓厚的契约传统①。

可见，在家文化极其深厚的中国，家族企业向职业经理人治理模式过渡需要的时间可能会更长。在多年来的中国现代化进程中，中国人家观念之重，家文化积淀之厚，家文化规则对中国人的社会经济政治、人的行为等各方面的活动影响支配之大，在世界其他国家和民族中是极其罕见的。这种根深蒂固的观念，在家族企业传承过程中产生的影响是多方面、多层次、多角度的。在认识中国家族企业传承问题时，家文化因素对其的影响是我们的一个基本逻辑起点。考虑、设计中国家族企业传承模式时，这个因素是我们无法逾越的一个文化屏障。要让中国家族企业的传承模式跳出这个文化陷阱，模式设计者必须具体分析每一个家族企业里的家文化运行机理，以此来寻找传承的出路，打破传承的困境。

（2）制度因素制约家族企业文化传承。

国家的宪政环境是家族企业发展的核心环境之一，提高家族企业的宪政地位是解决家族企业发展面临的诸多制度性问题的关键之所在②。首先，尽管国家宪法修正案特别强调：国家保护个体经济、私营经济等非公有制经济的合法权利和利益。国家鼓励、支持和引导非公有制经济的发展，并对非公有制经济依法实行监督和管理③。但对家族企业来说这样的制度关怀距离最终变成有效保护还有一定差距，至少我们仍然没有把私营经济与公有制经济放在同样的制度位置上来保护，这给家族企业的发展埋下不少制度隐患。其次是家族企业的发展需要健全完善的法律制度体系来保障，以公正有效率的社会法制环境为依靠。目前亟须的制度建设是：完善专门针对家族企业的立法，强化公正司法，加快宪政改革步伐，建立违宪审查机制和法律纠错机制，扩大法院对市场管制的裁决，开展信用制度和信用环境建设。同时，进一步完善婚姻家庭法律制度来解决家族企业发展中的继承问题与企业整体发展问题的关系，完善物权法律

① 郑月龙. 家族制与家族企业成长 [J]. 武汉职业技术学院学报，2012.
② 王毅杰，童星. 家族企业、家庭文化、社会信任 [J]. 学海，2002.
③ 周兴会，秦在东. 论马克思所有制理论标准的两重性 [J]. 马克思主义与现实，2014.

制度来整体保护家族财产问题，完善家族企业法人财产的有关权属问题等①。此外，彻底消除政府管理和司法保障中存在的一些歧视私营经济的行为，给予家族企业真正的国民待遇。家族企业一旦获得这样的良好制度环境，企业家就可全力以赴管理企业，谋划企业的未来发展大计。

（3）伦理因素对家族企业文化传承的影响。

从伦理层面上来说，核心是一个信任问题。信任是在一个社团之中成员间彼此诚实、合作行为的期待，基础是社团成员拥有的规范以及个体在所属团体中的角色②。这里所属社团中的角色在中国家族企业中的体现，就是被家族企业掌门人纳入自己核心管理圈的人。信任是企业掌门人给特定人委以重任的关键之所在。而中国家族企业里的信任往往是基于家族血缘的信任，在此信任基础上推出学缘、友缘、业缘等等的泛家族的信任。所以，中国家族企业里的信任是以顶于天道、立于人心的血缘式的信任为核心，兼顾一部分基于制度的信任。而基于纯粹社团、群体共同道德和价值观或共同信仰及法律制度、社会制度等而获得的普遍信任还是比较少见。这就造成中国家族企业在传承的过程中，在选择传承人的时候，选择的范围首先是在家族血缘的圈子里进行，圈子外的人能进入选择视野的可能性很小。

可见，中国家族企业获取信任的渠道单一，普遍信任在家族企业中很难找到。这种家族式的信任形成的原因在于，中国家文化特别注重家族之间的亲情，追求亲情为中心的伦理，这种家族伦理像一只看不见的手，无形中影响着家族企业的运转，特别是家族企业的传承。这种行为本质上由中国几千年传统文化的积淀决定，而家族主义管理模式正是由这种家族伦理和民族文化心理共同决定的。正如有学者指出：中国的家是一个事业组织，家的大小依事业的大小而决定。如果事业小，夫妻两人可负担，这个家也可小得等于小家庭；如果事业大，超过夫妻两人能负担，兄弟叔伯可以集合在一个大家庭里。中国传统社会更倾向于大家庭③，由众多小家庭组成的群体也可称为家族。所以，传统的家族伦理对人们的行为有深刻影响和渗透，这是家族企业在中国普遍存在的伦理基础。家族企业普遍采取家族主义治理模式也就成为中国文化伦理观念的自然延伸，它使当今的家族企业尽管采取现代企业的组织与经营行为，但其制

---

① 吴国权，刘颖. 家族企业结构升级中的信任机制变迁［J］. 经济与管理，2007.

② 谢燕. 非正式制度视角下的潮汕地区劳资纠纷问题——以潮州古巷讨薪暴力事件为案例分析［J］. 中国城市经济，2011.

③ 付文京. 基于社会资本理论的家族企业关系治理模式研究［D］. 东北财经大学，2006.

度形式却不可能摆脱这种社会伦理的重大影响。特别是在企业传承的时候，中国人的行为选择会理所当然地在自家人的范围内考虑，不少情况下，即使自家人，也会在自家人的男性成员中选择。这就是伦理的力量在企业管理中体现，也即家族企业掌门人对谁信得过。而家族企业中的职业经理人，要得到企业掌门人的重用，他或她首先必须获得家族的某种认可潜在信任，成为家族人所称的自己人有限信任①，这就是中国特色的家族信任。职业经理人的职业道德对企业的扩张十分重要，但是，职业经理人职业道德的形成离不开特定的社会制度因素②。从中国目前的相关制度现状来看，规范的职业经理人市场很难形成，普遍信任在家族企业中很难建立，家族式的信任还是家族企业传承中的主要伦理依据。

可以说，在中国的社会转型期，基于家族信任的差序式治理具有一定的合理性，也是家族企业成员的内部选择。但从长远眼光来看，这种治理机制并不利于中国家族企业的发展和生命周期的延续。因此，除维持家族企业的家族信任建设外，还要加强基于制度的普遍信任建设，使得家族信任与普遍信任互为补充，最终引领家族企业走向科学传承境地，避免无谓的家族内耗和职业经理人失德而使企业发展陷入困境。美国经济学家埃蒂思、彭罗斯指出：我们拥有的全部证据表明，企业的增长是与具体的人群做什么事紧密相关。如果这一事实未被充分认识到，那么不但谈不上建树，而且什么都丢失了。因为企业家才能的配置方向，取决于一个社会通行的游戏规则（即占据主导地位的制度）。所以，中国家族企业的传承过程中③，政府应该提供充分的制度支持，引导家族企业掌门人在选择传承人时，把信任的范围进一步扩大，解决血缘系统内人力资源不足的问题，从而推动家族企业的持续发展。

（4）传承人与被传承人个人因素对中国家族企业文化传承的影响。

中国目前的家族企业掌门人大多是 20 世纪八九十年代白手起家打天下的典范，他们大多数人为了事业，为了后代的未来，一心扑在事业上，对家庭的照顾，特别是对子女的照顾普遍不到位。他们出于对子女的爱可以不惜重金把孩子早点送到海外读书，以便学到本领来传承事业。但在现实中，往往事与愿违，把子女从中学甚至小学开始就送到国外接受教育的后果是，孩子在国外待

① 王少杰. 论影响中国家族企业传承的四个核心因素 [J]. 广西社会科学, 2012.
② 雷原. 以法治国与建立现代企业制度 [J]. 当代经济科学, 2004.
③ 吴敬琏. 改革，就是释放企业家的创新活力 [J]. 南方企业家, 2011.

了多年，接受了西方的文化习惯，他们大多数已经变成中国人长相的外国人，让他们传承父辈的事业已经很难做到了。因为他们在西方学到的是后现代社会的产业及其发展管理模式，而对于父辈从事的中国工业化阶段的产业，他们不少人很难接受，特别是制造业领域。两代人之间的代际鸿沟已经成为不同文化背景下的巨大差距。这是家族企业掌门人在创业的过程中，对企业传承的片面认识造成的后果。时代的原因使得目前的家族企业掌门人大多没有接受过良好的正规教育，于是他们认为孩子接受了西方的先进教育，在未来就可以更好地传承自己的事业。这种美好愿望在现实面前变得十分苍白，据有关调查显示，超过八成的"企二代"不愿子承父业，民营家族企业面临接班危机。因为，家族企业的传承不仅仅是财富的继承，更是管理经营权的传承、创业精神的传承，而对后者的传承是需要传承人在自家企业中历练，与被传承人长期相处才能潜移默化地接受①，而不是通过学校教育来达成传承的意愿。对于目前中国家族企业传承受到制约的问题，家族企业的掌门人对传承路径把握的偏差是重要的原因。此外，家族企业掌门人在企业传承的过程中，经常出现迷恋企业管理权而影响传承人工作的有效展开，同时在处理家族股权时，往往碍于情面而造成家族内部股权交织、产权不清，最终也影响传承人的传承意愿。家族企业掌门人自身因素是造成目前中国家族企业传承困境的重要主观因素，为此，家族企业掌门人对企业传承要有一个清晰的路线图，为如何传承权力、管理、精神关系等作出一个规划，然后有针对性地一步一步去推进。而不是简单地让孩子接受西方的教育，然后回到企业完成传承的使命。从东西方企业传承历史的角度来看，缺乏传承规划是多家族企业失败的重要原因。

由于家族企业掌门人教育的失误，传承人对家族事业的认可度普遍比较低，而且他们有自己的事业理想和追求，对于把父母辈从事的行业作为自己一生事业的追求，他们很难接受，传承人对自己家族的产业缺乏感情的认同。有些传承人由于受西方个人主义的影响比较深，甚至对自己家族的认同都很淡薄，就更谈不上家族企业的传承了。此外，心理负担重、压力大是很多企业接班人共同的心声。他们把企业搞好了，舆论认为理所当然，他们把企业搞垮了，舆论会说他们是败家子，在这样的心理煎熬下，传承人大多喜欢利用父辈的资本，自己创业。所以，在家族企业传承过程中，家族企业掌门人加大对传承人的学校教育投入仅仅是传承的一个步骤，因为家族企业管理的本质在于行

---

① 王少杰. 论影响中国家族企业传承的四个核心因素 [J]. 广西社会科学，2012.

动，不是知识，企业传承人要想真正理解管理之道，应用所学的管理技能，需要经过长期的管理实践。此外，家族企业掌门人可以借鉴宗教传承的某些积极因素，把自己的创业精神潜移默化地传递给接班人，使企业家精神不因企业家的退休而消失。

6.1.3 家族企业文化传承对家族企业发展的作用机制

1. 家族企业文化降低监督和约束成本

约翰·斯图亚特·穆勒指出"……现在要花费大量劳动监督或检验工人的工作，在这样一种辅助性职能上花费多少劳动，实际上就会减少多少生产性劳动，这种职能并不是事物本身所需要的，而只是用来对付工人的不诚实①。……建立相互信任的关系对人类的好处，表现在人类生活的各个方面，经济方面的好处也许是最微不足道的，但即使如此，也是无限大的②。……而如果劳动者诚实地完成他们所从事的工作，雇主精神振奋，信心十足地安排各项工作，确信工人会很好地干活③，那就会大幅度提高产量，节省大量时间和开支，由此而带来的利益大于节约成本。"雇主与雇员相互之间的信任是非常重要的，企业主应做到"疑人不用，用人不疑"，只有这样才能在更大程度上调动全体员工的积极性与创造性，使员工产生被充分信任的归属感。在这种归属感中，员工才能把企业的事情当作自己的事情来做，根本不用内部约束与外在的监督就能很好地完成工作。只有雇主与员工相互之间信任，才能在工作中更好地展开协作，对降低企业的监督与约束成本有着非常重要的作用。家族企业文化之所以能降低监督和约束成本，在于家庭内部成员都具有相同的价值观念、道德规范，尤其是在企业创业初期，家族成员更是相互信任，团结一致，全力拼搏，相互扶持，毫不计较个人得失，无论是在人力、物力、财力上都是倾其所有。即便是家族企业发展壮大以后，成员之间由于血缘、亲缘及地缘关系，相互之间也是充分信任的④。这样可以把企业人为的监督变

---

① 石新中. 信用与人类社会 [J]. 中国社会科学院研究生院学报，2008.
② 井维玲. 和谐社会背景下民营企业文化的研究 [D]. 中国优秀硕士学位论文全文数据库，2008.
③ 张春阳. 我国大型石化企业的企业文化建设探析 [D]. 中国优秀硕士学位论文全文数据库，2010.
④ 温路. 可持续发展视角下的中国家族企业文化研究 [D]. 中国优秀硕士学位论文全文数据库，2010.

为员工的自省行为，企业制度的外部约束内化为员工的自律行为，员工把企业的事情当作自己的事情来做，工作效率会大大提高，家族企业的监督与约束成本自然会降下来[①]。

2. 家族企业文化影响企业绩效

家族企业的绩效从宏观上来讲，会受家族企业内外环境、公司治理、公司管理等多方面因素的影响。但从微观上来讲，就在公司管理方面，家族企业文化是影响家族企业绩效的最关键因素。日本政府总结了明治维新时期经济得以迅速发展的原因，他们在白皮书中提到："日本的经济发展主要有精神、法规、资本这三个基本要素。它们影响经济发展所占的比例分别是 50%、40%、10%。"这说明在经济的发展过程中，文化要素相对于规章制度、资本，对企业经济效益的增长起到更为关键的作用。美国哈佛大学商学院教授约翰·科特和詹姆斯·赫斯克特与其研究小组，历经 11 年的时间，从企业文化对企业经营业绩的影响进行了研究，最后一致认为："企业文化影响企业的长期经营业绩，重视企业文化的企业，它们的经营业绩远远地超过那些不重视企业文化建设的企业。"

3. 家族企业文化传承引领企业发展的方向

家族企业的主体是人，优秀的家族企业文化从员工的角度出发，协调企业的内部关系，将企业员工牢牢地凝聚在一起。全体员工对家族企业的核心价值观形成共识，使他们对企业的使命和宗旨矢志不渝，团结努力为家族企业核心竞争力的培育提供强大的动力。同时，家族企业文化使得家族企业明确自身以何种态度来对待客户，回报股东，以及怎样确定企业的经营策略，维护合伙人关系，协调好自身发展与社会的关系，等等。首先，家族企业文化从价值取向、道德观念、行为规范及知识技能等方面，为家族企业核心竞争力的形成奠定了思想基础。其次，家族企业文化是打造家族企业团队合作精神的利器。"天时不如地利，地利不如人和"，这里的"人和"在家族企业文化建设中表现为"以人为本"的理念。一个企业的物力、财力、信息资源等都是有限的，而唯独人力资源的开发是无限的，并且人作为企业的管理者与被管理者，是整个企业管理的关键所在。在家族企业中，我们要通过先进的家族企业文化，不

---

① 马为贞. 中国网通地市级公司企业文化建设研究 ［D］. 中国优秀硕士学位论文全文数据库, 2008.

断挖掘人的潜力，发挥人的主体作用，充分调动人的积极性和创造性。这样，家族企业的物力、财力及信息等各种资源也能得到更好地运用。优秀的家族企业文化能使家族企业内各部门之间、管理者与被管理者及企业员工之间消除原则上的分歧，减少因内部冲突而导致的能量耗散。员工之间需要求同存异、相互理解，为了本企业的发展及个人价值的体现而团结一致、共同奋斗；家族企业的管理者也应该摒弃家长式作风，认真听取不同心声，考虑员工们的意见，在企业的管理过程中要尊重企业成员的建议，尽量发挥集体智慧，整体协作，搞好整个家族企业的"人和"，而不仅仅是家族成员内部的"人和"。家族企业管理应该尊重员工的人格、信仰和观念，使员工充分享受工作的自由与尊严，让每个人在家族企业中都能充分地实现自身的价值。优秀的企业文化使得员工之间能互相团结，整个企业犹如一个大家庭，从而形成强大的凝聚力。这种凝聚力使员工有着无限的工作热情，对企业核心竞争力的培育起着关键的作用。最后，家族企业文化为家族企业核心竞争力的培育打造"品牌"利器。"品牌"是一个企业综合实力的体现，是企业核心竞争力的集中表现。随着产品进入壁垒的降低，产品同质化现象日益加剧，企业间的竞争也从原来的产品价格和质量的竞争，慢慢地过渡到品牌之间的竞争。而品牌竞争优势，主要体现在品牌技术，信息时代，对核心竞争力的创新，也就是对知识文化的创新，在这一过程中企业文化起着举足轻重的作用。

（1）家族企业文化决定着家族企业成员的价值观念和思维观念。价值观念和思维观念的新直接决定着其他方面的创新，尤其是作为家族企业的领导者必须要有创新的超前思维，才有可能进行创新。这就要求家族企业文化是学习型的、开放式的，要突破传统的思维定式与思维惯性，以敏锐的眼光时刻把握内外环境的变化，用新的思想观念为企业的未来规划蓝图。

（2）家族企业文化决定着家族企业的战略定位。战略定位的创新是企业核心竞争力创新的前提条件，家族企业要保有其核心竞争力，必须在变化的经济形势和市场环境中有正确的战略目标。但是这个目标并不是一成不变的，是随着内外环境的变化不断调整的，优秀的家族企业文化能适时地调整企业的战略目标，而封闭落后的企业文化则不能做到。另外，家族企业文化影响着家族企业的组织管理模式。家族企业文化对家族企业采取何种组织管理模式来治理企业，起着指导性的作用。家族企业组织管理模式创新主要是：整合家族企业内外各种资源，加强对外的协作和联盟，不断建立并优化基于自己核心业务与核心能力的价值链体系；通过组织管理的不断系统化、规范化与柔性化建设，来提高家族企业适应复杂环境变化的能力，为家族企业核心竞争力的创新提供良好的内部环境。

（3）家族企业文化决定着家族企业技术上的创新。技术创新是企业核心竞争力形成和创新的关键，它是指生产工艺、装备、方法的改进和完善，它既包括企业内部的技术创新，也包括吸收企业外部技术，使其在企业内部进行的技术扩散。良好的企业文化促进企业不断通过技术的创新来推进产品更新的速度，进而为企业的核心竞争力的创新提供不竭的动力。

4. 家族企业文化是打造家族企业核心竞争力的利器

在家族企业的发展进程中，家族企业文化贯穿于家族企业发展的始终，它是一种潜移默化的、起长远作用的力量源。家族企业核心竞争力的构建是建立在企业文化氛围基础上的，优秀而先进的家族企业文化对培育企业核心竞争力有巨大的推动作用。

首先，家族企业文化是家族企业的精神支柱。家族企业文化是企业的灵魂，家族企业文化是家族企业生产经营的指导精神，在家族企业的生产经营中起着至关重要的作用。在家族企业内部，企业文化能否得以良好的运用，直接影响着家族企业的长期绩效。企业内部员工身为家族成员，一般都有共同的价值观念，为了家族企业的发展而不遗余力，而作为非家族成员的家族企业员工，其价值观念和信仰并不一定与家族成员员工的相一致。所以说，家族企业文化要以共同的价值观念为核心，但这个共同的价值观念不应该是偏颇的，而应该是惠及全体员工及企业整体利益的，只有这样，才能塑造员工统一的价值观念和道德信仰。全体员工在良好的文化氛围、和谐的工作环境、融洽的人际关系中，才能激发自身的工作积极性和创造性，充分发挥内在潜能，进而影响他们的工作态度与行为，提高整个企业的长期绩效。

5. 家族企业文化是家族企业可持续发展的内在动力

家族企业发展的动力源很多，家族企业文化是各个动力源，尤其是企业员工这个弹性最大的动力源的黏合剂。我们知道，家族企业是由人创办并组成的一种经济组织，家族企业发展的内在动力源就是家族企业的全体员工；而家族企业文化是家族企业全体员工的价值观念、道德规范和行为准则的总和，所以说家族企业文化是家族企业可持续发展的内在动力源。家族企业创立之初，家族企业文化此时是隐蔽的，在一定意义上就是家族企业主或是该家族的文化。

此时，家族成员是在统一的价值观念指导之下开始创办企业的，为了自身以后更好的发展，那种内在的动力使得他们相互之间不计得失、一味付出。家族企业发展壮大后，企业员工不断地增加，家族企业文化的作用也逐渐凸显出来。家族企业文化作为"看不见的手"，对员工的思想产生很大的影响，使他们形成了基本上都认同的价值观念和信仰。全体员工受这种价值观念和信仰的支配而团结一致、积极努力工作，从而使他们凝聚成一股强大的合力，从而提升企业绩效。总之，家族企业文化作为家族企业的核心要素，是家族企业成员价值观念、道德规范和行为准则的总和，是家族企业可持续发展的内在动力。

6.1.4 家族企业文化传承实施路径

1. 家族企业文化传承实施原则

（1）以人为本的原则。

以人为本就是把人视为管理的主要对象和企业最重要资源。家族企业文化管理模式必须以人为中心，充分反映人的思想文化意识，通过家族企业全体人员的积极参与，发挥创新精神，企业才能有活力，企业文化才能健康发展。一方面，企业文化作为一种管理文化，它需要强调对人的管理，并把强调"人"的重要性有机地融合到追求企业的目标中去；另一方面，企业员工不仅是企业的主体，而且还是企业的主人，企业要通过尊重人、理解人来凝聚人心，企业文化要通过激发人的热情，开发人的潜能来调动人的积极性和创造性，使企业的管理更加科学，更有凝聚力。在企业文化建设过程中，要正确处理好企业领导倡导与员工积极参与的关系。必须做到每一个环节都有员工参与，每一项政策出台必须得到广大员工认可，自始至终形成一个全员参与、相互交融的建设局面，从而实现员工价值升华与企业蓬勃发展的有机统一，实现企业和员工全面发展的有机统一。

（2）讲求实效的原则。

家族企业实施文化管理，要切合企业实际，符合企业定位，一切从实际出发，不搞形式主义，必须制定切实可行的企业文化建设与实施方案，借助必要的载体，建立规范的内部管控体系和相应的激励约束机制，逐步建立起完善的企业文化体系。要以科学的态度，实事求是地进行企业文化的塑造，在实施中起点要高，要力求同市场接轨，要求精求好，做到重点突出，稳步推进。要使物质、行为、制度、精神四大要素协调发展，务求实效，真正使企业文化管理能够为企业的科学管理和企业发展目标的实现服务。

（3）重在领导的原则。

实践证明，一个部门、一个单位的风气，80% 的工作人员的所作所为，取决这部门 20% 的领导干部的素质和所作所为。领导科学理论，特别强调领导者的行为对下属工作人员态度和行为的重要影响，包括下属对领导者的权威心理、模仿心理及领导者的暗示心理等都决定了领导者在组织的重要作用。因此，"一把手"和所在的领导班子对文化管理重视，以及在文化管理中发挥的表率作用对文化管理的效果是至关重要的。要树立"管理者首位"思想，领导干部要率先垂范。家族企业文化在很大程度上表现为"老板"文化，从一定意义上说，家族企业文化就是企业创始人理念的升华，企业领导是企业文化的倡导者、缔造者、推行者，不仅个人的理念要领先于他人，更重要的是能把领先的理念转化为企业的理念、企业的体制、企业的规则①。家族企业领导干部在企业文化管理中，要先学一步，学深一些，带头思考，带头实践，时时事事给员工做出榜样，要在企业文化管理中有创新、有建树②。家族企业管理领导者，都应明确自己的角色定位，承担起应负的责任，率先示范。并善于激发员工的智慧，调动起全体员工的积极性、创造性，依靠全员的力量投身于企业文化管理中。

（4）系统运作的原则。

无论从管理的角度，还是文化的角度看，文化管理本身就是一项完整的复杂的系统。从管理的角度看，文化管理作为一个管理手段，它是家族企业管理的一个子系统。作为过程，它有文化调研、文化设计、文化传播、文化评估与文化再造等阶段；从组织文化的角度看，家族企业文化有物质文化、制度文化、精神文化等不同的表现形式③。可见，一个家族企业的文化管理，并不是零散的，而是有层次之分、有轻重之分的整体。因此，实施家族企业的文化管理不能割裂家族企业文化各要素之间的相互依赖、相互影响关系，而要注意文化管理与其他管理保持有机的联系。

（5）执行性原则。

---

① 杨春权．我国国有企业文化建设探析 [J]．经济师，2011.
② 戴敏嘉．关于如何建造企业文化之路的思考 [J]．现代企业文化，2010.
③ 邹昊．政府采购文化建设体系内容研究 [J]．中国政府采购，2011.

管理是指同别人一起，或通过别人使活动完成得更有效的过程。这个过程表示管理者发挥的职能或从事的活动，这些职能概括地称为计划、组织、领导和控制。计划包含规定组织的目标，制定整体战略；组织包括决定组织要完成的任务是什么，谁去完成这些任务等；领导是管理者激励和指导下属及选择最有效的沟通方式，解决组织成员的冲突；控制是当目标设定以后，就开始制订计划，向各部门分派任务，对人员进行培训和激励，监控组织的绩效，将实际的表现与预先设定的目标进行比较①。文化管理是一种管理手段，是一种实用性的管理手段。各种相关的硬约束和软约束，既要有可操作性，又要有执行性。而不要将文化管理体系置于一种装饰、形式的地位。否则，就不能称其为管理。

(6) 个性化原则。

企业文化是一门应用性、实践性很强的科学，是在一定社会文化背景下的管理文化。工作中必须运用创新的方法去思考、去实践。由于发展历程的不同，每个家族企业都具有各自显著的特色。搞好家族企业文化管理关键在于突出家族企业的鲜明个性，追求与众不同的特色、优势和差别性，培育出适应知识经济时代要求的、能够促进企业整体素质提高、健康发展、具有自身鲜明特色的企业文化②。因此，在文化管理过程中，必须牢牢把握企业的发展历史和现状，重视挖掘提炼和整理出具有企业鲜明特色的文化内涵来，方太集团就走出一条具有本企业特色企业文化管理之路。

2. 家族企业文化传承实施途径

文化传承与管理是企业管理的最高层次。正如劳伦斯·米勒所说："公司唯有发展出一种文化，这种文化能激励在竞争中获得成功的一切行为，这样的公司才能在竞争中成功③。"中国在经历了改革开放、经济飞速发展之后，企业也步入了改革发展的轨道。许多家族企业结束了经验管理的历史，登上了科学管理的台阶，一些先进家族企业也率先建设出了优秀的企业文化，以企业文化为龙头带动企业的全面管理，形成了具有中国特色的家族企业的文化管理模式。

---

① 唐向华. 家族企业成长中企业文化转型研究 [D]. 中国优秀硕士学位论文全文数据库, 2012.
② 李斌. 浅析如何加强国有企业的企业文化建设 [J]. 企业导报, 2012.
③ 刘传清. 知识经济时代的企业文化建设 [D]. 中国优秀博硕士学位论文全文数据库, 2006.

（1）明确企业使命，构建理念体系。

企业无论大小，也不管是什么组织形式，都需要有指导企业发展的理念体系，只有确立科学的经营管理理念才能为企业指明发展的道路。作为一种特殊的企业形式，家族企业二元性系统决定、家族企业追求经济目标与非经济目标，在家族企业文化建设中要权衡双重发展目标。家族企业实施文化管理的基础则是构建起具有自身企业特色的理念体系。一个企业领导者的最大贡献就是确定价值体系，并加以传播实践。确定价值体系首先要明确组织的使命。家族企业通过寻找自身使命才能知道存在的社会意义，明确自己的最高目标和应该完成的任务。家族企业实施文化管理，首先要创建理念文化体系，理念文化体系的创建要解决的第一个要素就是企业使命。企业使命是企业由于社会责任和义务或企业自身发展所规定的任务。它是企业领导和员工认识并尊重客观规律的结果，是企业主观态度的反映。明确了企业使命也就明确了家族企业自身存在的意义。包括企业的长期目标、短期目标。一个家族企业的使命至少包括两层意义。一是功利性的、经济的要求。家族企业为了自身的存在和发展，必然要以实现一定的经济目标、经济效益为目的。二是家族企业作为社会的一个组成部分，必然要担负着全社会赋予它的使命，为社会的繁荣与发展完成它应有的义务。由于中国家族企业具有自身特点，因此家族企业在进行使命和理念体系的确定与设计时要考虑以下因素。

第一，家族企业领导者所具有的个性。企业理念的定位是企业领导者自身个性的延伸，所以使命和理念体系的定位与领导者十分相关，包括领导者的理想、社会责任感、使命感有着密切关系，这在家族企业中表现得尤为明显。在中国，家族企业的发展历史不长，家族企业领导往往就是企业的创立者，因此，他们的秉性对企业文化影响至深。可以说，家族企业理念是企业目标和领导人个人思想境界相互结合一种反映。

第二，考虑时代特点、社会特征。家族企业是处在一个时代之中的一种组织，是一个特定的社会环境之中的组织，所以，家族企业的使命和理念体系的确定必须考虑到时代与社会的因素。

第三，家族企业的独特个性。在众多的组织中，一个家族企业的使命和理念既不同于一般企业或公司，也不同于其他家族企业。不同的家族企业具有与自身相一致的使命，有自己的源文化。家族企业领导者和员工的素质、理想和目标也有很大差异。因此，强调家族企业理念的独特性是必然的，也是必需的。如沈阳海为公司的使命是"让电力系统更安全"。海为使命是海为要将自身的存在和发展与电力系统的安全紧密结合；郑重承诺用高质量的产品和优质的服务使变压器、互感器等电力设备更加安全、可靠运行，保证电力系统为社会提供连续、优质的供电，促进人民生活的改善和提高，社会经济的健康发展和国家的繁荣昌盛。这是海为公司与其他公司不同的独具特色的使命。

（2）完善企业制度，建立科学机制。

制度作为社会关系和社会活动的规范体系，对于人们的思想和行动具有导向、整合和调控作用。企业制度是对企业行为方式、原则和程序的规范性约束，对企业员工的思想和行动具有导向、调控等作用。科学、合理的制度设计和安排，有利于提高工作的效率与质量。完善、合理的制度规范对家族企业各项活动的正常进行，领导和员工之间、员工与员工之间的关系协调，都能起到有效的促进和保证作用。中国的家族企业，一般来说所有者即经营者与决策者，缺乏科学的决策程序，缺乏监督与约束。这就严重制约了家族企业的长远发展，也为家族企业要实施文化管理带来了不可逾越的鸿沟。现代企业竞争的根本是人才的竞争，家族企业要参与到竞争的洪流中。中国家族式企业由于其天生的血缘关系，关键性职位往往都由家族成员担任，不愿意也不轻易相信即使是非常能干的外来人员。有的家族企业甚至还承担起安排亲戚朋友就业的"义务"，因人设事而非因事设人，伤害了非家族成员的感情①。外来人员不仅感觉自己是雇员，是"被剥削者"，而且还是被排斥者，工作的主动性和忠诚感大减。当非家族成员有利于公司的意见不被重视，当他们创造性的劳动不及老板平庸的亲戚收益多时，他们容易采取短期行为谋取私利，或伺机跳槽到其他的企业②。如此，传统家族企业的决策机制和用人机制都是僵化的，这反过来导致家族式企业人才流失严重、生命周期不长。家族企业要想最终摆脱企业文化建设与管理中出现的问题和困难，最有效或者说最根本的方式就是改革现有的与时代发展和市场机制不适应的管理模式，用人唯贤，采用现代企业制度，为企业发展与企业文化建设奠定良好的基础。因此现代企业制度是市场经济体制下适应社会化大生产需要的企业制度。现代企业制度的基础和核心，是独立的法人财产权，基本形式就是公司制。现代企业制度是一种体制模式，"产权清晰、权责明确、政企分开、管理科学"是现代企业制度的四项基本特

---

① 王敏. 中小家族式企业人性化管理模式与运行机制研究［J］. 中国海洋大学，2007.
② 胡淑芳. 革新家族企业管理势在必行［J］. 经济技术协作信息，2007.

征①，最主要的是通过规范的企业组织制度，使企业的权力机构、监督机构、决策和执行机构之间相互独立、权责明确，在企业内部形成激励、约束、制衡的机制，唯有如此才能为中国家族企业的健康成长铺设一条宽阔而光明的道路。

（3）提高员工素质，促进文化管理。

日本松下公司老板告诫自己的员工，如果有人问：你们松下公司是生产什么的？你应当这样回答：我们松下公司首先制造人才，兼而生产电器。成功的组织都有一个共同的特点，就是奉行人的价值高于物的价值的理念。文化管理的最大特点在于以"文""化"人，在于提高人的素质，发挥人的最大潜能。企业文化管理的程度与企业缔造者、经营者的文化修养和价值取向有密切的关系，家族企业尤其明显。因此，无论管理者还是普通员工，都要加强自身素质的提高。员工素质和文化管理是相辅相成、相互促进的。员工综合素质和业务素质的提高能够促进企业实施文化管理，而企业内部文化管理的实施是提高员工素质的一个重要途径。对于家族企业而言，就是要实现企业员工较高的综合素质和良好的业务素质。员工的综合素质，包括良好的道德品质，即要求企业员工要具有良好的职业道德、心理素质、敬业精神和踏实的工作作风；具有开放的心态、与同事协作、与社会融合的能力。良好的业务素质，包括具有学习并接受新知识、新技能的能力；具有良好的专业技能和业务知识。提高员工的综合素质和业务素质，首先企业的领导团队要成为学习型群体，开学习风气的先河。其次要鼓励普通员工学习，确立激励机制，唤起员工自觉学习、提高自身素质的积极热情，倡导全员学习的风气。对于中国家族企业来说，普遍建设学习型组织存在很大的难度，最主要的就是创业者和其主要成员不断提高自身的文化修养，依靠其家长式的领导方式与家庭式的领导集体形成好的工作作风和企业文化。员工素质和文化管理是相辅相成、相互促进的。

（4）确保全员参与，力求上下互动。

企业文化是指企业全体员工在创业和发展过程中培育形成并共同遵守的最高目标、价值标准、基本信念以及行为规范等的总和。企业文化的建设与管理离不开全体员工的积极参与，这对于家族企业尤为重要。家族企业的员工可以分为家族成员和非家族成员，而且这种"分类"往往在广大员工的潜意识里已经打上了深深的烙印。因此，如何淡化这种身份认同，整合全体员工的意识

---

① 许洁. 浅谈我国国有企业青年职工思想政治工作机制［J］. 科学与财富，2012.

形态便是实施文化管理急需解决的问题。而实行全员参与、上下互动的文化管理是解决这一问题的主要途径。全员参与、上下互动就是使家族企业全体员工既在思想上统一，又能在行动上互动、协调一致。全员参与，就是要保证员工参与决策的权利，进而缩短员工与家族领导者的距离，使员工的独立性和自主性得到尊重和发挥，积极性也随之高涨。通过全员参与，能有效地将企业已经确立的理念体系，深入到每个部门、每个员工，员工自觉地将理念与自身工作有机结合起来，真正贯彻理念，实现理念的认同、共有化。上下互动，就是在家族老板的领导下，将已经建立的理念体系，向下级部门传达、征询不同部门和员工的意见和建议，再将反馈上来的建议加以整理，提供给理念策划小组，进行理念体系再完善，如此，上下互动，既调动了企业广大员工的积极参与的热情，体现员工主人翁精神，又通过对理念体系的实际参与、讨论，从中受到教育，实现家族企业价值系统化、全员化。因此，家族企业实施文化管理注意做好两个方面的工作：一是充分发挥全体员工的智慧，启发企业文化建设的灵感，特别是在设计企业文化"三大识别系统"时，要采取自上而下与自下而上相结合的方法，通过发放问卷调查、开座谈会、报告会、研讨会和开辟网上论坛、征文等形式，引导员工集思广益，献计献策，为形成企业"三大识别系统"奠定坚实基础。二是通过总结，进行企业文化的进一步宣传、灌输、教育活动。在具体方法上，首先要让全体员工了解企业文化建设与管理的重大意义；其次利用征文、回忆文章、演讲比赛等形式加强企业文化管理，如开展"企业文化管理之我见"的征文活动等。海为公司在进行文化管理过程中成立了专门的企业文化管理委员会，由总经理亲自负责，并采取了以下方法来调动广大员工参与文化管理的积极性，促进文化管理的实施：①舆论导向法：内部舆论与外部宣传相结合；②活动感染法：利用文体活动带动文化的深入；③媒介传播法：通过企业内外媒介进行文化传播；④典型树立法：通过树立正面典型人物加深理念的传播；⑤领导示范法：企业领导在推广文化方面要起带头作用。

（5）整合企业文化，全面导入 CIS。

中国家族企业的人员构成往往在员工的潜意识里分为家族人员内部群体（家人），非家族人员的外来群体（外人）。家族企业文化大多根植于家族亲缘文化与地缘文化，家族企业中的家族人员具有较为统一的文化认同。而外来的非家族成员群体则具有较为分散的文化认同。家族企业这种通过以"家族利益为纽带，以家族血缘关系为强大凝聚力"实现的家族亲缘文化，克服了企业创业初期面临的种种困境，保证了企业平稳而快速地发展①。但是，随着企业的不断壮大和外来人员的增加，企业内部文化认同越加分散，员工与企业，员工间的文化冲突也日趋明显，企业也就难以满足员工的社会尊重需要和自我实现需要。因此，整合企业文化，建立全体员工一致认可的价值观便是家族企业实施文化管理的重要策略。整合文化是不同的部分或因素结合为一个有机整体的过程，亦即一体化的过程。一个社会从无序到有序，必须经过整合。一个企业经过改革或创新活动之后，也必须经过整合，才能提升到更高的水平②。只有经过整合的文化，才会具有顽强的生命力，才能抵制外来的冲击，才能长期保持自己的特色。通过整合文化，使家族企业原来的发散的文化现象，达到方向、目标一致的为广大员工共同认同的文化体系，才能形成具有强大的生命力的、能长期保持自己的文化特色的主流文化。凡是经过高度整合的文化，制度化、规范化程度则很高，组织也均衡、和谐而有序地发展，具有很强的抗干扰能力和自我调整能力。但在一个未经文化整合的企业内，各种文化力量相互冲突，或缺少优势文化，或劣势文化占主导地位，组织内制度化、规范化程度则较低，抗干扰能力和自我调整能力较差。在学习型组织里，领导者的设计师工作也主要体现为整合。整合文化有多种方式：主要有理念体系的整合、制度的整合、规范的整合、形象的整合等。由于 CI 的主要功能是对外易于交流、证明组织的存在；对内是管理者控制的手段，是组织成员身份认同与归属的依据，组织导入 CIS 能产生信任效果、谅解效果、竞争效果等，能使组织脱颖而出，赢得优势。导入 CIS 是家族企业有效实现文化管理的发展战略。家族企业导入 CIS 战略，进行企业形象建设能提高家族企业的凝聚力和社会声誉。家族企业全面导入 CIS 有利于准确制定自身的发展目标、服务策略等整体发展战略；有助于提高员工整体队伍的素质，增强家族企业的凝聚力；有助于扩大家族企业的社会影响。家族企业导入 CIS，即需要遵循一定的程序，如组织实态的检查与分析；根据调查结果，进行 CI 企划和计划的作业，CIS 设计开发；CIS 的实施管理等。

（6）传播理念体系，强势企业文化。

企业文化理念体系的建立是实施文化管理的基础，而在企业内外推广与传

---

① 赖素贞. 比较中西企业文化，促进家族企业的可持续发展 [J]. 湖北经济学院学报（人文社会科学版），2009.

② 郭一红，张赓. 建设中国特色社会主义文化与接纳外来文化问题 [J]. 求索，2007.

播企业文化对于家族企业的文化管理更为重要。中国的家族企业由于起步较晚，企业品牌尚在建设之中，部分企业还不为广大消费者所认知，再者，中国家族企业内部存在人员构成的内外之分，这些内外因素构成了家族企业的发展瓶颈，不利于企业的长远发展。通过不断在企业内部和外部传播文化理念体系，不但能突破这些发展障碍，也完成了企业文化管理的重要过程。文化存在着双向的辐射现象：一种是内辐射，产生向心力，发挥凝聚功能；另一种是向外辐射，产生发散力，发挥融合功能①。发挥文化的四个基本功能，即凝聚功能、动力鞭策功能、导向功能、约束功能，需要提高内外传播加以实现。只有内部和外部传播，才能使家族企业内部员工和外部公众对企业文化理念有深刻的认识、体验，最终发挥外部效应。家族企业文化的传播包括内部传播和外部传播两方面：内部传播就是要将文化理念体系，内化于心、外化于行。内化于心，就是形成家族企业的核心理念和价值观，真正做到上下同欲，情感同根，力量同心，从最低层到最高层保持高度一致，形成高度的认同感和归宿感，进而抓好每一个源头的精神动力。外化于行，就是将所形成的文化理念通过家族企业的形象展示出来，将抽象的理念文化变为可见的员工形象，通过向社会提供企业特有精神的优秀服务和优良产品，向社会展示并推广企业的先进理念，形成得到社会赞美的企业形象。针对家族企业现状，建立一套适合企业发展的内外部文化传播体系是家族企业强势企业文化，推行企业文化管理的重要途径。内部传播可以通过多种途径，用适合家族企业的沟通方式，向员工传达、渗透，以达到理解、认同和潜移默化影响自身工作的目的。主要方式有：文化理念理解与学习。即通过学习和不同形式的讨论，深刻理解家族企业已经形成的理念体系，并结合各部门的实际工作特点，探讨本部门、本人与理念体系的关系，以更好地将理念与自身的工作结合起来，指导自身的工作实践。仪式和礼仪规范的推广。仪式和礼仪的推广与实施的目的就是要将家族企业的文化理念，通过员工的言谈举止，活生生地表现出来。如果说，视觉要素是理念的静态传播途径，则员工的行为表现是一种动态的理念传播方式。领导的模范作用。通过家族企业领导或各部门中骨干分子的率先表现，引起广大员工的效仿，潜移默化地影响和教育员工的态度和行为。内部传播从传播的渠道来看，可以有正式传播和非正式传播方式。正式传播包括上级下发各种文件、指示、工作计划和工作标准；下级部门上报的各种材料，家族企业的网站、网页等。

---

① 冯之浚. 国家创新系统的文化背景 [J]. 科学研究，1999.

这些都是按照正规组织机构进行的传播。通过传播将理念深化到各个部门、各个岗位，并在总理念的基础上，提炼适合自己本部门、本岗位的理念，使理念进一步得到发展壮大。非正式传播主要指非正式场合中组织各层次，尤其是员工的口头进行。

外部传播方式可以是家族企业进行生产、销售和服务等的实际行为，也可以是举办各种文艺体育活动，策划新闻发布活动，专题研讨活动，积极参加社会公益活动等。强势文化是组织拥有并广泛共享基本价值观，员工对组织的基本价值观的接受程度越大，文化就越强势。强势文化对管理者的所作所为产生巨大的影响。弱势文化的特征是组织分不清什么是重要的，什么是不重要的，文化对管理者的影响很小。塑造强势文化，就是要发挥文化力的磁场效用，使企业员工表现出共性：相同的目标、共同的追求，以及类似的价值观和文化核心理念，在家族企业内部形成一个主流文化①。文化本身就是最大的控制力，强势文化需要以共同的价值观来统摄员工的思想加以实现。因此，建立在科学理念体系基础上的，对理念体系的反复、理解、物化、仪式、英雄式的领导等传播活动有利于强势文化的形成。另外，吸收优秀的传统文化与民族文化，借鉴国外家族企业文化成功经验等方法也是推进中国家族企业实施文化管理的重要策略。对中国家族企业文化传承创新有重要的现实意义。

6.2　家族企业文化创新

6.2.1　家族企业文化创新动因

1. 家族企业文化创新的必要性与紧迫性

家族企业经过近 40 年的发展，不少企业在企业文化建设方面取得很好的效果，但是总体上中国的家族企业文化建设还存在不少问题②，绝大部分家族企业未能找到适合自身的企业文化，家族企业的进一步发展迫切需要进行家族

---

① 甘露. 企业文化专题之一小议企业文化 [J]. 国家电网, 2006.
② 张向前. 我国家族企业文化创新机理研究 [J]. 企业经济, 2015.

企业文化的创新。

（1）家族企业文化自身的本质诉求。

家族企业文化是家族企业员工在共同的实践过程中形成的共有观念，随着家族企业的发展而不断变化。

①家族企业文化是一个动态发展的概念。首先，不同的家族企业有着不同的家族企业文化。各个家族企业根据自身所处的不同环境和拥有的条件，形成了具有各自特点和个性的家族企业文化。其次，家族企业文化既具有相对的稳定性，又兼有动态性。家族企业文化在形成之后，虽然在一定时期内总体上是相对稳定的，但是却无时无刻不在随企业内外环境的变化而不断调整和更新。最后，家族企业文化的形成是一个长期的过程。不论家族企业发展到什么阶段，家族企业文化都要面临不断创新、重塑和完善的问题。

②家族企业文化的力量源泉来自创新。首先，创新使家族企业能够适应市场经济的要求，不断地通过调整和规范自己的行为，成为符合市场需要的企业。其次，不断创新、完善自我、追求卓越是优秀的家族企业文化的内涵。家族企业文化只有通过整合内部资源以适应外部环境的变动，并随着家族企业的发展和社会的进步不断加以完善，才能为家族企业的进步提供不竭的生命力①。

③家族企业文化创新是家族企业创新的一个重要组成部分。首先，价值观念决定行为，没有良好的文化创新氛围，就不可能产生好的制度创新。制度创新只有适应企业的文化观念，才能够为广大员工所认同和接受，从而发挥出新制度的效果。其次，没有良好的文化基础，企业就难以实现好的适应企业文化的经营战略创新。只有跟企业自身的历史和现状相结合的经营战略，才能够对企业的未来作出良好的判断。最后，没有良好的文化创新引领和指导，就难以产生出能够推动企业向前发展的技术创新。技术创新所依靠的是人的价值理念和思想观念即文化观念。只有突破文化观念的限制，技术创新才成为可能。

（2）家族企业发展的内在要求。

中国家族企业发展存在的众多问题需要通过家族企业文化创新来解决。这些问题表现在以下几方面。

①家族企业文化的缺失导致家族企业的短命现象。与国外相比，中国家族企业的平均寿命过于短暂，只有2.9年。这主要是由于被动、不成体系的企业

---

① 付蓉，徐莹敏. 我国家族企业文化创新机理研究［J］. 商业经济研究，2015.

文化建设无法支撑家族企业的生存和持续发展，更不用说把家族企业传到第二代、第三代，甚至永续经营。家族企业领导人自身素质的不高、企业员工素质的不良等家族企业的弱点把家族企业文化建设引导到企业发展的对立面，企业文化成为阻碍家族企业进一步发展甚至把家族企业引向破灭的一个因素①。

②家族企业文化的缺失导致家族企业的短视行为。一方面，家族企业是家族利益和企业利益的结合体。很多家族企业主把家族利益置于企业利益之上，把家族企业当成实现家族利益的工具。另一方面，由于我国的家族企业还处于生存和快速发展阶段，很多家族企业单一的追求经济利益。而现在社会对企业责任的强调越来越多，企业在追求经济目标之外，还必须考虑如环保、增加就业等社会责任。这种单纯追求利润最大化的目标与社会要求相左时，就不利于企业的发展。另外，中国很多家族企业主过分追求一些政治目标。为了得到一些个人荣誉称号，不顾企业的利益，盲目投钱，最终使企业背上沉重的社会负担。

③家族企业文化的缺失导致家族企业人才危机。很多家族企业任人唯亲，对于非家族员工即使有能力也不愿重用。即使很多家族企业主认识到人才的重要性，重金聘请外来人员来企业，但是由于家族企业文化中缺乏对人才的尊重，未形成以人为本的氛围。因而，这些人才来企业后也待不久，留不住。

④家族企业文化的缺失导致家族企业创新能力差。家族企业文化是家族企业进行技术创新、知识创新、管理创新的基础。缺乏企业文化系统有意识的引导，家族企业的各种创新活动都只能是零散而不成体系的，就难以形成推动企业长久进步的动力②。

（3）应对国内外市场化竞争的挑战。

随着全球化的发展，家族企业面临着更加激烈的竞争环境。

①知识经济对家族企业文化提出了新的挑战。首先，知识经济对无形资产的强调要求家族企业文化形成"尊重知识，尊重人才"的价值取向。只有拥有更多的人才，引导家族企业形成吸引人才、尊重人才、留住人才的良好氛围，充分发挥员工的内在智慧和积极性，家族企业才能在知识经济中获得生存和发展。其次，知识经济的竞争特点要求家族企业文化倡导快速的应变性和适应性。知识经济时代，市场的竞争从单纯的产品竞争，提升到产品附加值的竞

① 张向前. 我国家族企业文化创新机理研究 ［J］. 企业经济，2015.
② 付蓉，徐莹敏. 我国家族企业文化创新机理研究 ［J］. 商业经济研究，2015.

争，其实质是人的观念和思想的竞争。与产品竞争相比，这种竞争更加激烈，要求家族企业具有快速的反应能力，能够根据市场的变化不断推出新产品以应对市场的竞争。同时，家族企业要通过不断的学习，来提高企业的竞争能力和适应能力。

②全球经济一体化的特点要求家族企业文化创新。首先，文化的多元碰撞要求家族企业文化由相对单一性走向多元性。在经济全球化和区域化的背景下，一方面跨国企业大量发展，企业并购高潮迭起；另一方面，企业走向联盟化、虚拟化和扁平化。这首先要求家族企业文化能够包容不同企业、地区或国家的文化，既要具有独立性，又要具有开放性。其次，激烈的市场竞争使得企业形象的重要性凸显，必然要求家族企业提升企业形象。产品的多样化使企业品牌和企业形象在很大程度上成为消费者决策的一个衡量指标。家族企业不仅要通过提供优质的产品和良好的服务来确保企业良好的形象，还需要通过投资公益事业、参与社会文化活动的方式，扩大企业的知名度，增强企业的形象。

2. 家族企业文化创新内在动因

（1）家族企业文化的缺失导致家族企业的短命现象。

据美国一所家族企业学院的研究显示，约有70%的家族企业未能传到下一代，88%未能传到第3代，只有3%的家族企业在第4代及以后还在经营①；麦肯锡咨询公司研究结论是：家族企业中只有15%能延续三代以上。随着企业内外部环境的变化，传统的家族企业文化已不能支撑家族企业第二次创业和持续发展，家族企业文化的负面作用日益显露出来。处于二次创业的家族企业意识到只有企业文化进行创新才能适应现代经济发展，但在创新的过程中，会出现创业者自身的权利地位削弱后的心理不平衡与其他家族成员因权力和利益调整而产生的消极态度②。

（2）家族企业文化的缺失导致家族企业的短视行为。

一方面，企业在追求财富最大化的同时，还必须考虑许多理性目标，诸如生存目标、双赢目标、可持续发展目标。但现在多数家族企业的目标，还是一味地追求眼前的利润和财富，这一短视行为必然使企业走向死胡同。另一方面，家族企业负责人还存在着对一些非企业（政治）目标的追求。企业目标

---

① 鹿川. 小水泡子里能跳出几条过海蛟龙 [J]. 散装水泥, 2012.

② 李书进. 家族企业文化创新探析 [J]. 商场现代化, 2007.

与非企业目标主次不分，在家族企业中屡见不鲜。只有营造一种高境界的经营理念，才能将单纯追求利润最大化的目标与各种理性目标相结合，从而使企业的理念由短浅的急功近利向可持续发展理念转变。

（3）家族企业文化的缺失导致家族企业人才危机。

家族企业文化缺乏人文关怀。因此，家族企业各方面人才奇缺，尤其是技术创新及职业经理人。家族企业也试图改变这种知识断层的现状，有意识的充电、重金聘等，但终因缺乏人文关怀，难以吸引理想人才。至于企业内部其他员工，不是企业忽视对其能力的培养，就是花大成本培养出人才后，翅膀一硬就飞了。企业只有形成以人为本的文化氛围，才能留住人，并培育出一流的高级人才。

（4）家族企业文化的缺失导致家族企业创新能力差。

家族企业文化缺乏技术创新、知识创新、管理创新、品牌意识等优秀企业文化品位。家族企业发展到现阶段，只有在观念创新的基础上，通过技术创新、知识创新、管理创新，引入品牌意识，才能再上新的台阶。但由于家族企业缺乏相应的内部环境配合，往往使这种需求难以顺利实现。家族企业文化必须针对企业内外环境，适时地调整、创新和变革，才能保证企业的进一步壮大。

（5）家族企业文化的缺失导致利益分配矛盾无法解决。

①家族成员对利益占有的高期望。在利益分配方面难以做到公平、公正与大多数家族成员的认可，家族成员满意度会逐渐降低，纠纷与矛盾将逐步增加，企业也可能就此步入动荡期。②子承父业的继承之争。在子承父业的模式中，对权与利的追求会引起继位之争，亲情失去出现矛盾。可能因为对继任者的不满、能力的不信任等，要求从企业撤出自己的股份而使原来企业规模锐减，或者拿着企业的核心技术①、品牌、销售网络等无形资源自立门户，成为原企业最强劲的对手，或者是出卖企业的商业机密、核心技术，谋求私利，损害整体利益。企业核心资源的分散、流失，企业内部瓦解，给家族企业致命一击。

（6）家族企业文化的缺失阻碍了与现代企业文化融合。

家族企业文化是家长文化，实行的是业主长期自发形成的价值理念，与现代企业文化相距甚远；多数家族企业文化具有血缘、情缘的特征，企业缺乏持

---

① 戴志强. 民企"子承父业"继任模式的选择、风险及控制［J］. 改革与开放, 2005.

续凝聚力的文化氛围和强有力的文化支撑①。

6.2.2 家族企业文化创新理念

1. 坚持以人为本的文化理念

知识经济时代，劳动与知识的结合达到前所未有的高度，劳动者对知识的掌握和驾双日渐成熟，由此带来的新知识与新技术层出不穷。不以知识为武装的劳动者创造出数倍于体力劳动者创造的社会财富，智力资源的运作成为自然资源增值的有力支撑，作为知识载体及其运作主体的人在经济活动中的重要性显得尤为突出②。钢铁大王卡耐基高度重视人的作用，"将我所有的工厂、设备、工场、资金全部夺去，只要保留我的组织、人员，四年后我将仍是一个钢铁大王"③。企业文化创新，要以尊重人、理解人、信任人为前提，营造有利于员工个性、潜能释放的环境氛围，充分发挥员工的主观能动性和创造性。首先，企业应当致力于为员工提供自我实现的广阔空间、充满活力的工作氛围和公平公正的竞争环境，增强员工的责任感、归属感和认同感，使之成为企业活力的真正源泉。其次，在充分了解员工发展愿望和职业兴趣的基础上，为员工进行系统的职业生涯规划，以提升员工的整体素质和工作效能，实现企业与员工的双赢。最后，企业要积极创造条件让员工参与到企业管理和决策之中，建立并完善信任基础上的双向沟通渠道，倾听广大员工的意见和建议。在微软公司，所有职工都拥有面积相差无几的办公室，停车位按照先来后到的顺序而非职位等级进行分配，即使是董事长比尔·盖茨也不例外。微软西雅图市总部办公大楼内没有任何钟表，员工拥有自由的上下班时间，加班多少也完全出于个人的意愿。而惠普公司则营造了信任员工的文化氛围，其实行的"开放实验室备品库"管理条例就是这方面的突出表现。按照条例规定，工程师可以任意借用实验室备品库里的电气和机械零件，公司甚至鼓励他们拿回家去供个人使用。因为惠普有这样一种信念，不管工程师们拿这些设备所做的事是否与他们手头所从事的工作有关，只要他们在工作岗位上或家里通过摆弄这些东西能学到一些

① 吴元平. 家族企业可持续发展的思考 [J]. 广播电视大学学报（哲学社会科学版），2007.
② 颜星. 知识经济时代企业文化创新力研究 [D]. 中国优秀硕士学位论文全文数据库，2012.
③ 周莉. GH重庆分公司基于人本管理的企业文化研究 [D]. 中国优秀硕士学位论文全文数据库，2008.

有用的知识就行了。在这种有利于增强全体员工的凝聚力和创造力的文化环境下，无论是微软还是惠普的员工都能始终保持强烈的应变机制，并根据内外环境发生的变化及时调整企业战略，从而打破企业固有的惰性和局限，充分发挥企业的竞争优势。拓展激励机制、增强创新活力，是塑造创新求变的企业文化的必然要求。企业应当建立包含创新、学习、求变等内容的奖励评价指标体系，除了物质的奖励外，更应提倡精神层面的激励，以满足员工个性的彰显和自我价值的实现。鼓励创新，还应当形成允许挫折和宽容失败的良好环境，充分调动一切积极因素推动科技进步，全面提升企业的创新能力。培养多元融合的文化气质随着全球经济一体化的发展，世界各国的经济呈现出相互依存、相互渗透的趋势，企业间以往单纯的竞争关系已逐步转变为既竞争又合作的新型"竞合"关系。

2. 合作的新型"竞合"关系

传统企业相对封闭的圈子被打破，不同文化交流、开放的进程日益加快，培育多元融合的新型企业文化成为一种必然的趋势。企业只有紧密融合多元文化和共享文化，实现优势互补，才能使企业突破相对有限的资源环境和市场空间，在激烈的竞争中占据长期的优势地位。多元文化就是秉承本土优秀文化的同时兼收并蓄、博采众长，在学习借鉴其他文化的基础上塑造独特个性，在保持自身优良传统的基础上充分汲取外来文化优秀成果的营养。知识经济时代，不同文化和教育背景下的人拥有不同的思维方式和价值取向，他们在管理实践中自主创新，建设具有个性特色的企业文化，而消费者也拥有越来越强的消费主动权意识，极具个性和主动性。亘古不变的竞争优势和长盛不衰的畅销品牌已不复存在，企业只有不断融合多元文化，塑造企业文化的灵活性与适应性，才能真正实现基业长青。肯德基是美式快餐的典型代表，却在中国市场上占据了绝对优势，其主要原因正是在于它对中国传统文化与美国文化的完美融合，不仅推出了中西结合并富有中国本土特色的产品，还在其电视广告中融入了中国传统文化核心。知识经济时代企业文化创新力研究求知欲和创造欲，成为企业创新的核心力量和动力源泉。坚持以人为本的文化理念，还需要构建以消费者为中心的价值体系。知识经济时代，消费者由于文化水平的提高，其消费需求由低层次的物质需求逐渐向高层次的精神需求转变，消费行为更趋个性化和理性化。顾客不仅需要单纯的产品，而且还需要与产品有关的一切信息和服务，在关心商品实用性的同时，人们也越来越关注商品所蕴藏的文化内涵。新的市场需求特点，要求企业将企业文化的塑造和目标市场的文化需求紧密融合，对顾客需求的变化迅速做出反应。企业只有同顾客建立起密切的关系，努力为顾客提供更具特色和价值的产品、服务和信息，才能在激烈的市场竞争中找到机遇。"顾客至上"比以往任何时候都更加成为企业经营的最高宗旨。

3. 塑造创新求变的文化个性

知识经济时代，企业创新已呈现出快速发展的良好态势，强化创新理念、完善创新机制、优化创新环境是企业文化创新的内在要求。企业必须高度重视人的独立性和创造性，营造出充分发挥知识和智能效率的企业文化氛围，完善鼓励创新的奖励机制，才能在快速变动的商业环境中形成快速的反应机制，最大限度地发挥人的创新潜能。激发员工的忧患意识是塑造创新求变的企业文化的前提条件。企业应当努力提高员工对知识的敏感度，鼓励员工以创新适应变化，以创新创造变化，使创新成为企业全体员工的基本素质。微软永远用"我们离破产永远都只有18个月"来警醒和鞭策企业员工。通用电气公司启用了"末日管理"，要求企业经营者和员工时刻保持危机意识，不要陶醉在曾经的辉煌成就里。建立并完善适应市场变化的快速应变机制是塑造创新求变的企业文化的重要保证。企业应当积极构建有利于知识创新、共享和运用。

4. 创建学习型企业文化

当今世界知识正以爆炸式的速度急剧增长，企业持续运行的期限和生命周期受到严峻挑战。企业只有高度重视知识的积累与更新，通过创建学习型企业文化，鼓励个人学习和自我超越，逐渐培养企业组织和个人的学习以及知识更新能力，才能实现企业不断创新变革，开发新的企业资源和市场。建立共同愿景，树立学习型的价值观是学习型企业文化建设的本质要求。企业应当将学习视为组织发展的重要保障和员工发展的有力杠杆，在共同愿景的引导下，使学习成为所有员工的价值追求和自觉行为。

建立和完善对外开放、倡导学习、激励学习的组织机制，营造全员学习、终身学习、全过程学习的文化氛围，是构建学习型企业文化的重要环节。企业只有将学习渗透于企业经营管理全过程，组建积极向上的学习型团队，构建系统化的学习体系，搭建利于学习的网络平硕士学位论文台，健全奖励学习的激励制度，调整人才的知识结构，才能真正提升组织的学习能力和竞争力。学习型企业文化的塑造，还应将企业领导和管理人员的角色进行重新定位。他们不再是单纯的企业管理决策人员，而是整个企业的设计师和工程师，是倡导学习、善于学习的楷模。纵观国内外优秀企业，无不重视学习的作用。摩托罗拉公司每年用于员工教育训的专项经费超过亿美元，拥有个遍布世界各地的著名高校。西门子公司把培训视为重要的竞争要素，在全球共拥有多个培训中心，开设了余门专业培训课程，每年参加培训的员工多达万人①。

6.2.3　家族企业文化创新机制

企业文化创新机制是一个大系统。如果从创新机制角度讨论企业文化在整个创新过程中所涉及的问题，那么，无论是企业文化创新的目标、动力源、创新的条件、运行形式，还是创新的过程控制，甚至创新的结果都是企业文化创新机制所要回答的问题。

1. 企业文化创新目标系统

企业文化创新目标对于企业文化创新机制的运行具有约束和规范的作用，主要体现在以下几个方面。

（1）企业文化创新目标形成了创新主体团结合作的动力。企业文化创新目标是使创新主体合作奋斗的聚合点。合理的、切实可行的工作目标是工作人员自我引导、自我控制的准绳，通过这一目标使全体人员心往一处想，劲往一处使，形成合作意识和团队精神，以促使企业文化创新目标得以实现。

（2）企业文化创新目标提供了企业文化过程控制的标准。

在企业文化创新的过程控制中，创新主体作用于创新对象的活动，总是具有某种确定的目标性。另外，在创新的动态发展中，企业文化创新的发展方向和运行轨道也受创新目标的规范和制约②。目标既是过程控制的开端和出发点，也是过程控制循环发展的归宿和终结点，目标贯穿于整个企业文化创新过程控制的始终，并决定和制约着它的方向和性质。

（3）企业文化创新目标是创新主体运用、指挥与协调创新资源的前提。

企业文化创新目标是统领创新活动的灵魂，创新主体在具体的创新过程中，要保证企业内部各个环节紧紧围绕这个目标开展工作，企业内部的创新资

---

① 颜星. 知识经济时代企业文化创新力研究［D］. 中国优秀硕士学位论文全文数据库，2012.
② 袁清媛. 企业文化创新机制研究［D］. 中国优秀硕士学位论文全文数据库，2010.

源要围绕这个目标优化配置，以避免出现因资源不足而偏离和改变目标，致使创新活动失败的情况。因此，企业文化创新目标是企业创新主体运用、指挥和协调创新资源的前提。

（4）企业文化创新目标是创新主体调整组织结构、开发人力资源的依据。

企业文化创新目标要求企业组织结构对创新活动给予保证，要求企业建立越来越扁平化或网络化的组织结构，因为只有这样才能使企业的各个创新要素发生更为密切的互动。同时，创新目标呼唤着创新人才，这种人才要求必将影响企业对创新人才的重视程度，进而影响企业人力资源开发的重点。由此可见，企业文化创新目标是创新主体调整组织结构、开发人力资源的重要依据。

2. 企业文化创新的动力系统

企业文化创新的动力系统是指驱动企业产生创新动机和行为的动力因素以及这些动力因素的交互作用。企业文化创新动力的产生是外部推动力和内部驱动力共同作用的结果。

（1）企业文化创新的内部驱动力。

内在驱动力是指存在于企业创新系统内部，促进企业文化创新的动力，主要有企业使命的召唤、企业利益的刺激、企业领导的鼓舞和企业员工的支持。

①企业使命召唤企业文化创新。

追求利润是企业的目标之一，但不是企业的最高目标。企业的最高目标是为了实现企业使命而奋斗。企业使命是企业文化的灵魂，是对企业存在意义的高度概括，它回答了企业生存和发展的根本问题，更决定了企业文化的基本取向和性格。在这个科学技术飞速发展、社会变化日新月异的时代，崇高的企业使命呼唤创新。而这种呼唤创新的企业使命能够使企业的每位员工明确创新的价值和意义，激发出内心深处的创新动机，从而使创新成为全体员工的共同认识和追求目标，成为企业向心力和凝聚力的着力点。因此，企业使命的召唤是企业文化创新的深层动力。

②企业利益刺激企业文化创新。

企业是生产经营单位，盈利是企业的基本要求。企业利润由正常的资源成本收益和通过创新所获取的超过正常收益率的利润两部分组成。在市场竞争日趋激烈的情况下，如何获得创新利润成为各企业制胜的法宝。而要在竞争中优势持久、后劲充足，企业文化创新势在必行。与其他外因相比，企业创新收益的驱动力具有明显的目的性和方向性，它既是企业文化进行创新的最初原因，同时也是其根本原因。因此，企业谋求提高经济效益、不断发展壮大的内在需求是企业文化创新的直接动力。

③企业领导者鼓舞企业文化创新。

企业领导者是企业文化的主导者。企业领导者对创新的鼓舞会自发激励企业文化创新行为，尤其是企业家精神的发挥，对于企业文化创新有特殊的意义。企业领导者在创新动力中占据核心地位，而且它是一种内生机制，实际上市场对企业创新的拉动因素是通过企业领导者引领的创新形式实现的。刺激企业领导者进行企业文化创新的因素主要有两个方面：一是企业文化创新引发企业全方位创新，会给他们带来丰厚的盈利；二是创新成功能凸显企业领导者自己"出类拔萃"的才能，满足渴求成功的欲望，这种欲望、事业心或荣誉感是企业领导积极进取的内在动力，是一种强大的精神支撑。因此，企业领导者本质上是企业文化创新的组织者和承担者，企业领导者的创新活动是企业文化创新发展的主要动因。

④企业员工支持企业文化创新。

企业文化创新不只是企业领导等少数人的事情，创新来自于每个人的头脑，每一位员工都蕴藏着创新的潜能，这才是企业文化创新的不懈动力。在真正的成功企业里，创新精神更多地表现为一种团队精神。创新不是一个点，而是一条线，乃至一个面。广大员工中蕴藏的创新积极性虽然不是自发产生的，但是在企业领导高度重视、反复引导，企业使员工个人收益增加等积极因素的作用下，企业员工会自觉地投入到企业文化创新活动中来，并且成为企业文化创新的中坚力量。

（2）企业文化创新的动力是企业文化创新产生的前提。

企业文化创新的动力系统是企业文化创新的前提，企业确定创新目标之后，外部推动力和内部驱动力互相协调，共同作用于企业文化创新。其中，外部推动力存在于企业文化创新系统外部，它们通过转化成企业文化创新内部动力来实现它对创新的推动作用，表现为外生机制。科学技术是不容忽视的力量，影响企业文化创新；市场需求是企业文化创新的柔性动力，市场竞争是企业文化创新的刚性约束，因为要满足市场需求，赢得市场竞争，拓展企业生存与发展的空间，企业必须进行文化创新；政府政策作为企业文化创新的外部动力，为企业从事文化创新活动提供有利环境。另外，内部驱动力存在于企业文化创新系统内部，它们通过内生、激发并利用外部动力对创新行为进行驱动，表现为内生机制。企业使命的强力召唤是文化创新的灵魂所在，创新的利润收益是企业文化创新的追求目标，企业领导的创新精神是创新活产生和发展的基本条件，企业员工的创新潜能是企业文化创新的不竭动力。动力系统是基于上述八种动因均衡作用的结果，体现了各种动力因素的内在作用。企业文化创新没有动力系统作为前提，创新活动就不可能发生。企业文化创新的条件因素创新本质上是各种条件因素综合运用和创造的过程，所以企业文化创新会受到众多变量的影响和制约。所谓条件因素，是指在企业文化创新活动过程中，影响和作用于创新行为和结果的各项因素。企业文化创新的条件因素主要包括环境条件、资源条件和能力条件。

3. 企业文化创新的环境条件

任何企业文化创新活动都处在一定的外部环境之中，这种外部环境构成企业文化创新发展的基本条件，它制约和影响着企业文化创新活动。当外部环境状况良好时，对企业文化创新发展起推动作用；反之，则起限制和阻碍作用。我们所研究的外部环境是一个相对广义的概念，是与企业文化创新相互联系的诸多要素构成的整体，主要包括人才环境、市场环境、政策环境、法律环境等。企业文化创新离不开方方面面环境的支持，并且各个环境并不是独立作用于企业文化创新的，它们之间存在一种相互联系、相互作用的互动机制，从而构成整体的外部环境。

（1）企业文化创新的人才环境。

在企业内部的诸多要素中，人力资源要素扮演着极为重要的角色。企业文化创新需要有高质量的人才引导体系，一流的人才群体支撑，即国家和地区要为企业创造良好的人才环境，"引得进，用得上，留得住"那些具有远见卓识的企业家，富有创新才能的科研人员，各类管理人才以及乐于创新并拥有创新潜能的优秀员工。所以，企业文化创新的核心问题是人才问题，建立完善的、高水平的人才环境，对于企业文化创新影响深远。

（2）企业文化创新的市场环境。

企业文化创新与市场环境有着极为密切的关系。一方面，市场需求不断变化要求企业进行相应的理念创新，进而通过技术创新为市场提供其所需的产品和服务；另一方面，企业文化创新往往物化在其新产品和新服务中，这些新产品和新服务往往能够引导消费者进行消费，从而改变了其消费偏好和生活方式。企业文化创新的市场环境不仅包括产品市场，而且生产要素和消费资料市场，市场机制的完善有助于企业获取创新资源。并且市场环境透明度高，市场信息反馈速度快，有助于企业文化创新的顺利运行。

（3）企业文化创新的政策环境。

企业文化创新具有不确定性和风险性，但一个宽松的政策环境在一定程度上可为企业文化创新降低风险。诚然，企业的发展从根本上必须依靠企业自身的竞争力，具有强劲核心竞争力的企业才能在市场竞争中生存和壮大，政府不可能也无力承担企业创新的风险。然而也须注意，政府政策方面的强力支持，创造统一、宽松的创新环境，有利于创新资源的优化配置、创新人才的合理流动，从而能够为企业文化创新提供有效支持。

（4）企业文化创新的法律环境。

企业文化创新特有的成长规律表明：宽松的、良好的外部环境是企业文化创新健康发展的重要前提。而创造有利于企业文化创新的人才、市场和政策环境，仅靠政府的行政干预是不够的。因为，一方面政府行政措施触角有限，不能兼顾方方面面；另一方面各种措施也只是起到导向作用，对现实的利益冲突约束力较差。因此，从长远来看，必须建立起一套完善的法律法规，构筑良好的法律环境，来促进人才、市场、政策环境的优化，进而保证企业文化创新综合环境的优化。

（5）企业文化创新的人文环境。

人文环境包括整个社会的风俗习惯、价值观念、社会风气、劳动者文化水平和心理素质等内容。社会文化直接影响着人们是否有追求创新的热情，人们之间能够建立起相互信任、宽容失败的创新风气。实践证明，环境中特有的社会文化因素，作为一种隐含的经验类知识，深深地影响着企业文化创新。

4. 企业文化创新的资源条件

所谓企业资源，是指企业所控制的所有资产、能力、信息、知识等，企业文化的创新成果是通过对资源的加工转换得到的，没有或缺乏这些资源，企业文化创新就会成为无源之水、无本之木。

（1）人力资源是企业文化创新的首要条件。

人力资源是各种资源中最具能动性的资源，企业是生产要素的集合体，其中人在创新中占主导地位。将企业的各种资源加以整合，形成企业核心竞争力的关键人物是企业领导者。他通过战略决策，建立鼓励创新的相关制度，带动企业文化创新。如果没有企业领导者正确的战略决策和组织领导，企业即使在某些方面拥有一定的竞争优势或竞争潜力，也终将难以发挥出来。因此，企业领导者是特殊的资源，是企业文化创新活动能否发生的重要影响因素。具有创造能力和创新精神的员工是企业人力资源的核心部分。这部分人力资源数量上的多少、素质上的高低决定了企业文化创新能力的高低。而这部分人力资源的获得，从根本上还是取决于企业领导者对这部分人力资源的重视程度和开发程度。

（2）财力资源是企业文化创新的必要条件。

财力资源包括实物资源和货币资源两部分。企业文化要进行创新，必须具备一定数量的实物资源，而这些实物资源的取得，一般情况下要以积累的货币资源为前提，企业货币资源的数量多少在一定程度上影响着企业文化创新的速度。第一，企业文化创新的核心资源——人力资源的培训离不开财力资源的支持，只有增加培训投入才能增加创新人才，这需要强大的财力资源加以保证。第二，企业信息资源的除来自于竞争者、客户、供应商等主要渠道，还要借助市场调研、专家咨询、查阅资料等方式获得，这些都需要财力资源的大力支持。第三，企业文化创新具有风险性，这迫使企业在进行文化创新的同时还必须保留充足的财力资源防范创新风险，这就对企业货币资源的积累提出了相应的要求。

（3）信息资源是企业文化创新的重要条件。

信息资源作为企业文化创新的必要条件，可以使企业及时了解市场信息，把握市场机会，做出科学决策，提高企业文化创新的运行效率。当企业的信息资源与人力资源、财力资源相协同时，就能够产生可持续的竞争优势。同时，信息资源可以有效调节人力资源、组织资源、财力资源等资源的方向、速度和目标，从而降低企业文化创新的成本。企业能力与企业资源一样，是企业文化创新机制的内部条件因素，而且广义的企业资源包括企业能力，但是二者仍有区别①。能力是以人为载体的，包括企业配置、开发、保护、使用、整合资源的能力。具有相似资源条件的企业通常在使用资源的效率方面有差异，这种差异就是企业文化创新能力条件的差异，是令企业产生竞争优势的深层因素。

5. 企业文化创新的运行方式

企业文化创新的运行方式是指企业文化创新构成要素之间相互联系、相互配合、协调运转的工作方式。运行方式是企业文化创新机制中最为复杂的系统，它涵盖了企业在文化创新中从投入到产出的全部过程，但它又不是传统意

---

① 徐平，袁清媛. 基于要素分析的企业文化创新机制优化研究［J］. 学术交流，2008.

义上的投入产出模式，而是一个典型的动态循环的反馈系统。

（1）企业文化创新的过程控制。

企业文化创新作为一个复杂的过程，其创新目标受到诸多因素的影响，而且在创新过程中也可能出现创新行动与创新目标相背离的情况，这就需要对各方面的因素进行恰当调控，从而保证企业文化创新的顺利进行以及创新目标的最终实现。因此，对企业文化创新过程的控制是极其必要的。

企业文化创新的过程控制是指创新主体根据创新目标的要求，设立衡量工作绩效的标准，然后把实际工作结果与预定标准进行对比，以确定创新活动中出现的偏差及偏差的严重程度；在此基础上，有针对性地采取纠正措施，以确保组织资源的有效利用和创新目标的圆满实现。企业文化创新的过程控制主要有以下三个环节。

①确定创新标准。

创新标准是创新主体检查和衡量创新活动及其结果的规范。制定创新标准是进行过程控制的基础。在确定创新标准时，要统筹长期与短期的关系，以确保创新目标不是以牺牲未来的利益和企业发展的稳定性为代价而取得的。总体说来，企业文化创新应以"三个有利于"作为基本原则，即企业目前的文化创新活动是否有利于增强企业的持续创新能力，是否有利于提高企业的核心竞争力，是否有利于调动最广大员工的创新积极性。这三个"有利于"应当成为创新主体衡量、检验、判断一切创新工作是非得失的综合标准，只有创新活动符合这个标准，才能保证企业文化创新机制良性运转，才能保证创新结果与预期目标相统一。确定创新标准是企业文化创新过程控制的前提性环节。

②衡量工作绩效。

企业文化创新活动中的偏差如果能在产生之前就被预期，则可以指导创新主体采取必要措施加以避免。这种理想的控制虽然有效，但由于受到创新主体判断能力的制约，其现实性并不高。在这种条件限制下，最满意的控制方式应是能够在偏差产生以后迅速采取必要的纠偏行动。为此，创新主体需要及时掌握能够反映偏差是否发生以及其严重程度的信息，而用预定的新标准对实际创新工作成效和进度进行检查、衡量和比较，恰好可以提供这类信息。衡量工作绩效不仅可以帮助创新主体及时掌握反映偏差的信息，同时还能通过衡量成绩，检验创新标准的客观性和有效性。另外，衡量工作绩效要借助于信息反馈系统的建立，使反映实际情况的信息适时地传递给适当的人员。建立信息反馈系统能够及时将偏差信息传递给受控的部门和个人，使他们及时知道自己的工作状况，为什么出现偏差以及怎样更有效地完成任务。这样不仅有利于保证预定计划的实现，而且能防止基层工作人员把衡量和控制视为上级检查、惩罚的手段，从而避免产生抵触情绪。衡量工作绩效是企业文化创新过程控制的基础性环节。

③纠正活动偏差。

利用科学的方法，依据客观的标准，对企业文化创新绩效进行衡量，可以发现计划执行中出现的偏差。纠正活动偏差就是在此基础上，分析活动偏差产生的原因，制定并实施必要的纠正措施。这项工作能够促进组织结构和人事安排更加合理，并保证创新活动不偏离原计划，创新结果符合预期目标。在企业文化创新中，并非所有偏差都能影响企业文化创新的最终结果。有些偏差可能反映了决策制定和执行工作中的严重问题，而有些偏差则可能是由一些偶然的、暂时的、区域性因素引起的，不会对创新活动的最终结果产生重要影响。因此，在采取纠正措施前要对反映偏差的信息进行评估和分析，对可能影响创新结果的偏差予以重视，探寻导致偏差的主要原因，制定改进工作或调整计划的纠正方案，及时采取纠正措施。纠正活动偏差是企业文化创新过程控制的关键性环节。

（2）企业文化创新的不同模式。

由于各企业所受文化创新动力驱动的程度不同，所处的环境、拥有的资源和具备的能力也各不相同，因此，在具体的创新过程中表现出不同的创新模式，按企业文化创新的发生阶段划分为以下三种。

①初建期创新。

大多数企业在创建初期，都充满生机和活力，创建者会根据所处的环境综合规划企业的目标、结构、运行方式等蓝图，在这一过程中，企业领导会把自己创新思想和意识规划到具体操作中，形成不同于其他企业的文化特征，并且尽量寻求最满意的创建方案取得最优秀的创新要素，并尽量按最合理的方式组合，使企业步入正轨。这种创新虽然开始时力量强劲，但是经过环境的变化和时间的推移，创新能力会逐渐弱化，企业从此步入稳态发展时期。

②运行中创新。

俗话说："创业难，守业更难。"在变化的环境中守业，只有积极的以攻为守，不断创新才能在市场竞争中占据一席之地。因此，部分企业在运行过程中选择了文化创新，以更新企业活动内容，调整企业组织结构，创新企业管理制度，实现创新能力的增长、市场份额的增加。

③贯穿始终的持续创新。

在知识经济呼啸而来的时代，大部分企业都意识到了创新的重要性，并积极进行企业文化创新。但是由于认知不深入或者条件不充分，使得大部分企业只是在创建初期进行创新，或只有当运行中出现问题时才被迫创新，当问题解决之后，又把创新抛在脑后。这些阶段性的创新并不是维持企业持续发展的成功之道。只有像少数大企业一样将创新贯穿始终、持之以恒，才能不断提高企业核心竞争力，使企业在竞争中立于不败之地①。

6.2.4 家族企业文化创新内容

1. 家族企业价值观创新

家族企业价值观是指家族企业在追求经营成功的过程中，所形成的对于企业经营目的、经营宗旨、经营方法和行为准则的判断标准。分析判断当前的时代特点和社会特征，树立符合社会发展潮流的价值观。通过调整企业原有价值观，使之符合人类的发展方向，使家族企业能够得到社会的认同。结合家族企业自身发展特点，树立具有企业个性的价值。家族企业自身发展特点包括两重含义：一是家族企业不同于其他形式的企业，家族企业面临着家族和企业两个系统；二是每个家族企业都拥有自身不同的发展历史，其企业所存在的意义和社会角色都不同，因此其所要追求实现的目标也各具差异。家族企业价值观的创新就要对本企业的特点进行分析，树立具有本企业特色的价值观。明晰家族企业领导者的个性特征，确立符合其自身特色的价值观。从一定程度上来说，家族企业价值观就是家族企业领导人自身价值观的体现和延伸。

2. 家族企业愿景和使命创新

家族企业愿景指出了家族企业的长期愿望和未来状况，描述了家族企业未来的发展蓝图，体现了家族企业永恒的追求。家族企业使命则是在家族企业愿景的基础上，具体回答家族企业在社会中的经济身份或角色，体现家族企业的社会分工和存在价值。明晰当前企业的愿景和使命。通过对企业发展历程和当前发展情况的回顾，弄清企业未来的发展方向和目标，判断当前企业是否在往

---

① 袁清媛. 企业文化创新机制研究［D］. 中国优秀硕士学位论文全文数据库，2010.

那个方向走。排除阻碍企业愿景和使命实现的障碍，弄清当前家族企业中存在哪些因素阻碍企业愿景和使命的实现。一般而言，阻碍企业愿景形成的因素主要有：自满、资产保护和内部焦点。通过对这些阻碍因素的排查，采取相应的方法解决，从而使家族企业实现自己的愿景和使命。

3. 家族企业精神创新

家族企业精神是指家族企业为实现自己的价值，在长期的经营管理过程中所形成的一种人格化的理念和风范。从家族企业的历史传统中开发创新。通过收集家族企业既往的发展资料、了解家族企业发展的重大事件、发觉典型人物故事、收集企业格言警句等方式了解家族企业的历史传统，剔除当前企业精神中不符合企业历史传统的因素，重新提炼家族企业传统中的优秀因素，构建符合本企业的精神文化。从家族企业员工中开发创新。企业精神是通过员工的行为反映的。家族企业精神的创新就应该收集员工身上体现的新理念，把这些理念从员工意识提升为家族企业的群体意识。从家族企业家中开发创新。企业家是家族企业的灵魂，是家族企业的掌舵者。要充分挖掘家族企业家的思想资源，把其中的优秀思想成果提升为家族企业的共同财富，实现家族企业家理念与家族企业理念的完美结合。从社会优秀文化中开发创新。随着人们认识的加深，民族传统文化中的很多优秀的文化因素会被提炼出来并被大家所认可接受。每一个时代都会有反映当前社会主流意识的时代价值观。家族企业精神创新就应该通过对当前优秀民族传统文化和时代文化的提炼，融入本家族企业精神中。

4. 家族企业制度创新

家族企业制度主要包括各种制度和规范，它是家族企业理念的具体体现，同时又指导着行为文化和物质文化的形成。建立和完善家族企业内部的激励和约束机制。通过把家族企业文化与员工的实际利益相挂钩，能够更有效地引导员工贯彻价值观念的要求，促进家族企业理念的实现。将价值理念贯穿到家族企业的各项规章制度和工作流程、工作标准中，形成体现价值理念的制度体系，使价值观的要求转化为可遵循的制度约束。根据家族企业文化的要求，审查企业内部管理制度，看管理制度是否符合企业价值理念的要求，修订和完善不合适的制度，促进价值理念的贯彻执行。结合家族企业的实际经营管理活动，将家族企业文化创新融入到家族企业经营管理活动中，积极开展安全文化、质量文化、品牌文化、营销文化、服务文化等各项管理文化创新，促进文化理念与经营管理活动的深度结合。积极把握企业员工的思想动态，把其中适合企业发展的观念意识制度化，引导员工按照家族企业价值理念的要求行动。这种内生于员工的家族文化，更容易被员工认同和接受。

5. 家族企业行为文化创新

行为文化是指在企业理念指导下，企业团体和企业员工在生产实践经营中表现出来的行为特征。这些行为特征是企业文化在企业所有主体的活动中的具体体现。家族企业家要认识到自身行为对家族企业文化创新的重要示范作用，通过自身行为的变化和身体力行，体现对家族企业文化创新的决心和力度，从而让广大中高层管理者和普通员工重视和认同其倡导的价值观、企业信念，进而拥有更多的追随者，实现家族企业文化创新的推动和落实。企业模范人物是企业员工中的先锋，树立企业模范人物可以推进家族企业文化的创新。首先，在家族企业员工中挑选那些符合创新后的家族企业文化的人员，树立为榜样，可以让家族企业的其他员工显示创新的家族企业文化是可行的。同时模范人物行为也能够为其他员工提供一个学习的样板。其次，通过对符合创新价值理念的行为的激励而树立各种模范人物。设立一系列对符合家族企业创新文化的行为的物质和精神奖励，引导和激发其他员工对这些模范行为的效仿，推动家族企业文化创新的践行。家族企业文化的创新最重要的是要落实到企业全体员工行为的创新上。家族企业可以通过制定新的体现家族企业新价值观念的行为规范和准则，如问候语，规范和统一企业全体员工的行为。

6. 家族企业物质文化创新

物质文化是企业文化的外部表现形式，指企业的物质基础、物质条件和物质手段等方面所反映的文化内涵的总和。家族企业产品的创新就是把使用价值、文化价值和审美价值融为一体，满足现代人们日益出现的各种生理和心理需求。首先，把握当前人们出现的新的需求，不断推出新产品。通过推出独特、新奇、多样的产品来满足不同层次消费群体的需求。其次，注重产品质量，只有有质量的产品才能真正满足人们的需求。最后，引入产品文化设计。通过在产品设计中融入文化情调、文化功能、文化心理和文化精神，提升产品的文化意蕴，增加产品的附加值，体现本企业的文化特色。家族企业可以通过对当前员工的需求出发，针对当前企业生产环境中存在的问题，积极改进。比如可以通过用色彩、音乐优化环境，改变人们对当前生产环境的不满，减轻劳动者的疲劳感，增强企业生产环境的人性化色彩。家族企业技术设备的更新就是要根据当前企业外部技术环境和企业内部技术条件的改变，结合当前企业员工的文化技术水平的变化，在企业生产中采用新设备和新技术，从而提升企业产品在国内外市场上的竞争力，推进家族企业的发展，企业环境容貌的创新。根据当前企业的发展状况，更新企业环境，为员工提供更多更好的生活环境，从而提升企业的吸引力，增强企业员工的向心力。根据家族企业价值观的创新重新设计企业的名称、象征物，重新对企业的内外空间（包括厂容厂貌、内部装饰、车间布局、交通布局等）进行设计，以使企业容貌能够直接体现企业新的价值观。

7. 家族企业形象创新

企业形象是企业自身所具有的以及社会公众和本企业内部员工对企业的总印象和评价，是企业长期以来所形成的以及为内外部公众感知和记忆的企业特色的反映。家族企业要有意识、有目的、有规划的通过各种媒介明确清晰地表述本企业形象。首先要深入认识本企业的形象宣传是否真实有效地反映了企业的客观形象。如果没有，则要针对出现的差异采取措施，改进企业的形象宣传。其次要检验本企业的形象宣传是否系统一致地反映了本企业的真实形象。加强与社会的互动与沟通，及时了解社会公众心中的企业形象。根据新的家族企业文化要求，判断这种企业形象是否符合企业价值理念，从而采取措施努力在公众心中树立企业所需的形象①。

6.2.5 家族企业文化重构

家族企业成功之后容易滋生自满心理，不自觉地排斥新文化、新观点、新理念的进入，这势必阻碍企业的进一步发展②。家族企业必须跟上时代的步伐，在进行管理创新的同时，进行文化创新，把现代优秀企业文化融入家族企业文化之中，实现企业的可持续发展。为此，家族企业必须从自身的实际出发，重构企业文化。

---

① 付蓉，徐莹敏. 我国家族企业文化创新机理研究［J］. 商业经济研究，2015.
② 刘桂芝. 我国家族企业可持续发展的研究［D］. 中国优秀博硕士学位论文全文数据库，2006.

1. 实现家族企业文化多元化融合

（1）强化家族企业文化与现代企业文化的融合。

现代企业的竞争实质上是文化的竞争，是积极文化与消极文化的竞争，是开放文化与保守文化的竞争[①]。积极、开放的现代企业文化具有拼搏、奋进、灵敏、宽容、理性、民主的精神，无论环境怎样变化都可以赢得主动；消极、保守的家族企业文化具有排外、唯亲、集权、专断的特征。家族企业文化与现代企业文化融合，必须对原有的家族血缘文化进行理性的变革，客观的保留与摒弃。家族企业要克服家族情结的缠绕，加强家族企业文化与现代企业文化的结合，探索如何将现代企业制度和管理模式与家族企业文化有效融合的道路，要紧密结合自身企业的实际情况，选择合适的企业制度。只有这样，中国家族企业才有可能自我完成企业制度变迁。

（2）强化家族企业文化与人本文化的融合。

人本文化实质上是从人的本性，如需求、发展、平衡出发，以关心和满足人性为基础，激发人的积极性、主动性、创造性的发挥的企业文化。家族企业文化容易形成相对封闭、家族有优越感、偏听偏信、任人唯亲心理态势，严重伤害非家族企业成员。构建平等、和谐的人文氛围，要放弃重资产轻人力的管理理念，要放弃专制的企业文化，要做到对内以全体员工为本，对外以顾客、用户为本，要提倡平等、公平、公正意识，要与非家族成员真诚沟通，同甘共苦，和谐共处。这样员工才会感到自己是企业的主人，才会认同企业的价值观与长远目标，才会发自内心地去为企业发展贡献自己的力量。

（3）强化家族企业文化与社会型的企业文化的融合。

家族企业要放弃利润第一的企业文化，追求社会效益最大化的企业文化。利润最大化是每一个家族企业追求的目标，但是企业利润最大化不能以损害社会利益为代价，如果损害了社会利益即使取得了利润最大化[②]，也只能是一时的，从长远来看企业就会失去社会的信任，最终会使企业长期利益不能达到最大化。二者的融合要从以下三个方面着手：一是把家族利益与企业利益分开。企业的利益不仅包括家族的利益，家族利益只是企业利益的一部分，企业文化要体现各种利益的协调、共赢。二是把家族的价值观与企业的价值观分开。既

[①] 成明. 民营企业文化的建设途径 [J]. 东方企业文化，2012.

[②] 刘冬梅，姚东. 家族企业文化建设认知的误区与超越 [J]. 山东工商学院学报，2009.

然家族的利益不等于企业的利益，那么，就不能把家族的价值观强加给企业，要建立起企业自身的价值观。三是把家族所有与企业经营分开。在形成现代企业治理结构的基础上建立起企业的经营观、人才观①。

（4）强化家族企业文化与共生型的企业文化融合。

家族企业要放弃"单打独斗创闯天下"的企业文化，实现共生型的文化。①企业之间存在着互惠互利、优势互补。家族企业的竞争并非就是你死我活，而是存在着互惠互利、优势互补，在此基础上可以加强合作形成企业联盟，即竞争中有合作，在合作中有竞争，从而实现双赢。②在激烈的竞争中，家族企业单靠自己一家公司独霸市场是做不到的。一个行业有成千上万个企业，要想在激烈的市场竞争中独占鳌头，必须放弃相互诋毁、相互攻击、相互欺骗，一心想打垮同行的观念，树立一荣共荣、一损共损，实现双赢的超越。③企业文化可以相融。企业要吸收借鉴其他企业的先进文化。因此企业要建构共生型的文化。

（5）强化家族企业文化与诚信企业文化融合。

企业受"老实吃亏"的影响，企业信用缺失，假冒伪劣商品泛滥，产品质量差，消费需求降低，市场萎缩；合同违约，债务拖欠，三角债普遍，现金交易增加，资金周转不灵；交易成本提高，投资风险加大，接受投资减少。从长远来看，企业缺乏信用百害而无一利，因此企业要树立诚信文化。

（6）要突出家庭亲和力的特色。

家族企业是家庭关系与企业相结合的产物，其所具有的独特企业文化传统，是企业发展必不可少的内在动力②。企业文化的建设需要突出家庭的亲和力特色，要以家族成员之间信任度高、目标容易统一、经营中"道德风险"行为概率小的特点，来培育企业精神、共同的价值观念、文化氛围③。

2. 家族企业文化再造

（1）理性看待家族文化对家族企业的影响。

中国几千年历史发展中形成的优秀文化遗产，尤其是以孔子为代表的儒家管理思想，包含着不少具有新时代价值的内容，如诚信为本的思想。这些有生

---

① 柴宝成. 民营企业要过"五关"——柴宝成先生访谈录 [J]. 经济理论与经济管理, 2002.

② 刘桂芝. 我国家族企业可持续发展的研究 [D]. 中国优秀博硕士学位论文全文数据库, 2006.

③ 冯鹏程. 中国家族企业存在问题及对策 [J]. 销售与管理, 2008.

命力的思想，必然融入到家族企业的文化中，构成现阶段中国家族企业文化建设的根基。但是，中国传统文化毕竟是在长期自然经济中形成的一种文化模式，本质上是小农经济在意识形态上的反映，是一种以亲情为基础、缺乏制度意识的文化，从骨子里排斥理性①。因此，是不适合现代市场经济的。杨静（2006）认为，传统文化的"贵义贱利"观念束缚着企业对经济效益的追求②，"中庸之道"与平均主义思想压抑了人的创新、进取精神，传统的"奉献观"过分强调群体意识，忽视个体，不利于家族企业家创新精神的开拓。因此，在市场经济条件下，传统文化中的精华有待于在接受现代新观念的基础上加以继承和发扬，实现传统家族文化在现代企业发展中的扬弃。

（2）努力培养现代家族企业家。

企业领导在组织文化的形成过程中发挥着关键作用，其中既包括超越企业领导者自己，使个人的经营理念不凌驾于组织文化之上，又包括选择能继承企业基本理念系统，并能发扬光大的文化传人。从某种意义上讲，企业文化就是企业家文化。培养家族企业家，必须通过更新家族企业家的知识结构来提高家族企业家素质，使家族企业家从只为自己家庭积累财富和权势的狭隘利益观念中超脱出来，成为诚商、智商、和商、儒商，从而不断提高其决策民主化的能力③。

（3）树立优秀的企业伦理观。

Daft（2003）指出，在构成组织文化的价值观中，伦理价值观现在已被认为是其中最重要的方面。家族企业要妥善处理传统家族伦理中非理性的如血缘、亲缘、姻缘、地缘及友缘观念，树立"以人为本、关心人、尊重人、善用人"的人本观念和业绩、事缘理念，设计出多层次参与管理、多样化激励措施、管理人员分享决策权、给员工提供学习深造机会等丰富的企业文化氛围。同时，塑造良好的家族企业形象。千百年来，中华民族历来以诚实守信著称于世，家族企业必须树立正确的价值观，不能见利忘义，企业既要追求利润，又必须兼顾消费者的利益，在谋求利润的同时把长远发展、造福社会作为企业立足之本，建立起有利于企业发展的良好环境。

---

① 吴静芬. 中国家族企业成长：一个家文化视角的研究 [D]. 西安石油大学，2007.
② 曾少军. 中国当代家族企业的组织文化创新路径研究 [J]. 企业经济，2009.
③ 王萍. 我国家族企业持续发展的文化解析 [J]. 企业经济，2005.

（4）设计独特的家族企业文化路径。

中国家族企业经过近 30 年的发展，已面临一个全新的社会经济环境。家族企业应通过仔细地分析和诊断原有文化来设计新的企业文化，新企业文化要注重包含原有文化的优秀元素，不能将原有文化全盘否定而追求所谓的优秀企业的先进文化①。同时，文化的独特性也非常重要，企业文化作为企业核心竞争力的组成部分具有不可模仿性、排他性，缺乏个性和特色，就没有了企业文化的意义。这些路径包括：从传统的亲情文化向契约文化的创新；从以伦理为中心的文化向以价值为中心的文化创新；从非职业化主导向职业化主导创新，从等级观念向平等观念的创新。

（5）融合中西方企业文化精华。

按照叶亚飞（2006）的理解，美国人富于冒险、开拓和创新精神，奉行物质主义和实用主义，美国文化更多宣扬的是追求利润最大化和创新。日本民族有强烈的民族昌盛愿望和一种永不满足的学习精神，具有强烈的团队精神和"家族"精神及与二者相联系的亲和一致的精神②，日本企业文化常常把经营理念放在首位，同时追求经济效益和报效国家的双重价值目标，更多倡导"以人为本"的团体主义和团队协作精神。努力激发员工的自主性、创造性，崇尚人文管理。欧洲文化颂扬人文主义和理性，受其影响，欧洲的企业文化注重更多的是对员工的培训和考核。西方企业文化建设的有益经验，对中国企业文化建设有参考借鉴价值，我们应该用批判的精神吸取和借鉴，最主要的是借鉴他们在培育、发展企业文化过程中所经历和采用的模式，寻找我们自己企业文化建设的途径③。企业文化建设最终要形成自己的风格与特色，走自己的路。

（6）建立学习型组织。

学习型组织文化的内涵是指以系统思考为主线，把自我超越和改善心智模式这两项理念的突变与团队学习这项组织制度结合起来，建立一个强有力的动力机制——共同愿景，并以此形成一种组织长久生存、发展的信念和精神力量，使整个组织充满创造性，具有较强的学习能力，能够自觉地、不断地修正自己，使自己在竞争中立于不败之地。中国家族企业在建设学习型组织时要注意组织学习，注重组织群体智力的提高，而不单是组织成员的学习；组织的学

---

① 房茂涛，尹一安. 探析中国家族企业文化现状及其重塑 [J]. 北方经贸，2006.
② 叶亚飞. 家族企业及其文化建设存在的问题与对策 [J]. 商场现代化，2006.
③ 林宽. 中国家族企业的现状与未来发展趋势研究 [D]. 中国优秀博士学位论文全文数据库，2010.

习能力是组织认知能力①、适应能力和创新能力的集中体现；组织学习能力的提高需要组织结构的相应改造；学习型组织需要调整组织的文化战略②。学习型组织的文化是倡导民主平等、鼓励自我超越、鼓励冒险并宽容失败的文化。

3. 重构新一代企业家精神

（1）诚信为本，不妨义利并重。

①依法经营，诚信为本。

在中国，第一代企业家所处的市场环境基本上属于机会主义市场，只要大胆抓住市场机会进入高利润行业便能盈利。公平竞争环境还没有真正形成，在追求利润的过程中也的确存在许多违规操作乃至违法经营的例子。随着中国社会主义法制建设的完善，执法力度加大，法律监督的作用得以很好的发挥；而且随着信息技术的普及和消费者意识的觉醒都使得舆论监督等各种社会监督更加广泛和有力。企业缺少诚信即使可以靠广告效应等一时获利，绝不能长久立足。成功的同时也意味着成为别人研究的靶子或是竞争的对手，潜在的品质等因素更易于为广大消费者所辨识。以暂时盈利为目标而违反市场规律，到头来可能会搬起石头砸自己的脚。有鉴于此，新一代企业家应该顺应时代潮流和社会发展步伐，进一步规范和提升自己的经营之道——依法经营，诚信为本。首先必须深明市场经济是法治经济的大义，依法经商是企业最基本的责任和义务。不仁不义，即使可以短时间内聚敛大量财富，却很难走得更远。

其次，也更需要认识到现代市场经济也是一种信用经济。没有信誉就没有市场和客户，没有贷款和投资者，就是取消了自己进入市场的资格。而且面对日趋激烈的国内外竞争和日益微薄的利润机会空间，信誉和品牌也成为优秀企业胜出的法宝。而树立信誉的唯一方法就是要实实在在地考虑顾客和各利益相关者的利益，以诚相待。尤其是现在对于员工满意的关注越来越多，通过善待员工、提高员工满意度，可以从企业内部角度入手，从而最根本地解决顾客满意度的问题，这都需要新一代企业家引以为鉴。

②精明做事，义利并重。

要成为真正的商人，必须具备商人的思维，习惯商人的行为。商人以赚钱

---

①　曾少军. 中国家族企业组织创新研究［D］. 中国优秀博士学位论文全文数据库，2009.

②　贺永顺. 对学习型组织的再认识——准确理解和把握"学习型组织"的实质［J］. 中外企业文化，2004.

为目的，没有利润，企业就没有了生存的物质基础，更谈不上发展了。很多家族企业之所以衰败，与朋友义气盲目担保或者盲目多元化铺摊子，不讲究经济效益都有关系。诚信不等于哥们义气，既要重仁义，更要讲究方法。譬如对于思想落后、能力不足的创业元老或是家族成员可以给其股权，释其兵权，使其享受企业长远发展的盈利，也可谓仁义已至。引以为鉴，新一代企业家在企业管理和投资决策中可以用"义利并重"的价值取向逐渐替代传统的"重义轻利"的价值取向，公司的决策行为必须进行具体的利润数字的计算，切忌决策浪漫化随意化。此外诚信不仅体现在要自律上，也体现在要互信互律。要相信对方会严守协议，也要对对方的行为建立一定的监督和控制。互信互律结合会使诚信得到提升，利于大家双赢。尤其体现在人才的使用上，一方面要加强信任，大胆使用外来人才，知人善用，人尽其才；另一方面，信任是相对的，也不能忽视了监督，任何人都不能例外，即使是家族成员。

（2）勇于创新，不失理性科学。

①勇于创新，克敌制胜。市场经济本质上是一种竞争经济，创新是竞争最有效的动力引擎，创新能力决定着竞争能力。譬如不熟不做是商业法则之一，但是也有很多企业熟了不做，永远创新。譬如容庆集团的总裁张玉庆便说过"成功不可能有固定的模式，遵循理论和别人模式永远也成不了第一。有了一定资本积累了有能力发掘新的利润增长点，放弃虽然做熟但是利润空间已经很小的传统业务，一样可以在不断创新中取得企业更大的发展"。上一代企业家抓住了历史的机遇，勇于创新和掌握时机取得了事业的成功。如今新一代企业家更要继续发扬上一辈创业者所具有的勇于创新和果敢决断精神。一方面，市场只有开始没有终结，竞争者层出不穷，企业已有的竞争优势很快就会被别人复制模仿，只有不断进行创新才能以奇制胜，使企业保持长盛不衰的势头；另一方面，企业在发展中问题也会不断彰显问题，市场需求也迅速改变，正可谓不进则退。创新，很多时候意味着要突破历史，冒险尝试，所以需要解放思想，需要大无畏的精神。社会文化和社会氛围是企业家精神形成和复苏的深层原因，中国传统的谨慎保守文化无疑影响了人们创业的热情和企业采取创新和变革的积极性。尤其是第二代企业家并没有经历创业的艰辛，更有守业的压力，这也影响了开拓创新精神的形成。所以，接班人更需要勇于解放思想，从理念上转变，意识到变革创新是公司转型和企业持久发展的根本动力，而且创新不仅是投资决策的创新，还包括企业技术、管理方式等系统的创新。

②科学民主，理性决策。企业发展确实需要一种勇于突破、锐意创新的精

神气概，但勇敢并不等同于鲁莽和蛮干，它需要一种理性精神贯穿其中。不打没把握的仗，在市场机会空间急剧缩减的形势下，中国很多家族企业也变得更为理性。"随着 90 年代多元化，很多企业开始业务归核化，删繁就简，从片面追求规模向提高企业竞争力转变。在多元化遭受普遍非议的时候，新希望总裁刘永好从饲料业挺进到房地产、医药和国际贸易等领域，但是他对于多元化态度相当谨慎①，每次投资前总是先让专业部门考察立项然后经过外脑专家小组批驳论证之后才放手去做，而且多元化项目不超过总资产的 40%，因此从未做过亏本生意"。但是也不得不承认我们现在仍然有很多的家族企业实行的是集权专制决策，决策风险未能得到有限分散。纵使企业由企业家说了算，但是企业能否生存发展最终还是要市场来检验，经营不善或者诚信不足则会经历优胜劣汰而被淘汰出局。尤其是现在市场竞争越来越激烈，市场环境越来越复杂多变，风险也日益加大，新一代企业家更应该学习成功者的经验，摆脱传统家长式集权专制的旧体制和旧观念的束缚，在决策中贯彻科学民主精神，尽量化解由于创新不确定性可能衍生的风险。作为一个现代企业家，他的科学精神的体现不仅表现于他自身对现代科学管理知识的不断吸取上，而且更表现在他对企业的科技创新能力的注重与培养上，表现在他对知识和人才的尊重上。此外，现代企业家还必须具有民主精神，通过民主管理发挥集体的智慧，在促进科学管理不断提高的同时，还可以为企业长远的发展方向提供有力的保障。

（3）终身学习，不乏自我批判。

随着知识经济时代的来临，知识越来越成为生产力的重要源泉。无论是科学管理知识还是经商处事之道都学无止境，需要不断学习完善。企业家不仅要有知人之智，能够知人善用；更要有自知之明，勇于超越自己。这就需要从书本和实践中广泛学习，并且适时的开展自我批判，在反省中不断进步。首先，学习反省两相为用，可以培养自己的远见卓识，为企业的长远发展掌好舵。温州正泰集团老总南存辉从一个擦鞋匠成长为一个德才兼备的集团总裁，关键在于不断与时俱进地学习提升自己。今天世界已步入知识经济时代，没有科学知识就很难洞察事物的走势，就很难有克敌制胜的创新。对于企业家而言，学习也不能急功近利，也不能拘泥于理论，更多的学习旨在提高自身知识素养，培养科学的思维方式，塑造高瞻远瞩的洞察力。需要长时间的学习积累，潜移默

① 潘东林．实德集团培训体系与培训制度的建设实践［D］．中国优秀博硕士学位论文全文数据库，2005．

化，才可能在某一个点上起到作用。其次，正人必先正己，伴随着个人素质道德的提升，德才兼备才能服众，既有利于化解和平息企业交接中潜在的各种权利危机，也能为广大的员工起到积极示范作用。企业家要通过自身学习反省的表率作用，带动全体员工积极主动地学习进步，努力把企业转变成一个学习型组织。通过组织学习使知识和实践相结合运用于企业经营实际中，既是克服企业成长过程中路径依赖和思维定式的重要手段，也是企业谋求变革创新的力量源泉。此外，企业所应承担的社会责任，是企业家精神的高端体现，新一代企业家也要不断强化自身的社会责任意识。曾经上一辈的企业家很多都摆脱不了宋江情结，既希望在政治上获得安全感和归依感，同时政治角色所赋予他们的社会使命感油然而生。现代新一代的企业家更多接受的是西方的管理理论，更需要不断强化自身的社会责任感。总之，新一代的接班人应该顺应时势潮流并吸取前人经验，把终身学习、自我批判的理念深入内心且付诸行动①。

我国家族企业经过近 40 年的发展，面临着企业规模扩大、产业升级转型的，代际传承的需要。家族企业文化的创新既是家族企业文化自身的本质诉求，是家族企业发展的内在要求，也是家族企业应对知识经济、全球化等国内外竞争的要求。我们通过对家族企业文化现状、创新背景、文化创新内容过程及文化评价四个方面，分析家族企业文化创新机理，提出通过家族企业价值观创新、家族企业愿景和使命创新、家族企业精神创新、家族企业制度创新、家族企业行为文化创新、家族企业物质文化创新、家族企业形象创新等措施促进家族企业文化创新，指导家族企业的企业文化创新实践，对发展中国家族企业文化基础理论提供了新的研究领域和研究视角。

---

① 王云飞. 我国家族企业传承中的文化分析 [D]. 中国优秀硕士学位论文全文数据库, 2008.

第 7 章

中外家族企业文化比较研究

21 世纪是文化管理时代，是文化致富时代。企业文化的重要性将是企业的核心竞争力所在，是企业管理、企业持续竞争力的核心内容。每个国家的企业都有自己独特的企业文化，拥有了自己的文化，才能使企业具有生命的活力，具有真正意义上人格的象征，才能具有获得生存、发展和壮大，为全社会服务的基础。通过中外主要区域、国家文化背景、特点研究分析，并比较研究家族企业及其文化，为中国家族企业文化建设提供理论指导和新的研究视角。

7.1 中国家族企业文化与典型案例

7.1.1 改革开放以来中国家族企业变迁的历史回顾

改革开放以来，随着联产承包家庭经济体制的普遍推广和市场经济的逐步发育，资本、技术、劳动力和土地（受到一定的限制）等生产要素开始进入市场，并且可以自由流动和自由组合，建立在雇佣基础上的家族企业的典型形式渐趋成熟，数量由少到多，规模不断扩大，经历了一个逐步发展的过程。个体私营经济的兴起，是家族企业兴起的重要标志。据 2002 年中国社科院、社会学研究所、全国工商联研究室共同组织，对中国 21 个省、自治区、市的 250 个县市的 1 947 家中小私营企业所做的抽样调查结果显示，接近 80% 的企业是家族企业或泛家族企业，绝大部分实行家族制管理①。据中国社科院私营企业研究中心组推出的第 6 份私营企业发展年度报告的资料显示，截至 2004 年年底，中国登记的私营企业为 365.1 万户，注册资本总额达到 47 936 亿元，从业人员为 5 017 万人，产值达到 23 050 亿元。截至 2016 年年底，深沪两市上市中小板公司有 834 家，大部分或可视为家族企业。2016 年中小板上市公司实现平均营业收入 35.92 亿元，比上年增长 17.81%，实现平均净利润 2.72 亿元，比上年增长 32.56%②。具体在 16 大行业中，农林牧渔、软件和信息技术服务、建筑业、制造业等 12 个行业 2016 年度净利润实现同比增长，其中公司家数占比最多的制造业净利润同比增长 39%，远高于 2015 年制造业净利润同比增长率，在服务供给侧结构性改革方面取得了良好成效。截至 2017 年 5 月 24 日，深交所发布的统计数据显示，中小企业板成立 13 年以来，规模不断扩大，板块内上市公司作为中国广大优秀中小企业群体的代表，积极推进技术创新、产品升级、产业转型，收入、利润增速均创近 5 年新高，整体业绩稳中有进。按照中国现代家族企业发展的演化过程，把新时期中国家族企业发展变迁的历史分为以下三个阶段：

1. 家族企业的初步孕育及探索阶段（1979～1992 年）

中国现代家族企业萌生于 20 世纪 70 年代初中期，由于意识形态的歧视，其发展非常不顺利，这些企业被当作"资本主义复辟"而常常受到打击。1978 年，中共十一届三中全会召开，在"让一部分人先富起来"政策的指导之下以及农村家庭联产承包责任制的普遍推行，中国私营经济在蛰伏多年之后开始复苏。在这一阶段，个体经济是其主要形式，虽然国家政策对个体经济有着较多的限制性条件，但它仍然具有自己的生存空间③。1982 年中共十二大召开以及随后通过的全国人大五届五次会议通过的宪法修正案，私营经济逐步得到政府的认同和法律的支持④，作为"社会主义公有制经济的有益补充"，比

① 董敏耀. 中国家族企业关键成功因素研究 [D]. 中国优秀博士学位论文全文数据库，2011.
② 王晖. 面向创新型中小企业的或有债权融资研究 [D]. 中国优秀硕士学位论文全文数据库，2016.
③ 周立新. 转轨时期中国家族企业组织演进研究 [D]. 中国优秀博硕士学位论文全文数据库，2005.
④ 黄烨. 浙江民营企业"二次创业"研究 [J]. 首都经济贸易大学，2006.

个体工商户规模更大、经营范围更广的私营企业开始出现并迅速发展①，私营企业已在中国城乡星罗棋布，1986 年，雇工 8 人以上的个体工商户已有 4 万户，温州的私营企业走在全国的前列。许多知名的家族企业，如四川新希望集团、深圳华为公司，就是在该阶段创立的。

1987 年 10 月，中共十三大报告明确承认私营经济的合法存在，并提出党对私营经济的基本政策是鼓励、保护、引导、监督和管理。1988 年 4 月的第七届全国人大代表会上通过的宪法修正案在宪法第十一条增加："国家允许私营经济在法律规定的范围内存在和发展，私营经济是社会主义公有制经济的补充。国家保护私营经济的合法权利和利益，对私营经济实行引导、监督和管理。"至此，中国私营经济真正进入了合法发展阶段。之后《私营企业暂行条例》《私营企业所得税暂行条例》以及《关于征收私营企业投资者个人收入调节税的规定》等法律法规的相继出台，进一步完善了私营家族经济发展的法律保障体系。

家族企业起步时期同时也是中国向市场经济体制转轨的开始时期，市场发育程度低，市场体系不健全，基本呈无序状态。刚刚离开土地的农民，对经济管理企业缺乏应有的知识、经验，但是商品货币关系却渗透到社会生活的各个领域。有些地方政府的领导人急于脱贫致富，在指导思想上急功近利，重发展轻管理，重数量轻质量。加之企业本身技术含量低，粗放型经营，缺乏约束机制。因此，家族经济在迅速发展的同时难免泥沙俱下，鱼龙混杂，在向社会提供适销对路的产品和优质服务的同时，也生产、制造出假冒伪劣产品。自 1983 年开始，中央与地方的工商部门就陆续展开了对假冒伪劣商品的查处、打击，影响最大的要数对温州柳市镇的假冒伪劣电器产品的打击、清理。在经过重新整顿后，一些经营管理不善的家族企业关门歇业，而那些技术装备先进、生产经营有效益的家族企业则依靠自我发展过渡到健康发展的轨道上。但是从 1989 年开始，国家开始整顿经济秩序，家族企业发展遇到了资金不足、原材料紧张、三角债等问题，同时受 1989 年国家政治风波的影响，当时的中国家族经济出现了不小的困难和波折，一度陷入低谷，并出现停滞和倒退②。从 1989 年开始，私营企业出现了先是下降，后是缓慢上升的情况。全国登记的私营企业户数在 1989 年年底为 9.063

---

① 翟洪霞. 家族企业与家族文化初探 [D]. 北京工商大学，2005.

② 唐文. 中国家族企业治理研究 [D]. 湖北工业大学，2007.

万户，比 1988 年减少了 14%，到 1990 年 6 月，降至 8.8 万户，年底又上升到 9.8 万户，1991 年底私营企业为 10.8 万户，投资者 24.14 万人①，雇用工人 159.86 万人，注册资金总额为 1 231 689 万元。

　　总之，在 1979~1992 年这一时期，中国家族企业从总体上多属于家庭作坊生产方式的个人创业型，规模通常较小，以"窗户店""家庭工厂"居多，产品初级，经营方式简单，多为劳动密集型加工企业。其中个体企业发展迅速，从业人员从 1978 年的 15 万人发展到 1992 年的 2 468 万人，1987 年之后的私营企业也是在个体经济的基础上以个体大户的形式自发萌动和发展起来的②。在这一时期，所有权与经营权完全为一个家庭所有或者"公有家营"的形式，集体所有或股份合作制企业中，其领导者或经营者大多有着强大的家族背景，或者为了防止姓资姓社之争的风险，家族企业纷纷找顶"红帽子"戴，作为保护伞。这样，部分政府权力渗透家族企业，一方面使家族企业有了生长的土壤，另一方面模糊产权，使家族企业在运用社会资源上占优势。此时两权合一的家族企业中所有者就是经营者，雇员都是亲属或朋友，管理模式是最典型的家族制管理，也没有公司制组织形式。企业主大多是社会边缘人士，即无法进入主流社会层面的人士，包括劳改劳教释放人员、返城的无业知青、个体户、农民、城镇无业人员、被国营企业口开除或辞退的人员③。他们所受教育有限、层次不高，但是一般思维敏捷，具有一定的判断性决策能力和强烈的创业冲动，敢拼敢闯，有着他们独特的人力资本。这些人往往是从个体户做起，利用自身的一些技术、信息优势，凭着一股草莽英雄的勇气开始在商海中闯荡。在计划经济时代形成的巨大的卖方市场下，浙江温州的皮鞋、家电市场，广东的服装市场等专业市场应运而生，暴发户不断诞生，很多家族企业在这个阶段完成了自己的原始积累。虽然之后的经济整顿减缓了家族企业发展的步伐，但是与改革开放初始阶段相比，获得了迅猛的发展。

　　1979~1992 年是中国家族企业发展过程中的重要时期。在这个时期，尽管中国家族企业由于所需的内部环境和外部环境都还不够成熟，还未能形成足够的影响力，但毕竟奠定了家族企业的不断成熟和发展的基础。

---

　　① 周立新. 转轨时期中国家族企业组织演进研究 [D]. 中国优秀博硕士学位论文全文数据库，2005.

　　② 程世龙. 我国家族企业发展研究 [D]. 首都经济贸易大学，2005.

　　③ 胡水清."民工荒"现象的人力资本分析及其哲学思考 [D]. 中国优秀硕士学位论文全文数据库，2008.

2. 家族企业的逐渐发展和成熟阶段（1992～1997 年）

1992 年春，随着邓小平同志发表"南方谈话"，从"社会主义公有制经济的有益补充"到"社会主义市场经济的重要组成部分"，非公有制经济的地位和作用得到了进一步明确；同年召开的中共十四大不仅确立了社会主义市场经济体制的改革目标，也使得私营经济开始获得与公有制经济平等的地位，而1993 年《中共中央关于建立社会主义市场经济体制若干问题的决定》的推出①，私营企业主的收入获得了合法的保护，此阶段家族企业为主体的私营经济的发展呈现出更迅猛的发展态势，与 1991 年比较，1992～1997 年的 6 年中，共计增加家族企业 85.3 万户，增加从业人员 165.4 万人，增加注册资本额5 016.9亿元。1997 年底，全国登记的家族企业 96.1 万户，从业人员 1 349.3万人，注册资本总额达 5 140.1 亿元②。

随着 1993 年底《公司法》、1996 年《乡镇企业法》以及 1997 年《个人独资企业法》的颁布，1994 年税制改革对企业所得税的统一，取消对私营企业的税收歧视，这一时期家族企业在外部环境和内部体制上都得到了较大程度的改善。在该阶段，窗户店、小作坊继续兴盛，生产型、外向型、科技型的企业已较为普遍，如浙江的中小企业集群；具备中型规模的企业也已广为存在，并出现了为数不少的资产超过千万元甚至过亿元的大企业和企业集团，如希望集团、正泰集团、德力西集团等家族企业③。这些有实力的家族企业开始拼抢市场份额，打造企业集团；为了化解风险，获得更大的利润，纷纷进行多元化发展；新的金融机构的诞生以及银行的商业化改革使得家族企业开始走出以往仅依靠自有资金发展的模式，而 1994 年东方集团的上市，更是掀开了私营家族企业买壳上市融资的序幕。此时的家族企业的质量和品牌意识增强，开始注重树立品牌、广告宣传；对高科技领域开始涉足，并成为一支重要的力量，技术创新受到极大重视并成为私营家族企业争夺市场空间的新手段，联想等一大批科技型企业兴起。在 20 世纪 90 年代中期之后的国有企业及乡镇企业改制，一批国有中小企业成为私营；乡镇集体企业的全部或大部分所有权与企业控制权

---

① 刘晶. 论政府在民营经济发展中的地位和作用——以上海市徐汇区为例 [D]. 上海交通大学，2009.

② 陈哲. 中国家族企业的股票风险特征研究 [D]. 中国优秀硕士学位论文全文数据库，2011.

③ 马静涛. 我国大型家族企业有效公司治理研究 [D]. 东北大学，2006.

由地方政府向企业管理者家族的转移①，使得一大批新型家族企业产生；政策的宽松与稳定也使得许多企业摘掉"红帽子"，清晰了产权。

这一时期的企业主多为下海型，国家机关干部、专业技术人员曾为这时期开办企业的主力，农民的数量相对减少。这类私营业主受过高等教育，具有较高的文化素质，以往工作中积累的关系网、管理经验、技术能力使得他们在进货、销售网络上具有更多的优势。于是在 20 世纪 90 年代初的原材料投机生意中，很多人靠低买高卖赚取的市场差价发家，之后的炒房地产、炒股、炒批文，转手之间的巨大利润成就了一批暴富群体。当然一些有远见的企业家们开始了其对家族企业内部的改革，比如正泰的南存辉在 1996 年开始了他的家族产权调整改革，逐步稀释南氏的家族股权；兰州的黄河集团杨纪强引入职业经理人筹划公司上市。这一时期的企业家在经济地位提高的同时开始追求政治地位，有些进入人大、政协或工商联社团任职，有些加入光彩事业支持扶贫或是在慈善事业上显山露水，希望在政治上获得归依感和安全感②。但是从 1996 年开始，一些盲目扩张及多元化、管理发展失衡的家族企业纷纷退出市场舞台，飞龙、巨人、三株、太阳神都成为这个时期的流星。

总的来说，这一时期可称为幼稚的市场阶段，一方面短缺经济的存在使得市场需求旺盛，产品销路不愁；另一方面消费群体不成熟，盲目跟风。这一时期的先富起来的企业主，相当一部分是市场环境的受益者，这也造成了他们对"关系术"的重视和对人力资本的忽视，这时的人力资源管理具有很大的随意性，家族制管理中的家长作风很盛。但此时的家族企业的组织结构在《公司法》的规范下，在形式上已有很大的改善。

3. 家族企业的发展新机遇阶段（1997 年至今）

1997 年中共十五大明确指出：非公有制经济是中国社会主义市场经济的重要组成部分，并以公有制为主体，多种所有制经济共同发展作为中国社会主义初级阶段的一项基本经济制度③。1999 年的九届全国人大一次会议中通过了宪法修正案，以宪法的形式确认了个体、私营经济作为社会主义市场经济重要组成部分的地位与作用。由此中国私营家族经济进入新的迅速发展的轨道。

---

① 翟洪霞. 家族企业与家族文化初探 [D]. 北京工商大学，2005.

② 李楠. 民营企业二次创业中管理者薪酬体系研究 [D]. 天津商业大学，2005.

③ 张博颖. 私营企业与集体主义道德要求——关于当代中国伦理问题的一个个案研究 [J]. 湖南师范大学社会科学学报，2006.

1998 年私营企业户数突破 100 万户，达到 120 多万户。而《公司法》《合伙企业法》《个人独资企业法》这三部法律的通过标志着中国的立法开始由所有制标准逐步转向以投资方式和责任形式为准。在法律上，私营经济基本上获得了与公有制经济平等的地位。2000 年国家停止对个人独资企业和合伙企业征收企业所得税，只对企业投资者的生产经营所得征收个人所得税，避免了以往对私营家族企业的双重征税，鼓励了私营家族企业的发展。2001 年"核准制"的出台打开了中国家族企业证券市场直接上市的大门，香港股市的第二板块也向内地私营企业开放，不仅拓宽了融资渠道，并使其得到更充裕的资本支持和更有效的监管，越来越多的家族企业陆续上市融资。同年中国成功加入 WTO，在给中国家族企业带来广阔国际市场的同时，也带来了全球化的冲击和挑战，迫使家族企业加强在技术管理创新上的投入，提高产品、服务质量，在知识产权上也面临了空前的挑战，锻造自身的核心竞争力成为诸多企业的当务之急。2002 年召开的中共十六大进一步提出"必须毫不动摇地鼓励、支持和引导非公有制经济发展"[1]；2003 年的十六届三中全会通过的《中共中央关于完善社会主义市场经济体制若干问题的决定》中提出了放宽私营经济市场准入、允许非公资本进入法律法规为进入的基础设施、公用事业等行业和领域，在投融资、税收、土地使用和对外贸易等方面与其他企业享受同等待遇。2004 年全国人大十次会议通过的宪法修正案规定："公民的合法的私有财产不受侵犯"，进一步增强了民间投资的信心和创业的动力[2]；2005 年国务院发布的《关于鼓励支持和引导个人私营等非公有制经济发展的若干意见》在放宽非公经济市场准入[3]、加强财税金融支持等七个方面提出了三十六条政策，进一步优化私营家族经济的发展环境。同年 10 月新《公司法》出台，不仅降低了设立公司的门槛；健全董事制度，强化对董事长的制约；加强对中小股东利益的保护[4]；并设专节完善上市公司治理结构，这样更有利于促进中国的家族企业的健康快速发展。

这一时期的外部环境对家族企业来说是机遇与挑战并存，在国家不断放宽政策限制加大支持的同时，国内市场向买方市场的转变、市场的逐步规范、来自国际市场跨国集团的竞争这些严峻的事实也不断促使着中国的家族企业必须

---

① 邢赛鹏. 我国民营企业发展环境因素与评价体系研究［D］. 云南大学，2005.
② 何瑞燕. 广东省民营企业国际化路径的研究［D］. 中山大学，2009.
③ 曹新. 民间资本蓬勃发展是整个经济发展的象征［J］. 理论视野，2010.
④ 申茜. 新时期中国家族企业发展史探微［D］. 中国优秀硕士学位论文全文数据库，2008.

进行改革创新。所以，这一时期家族企业开始放弃一些产业，提高核心竞争力，不再盲目追求规模竞争力；在多元化战略上也变得理性，注重对市场的考察；更多的家族企业在这一时期引入职业经理人，虽然由于各方面的复杂原因，几乎没有成功案例，但正如万和集团卢楚其之语（引入职业经理人，即使最后分道扬镳，至少能带来新的思维和概念，调整营销队伍）。深圳万科在职业经理人引入上获得了少有的成功，而黄河集团与创维集团的职业经理人的叛变还是给企业带来了极大的伤害。但是家族企业在引入外部优秀人力资本上尝试、创新是绝对值得肯定的。越来越多的家族企业在这一时期上市，不仅在沪深股市，还在香港第二板块、纽约纳斯达克上市。有实力的企业开始了国际化征程，而新的小型家族企业不断诞生，浙江、广东中小家族企业集群已初具规模，这两省家族企业的总体发展规模、经济实力也是全国最强的。这一时期，更多的家族企业开始转变为以有限责任公司制、股份公司制的组织形式，更利于完善企业组织治理结构，降低风险、发展壮大。该阶段各种形态、规模的家族企业同时存在，起起落落，使得经济充满活力。

这一时期的企业主有的是拥有长期创业经验，已经积累了丰富的管理经营经验的企业主，还有不少知识创业型的企业主，成功将自己的科技成果转化为商业利润，并且越来越多海归派精英、MBA、博士加入创业者的队伍。当然这其中还有因为国有企业改制而下岗的工人以及失去土地的农民、大学毕业生。这一时期市场机制的不断健全，"暴发"已是不太可能的事情，稍具规模的企业以及企业主们开始重视企业内部治理结构的改革以及企业继承人的培养，方太集团的茅理翔、茅忠群父子是其中的佼佼者，在方太除了董事长和总经理由茅氏父子担任之外，其他中高层管理人员没有一个家族成员和亲戚，都是外聘的高级人才，并且工作人员中40%是来自外地。慧聪国际的郭凡生更是在企业所有权、控制权、收益权上找到改革的突破口，从收益权着手，成功激励并团结了企业人员，实现了企业的稳步健康发展。正泰的南存辉已逐步将其个人股份稀释到20%，并推行要素入股，使得旗下精英更有动力为企业奋斗。越来越多的企业集团开始在股权、经营权上进行改革，在一定程度上进行社会化尝试，力图使企业能更适应不断变换的市场竞争环境。在继承人问题上，正泰的南存辉提倡设立"败家子"基金，加强对企业主子女的创业能力的锻炼。而力帆的尹明善和鄂尔多斯的王林祥则面对子女不愿进家族企业的难题，是传统的"子承父业"，还是效仿西方的经营权社会化，这也是即将摆在中国家族企业主面前的选择。

可见，经过近 40 年的发展，家族企业已经不断发展壮大，虽然随着环境的不断的变化和自身的内部演进，发展问题不断涌现，但中国的家族企业一直在不断前进、完善中。家族企业已经逐渐成为中国重要的企业组织形式，成为中国国民经济中不可或缺的组成部分。

7.1.2 转轨期的中国家族企业与早期中国家族企业的比较

受西方文化的冲击，在具有丰富家族文化底蕴的传统中国文化母体上，最先分裂出来的早期中国家族企业（Previous Family Business，以下简称 PFB）得以萌发，PFB 难免更多地"遗传"母体的"文化因子"，表现出如下两方面的鲜明特色：①治家、治国和治企模式相同并以家族管理模式向企业组织简单移植为主。PFB 这种新生的企业制度安排，虽然其生产目的由自给自足向市场交换转变，但企业在选择管理模式时走了"捷径"或抄近路，几乎无一例外地简单移植传统家族模式。制度变迁在此找到了便捷的路径。首先，从早期中国家族企业家来源看，他们中的大多数出身于封建官僚家族或本身就是脚踏两只船①。有资料表明，PFB 主要创业人的原来身份分别为：买办及买办商人占35.80%，官僚地主占30.86%，一般商人占18.52%，华侨商人占7.41%，手工业作坊主占7.41%②。②从当时的家庭教养和社会教育来看，无论是族塾的任务还是其他一切封建性质的塾学，都是以《三字经》《百家姓》《千字文》等为课本，教育儿童从小就学习修身、齐家、事君、居官、治人之道。家庭教养中更是少不了孔子的父父、子子，即仁、义、礼、忠、孝等内容。这样进入PFB 的所有成员，从员工和老板，家族文化已成为他们共同的"公共知识"。企业中移植家族管理模式就变得极其自然而且乐于被接受。其次，企业自发性与创新性混合并以自发性为主。市场中企业组织的出现和存在一定是以盈利为目的和条件。不可否认，PFB 的出现受到外国侵略势力的推动。当原有阻碍企业形成的各种枷锁遭到破坏后，PFB 的成长更多地表现出自发性以及低成本创业的盈利目的。从企业人事安排来看，PFB 的人事任免都由家长式的企业家指定安排，其中大部分都是家族成员、好友以及同乡。正如荣德生在他的《纪事》里写道："昔年老友，都为经理"，颇有得意之感。荣家子女相继长成，

---

① 刘平青. 转轨期中国家族企业研究［D］. 中国优秀博硕士学位论文全文数据库，2003.
② 马丽波. 家族企业的生命周期［D］. 中国优秀博士学位论文全文数据库，2008.

经过学校教育及专业培养之后，荣氏兄弟又先后将他们的子侄、女婿辈安排到各厂的领导岗位上。从企业财务方面看，PFB 的账册大多沿用旧式簿记，它们当中多数企业从不向股东大会提出报告，也没有定期向股东公布公司或企业的账目，退股时无须办理任何手续，更谈不上对企业财务收支的监督。企业财务和家庭财产往往混为一团。然而，当原有模式不能适应变化中的形势时，PFB 也本能进行局部性的创新活动，具体表现在：一方面，封闭的家族也表现出一定程度的开放性，不仅通过姻亲接纳家族外优秀人才，同时非家族成员的先进管理经验和技术也开始引进；另一方面，它们中的一些大型企业除从国外引进先进的机器设备的同时，也曾尝试学习西方科学管理。企业成为西方科学管理中国化的实验场所。如荣氏兄弟从实践中也愈益意识到要改革企业生产管理，最大的障碍就是毫无"科学修养"的工头，因而决定首先从废除工头制着手，即以所谓"生学制"（学校出身的技术人员）来代替落后的封建工头制。

NFB 和 PFB 作为市场发育过程中重要的企业组织形态，具有一定的相似性。同时，由于它们分别处于不同历史和社会发展阶段，它们两者间的差异也尤为显著。

1. NFB 和 PFB 都产生于经济社会文化转型环境

在新制度经济学看来，外部变量的引进通常是解开制度"锁定"状态的有效办法，在中国历史上先后出现过两次。一次是腐败的清政府闭关锁国被外国侵略者的炮弹给攻破，也可称为"被迫"引进外部变量；另一次便是始于 20 世纪 70 年代末 80 年代初由政府主导的对内改革和对外开放政策，又称为"主动"引进外部变量。无论"主动"还是"被动"，其结果都带来了经济社会文化转型。转型的重要特征便是，适应新的经济文化环境的企业组织的出现，NFB 和 PFB 就属于这类富有活力的组织形态。转型环境中成长起来的 NFB 和 PFB，它们既要办厂，还要营造企业发展所需的经营环境。在政府主导下的传统计划经济向市场经济转轨或转型过程中，NFB 具有市场主体的天然本能，甘愿承担不确定性风险，充当社会主义市场经济的"弄潮儿"。实际上，原有计划经济体制已为 NFB 的产生和发展提供了基本构件，主要有三：①传统计划经济体制造成的物质短缺，为 NFB 提供了巨大市场；②国有企业和政府党政机关改革为 NFB 准备了大量的有技术懂管理的企业人力资本；③以政府投资为主的高等学校为 NFB 输送了大量的后备力量。从这个意义来说，在政府主导的渐进式改革过程中，NFB 作为市场经济充满活力的主体，在营造市场经济环境的同时，主要精力则置于企业发展本身。比较而言，迫于外国入侵由封建社会向半殖民地半封建社会转型过程中出现 PFB，显得不那么幸运，转型前后的剧变政治经济环境，并不利于 PFB 的健康成长。与 PFB 争利的四大家族政权的存在便是一个例证。从企业员工素质来看，半殖民地半封建社会留给 PFB 的是工人文化水平普遍低下，甚至多数为文盲。基于这种状况，荣氏家族企业不得不于 1906 年开办公益第一小学，1908 年添办竞化第一女子小学。

2. NFB 和 PFB 都是从正统体制边缘扮演拾遗补阙角色成长起来的

从 NFB 和 PFB 的发育起点来看，两者的共同点包括：从企业创办初期从事的行业来看，它们更多地带有自发和模仿的性质，主要从事生活必需品的生产销售。①衣食住行是人类生存的基本条件，从食和衣着手创业，企业成功的把握很大。不同时期都涌现出诸如"服装大王""食品大王"的家族企业；②企业初始规模小，一般家庭既是生活单位，又是企业生产场地；家庭成员既是所有者，又是劳动者；③企业大都通过"滚雪球"方式进行扩展，历年的盈余除部分分发股息外，较多的利润又转化为资本，投入扩大再生产，以至于雪球越滚越大。经过几十年的发展，NFB 数量增多（改革开放后成立的私营企业大都是家族企业），规模扩大，企业核心竞争力明显增强。正如 1999 年新修宪法指明的，私营企业是"中国社会主义市场经济的重要组成部分"。不同的企业环境，企业命运各不相同。以国民党统治时期为例，PFB 在抗战前有一定的发展，不断出现新设厂矿，但改组、倒闭的也不少。不少 PFB 因亏本而为帝国主义或官僚资本所吞没。

3. NFB 和 PFB 在管理模式和企业组织形式方面具有极大的相似性

在企业组织形式和管理模式方面，NFB 和 PFB 同样具有极大的相似性。如前所述，企业初期多倚重于家长权威的管理。从家庭作坊起步发展起来的家族企业，家庭家族成员往往承担着企业的无限责任。然而，由于两者所处不同社会发展阶段，成长后的家族企业组织形式颇具差异。NFB 是无限责任公司和有限责任公司形式并存但以后者为主。比较而言，PFB 正好相反。NFB 采用以有限责任公司为主的组织形式，更多地具有强制性制度变迁的成分。中国目前仍处于市场经济发育的初期阶段，离有限责任公司赖以存在的市场条件相距甚远。就 NFB 的"年龄"而言，也只有 30 多年时间，相对于用了 100 多年由无限责任公司向有限责任公司转化的发达市场经济中成熟企业而言，NFB 仍处于

"初级"阶段。然而，中国的对外开放，竞争压力迫使 NFB 首先从形式上成熟起来，进而逐步规范企业运作行为。相对来说，PFB 的发展更具有哈耶克意义上的自发演进制度变迁。无限责任公司的优点与家族制度相结合，适应了当时中国政治经济文化环境。企业中，所有权与经营权合而为一，没有投票制，大股东一般也是主要经理人，直接操作企业，实现了权责结合，权能结合。避免了有限公司的多头统治和无人负责的状态，实现了上层管理的直线命令体制。使得企业无论在哪种社会环境中都可得到发展。随着企业规模不断扩大，逐步从无限责任形式过渡到有限责任形式。

7.1.3 近代管理思想嬗变对家族企业文化的影响启示

1. 近代管理思想对家族企业文化启示

鸦片战争以后，外国资本主义势力的日益深入，加速了中国封建社会的瓦解和商品经济的发展，也为中国近代资本主义企业的兴起创造了条件。19 世纪 60 年代，中国先是出现了由洋务派创办的官僚资本主义企业，继而到 70 年代末，民族资本经营的企业渐次产生。中国的民族资本企业自出现以来，就受到了外国资本和官僚资本的双重排挤和压迫，是在夹缝中求得生存和发展的[①]。在与外国资本激烈的竞争中，虽然他们在资金、原料、技术和设备方面都处于劣势，但却能得以逐渐发展和壮大，并敢于与外国资本相抗衡。究其原因，除客观的世界经济形势和历史条件给民族资本企业的发展提供了一时的有利时机外，一个重要的原因[②]，就在于中国有一批民族企业家，他们在民族企业艰难、漫长的发展过程中，形成了自己颇具特色的经营管理思想并运用于企业管理的实践，取得了明显的成效。

（1）开拓市场和占有市场的经营管理思想。民族企业为了争取自身的生存和发展，重要的任务就是从它所要达到的经营目标和战略高度，来适应市场的变化[③]。在对市场进行科学预测的基础上，制定企业的计划，组织生产，指导企业的经营。在国外商品充斥中国市场的情况下，要赢得市场并在竞争中获

---

① 孙炳芳．中国近代企业家的经营之道管窥 [J]．集团经济研究，2007．
② 王同勋．近代民族企业的经营管理思想 [J]．山西财经大学学报，2002．
③ 许秋奎．近代民族企业的经营管理思想 [J]．全国商情：经济理论研究，2008．

胜，就必须打破洋货独霸市场的局面。民族企业在提高产品质量、开拓市场方面，其经营管理思想主要体现在三个方面。

①加强质量管理，开拓流通市场。外国在华企业凭借其资本雄厚、技术先进，生产出物美价廉的产品在市场上销售，意图挤垮民族企业。这就迫使民族企业在产品质量上下功夫，用名牌优质产品开拓市场，占领市场。名牌产品是企业的生命线，关系到企业的成败，企业不创立自己的名牌产品，就不能建立企业的信誉，就得不到社会的承认，很难在市场上站住脚跟。创制名牌国货产品对企业的发展是一种强有力的推动，它不仅是民族企业生存能力的表现，也是民族企业家抵御外侮①，以国货优质产品击败洋货，在市场上为民族工业的发展赢得一席地位的爱国主义精神的体现。民族企业家深深懂得，"凡百业如欲抵御外侮，专持国家保护政策与社会爱国心理，而不力图改进产品，实非竞争之根本办法"（载《中国民族火柴工业》）②。为此，一些民族企业莫不精心生产出自己的独具特色的名牌产品，如荣宗敬（1873～1938）、荣德生（1875～1952）兄弟企业的"兵船"牌面粉；简玉阶（1875～1957）兄弟企业的"双喜""飞马"牌香烟；张謇（1852～1926）大土毛纺厂的"魁星""红魁""绿魁"棉纱等。在与洋货竞争中，这些产品都得到了社会的广泛信任和赞誉，充分显示出名牌优质产品对企业兴旺发达的决定性影响。要保证产品的质量，必须在产品的原料上和产品生产过程中严格管理，并不断更新产品，提高产品质量，改善产品性能。

②削价竞销，以价格低廉争得市场。生产出高质量的产品，并不等于已经占领了市场。民族企业要在与外资企业竞争中夺得市场，除确保产品质量优胜外，也要充分考虑市场需求者的消费水平和当时的社会生活水准，否则，即使质量甚优，而价格高于洋货，产品也会无人问津。因此，针对洋货的低廉价格，民族企业在降低产品成本的基础上，也采用低价促销策略，以赢得市场。简氏兄弟曾认为："货必求美而胜英美，而价钱则贱过英美，人心自然推向"（《南洋兄弟烟草公司史料》），这就是南洋烟草公司与英美烟草公司在市场竞争中所采用的竞争策略。民族企业家还认识到，采用廉价策略，使产品在市场上尽快出售，就可以加快流动资金的周转，这在很大程度上决定于价格的高低，而国货产品价格的定位，应视市场上同类洋货价格而定。张謇认为，价格

---

① 吕亮，张文. 近代民族企业的"名牌"意识 [J]. 史学月刊, 1996.

② 李坚. 上海的宁波人研究（1843～1937）[D]. 中国优秀博硕士学位论文全文数据库, 2004.

高低的标准在于促使产品"利在速售",因此应根据市场行情,"有时而减,有时而平"(张謇,《实业录》)。东亚毛纺厂生产的"抵羊牌"毛线,打破了外国企业产品独霸毛纺市场的局面,与进口毛线形成了竞销的格局。当时英国在华毛纺织厂生产的"蜜蜂牌"毛线,日商加藤洋行经销的"麻雀牌"毛线,都以低价销售,企图垄断中国的毛线市场。提出针锋相对的管理措施。首先,在毛线产品的商标上,经过精心设计,以双羊抵角为标志,取名"抵羊","抵羊"既反映以羊毛做原料的纺织品的特点,又是"抵洋"的谐音,即抵制洋货之意。这种巧妙的构思,正迎合了"九·一八"事变后群众抵洋抗日的心理①。因此,"抵羊"牌毛线一经问世,立即受到了国人的欢迎。与此同时,又狠抓产品质量,使"抵羊牌"毛线在色泽、拉力、手感等方面,都达到了优质产品的标准。在价格上,则以英、日为准,随其变动而上下浮动,必要时不惜放弃部分盈利,砸价甩卖,甚至采取买两磅送一磅的促销手段②。通过这些措施,有效地抵制了洋货的竞争,打破了英日企业垄断中国毛纺市场的阴谋,使"抵羊牌"毛线成为家喻户晓、畅销全国的名牌产品,巩固了东亚毛纺厂在国内市场上的地位。

③建立广泛的销售组织,采用灵活的销售技巧,扩大市场占有率。产品销路的好坏,销售数量的多少,还要看流通渠道是否畅通。因此,民族企业家对如何扩大和健全产品推销机构,给予了高度的重视,并拿出部分资金作为推销费。大中华火柴厂为加强成品推销工作,在总事务所营业科里设置专人,分别负责苏、浙、皖、赣等省(近区)和国内其他各地(远区)的推销工作,并在各大城市设立事务所,建立起一个密集的推销网,保证了产品在这些市场上的优势。

一些民族企业家为建立和完善销售网,鼓励代理,奖励销售,采用对经销商优惠赔贴的措施,保护经销商的利益,以打开产品在市场上的销路。东亚毛纺厂为使"抵羊牌"毛线能够在洋货比较畅销的城市竞销,采用了"厂商产销合作合约"的方法。具体做法是:由商店预交一部分进货押金给"东亚",而"东亚"按其押金数每月付息,并给商店以相应的产品,在销售时,产品价格视行情而变,若有亏损,一概由"东亚"负责。这种经销办法,经销商不担风险,又能获得较丰厚的利润,鼓励了他们与"东亚"合作、与洋货进

---

① 何成刚,夏辉辉. 再谈如何上好"中国民族资本主义的发展"[J]. 历史教学,2007.
② 王同勋. 近代民族企业的经营管理思想 [J]. 山西财经大学学报,2002.

行竞争的积极性，这就使东亚毛纺厂在全国建立起一个庞大的商品推销网——"抵羊网"，加强了该厂在竞争中的实力①。以华北地区为例，仅仅一年时间，已经使"洋货毫无活动余地，吾货独占华北之势已成"（《东亚历史档案》）。

（2）筹措资金和运用资金的经营管理思想。资金是企业从事经营活动的物质基础和前提条件。企业管理者的任务，是要以最优的方案筹措资金，以提高企业的经营效果，增强市场竞争力，获取最大限度的利润。中国近代民族企业家，一般来说，资金都不够充裕，他们在激烈的市场竞争中，缺乏充实的物质基础，容易被资金雄厚的外国企业所吞并。因此，民族企业要得到生存和发展，必须通过各种渠道来筹措资金，用于扩大再生产。所以，如何筹措和运用资金，就成为民族企业家经营管理企业最主要的内容。民族企业筹措资金的渠道和方法，主要有四种。

①靠企业资金的自身积累，将利润转化为资本。利润积累是企业再生产与扩大再生产的必要条件。因此，一些民族企业家把企业"公积金"的提留，即利润的积累看成是企业在激烈的竞争中成败的关键。张謇认为："公积者，工商之命脉也"（张謇，《实业录》），深刻指出了利润资本化和企业生存发展的因果关系。同时，资本主义企业生产的目的就在于追逐利润，而没有利润的资本化，不进行资本的再投入，获取更大的利润就无从谈起。资本积累和利润的积累是辩证统一的关系，对此，张謇也有其独到的认识，他认为："岂可望人以生利，而不裕其母财，禁骐骥之足而贵以千里耶？"（张謇，《实业录》）"裕其母财"就是利润资本化积累，只有"裕其母财"，才有可能获取更大的利润，满足扩大再生产的需要。既然资本积累对扩大企业资金来源及扩大再生产有如此重要的作用，因此，在分配企业利润时，一定要先留足公积金，否则，"分利过当，生犹不及"（张謇，《宣布就部任时之政策》），然后再将利润剩余部分作为股息分给股东，绝不能把公积金挪作红利分掉，"不可不厚储公积，不预为之防也。至于未获盈利之新厂，更不得移本作息"。因此，企业要不断发展，在利润的分配上，就要保持一定的合理限度，做到"彼此计息，不可无限制"（张謇，《实业录》）。

荣氏兄弟在如何解决资金短缺方面，也有其独到的管理主张。他们在企业经营中，采取"肉烂在锅里"的积累方式，即添购新机，扩大生产。荣氏兄

---

① 王圆圆. 民族实业家管理思想的特征 [J]. 石家庄经济学院学报，2014.

弟的经营指导思想是"要拿大钱，所以要大量生产"，为扩大企业规模，在资金短缺的情况下，荣德生提出，申新纺织公司"除发股息外，一般不发红利给股东，盈利不断滚下去，用于扩大再生产"（《荣家企业史料》，上册）。其他民族企业，像大生纱厂、豫丰纱厂等，都把提取"公积金"作为追加资本、扩大企业资金的主要途径，少提或不提红利，"厚储公积"，并使之转化为资本积累。近代民族企业就是通过这种依靠自身积累的办法，使企业获得充足的资金，增强了与资本雄厚的外国企业进行竞争的经济实力。

②靠银行贷款扩大生产规模。民族企业单凭企业自身的力量来积累资金，毕竟是有一定限度的，他们要获得充足的资金，就必须利用旧中国的生息资本，向银行、钱庄借款，以扩大企业规模，避免因资金周转不灵而陷入困境。张謇认为："用己之财则己之善，用人之财则人之善，知其未必善而必期其善，是在经营之致力矣"（张謇，《实业录》）。这就是说，借债经营虽有一定的风险，但只要"经营致力"，有效地利用借来的资金，从事企业经营而能获利，仍是可行的。

近代民族企业家在企业经营过程中，一旦资金严重短缺，在万不得已的时候，他们为了生存，不得不利用外资，以调节资金营运的盈虚。当然，在借用外资时，也面临着随时被外国资本操纵、挤垮的命运。因此，他们虽认为"外资可借"，但借来的外资必须用在企业的生产和发展上。同时，利用外资，应不附带政治条件，以免为外人操纵和宰割。张謇在《实业宣言》中明确提出，借外债应"条约正当，权限分明"，"不可丧主权，不可涉国际"和"欲达借款之目的，必先筹还债之方"等正确的管理原则。

③自设金融机构，自调流动资金。中国民族资本主义企业的发展，迫切要求中国有新式金融机构来为它融通资金，民族企业家也越来越意识到金融机构的重要性。穆藕初认为："金融与百业发展之关系，无异于血脉与人体。血脉旺则人体健，金融流通无滞，然后百业始有发挥之余地"（穆藕初《藕初五十自述》）。而中国银行业的发展落后于中国民族资本主义企业发展的需要，必须设立和健全银行机构来促进实业的发展。为此，民族企业家主张建立民间银行，以辅助中央银行，服务于工业所需资金的融通。张謇说："唯有确定中央银行，以为金融基础，又设地方银行以为之辅，厉行银行条例，保持民间银行钱庄票号之信用，改定币制，增办通货"（张謇，《实业政见宣言书》），才能从根本上解决企业所需资金的来源。可见，民族企业家既有创办金融机构的认识，也有在实业活动中缺乏资金的教训。许多民族企业家就曾自设金融机构，

以积聚社会上的闲置资金，为企业的振兴和发展服务。穆藕初创办了中华劝工银行，起到了促进"国内工业之发达"，使"外来之劣货""无可乘之隙"（穆藕初，《藕初文录》）的目的。刘鸿生成立了中国企业银行，既方便了刘氏集团各企业间资金的使用，又促进了资金的周转与流通。其他民族企业，如荣氏集团、民生公司等，也都设有自己的银行、储蓄部，以满足资金流通需要。民族企业自办银行，一方面摆脱了其他银行特别是外国银行的控制，避免因借债过多而被吞并的危险；另一方面，自办银行，也吸收了社会大量游资，充实了企业资金的来源。

④加强财务管理，完善会计制度。民族资本企业在发展的初期，由于缺乏完善的财务管理制度，一些企业曾出现过资金运用上的混乱与浪费现象。因此，民族企业家深感其弊端，主张实行完善的会计制度，以加强企业资金的管理。卢作孚（1893~1952年）在经营其民生实业公司时，曾认为"任何机关或事业之业务能发展到何种程度，皆以财务为决定之条件，工商事业尤以财务决定其成效"。在如何管理企业财务的问题上，卢作孚提出了建立完善的会计制度的管理原则，建立起集财权于总公司的比较完善的财务制度。

刘鸿生将成本会计看作"考察企业经营管理优劣的眼睛"（刘鸿生，《中国工业发展的几个主要问题》）。他不惜用高薪聘请第一流的会计专家为他设立各个企业的会计制度，并由总公司实行对所属企业的集中管理，建立了统一的财务制度，在企业集中使用财力、应付对外竞争、保证资金的积累、扩大企业的再生产等方面，均起到了重大的作用。

（3）人才开发与培养的管理思想。在近代民族企业的发展过程中，一些有卓识的民族企业家都认识到，中国实业发展缓慢的一大原因，在于"缺乏人才，并缺乏独树一帜之人才"（穆藕初，《藕初文录》）。商品经济的竞争，归根到底是人才的竞争。张謇认为："世界今日之竞争，农工商之竞争也；农工商之竞争，学问之竞争，实践、责任、合群、阅历、能力之竞争也"（张謇，《教育录》），他总结出"无人才不可为国"（张謇，《专录》）的结论。民族企业家还把一个企业乃至一个社会是否拥有人才，看成决定企业成败或社会兴衰的关键。穆藕初曾说："凡百事业之成败，全视人才之优劣"（穆藕初，《中国棉业发展史》）。

民族企业家所说的人才，是指什么样的人才呢？穆藕初明确指出："实业界适用人才，分为甲乙两种，甲为科学人才，乙为管理人才。"他认为，在这两种人才中，"管理人才所负之责任为至重也"（穆藕初，《藕初文录》）。民族企业家甚至还这样认为："我们缺乏技术人才，尤其缺乏管理人才，如果这个问题不解决，则作为社会，一切问题都不能解决。"（卢作孚，《中国的根本问题是人的训练》）这种对人才重要性的认识，在当时人才和知识备受压抑的旧中国，确实是难能可贵的。

（4）择人和用人是管理工作的关键。民族企业家刘鸿生认为："缺乏经营管理能力以及缺少训练有素的人才，成为企业经营管理失败的重要原因之一。"并说："要办好一个企业，首先得物色好专门人才，没有人才，不可冒昧从事。"（刘鸿生，《中国工业发展的几个主要问题》）因此，人才选拔是人力资源开发的前提，而要选拔人才，首先要能够发现和识别人才。穆藕初提出"物色人才与善用人才，实为事业家首务"，并把是否具备"健全之脑力，敏锐之眼光，灵活之手腕，坚固之信用，雄厚之力量"（穆藕初，《藕初五十自述》），作为衡量企业领导者是否称职的标准。民族企业家择人和用人的标准，既考虑专业素质，又考虑其思想素质。张謇提出的用人标准是："今日用人不患无用，而患无体。其人果正，则必有忠君爱国之心，则勤求事理必于当。"（张謇，《政闻录》）他在这里所讲的"体"与"用"，其实就是品德与才干，而他用人的标准，首先在"体"即品德。他的这种提法，虽然有效忠封建国家、封建制度的意味，但重视人才对企业和国家的忠诚心，还是可取的。卢作孚在用人上坚持任人唯贤的标准，他将品德和才干结合起来，认为用人的标准是"重品德与才干"。刘鸿生又有自己的用人之道，他认为用人不可求全责备，只要有一技之长，他就任用，"全才有全才的用处，偏才有偏才的用处，要学会善用他们"（刘念智，《实业家刘鸿生传略》）。

①要聘用实干人才。民族企业家所重视的才干，既包括理论知识，更包括实战经验，注重理论知识和实际经验的结合，是大多数民族企业家所强调的。穆藕初认为，用人"仅有实在经验，而无专门知识，可小就而不可大授。仅有专门知识，而无实在经验，能拟议而不能建设"（穆藕初，《藕初文录》）。卢作孚主张对有学历、有理想、有才干者，一定要想尽办法聘请并委以重任。他对虽无学历但有本领的人，也大胆任用。水手出身的张才廷，为人精明能干又有事业心，人称土专家，原是上海轮船公司的土工程师，因无学历不受重用，卢作孚遂请他到民生公司任职，并委以重任。张在工作实践中，显示出其才能，只用了两个月，就将外国专家认为无法打捞的"万流轮"打捞上岸，对民生公司做出了贡献，也长了中国人的志气。

在人才培养跟不上需要的情况下，民族实业家较多从"实用"出发，广揽实干人才。他们认为，单有文凭而无实在本领，"若虚有其名，无裨实用，不如无学"（荣德生，《乐农自订行年纪事续编》）。这种在选择人才时重视"实用"的思想，在当时民族企业中有一定的代表性。

②既要人尽其才，又要爱护人才。人才的使用，包括两个方面：一是人尽其才，企业家要在对每种工作进行分析，确定工作的性质、难易程度以及所需学历、能力、经验之后，据此安排适合这项工作的人，使其能发挥专长；二是爱护人才，就是给人才以相应的待遇，提供较好的工作条件和生活条件等。

民族企业家对选拔和物色到的人才，都尽力做到人尽其才，委以重任。刘鸿生认为，企业领导应善用人才，"要把适当的人，放在适当的位置上"（刘鸿生，《中国工业发展的几个主要问题》）。张謇提出，用人之道在于"责任专，薪水重，上有纲纪，下无壅隔"（张謇，《实业文纱》）。在这些用人原则下，许多专业技术人才被重用，并使他们有明确的工作责任、职权划分和与工作性质相符合的报酬。东亚毛纺厂聘请了一批专业技术人才，其中有知名专家、教授和留学归国的博士，对这些专门技术人才，"东亚"给以优厚的待遇，月薪一般与经理相当，个别博士的工资甚至超过了经理。宋飞卿还为这些人才专门租用了一栋"博士楼"，从各方面照顾他们的生活，使他们在生产中发挥出显著的作用。在其他民族企业中，一批或有专长或有学历并有实践经验的人，均被安排在合适的位置上，充实了企业的人才力量，保证了人才的合理使用，发挥出人才在企业发展中的作用。

③"聘用西人"的原则。在一些民族企业里，出于生产和技术上的需要，还以高薪聘用了外国的技术人员。张謇曾提出"聘用西人"的主张，并在大生纱厂聘用了一些有真才实学的外国技术人员、教师和医生作为技术指导。民族企业家为了使这些外籍技术人员很好地为本企业服务，在生活上给以较高的待遇，这些外籍人员也在改进生产、提高产品性能、提高生产率方面起到了积极的作用。

当然，近代民族企业家在聘用外国人员的问题上也是极其慎重的。他们的原则是，"聘用西人"只能作为暂时的措施，从长远看，解决企业的生产技术问题，还必须依靠本国技术人员。"唯致意于厂内人员的培养，与国内专才之罗致"（刘鸿生，《企业史料》），才是从根本上解决人才缺乏的办法，不自行培养所需的人才，实业的发展必然缺乏后劲。正如刘鸿生所说："客卿可用，在人才缺乏的情况下也应当用，但只有立足国内，致力于本国人才的发掘、使用和培养，以解决人才来源问题"（刘鸿生，《企业史料》），只有这样，才能建立起独立自主、不受外人控制的民族企业。这种由聘用外国技术人员，到注重中国自己的技术力量，并进而为培养更多的技术力量创造条件的人才管理思想，反映了民族企业家人才资源开发观念的转变和提高，也反映了他们独立自主发展企业的愿望。

④注重专门人才培养。适合各种职业要求的专门人才，需要经过培养和训练。因此，对专门人才的培养，是企业经营管理的一项重要内容，它是提高企业产品质量和劳动效率，增加企业经济效益，完成企业经营目标的前提条件。民族企业家除了对社会上现有人才尽力挖掘、量才使用外，还注重职工专业素质的提高。卢作孚曾明确指出"管理方法的实施特别重在工作人员的训练"，要"训练所有的工作人员，使其活动有效率、有技术，而且有管理的技术"（卢作孚，《中国的建设问题与人的训练》）。因此，卢作孚不惜花费资金和时间，在民生公司开展了对职工的培训，举办各种短期、长期的培训班，建立培训学校，加强对职工技术的训练，同时还通过专业培训，为本企业培养专门人才。民生公司曾选送不少职工进各种专业学校接受培训，还先后选送百余人出国深造，这在旧中国民族资本企业里确实是培养人才的一个创举。荣氏兄弟也非常重视人才的培养和教育训练工作，在造就培养人才的问题上，荣德生提出了"贵在实学"的原则，他说："若虚有其名，无裨实用，不如无学。"在这一思想指导下，他们十分注意提高企业现有管理人员的技术和管理业务水平。如何培养和提高？荣氏兄弟认为"人才之兴"，必须有良师入正轨，必须"如良玉美璞，细加琢磨"，"选送人才入各级学府深造，方能成器"（荣德生，《乐农自订行年纪事续编》）。因此，荣氏兄弟将举办各种类型之学校，放在整个事业的重要位置上来考虑。荣氏企业先后创办了公益工商中学、中国纺织印染工业专科学校、中国纺织印染工程补习学校等，保证了企业获得所需要的技术人才和管理人才。其他民族企业家如穆藕初、宋卿、刘鸿生等，在所办的企业中都设有培训班、培训学校、职业学校，甚至还制定了"先培训，后工作"的制度。这些培训措施的实行，提高了在职人员的专业技术能力，为民族企业的发展提供了大批高、中级专业人才①。

2. 中华人民共和国成立后管理思想对家族企业文化启示

中华人民共和国成立初期，中国对于企业的管理经验比较欠缺，当时的国

---

① 尹铁. 论近代浙商的企业管理思想和经营理念 [J]. 商业经济与管理，2011.

际环境下中国与苏联的关系比较亲密。因此，在国内迫切需要探索企业管理经验发展国民经济时，中国首先考虑从苏联借鉴管理经验，引用外部经验发展内部企业的思路，并且所谓的借鉴基本是套搬了苏联的模式，没有加入自身的发展成果。中华人民共和国成立之后，中国开始尝试结合苏联经验，加入自我改造的部分，虽然后来事实证明，这些改造并不完全吻合企业制度的发展趋势，但中国走出敢于自我挑战、推出创新的第一步仍旧是值得肯定的①。

（1）建立现代企业制度。现代企业制度的核心是以股东大会、董事会与监事会为核心的企业法人治理结构②。在这一时期，股东大会、董事会、监事会的最高治理结构已基本在中国企业中建立起来。股东大会发挥决策职能，董事会发挥运营职能，监事会发挥监督职能，这一经济领域内的"三权分立"模式保证了决策的科学，经营的合理与运行的规范。中国企业在经历了扩权让利阶段、承包经营阶段、股份制改革阶段后，建立现代法人治理结构的条件已经成熟，现代企业制度在中国企业中的大范围确立成为必然趋势。而在企业内部管理上，企业的组织结构模式与前几个阶段相比发生了重大变化，众多企业不再简单迷信西方金字塔式的科层管理体制，对企业的直线制或职能制的组织结构进行大刀阔斧的改革，引入了西方最新的事业部制、矩阵制、创新团队等新型的管理组织模式，推动企业组织结构向弹性化、扁平化方向发展，形成了现代管理体系。其中比较典型的是海尔的集团事业部制的组织结构和联想总裁柳传志的三种模式理论（即快船模式、大船模式与船队模式）。其中，事业部制得到了广大企业的追捧，国内众多企业将海尔的事业部制作为企业管理体制改革的主要方向。

与此同时，企业乃至社会公共部门也不再简单地将员工与被管理者视为企业的成本，以人为本的理念得到了企业的普遍认同，现代化的人力资源管理已经逐步取代了传统的人事管理，广大社会组织中普遍建立了完善的人力资源管理体系，以招聘、考核、培训、激励为核心的人力资源管理架构在企业中广泛建立。

（2）西方管理思想同中国管理实践相结合。过去几年，《第五项修炼》《把信送给加西亚》《谁动了我的奶酪》《没有任何借口》等一批西方管理思想名著得到了广大企业者的引进与推广，彼得·德鲁克、杰克·韦尔奇、

---

① 邓湧. 转轨时期中国企业管理思想演变探析［J］. 商业时代，2014.

② 龙旭腾. 公司制改造研究及方案设计［D］. 天津大学，2000.

迈克尔·波特、菲利普、科特勒等西方管理思想名家更为是中国企业家所熟知。中国企业通过学习消化和创新，也不断将社会学、数学、经济学、行为科学、政治学的知识和原理运用到企业管理中，运用到计划与决策、生产管理、质量管理、技术管理、物资管理、销售管理、财务成本管理和人事管理等方方面面①，自主创造了许多新的管理方法，如整体营销理论、舰队模式、贸工技论。中国广大民营企业纷纷效仿西方，按照现代管理思想的基本原则来管理自身企业，使企业发展紧跟时代的潮流。例如在这一阶段取得巨大发展的联想集团，学习并吸取了西方著名的"贸工技"管理模式。年薪股权制度、学习型组织、业务流程再造、战略联盟、企业资源计划、客户关系管理等先进管理方法就是在这一时期被引进。在西方企业界大力推崇的企业文化品牌推广、形象设计、知识产权保护等许多无形资产管理理念一经提出，就在中国企业中得到广泛的推崇和应用，成为企业提高经济效益和竞争能力的重要手段。

（3）以企业文化建设为中心。进入到世纪以来，"人"的因素逐渐得到了管理学界的普遍关注，如何发挥人的潜能，更好地调动被管理者的积极性，实现个人价值同组织价值的和谐统一成为管理学关注的焦点。而随着社会经济的发展，民众生活水平的普遍提高，物质需求的满足对人的积极性的调动作用已大不如前，人在追求物质满足的同时，开始追求精神的寄托与人生价值的实现。在组织结构、治理模式、人力资源管理制度已基本成熟的背景下，文化建设成为管理者满足被管理者更高层次需求，更好地调动被管理者积极性，发挥其潜能的必然选择。同上一阶段企业文化仅仅得到少数企业的重视不同，在这一时期，文化在中国管理思想体系中占据着的核心的位置，各大企业都将文化建设作为企业管理实践的中心问题。这一时期，中国企业管理对企业文化建设的重视，不仅停留在组织结构、运作规程等浅显的组织文化建设层次，而且十分重视企业的信念培养与价值认同等更高级别的组织文化建设层次。华为的"狼性文化"、比亚迪的"家文化"都是企业对其自身的核心文化理念进行总结，并向员工进行信念的灌输，使员工对企业产生强烈的认同感与归属感。尤其值得注意的是，这一时期企业对组织文化管理的效果得到了其他部门的认同。近年来中国政府、非营利组织等部门也开始借鉴企业组织文化管理的经验，注重组织的本部门的文化建设，组织领导人员采用学习教育、素质拓展等

---

① 李琪. 转轨时期的中国企业管理思想演变研究 [D]. 中国优秀博士学位论文全文数据库，2007.

方式，构建组织文化，以期实现良好的管理效果①。

（4）由国内管理向国际化管理。长期以来，中国的宏观管理和微观管理常常囿于本国或本地区的规范之内，往往只考虑本国市场、本企业、本组织内部如何进行管理的问题，很少能真正放眼世界。但 21 世纪的管理环境已发生了根本性的变化，随着中国加入 WTO，改革开放步伐迅速加快，经济全球化已经以不可挡之势席卷整个神州大地。所谓在管理上与国际接轨，就是要加入遍及全球的世界级采购生产系统，打破地区和国界，尽可能多地获取差别利益。为此就必然要求消除管理上的阻隔，形成管理上的共同语言和方法，管理的国际化是经济全球化发展的必然趋势。

（5）由科学管理向信息化管理转变。科学管理的任务在中国一些企业、组织和事业中尚未完成，但信息化管理对许多企业来讲已迫在眉睫。这就是中国管理的特色，中国利用后发优势，在信息产业和产业信息化方面正在实现跳跃式发展。

信息化管理并不是简单地用计算机自动程序代替原有的手工程序。而是先对原有的工作流程进行分析、改造，重新组织、调整，使整个工作程序更加合理化，在此基础上再实行信息化管理，这样才能取得良好效果②。实际上，中国正在把发达国家几十年中所做的事并在一起做，从而尽快地使各项管理工作迎头赶上国际先进水平。当然管理信息化需要由一个较长的过程，但这种趋势是确定无疑的。

（6）由首长管理向人性化管理转变。中国是一个有着几千年专制制度传统的国家，官本位制已深入到每个人的血液中，成为重要"遗传基因"之一。要对这些具有创新知识的人才实行人性化管理。充分估计他们对组织的作用，切实保障他们在组织中的地位和权益，并从管理制度和人际关系上确保他们对组织的忠诚。这是各级领导者未来或已经面临的管理问题。这一难题是中国管理向前发展中不可回避的现实。

（7）由封闭式实体管理向开放式虚拟管理转变。随着科学技术的进步，虚拟组织、虚拟公司愈来愈多。例如耐克公司只有强大的研发设计中心和采购营销系统，从来就没有自己的生产车间和生产工厂，但全世界尤其是中国

①　闫晨. 改革开放以来中国管理思想演变的阶段分析［D］. 中国优秀硕士学位论文全文数据库，2013.

②　胡中敬. 宁波港引航管理对策研究［D］. 大连海事大学，2007.

到处都有为他生产耐克鞋的基地。美国的汽车制造业也正在经历虚拟化的过程，其中福特公司走得更快更远。可以预言在未来的发展中，组织的虚拟化将是一种必然趋势，只是各个组织虚拟化的程度和管理方式会各不相同。如何管理好这种开放式的虚拟组织，也将是 21 世纪摆在中国企业家面前的重大管理课题。

（8）西方管理思想进一步本土化。西方经典管理学如泰勒、韦伯的专业化分工与科层制管理、西蒙的决策理论、德鲁克的目标管理思想、学习型组织理论、组织文化理论、全面质量管理理论、战略管理理论等西方经典管理思想被中国大量引入到组织的管理实践中。中国管理界在经历了最初的照搬西方管理理论的探索，吸取了在学习西方管理思想过程中的教训，开始将向西方管理思想与中国企业实际相结合。进入到 21 世纪后，中国对于西方管理思想的学习和应用更加辩证，优秀的管理者一方面采用西方的管理理念改善组织管理中的不规范因素，以其理论的核心精神为指导，建立组织标准的运作规范，提高管理的科学性；另一方面，对中国市场与中国员工的心理进行系统分析，综合考虑社会文化的影响，采取了多样化的管理手段，实现了管理的艺术性。在这一阶段，大量的西方管理思想出现了其中国模式，如全面质量管理理论、六西格玛管理理论、组织文化理论、学习型组织理论、战略管理理论都曾指导中国企业与其他社会组织的管理实践，但其在中国应用后的表现形式与其标准的理论模型存在差异。以组织文化为例，中国企业管理者在企业管理中建设组织文化的过程中，按照西方企业的组织文化的建立步骤构建组织文化，但组织文化的内容上大多采用中国传统文化中的"和谐""团结""信念"的理念，同时在对员工教育上多采用中国传统的教育模式，使得中国企业组织文化具有较强的中国特色。应用后的表现形式与其标准的理论模型存在差异。

（9）企业重视市场营销。与改革开放前期的企业将绝大部分精力放在企业产权制度与企业管理制度相比。这一时期的中国企业尤其是民营企业认识到了营销在企业产品销售和市场推广中的重要作用，开始重视市场营销管理工作。因此，这一时期中国企业将市场营销置于重要地位，纷纷引进西方先进的营销手段，大量的营销著作在中国流行起来。广大企业频频通过各种营销方式，推出企业的新产品，宣传企业的经营理念，增强企业的市场认同感。广州太阳神保健品公司是国内最早导入形象识别的企业，其企业表示与口号在市场上产生了良好的影响并取得了良好的市场收益，此后，健力宝、万家乐以及等企业先后引入理念，大力推广企业形象营销。而以三株、秦池为代表的企业将企业战略的则重心放在产品的广告推广上，三株依靠报纸、墙体等广告方式，其产品在中国迅速得以推广，实现了产品销量的大幅提高，创造了保健品行业的销售奇迹。但不可回避的是，这一阶段大多数企业过度关注市场营销，忽视产品质量的提高与对企业核心竞争力的关注，为企业发展的长期发展埋下了隐患①。

【案例导读】——方太集团的传统儒家思想的企业文化

尼采有一句经典的话："当婴儿第一次站起来的时候，你会发现使他站起来的不是他的肢体，而是他的头脑。"一个企业要站起来，也必须是依靠了他的"脑体"——企业文化②。方太集团把企业文化建设当作企业管理的一个重要组成部分，在培育方太企业理念、品牌文化、经营哲学和服务文化上走出了一条创新之路。

1. 以人为本——读它，就是在读一本方太管理的哲学书

宁波方太厨具有限公司创建于 1996 年年初，当时的油烟机市场已呈三足鼎立之势，而且绝大部分集中在浙江地区，仅杭宁两地就有帅康、玉立、老板等名牌产品，已占据整个中国市场份额的 78% 以上，方太为什么能在这样的市场环境下投出"方太之剑"③，直接扎根于市场的底源而翘然其上呢？用方太总经理茅忠群的话说："我们善于从消费者入手，从他们需求的地方，我们找到了生存发展的空间。"归根到底，方太是从一开始就瞄准了如何在市场缝隙中寻找新的坐标点，即把管理、研发、质量、营销等的标点能在市场前期延伸成一个个敏锐的触觉，在探测市场脉搏的同时，把反馈的信号编译成单元化的有价知体，才能在重新定位中寻找空隙，才能真正做到有的放矢。

1995 年做出飞翔二次创业的决定时，在初步选择油烟机和微波炉方面，方太就把市场作为最有价值的数据分析载体，从大量周密和详细的市场调研中剖析出精确的投机概数。当时市场上的油烟机存在着"造型单一、

---

① 闫晨. 改革开放以来中国管理思想演变的阶段分析 [D]. 中国优秀硕士学位论文全文数据库，2013.

② 盖盖儿. 方太的文化经营哲学 [J]. 企业文化，2009.

③ 梁瑞丽. 方太：创新企业文化 [J]. 东方企业文化，2009.

滴油、拆洗不便、不安全（电线外露）、噪音大、吸力弱"六大缺点，方太认为，如果加强技术攻关，变"缺"为"优"，也就成了占领市场新的闪光点。经过统一的认知后，方太并未急功近利投入生产，而是在不断深化技术攻关的同时，把企业的理念和战略问题放在了首要的位置，因为他们知道：如果不确立好系统完善的市场目标和企业理念，只把企业建设和发展投注于产品研发和市场营销上，那就只能是在风起云涌的浪尖上打个"水漂"，一波三折之后还得尘埃落定。

方太在确立如何构筑企业经营框架和建筑企业精神，如何能在有限视野的生活空间里探出敏锐的市场触觉等方面，通过率先导入 CI，制定 VI 手册等纲领性的制度，以期达到能在企业经营中纲举目张的效果。我们从方太的企业理念上就能很清楚地看到，方太在创业中就始终如一地秉承着企业的管理、研发、质量、营销等的战略方针。如果仅仅把"方太现象"理解为市场经济初期的投机成功，未免太失偏颇和公正。方太在从二次创业的初期就摆脱民营企业固有的局限性，而是从思想和管理的苑围上"跳出做鹰"，在向别人"取经"的同时有思考①、有鉴别地结合自身实际，逐步摆脱了诸如企业意识未深化、市场运作欠和谐、经营管理不规范等的局限。

我们在《圣经》上看到这样一个故事：上帝想阻止诺亚的子孙在巴比伦建起通天塔，没有发出雷霆之怒，没有令山崩地裂，只不过是让脚手架上忙忙碌碌的工匠们突然"各说各话"，让人人心中都充满了能独自完成全过程的"野心"，不再默契配合。于是未完工的巴比伦塔就成了人类感受自身局限的最初记忆。因而，没有或缺乏向心力和亲合力的任何企业都是不可能有所作为的，企业团结必须凝聚于一个主轴，团结协作的领导班子就能把每个员工的积极性调动起来，让渗透于每个员工身上的企业理念都能成为一种好的亲和力资源，向心于领导班子这根主轴。

有位研究企业经营管理的学者参观方太后说："要了解方太，我只看两点就已经足够了，一是方太企业理念，二是员工的精神风貌。"② 诚然，一个企业的所有管理哲学和经营理念，无不涵覆于这个企业的企业理念当中，

---

① 张欣. 中国家族企业文化的构建 [D]. 中国优秀硕士学位论文全文数据库，2007.
② 师毅. 方太父子的二次创业之争 [J]. 新财经，2007.

如果一个企业的文化精神没有建设好，或者很单薄，那只能说明这个企业的管理和运作处于初期的原始资金积累中，严格地说还不能称其为"企业"，只能是暴发起来的"作坊式"的厂家而已①。而一个企业的理念能否很好地贯穿于整个企业管理中，看看企业员工就已经足够了，因为人是精神最直接和最明显的载体，员工的精神风貌直接体现着这个企业的运作状态。

方太领导人在企业管理上站在了民营企业改革的潮头，他们深刻地认识到：要在市场经济的大潮中搏击，就必须把握住消费愈渐趋向于"一体化"的智能性和"人性化"的健康性，并及时地在内部管理上赋予"以人为本"的管理精髓，把高科技和人性化紧密地融合起来，才能创造出领先21世纪主题的新的产品。因此，方太人在确定企业理念的时候，就把战略性的问题用前瞻性的眼光很直接地透视出来，赋予了它新的主题和新的内容②。

2. 三品合一——"产品、厂品、人品"呈现了传统儒家思想的企业文化行为

品牌是21世纪企业竞争中最有力的一张王牌，出新品、打广告、搞促销、建渠道、抓质量，哪一样都离不开品牌的文化精神③。因为企业生产的不仅仅是产品，还有在品牌身上凝聚着的深远的文化气韵，是对企业内涵由表及里的全面透视，要经得起推敲锤炼，才能赢得消费者的信赖和忠诚。

"产品、厂品、人品"的三品合一是方太品牌文化的真正含义。一个企业发展离不开品牌文化的建设，离不开品牌文化的生命力，品牌的竞争已经成为市场经济的一个新的热点④。宁波方太厨具公司自1996年投产以来，已在风云变幻的市场上连续刮起六次"方太旋风"，在如今普遍的买方市场中创造了不平常的卖方市场，成为引领消费、创造市场的典型。2000年方太公司实现销售额4.5亿元，实现税利8 600万元，销售突破55万台，继续在国内同行业保持市场占有率第二，"方太"商标被认定为浙

① 陈凌. 家族制企业双刃剑 [J]. 中国中小企业，2005.
② 张晴. 民营企业文化战略研究 [D]. 湘潭大学，2005.
③ 梁瑞丽. 方太：创新企业文化 [J]. 东方企业文化，2009.
④ 张欣. 中国家族企业文化的构建 [D]. 中国优秀硕士学位论文全文数据库，2007.

江省著名商标。

要创建一个品牌成为名牌，就必须要伴随创业者们太多的艰辛汗水，要凝聚缔造者们的太多心血和智慧，方太自然也不能例外。当人们在钦佩和惊喜于"方太现象"之时，也开始冷静地审视方太成功的运行轨迹，甚至精细而尖锐地剖析方太模式，发现方太的成功绝不是偶然，也不像某些人把方太的成功理解为市场经济初期不良运作的投机行为。她有着许多的因素，是值得每一个企业借鉴的：方太良好的经济运行态势，在很大程度上得益于方太从创业伊始就在较高层面上设计了经济和文化的有机整合，并自始至终以"品牌兴厂，文化兴牌"为战略指导思想，努力塑造"产品、厂品、人品"三品合一的品牌文化，以"一切做到最好"成为方太人的形象口号，把品牌文化和企业形象有机地结合起来，揭开了品牌文化的真正内涵。

方太董事长茅理翔说："有些人认为创立名牌只要产品质量好，用户满意就够了。我的理解是，品牌的真正含义必须是'产品、厂品、人品'三者的有机结合。三品合一是方太品牌的核心思想。"

"厂品"就是企业形象。一个企业的管理模式、企业精神、文化理念、产品质量、服务体系、营销活动、市场信誉、人力资源都综合了一个企业的品位，厂品是产品的基础，是人品的体现，也是树立品牌形象的一个相当重要的因素。方太至今保持每年举办文艺大奖赛的传统，职工们用自编自导自演的文艺节目，说方太，唱方太，演方太，发达了方太建立社会大家庭的强烈愿望[1]，这对外树形象、内求团结起到了很好的作用，方太信誉也在当地形成了良好的口碑。近年来，方太又以现场管理为基础，从最直观、最薄弱、最容易引起脏、乱、差现象的现场抓起，借鉴日本的生产现场管理办法——6S行动计划，即"整理、整顿、清扫、清洁、素养、安全"，为方太人创造了一个良好的工作环境，也为树立方太现代化的企业形象创造了新环境、新氛围、新风尚。

"人品"就是企业家与员工的人品，特别是企业家的人品。一个具有强烈社会责任感、良好公众形象、较高精神境界的老总，才能因带出一支具有强烈敬业精神和创新精神的管理班子和生产队伍，执着地追求健康、

---

[1] 盖盖儿. 方太的文化经营哲学 [J]. 企业文化, 2009.

先进、文明的生活方式和文化，为人们生产出质量可靠、性能卓越的产品。而一个不守信誉、弄虚作假的厂长经理，只能向社会提供假冒伪劣产品。在构成"人品"的因素中，企业家和员工的素质是最为重要的，因为企业家的文化素养是品牌战略的制高点，决定着它的方向与水平，企业员工素质是立足点，决定着品牌战略的基础、速度和难度。方太的干部与员工是一个学习型的团队，不管哪一级的干部，不管哪个岗位上的员工，都把自己纳入企业同步发展的轨道自觉加强培训，从而加快了国内外先进管理理论和实践经验的移植和应用。

3. 追求一种卓越的"质"——把不能流动的资源化成一股清泉让市场检验

随着科学技术与社会经济的飞速发展，国际企业管理已进入以战略管理为中心的时代。当今市场需求变化之日新，科技进步之月异，前所未有，企业所面临的环境比以往任何时候都要复杂多变。竞争在空间上已经超越了国家、地区的界限而延伸至世界上各个角落，时间上发展到了分秒必争、机会稍纵即逝的程度①，而在深度上则超越了单纯的产品功能、质量、价格的范畴，而延伸至设计、包装、品牌、服务、销售渠道、广告、营业推广、公共关系、人力资源等全方位的对抗。因此，企业不仅要对企业外部宏观微观环境的瞬息变化做出快速反应，而且必须审时度势，高瞻远瞩，把握大局，力求使企业内部条件与外部环境的动态平衡，以期取得长期生存与发展②。

方太的经营哲学还能以厚重的人文气息把"家"的概念和现代管理的"学"融合起来，确定了以ISO9000与"两本"（人本管理、成本管理）经营管理的有机结合，在追求中把"方为规矩，太乃境界"定为卓越定则，既建筑了"方"的硬性框架，又赋予了"太"的柔性精髓，刚柔相济，相得益彰。

ISO9000是世界各国质量管理与质量保证经验的结晶。ISO9000与"人本"管理不仅不互相排斥，而且可以互相促进。方太认为，以"方"为框架，追求"太"的管理最高境界。一方面，贯彻ISO9000标准必须培育企

---

① 宋宏业. 企业名牌战略与营销策略问题初探［J］. 河南商业高等专科学校学报，2003.
② 张怡. 企业管理创新机制问题研究［D］. 中国优秀博硕士学位论文全文数据库，2003.

业员工具备较高的业务素质、良好的质量意识和执行标准的自觉性，而这些只有通过推进"人本"管理才能尽快实现①；另一方面，贯彻 ISO9000 标准对推进"人本"管理有着极大的促进作用。

4. 服务——方太不断构建服务文化并使之成为渗透经营之道的"紫色玫瑰"

方太认识到，现代名牌化战略离不开服务的名牌化，服务品牌逐渐被推向品牌竞争的前沿，通过服务品牌的文化最优值去引导消费者和社会公众对品牌的认同和亲和力，已经成为当今市场竞争的一种深层次、高水平、智慧型的竞争。为此，方太领导人在服务经营中构架了许多的设想并逐渐付诸实践，把方太的企业理念、品牌文化、经营哲学等逐渐渗透于服务之中，形成了一种"德与情""技与艺"相结合的服务文化。

方太在构建服务文化中同样秉承"以人为本"的原则，并努力在经营中得以实施。方太按照国际上的先进营销模式运作，建立了一个强大的营销网络，创造出一种全方位现代营销模式。方太总部设有销售部、市场部、监察部以及服务中心、策划中心、渠道中心、对外新闻中心、信息中心、展览中心等，外部设有 46 个办事处和分公司，销售员、维修员和服务员是总部的三倍。这个全员化、立体化、规范化的营销网络实现了宣传、销售、服务等的一体化，由总部中心枢纽控制的营销发散性地辐射于全国各地，有力地保证了方太服务文化在全国范围的全面迅即的传播和渗透。

方太在营销战略中以优质服务为经营管理的核心之一，他们以"方太，让家的感觉更好"作为服务工作的中心思想和行动纲领，以"我是方太人，请一切做到最好"为服务规范，在全国数百个服务网点重点推行了"更佳感觉星级服务工程"，其中，在同行业率先推出 800 免费咨询电话，承诺首次免费服务清洗，三年保修等措施，接着方太又推出安装、送货、维修、打墙洞、加长出风管等九项免费服务措施，以超额外附加值赢得了广大消费者的信赖。或许，单单从这些多样化的服务项目上，我们远远还看不出方太的服务文化有什么异于其他企业的过人之处，因为我们在风云变幻的市场竞争面前经历了太多的花样"变脸"，从最初的货源数量"争夺战"到豪华设施"装修战"，从恶性减利"价格战"到借文煽情"口号

---

① 唐向华. 家族企业成长中企业文化转型研究 [D]. 中国优秀硕士学位论文全文数据库，2012.

战",商家似乎把企业的竞争性作为了企业的发展经营之道,市场永远都是不甘寂寞的,于是售后服务"承诺战"开始显山露水。但是,许多商家对企业经营的服务之战认识还远远不够,现代消费步入理性化的趋向,使得某些企业的炒作概念经营投机和暴利思想绝不可能得逞。

方太认识到,服务就是服务,是企业在经营中赋予消费者附加的"蛋糕",企业要想持续经营,就必须把这块"蛋糕"做好,并在其间渗透更多更实在的"方太情",以情感服务,心理服务再加以知识型和技术型的服务,让消费者在产品和服务中能全面透彻地了解商品的内涵,能真切感受真正的"情"和"谊"。方太还认为服务文化的发展必须要在实践中不断地延伸和升华,把终端商场变成"情场",能让消费者自然地成串反过头寻"情"而来。1998年方太以股份制的形式与浙江电视台联合拍摄了18集电视连续剧《徐福东渡传奇》,把这位中日友好使者东渡扶桑的故事演绎给全国消费者,以服务文化兴起品牌文化。2000年,方太集团董事长茅理翔先生提出了"顾客管理学",要把消费者纳入企业经营管理的"第三种"对象,将其作为方太企业的内部人对待。为此,方太和马晓春九段合作,于2000年在杭城建立首家"方太纹枰春晓围棋俱乐部"。方太在服务上的这一举措,是方太经营服务文化的一个重要尝试,旨在建立一种服务文化的新的模式。茅理翔认为,"人、财、物、产、供、销"等是企业管理的主体,以尊重人、发挥人的作用为根本出发点,通过内部管理(研发、质量、营销、财务等)和外部管理(外协、销售、物流、服务等)来加强企业的人性化情愫,真正地把它作为一种资源逐渐渗透于服务的每一处。

方太的飞速发展,在很大程度上源于植根于方太企业的文化精神,并不断地辐射向方太所能覆及到的角角落落,方太的企业文化已成为方太管理的重要组成部分和促进经济发展的重要手段,以期切实达到以方太文化推动方太经济的目的[1]。我们有理由相信:尽管方太的征程还是"漫漫远兮",但我们从方太人身上"不断求索"的精神中可以看到方太"家"的明天会更好[2]!

---

[1] 杨静. 论现阶段中国家族企业文化的再造 [D]. 中国优秀博硕士学位论文全文数据库,2006.
[2] 张欣. 中国家族企业文化的构建 [D]. 中国优秀硕士学位论文全文数据库,2007.

21 年来忠于初心，始终专注于高端嵌入式厨房电器的研发和制造，致力于为追求高品质生活的人们提供无与伦比的优质产品和服务，打造健康环保有品位有文化的生活方式，让千万家庭享受更加幸福安心的生活。方太始终坚持"专业、高端、负责"的战略性定位，品牌实力不断提升。在品牌提及率、购买首选率、品牌认知度等关键指标上，居厨电行业翘楚地位（资料来源：《2016 年方太品牌跟踪研究》）；2012 年 1 月，"FOTILE STYLE 方太生活家"上海体验馆落成。经过 4 年期盼，2016 年 1 月，方太生活家北京体验馆落地三里屯，不断完善高端生活方式 O2O 平台——方太生活家的线上线下布局（2015 年 5 月 20 日，方太生活家平台在方太生活家上海体验馆优雅发布）。2016 年，《第一财经周刊》"中国公司人品牌调查"方太品牌提及率在厨电行业连续 8 年稳居翘楚（数据来源：2016 年《第一财经周刊》"中国热品牌调查"数据）；不仅如此，2011 年方太还荣膺由中国质量协会颁发的"第十一届全国质量奖"并于 2012 年一举拿下由浙江省政府颁发的"浙江省政府质量奖"。与此同时，方太集团以独特的创新模式、优越的品牌价值赢得由 CCTV 颁发的"2011 CCTV 中国年度品牌"殊荣。方太目前在全国已有员工 16 000 余人，除雄厚的本土设计实力，方太还拥有来自韩、日等地的设计力量以及高端厨房生产设备及国际工业制造先进技术。方太坚持每年将不少于销售收入的 5% 投入研发，拥有包含厨房电器领域专家在内的 400 余人的研发人才团队，国家认定的企业技术中心和行业前沿的厨电实验室，包括两个"中国合格评定国家认可委员会认可实验室"，分别在德国、日本等地设立研究院，并于 2010 年被国家知识产权局评为"全国企事业知识产权试点单位"。截至目前，方太已拥有了 1 000 多项专利，雄厚的科研力量，确保了方太的创新实力。作为全国吸油烟机标准化工作组组长单位，积极参与国际、国家、行业标准化工作，引导行业标准制定，已参与修/制定各项标准近 70 项。已参与发布的标准 39 项，主持完成了"十一五"国家科技支撑计划课题《厨房卫生间污染控制与环境功能改善技术研究》，并顺利通过验收；并于 2017 年成为"十三五"国家重点研发计划项目《油烟高效分离与烟气净化关键技术与设备》的承担单位。作为本行业的企业代表，代表中国牵头美国、德国、意大利、澳大利亚等国家相关机构，对标准号为 IEC60335 - 2 - 31 的油烟机国际标准进行发布实施，这表明方太在吸油烟机行业国际舞台中已占有一席之地，为整个中国吸油烟机行业在全球赢得更多的市场话语权。目前，方太在全国设立了71个分支机构，并建立了涵盖专卖店、家电连锁、传统百货、橱柜商、电商、工程等全渠道销售通路系统。在电商渠道，方太努力打造符合用户购买体验的高端电子商务模式，天猫平台DSR评分连续五年（2011～2016年）居厨电行业翘楚地位。工程渠道方面，截至目前，在地产精装市场，方太已与万科、恒大、碧桂园等百余家知名房地产企业达成战略合作伙伴关系，为高端人居提供厨房生活范本。截至2016年，方太品牌已成功跻身北美、加拿大、澳洲、马来西亚、巴基斯坦、新加坡等十多个国家和地区的高端厨电市场。

　　方太，一家以"人品、企品、产品三品合一"为核心价值观；以"让家的感觉更好"为企业使命；以使命、愿景、价值观驱动；以21年来对高品质厨电的专注与坚持；向着"成为一家受人尊敬的世界一流企业"宏伟愿景大步迈进。

7.2 日本家族企业文化与典型案例

7.2.1 日本家族企业文化渊源

　　企业界和学术界普遍认为，20世纪50～70年代日本的成功源于日本的企业文化，主要是内部的团队合作精神、创新精神和与外部联系中的诚信。日本职员的团结、协作和同甘共苦以及休戚与共、甘愿为企业、团队不计个人得失和勇于奉献的精神令人赞叹。在与外部的联系中，日本企业的诚信度是世界公认的。诚信来源于团队内个体对企业、对社会的责任，而日本企业文化的背后有着很深的文化渊源①。

1. 儒家文化的引进

　　日本引进儒教始于律令时代（7世纪的奈良、平安时代），大量经书随着

---

① 徐金凤. 日本企业文化的渊源 [J]. 中外企业文化, 2005.

遣隋使、遣唐使的往来流入日本，加之留学生、留学僧的学成归国及中国大陆名人、名僧的东渡，儒家思想的五伦五常（父子之亲、君臣之义、夫妇之别、兄弟之序、朋友之信）的人伦关系，忠、孝、诚、信等经过诠释与吸收逐渐日本本土化了。有专家说，日本文化的中心是儒家文化，这一点都不为过，日本武士道精神的思想根基就是日本化了的儒家思想。

2. 武士道精神

武士道从字义上理解是武士在其职业和日常生活中所必须遵守的"道"。新渡户稻造认为，武士道的渊源来自三方面：佛教——给予武士道以平静地听从命运的意识，对不可避免的事情泰然处之，恬静的服从；神道——教导武士对君主（上级）绝对的忠诚，对祖先虔诚的尊敬和对父母无条件的孝行，包含了日本民族精神中的爱国心和忠义；儒学思想——主要是孔孟的教诲，是武士道道德教义最丰富的渊源。孔孟的冷静、仁慈、智慧的处世哲学提供了武士作为统治阶层的职业道德，君臣、父子、夫妇、兄弟、朋友的五伦之道又为其提供了日常生活的基本道德准则。

武士道精神可以简单概括为义、勇、仁、礼、诚、名誉、忠义、克己等[1]。义是武士准则中最为严格的教诲，卑劣的举动和狡诈的行为是武士最忌讳、最不屑一顾的；勇是敢作敢当、坚韧不拔的精神，诸如刚毅、不屈不挠、大胆、镇定自若、勇气等品质都属于勇；仁是恻隐之心，爱、宽容、同情、怜悯是人的精神中最高尚的东西；礼是接人待物要殷勤而郑重；诚是信实和诚实，高于礼之上；名誉则包含着人格的尊严及对价值的明确自觉，是"人本身不朽的部分"；忠义是对上的服从和忠诚，具有至高无上的重要性。

武士道最初作为武士阶层的行为之"道"，通过多种途径流传、传播开来，也向全体国民提供了道德标准[2]。虽然平民可能未达到武士的高度，以之为中心的"和魂"却成为日本民族精神的体现。明治维新后日本的强大就是因为"和魂洋才"的支撑。随着社会的发展与变迁，武士与武士道已经成为历史，如散落的樱花一样，但这种精神却依然存在，成为日本变化的动力之一，成为日本现代企业文化和诚信的精神根基[3]。

---

① 董月. 好莱坞电影《功夫熊猫》的中国文化演绎 [D]. 中国优秀硕士学位论文全文数据库, 2013.

② 陈瑞. 日本企业文化视角下的中国特色企业文化研究 [D]. 中国优秀硕士学位论文全文数据库, 2007.

③ 周海英. 浅论"武士道"与日本企业文化 [J]. 法制与社会, 2007.

3. 武士道精神的延伸

虽然武士道精神由上到下成为日本民族精神的根本，但具体把这种精神和思想平民化的是江户中期的石田梅岩和末期的二宫尊德。江户中期以后，随着商业资本的发达，从事商业活动的町人力量越来越强，给商人现实生活以巨大思想影响的思想家石田梅岩（1685～1744）创立了町人的生活哲学——心学。心学的基础是理学，即程朱儒学。石田梅岩是如何把心学转化为町人的实践哲学的呢？他首先肯定商人及商业的存在意义。他在肯定士农工商这种身份制社会的同时，又主张尽管有身份上的差别，但在职份上是平等的。也就是说，商人既要安于自己的社会地位，又必须正确认识自己职业的存在意义。并通过解释和论证，把他普遍性的天人合一的理学同特殊的经验世界中肯定商业的思想结合起来。梅岩认为，正直（诚实取利）和俭约是商人之道。非法取利是商人的不正当行为，是恶德，以正当方法根据当时市场的变动取利为正当利益。正直不仅表现在商品交换关系中，还表现在占有关系中。"我物即为我物，人之物即为人之物，借出之物要收回，借来之物要归还，不能有丝毫私心"。此外，在人际关系中，"行正直，则世间同归和睦，四海之内皆如兄弟"。这样，他把正直作为人伦之本，认为是行商的基本条件。俭约在梅岩那里有比经济意义更为深刻的含义，被视为是根本性的道德。不仅是治家从业的个人道德，也是治国的社会道德。俭约不是吝啬，"万事唯随法"，即根据物的性状和功能最大限度发挥它的效用。石田梅岩逝世后，在其弟子们的努力下，心学运动很快扩展到以江户（今东京）为中心的关东地区，除九州外，全国约建有 200个讲习梅岩心学的学舍。通过各学舍的教育活动，给予町人、农民、武士等各社会阶层以巨大的教化，确立了以正直和俭约为主要道德条目的伦理道德观。商人根据商人之道进行正当的商业活动，不仅为江户时代经济的发展和明治以后日本经济的转型创造了有利条件，也为现代商业企业规定了经济伦理规范，仔细观察一下，我们就会发现日本现代商业企业文化仍然恪守着梅岩的"道"。在梅岩之后又出现了一位报德思想家——二宫尊德（原名二宫金次郎，1787～1856），是日本的教育家、农学家，也是日本本土派思想家。他的报德思想在明治时期即得到了认同和推广，对普通民众的思想形成产生了重大的影响。二宫尊德的报德思想具体说来就是勤、俭、让的生活观，勤即勤勉、勤劳；俭即俭约；让即推让。他的这一生活观是融合了儒学、神道和佛教的说教及自己年轻时经历而形成的信念。与武士道精神和梅岩心学一样，其基础还是儒家思想，但与传统朱子学的天道即人道、强调人应该遵守天道不同，二宫尊德区别了天道与人道，并主张以衣食住为根本的人道的独立性。在他人道作为的思想中，已经体现了资本制经济的工业、农业并重、重视实践与经济发展的思想。二宫尊德的报德精神的两大支柱是"道德"与"经济"，他说过"忘却道德的经济是罪恶，忘却经济的道德是空言"。后来的日本资本主义经济之父涩泽荣一的"《论语》加算盘"经营理念与二宫尊德的理念完全一致。二宫尊德是农学家，但他的目光却不仅限于村落，而是投射到整个国家与社会。勤劳是他提倡的一种人类应有的生存方式，无论从事任何职业都需要勤奋努力，勤劳是报天地生育抚养之恩德。对于勤劳换来的劳动成果，要节俭，但并不是消极地节俭，而是提倡以正当的消费和积极的劳动来增加社会财富，积累和增加社会财富的最终目的在于报德。他还认为各个职业之间没有地位差异，只是分工不同而已，从事不同职业的人都应该兢兢业业、坚持到底，教导人们应该有热爱本职的敬业精神。对于商业，他认为商业的目的是为了流通商品的有无，为人们生活提供便利。同石田梅岩一样，他也强调要顺从"商道"。"商道"就是以诚实正直的心来对待商业，把经济与道德相结合。明治时期二宫尊德的报德思想适应社会的发展更全面地转变为面向社会一般的报德精神。1905 年（明治三十八年）"报德会"成立，创办刊物《斯民》，研究宣传报德思想。1912 年（大正元年）改为"中央报德会"。这期间关于报德思想的文章和刊物大量发表和出版，对日本国民的教化、内政改良等产生了极大的影响。报德思想及其中体现的职业伦理既适应了当时社会结构、稳定了社会秩序，又顺应了社会发展潮流，鼓励了工商业的发展。这些思想在今天的日本商业及企业界仍然普遍适用①。

7.2.2 影响日本家族企业文化的因素

日本企业非常注重"软件"的建设——企业中的文化因素，如企业全体员工共同具有的价值观念、员工对企业的向心力、企业中的人际关系等，并统称之为"组织风土"②。他们认为"组织风土"是在日本企业中经过长期管理实践的产物，是通过企业全体员工的言行举止自觉表现出来的，这种"组织风土"就是企业文化。

① 徐金凤. 日本企业文化的渊源 [J]. 中外企业文化，2005.
② 郭安廷. 论煤矿企业文化建设 [D]. 中国优秀博硕士学位论文全文数据库，2004.

对于日本，在战后不到 30 年的时间里，以其经济高速增长的态势震撼了整个世界。汽车与钢铁工业不仅抢占了美国企业的市场，而且由松下、索尼、日立等企业集团组成的日本电器产品席卷了整个美欧。企业文化作为日本企业成功的重要因素，推动着日本企业高速发展。日裔美国学者威廉·大内先生在深入考察日本企业经营管理情况以后，得出了结论：企业文化作为管理学的最新成果已经成为现代企业的一个显著标志。

1. 民族传统心理对其企业文化的影响

（1）日本人有一种渴望成为强者的心理。基于传统的生存的危机感和忧患意识，日本民族特别渴望成为强者、成功者（而这里的强者①、能者往往是指包括自己在内的成功的团体、民族），崇拜强者、能者，而鄙视弱者和无能者。1853 年美国舰队轰开了当时较落后的日本国门，日本人并不把它当作一种耻辱，反而拜美国为师，吸收西洋文化，终于在 1868 年产生明治维新的划时代变革②。这种源自危机忧患意识的渴望成为强者的心理意识已深深积淀在他们先祖们的血脉之中，代代相传，已成为一种民族特有的心理。这种心理使日本民族成为一个敢于开拓冒险、勇于创新、奋发图强、自强不息的民族。日本企业无法避免地秉承了这种民族心理，使它们无时无刻都在寻找成功的机遇，敢打敢拼，百折不挠，善于学习吸收别国先进的优点和长处。无论世界哪个角落，一旦有新思想、新技术出现，它总是不惜代价，甚至不择手段搜罗回来，使自己不断强大，立于不败之地。

这种意识反映到企业战略上则是宁可容许企业发生赤字，也不能将市场占有率让给竞争对手。有人说："这种传统民族心理发展到极处，则表现为活着就要在竞争中胜出，成为强者、成功者，一旦失败，则去跳楼自杀吧，无人会可怜一个失败者，日本民族是一个容不得失败的民族。"虽然，日本的自杀率较高，一些文学作品流露着欣赏死亡的审美倾向。但是，对于日本绝大多数人来说，是不存在如此极端的心理的③。

（2）务实心理。同样基于传统生存的危机意识，日本人特别地务实。他们不喜欢思辩的、形而上的思考，而倾向于事实、现象、经验、实证的思维方

---

① 常辉. LG 电子企业文化在中国成功本土化研究 [D]. 南开大学，2005.
② 王波，彭薇薇. 什么是 J 型文化 [J]. 四川水力发电，2011.
③ 陈秀中. 解析日本企业文化 [J]. 经济管理文摘，2005.

式，形成了如后面所提到的"即物主义"性格。现代的日本人，在经济上有总体规划，又尊重经济规律，让激情与想象的热流注入客观规律的模子，浇铸出切实的产品，而不是恣意妄为及以主观想象的方式从事经济建设。他们务实求真，不尚空谈，不玩花架子，不搞自欺欺人的把戏，老老实实以辛劳和智慧来培植理想之花，因而能创造奇迹。

（3）"忠""和"心理。"忠"：现代的日本人已把传统的效忠天皇、效忠国家这一民族价值观具体转化成对关系个人生存的企业的效忠①。每个成员都把企业当成自己的归宿，为企业贡献自己的青春才华，他们往往自愿超时工作，任劳任怨，鞠躬尽瘁，许多员工罹患疲劳综合征，都是为了回报企业对自己的知遇之恩②。"和"：绝大多数日本管理者都是缄默、含蓄、安静、内向和以他人为中心，为了所有企业成员保持一致和合作③，管理者往往以这种"和"作为管理方式，导致不断的讨论和妥协，以成就企业各方面利益的平衡和谐。

2. 日本宗教对企业文化的影响

在5世纪前后，中国的儒家思想就开始传入日本。儒家思想中的"仁、义、礼、忠、信、智、孝、和、爱、恭、俭、忍、让"等伦理思想，在日本这样一个具有强烈危机感和忧患意识因而崇拜强者的民族中，并不是全部都能在日本生根发枝并被日本人民接受。日本主要接受了儒家的"忠""和"思想。此外，在企业的经营哲学中，还融入了佛教中的"经世济众""虔诚感恩"等宗教思想。他们绝不会将"赚取利润"这个任何企业都必须达到的目标放在首位，相反，他们更多是强调企业的责任、强调企业对社会、国家乃至全人类所负的责任。由于日本宗教信仰上的多元体系和兼容性，日本员工对企业这种充满宗教色彩的管理思想也容易接受。宗教本身就是民族文化内容的重要组成部分。

3. 日本历史对日本企业文化的影响

站在对企业文化的影响角度，日本的历史有3个重大转折期，分别是大化革新、明治维新和二战之后。这样的历史让日本从一个落后的、封闭保守的专制国家脱胎换骨，走向富强，虽然二战中战败投降，两颗原子弹在本土爆炸使

---

① 邓少云. 企业文化之于民族精神企业兴衰之于民族危亡——赴日参加食品博览会的感思 [J]. 大观周刊，2011.
② 李庚. 日本企业文化对我国文化建设的启示 [J]. 经济与社会发展，2009.
③ 王景芳，吴二林. 日本企业文化及其对中国企业的启示 [J]. 黄冈师范学院学报，2006.

数十万人丧生，100多个城市夷为平地，近千万人流离失所，但对于日本的经济和企业都有了一个根本上的启示：不可能靠武力去谋求生存和发展，要选择另一条发展之路——经济全球化之路。日本政府从政治、法律、财力等方面为企业发展提供服务，致使日本企业可以迅速成长和强大。这除了为企业文化建设提供外部环境，亦直接影响了日本的企业文化。

7.2.3　日本家族企业文化的特点

在日本，企业文化的表现形式是多种多样的，如"社风""社训""组织风土""经营原则"等等。这种企业文化是在企业内部把全员力量统一于共同目标之下的一种文化观念、历史传统、价值标准、道德规范和生活准则，是增强企业员工凝聚力的价值体系。日本企业文化的主要特点是和家族主义、以人为中心。

1. 家族主义是日本企业文化的显著特色

日本过去一直是以农业为主的国家，因此，日本民族具有明显的农耕民族的某些文化特征，它首先表现为集团内部的互助合作，由于农耕作业，从播种到收获，绝非一个人的力量可以完成，家人、族人必须互助合作，这使得日本人养成了团结互助的良好习惯，与个人才能相比，他们更重视协作与技术的作用，即表现为家族主义。这种家族主义观念，在企业中则普遍表现为"团队精神"，一种为群体牺牲个人的意识。在日本，集团是一个广泛含义的概念。日本社会是集团的社会，一个企业可以被看作是集团，企业内部的科室、班组、事业部等也都是大小不一的集团；在企业外部，相互间有密切联系的企业结合成集团，无数个集团最终又构成日本国家和民族这个总的集团①。所谓家族主义就是把家庭的伦理道德移到集团中，而企业管理活动的目的和行为又都是为了保持集团的协调、维护集团的利益、充分发挥集团的力量。家族主义精神要求和谐的人际关系，因此"和为贵"的思想是日本企业文化的核心。

2. 以人为中心的思想是日本企业文化的重要内容

无论是终身雇佣制、年功序列制，还是企业工会，日本企业经营模式的这

---

① 阮氏青寅. 基于越南文化的汽车制造业 TPS 推广研究［D］. 中国优秀硕士学位论文全文数据库，2010.

三大支柱都是紧紧团绕着人这个中心，三者相互联系、密切配合，从不同侧面来调整企业的生产关系，缓和劳资矛盾①。因此，"人本"思想是精髓。日本企业家认为，企业不仅仅是产生利润的机器，更重要的是人的集体。企业任何时候都不会把员工撇在一边不管，而是时刻考虑和关心员工的利益，从而激发员工心甘情愿地愉快劳动，以此产生更多的利润。当代经济学大师德鲁克说过一段发人深省的话："在日本的企业机构中，自总经理以下还没有退休离职前，每一个人都经常在受训，每星期都有训练课程，受训成了日常事务的一部分。"

由此可见，日本企业文化在使用人、教育人、培养人、造就人方面的造诣是很深的。日本企业中这些形成了命运共同体的格局，实现了个人与企业的目标协同，推动着企业经营管理的改善和提高。

3. 日本企业文化中的团队合作精神与创新精神

日本民族生存在一个四周环海、面积不大、多山的狭长岛国里，可耕地只占全国面积的15%，矿产资源又贫乏，且饱受地震、台风、海啸等的威胁②。这种不利于民族生存发展的自然环境，剥夺了日本民族向大自然索取的权利，若说造物主对日本人还有一丝怜悯的话③，那就是给了它辽阔的渔场，然而在当时的生产力条件下，海洋捕捞是一件风险极大的艰难之事。面对这样的外部环境，个人的力量是微不足道的，只有依靠集体的智慧和力量，个人才能获得生存、发展的条件。因此，这种不利生存和发展的外部环境必然造就了日本民族的团队精神和创造性。这是日本民族生存和发展的必然选择。

7.2.4 日本家族企业文化的创新精神

家族企业文化创新对于家族企业发展至关重要，日本家族企业文化创新的主要特征有积极吸收本国传统文化为企业服务、积极融入外国优秀文化、根据时代特点调整家族企业制度、始终坚持本国文化中的优秀理念等。

1. 积极吸收本国传统文化为企业服务

日本家族企业文化在创新中，体现了日本文化中的儒家家族观念。终身雇

---

① 潘向泷. 文化差异对营销人才本土化的影响——美、日、德三国企业实证分析 [J]. 科技情报开发与经济，2007.

② 李庚. 日本企业文化对我国文化建设的启示 [J]. 经济与社会发展，2009.

③ 网文. 日本企业文化团队合作与创新精神 [J]. 东方企业文化，2012.

佣制和年功序列制体现了家族的宗法观念，即"忠""孝"的观念。同时日本的家族企业十分重视企业内部的教育培训。"出产品之前出人才"的思想几乎是所有日本公司的基本信条。丰田汽车公司第三任总经理石田退三说："谋事在人，任何事要想求得大发展，最重要的必须以造人为根本。"这都深刻反映了日本家族企业"以人为本"的企业价值观念。在日本家族企业的经营理念中，"信"占据着重要的地位。另外日本家族企业最著名的企业精神团队精神是儒家家族观念中"和"的观念的体现：在人际关系上强调和谐与合作，提倡"内和外争"，反对内耗内争①。

2. 积极融入外国先进文化

第二次世界大战后，随着美国对日本企业的改造，西方文化大量涌入日本，对日本企业管理思想造成了很大的影响。但是日本并没有完全照搬照抄，而是与本国实际相结合，进行本土化改造。西方企业在行为科学理论和管理理论的指导下获得持续增长，主要拥有"X 理论"和"Y 理论"。日本企业在这两个理论的基础上，结合自身特点形成了"Z 理论"。"Z 理论"强调并注重内外有别，在内部各利益相关者之间建立和保持"和谐"关系，而保证集体外争。这一观点通过政府规制政策、集体主义、强烈的民族主义意识等能得到证实。这一理论是日本将古老的儒教伦理与战后由美国引入的现代经济管理糅合一起，并加以巧妙运用的结果②。

3. 根据时代的特点调整家族企业制度

知识经济时代更强调有个性有创造性的个体。而日本崇尚集体主义的价值观有可能抑制员工个人的创造力，使家族企业丧失原创力。为了适应知识经济的要求，完善日本家族企业制度，很早以前日本家族企业便创造了"禀议制"。"禀议制"是指决策者先将决策作为禀议文件下发到各级管理人员及基层，广泛征求意见。通过这种从上而下、从下而上的决策体系，有利于调动员工的积极性和提升融入企业的主体性。本田公司开发新产品的体制，是"采取广大职工和专业队伍相结合的方针。鼓励职工从事自由思考，甚至鼓励并支持他们从事异想天开的遐想和计划"。

---

① 袁秀华. 中华儒学与日本管理哲学 [J]. 税收与企业，2000.
② 姚建文. 社会文化与企业伦理模式的变迁 [J]. 商业经济，2011.

4. 始终坚持本国文化中的优秀理念

日本家族企业自成立之日起便把"以人为本"的文化理念植根于本企业文化中，在20世纪90年代日本经济遇到各种不利因素的情况下，仍然坚持"以人为本"的价值观，使日本家族企业在日本整体经济滞涨、衰退的情况下，仍然有所发展。如松下公司的"全员管理"模式，丰田公司管理的"十四条"，都在注重员工个人能力的同时，把员工的人品、价值观念、忠诚度等作为企业考核的内容。

7.2.5 日本家族企业文化创新对中国的启示

1. 系统的进行家族企业文化创新

家族企业文化包括理念文化、制度文化、行为文化和物质文化。这四个层次是相互支撑，互为整体的。家族企业在进行文化创新的过程中，要把企业文化作为一个系统来进行。通过对这四个层次文化的各自创新，使这四个文化层次能够互相支撑，共同构成企业文化整体，推动家族企业的进一步发展。要防止对这四个文化层次某一方面的创新而使得企业文化内部各文化层次之间互为矛盾，从而阻碍企业文化创新的实现。

2. 集体主义与能力主义相结合

中国的文化传统注重对集体主义的强调，家族企业文化在创新的过程中，要注意对集体主义传统的保持。同时由于知识经济对个人能力的强调，因此在创新的过程中要把能力主义引入企业文化。通过引入绩效工资制度等，把员工的表现与工资结合起来，引导员工对提高个人能力的重视。过度强调集体主义容易忽视员工个人发展需求，而过分强调能力主义，则容易使企业变成一盘散沙。因此，在家族企业文化创新的过程中，应该通过物质和精神双方面的激励引导企业员工在注重团队精神的同时重视个人能力的提高。

3. 引入股东价值最大化理念

随着家族企业规模的发展和扩大，家族企业股权的稀释成为家族企业进一步发展的必然选择。当家族企业拥有众多股东的时候，家族企业的发展便不能再以家族利益最大化为目标。而是应该以包括家族在内的所有股东价值最大化作为企业的目标，这样才能在既实现家族利益目标的同时，满足其他股东的利益要求。但是在追求股东价值最大化的过程中，也要防止出现为了追逐企业短期经济利益而牺牲企业长远发展目标的行为。

4. 根据家族企业的发展实际实施企业文化创新

从日本家族企业文化创新的过程可以看到，家族企业在创业、发展、分化、演进阶段都呈现出不同的特点。同时每个家族企业拥有各自不同特色的企业文化，因此，中国家族企业应该根据自身所处的发展阶段的变化和企业所处实际环境，实施适合本企业的文化创新①。当企业自身实力和发展阶段发生变化的时候，及时进行新一轮的企业文化创新，而不能照搬他人企业文化创新成果或固守企业原有的企业文化②。

5. 积极吸收各国优秀企业文化

日本家族企业在接受西方先进文化思想的同时，能够在不放弃自己原有的优势的前提下，积极进行企业文化建设，改进自身的不足。中国家族企业文化创新就应该积极吸收当前国内外的优秀企业思想，分析这些思想推动这些企业成功的原因，并结合本国传统文化和企业自身实际，把这些先进思想改造成具有企业自身特色的新的企业文化，切实推动家族企业的进一步发展。

6. 完善中国的制度环境

政府的政策变化对家族企业文化创新具有重要的影响作用。日本政府在日本家族企业形成和发展阶段通过制定法律法规，建设完善的制度环境，积极促进日本家族企业的发展。中国政府应该通过立法和制定规章，完善法律制度。同时通过对传统文化中诚信文化的弘扬和专业资格认证的推广，建立社会信任机制，完善职业经理人市场，降低家族企业外放经营管理权的风险成本，促进中国家族企业的进一步发展③。

---

① 付蓉，徐莹敏．我国家族企业文化创新机理研究［J］．商业经济研究，2015.
② 程丽萍．浅谈企业文化建设几点建议［J］．现代经济信息，2013.
③ 唐雯雯．家族企业文化对家族企业发展的影响研究［D］．中国优秀硕士学位论文全文数据库，2013.

　　企业文化创新贯穿于企业发展的全过程，中国家族企业能否及时根据企业实际环境的变化实施文化创新，形成适应企业发展的企业文化，直接关系到家族企业能否进一步发展和实现永续经营。

【案例导读】松下电器公司将宗教思想贯穿于企业经营之中，高度责任感和"顺应同化精神"

　　松下公司是世界"500"强企业之一，于 1918 年 3 月开业，1932 年 5 月 5 日确定每年 5 月 5 日这一天为公司创业纪念日，并定下了松下 250 年的长远规划，每 25 年为一个周期。

　　日本员工是最注重信仰、最重忠诚、最高度效忠的。日本员工之所以如此，和日本国度的整体理念是联系在一起的。日本是个崇尚礼仪的国家，宗教信仰贯穿日本的各个角落。在日本，每个家庭都有其信仰，有时是父母信佛教、子女信神教，同居一室，佛、神两修，互相尊重。这就是大和民族的独到之处，而这一点，反映在企业中，就是员工的忠诚和责任感。

　　松下公司的创始人松下幸之助先生是宗教信徒，他把宗教思想贯穿于企业经营之中，使企业获得极大成功①。松下在一个很偶然的机会，由朋友带路去佛庙拜佛，他看到信徒们不计任何报酬，认认真真地在庙里打扫卫生，虔诚无比，向每一个来拜佛的人致谢②。内心产生极大的震撼，他思忖：何以为此？他分析，是大乘佛法，是使命感，是佛教拯救人类心灵，让人类有救世的大慈大悲之心。佛教弟子们修行的是"戒定慧"，他领悟到了，消除贫困是人类的事业，而生产就是企业的使命，修企业的"戒定慧"，为人类共存共荣。他决心，要以拜佛的诚心来领导、指引员工。每逢日本新年，新年的钟声一敲响，松下公司的领导们就在佛堂里祈祷企业这一年的五谷丰登、祈祷佛祖保佑人类、企业、员工一切顺利③。这种修佛的思想被应用到企业日常管理的各个角落，而企业精神则是：当你受到伤害时，你要感激他，因为那是磨炼你的心志；你要感激欺骗过你的人，那是增加了你的见识；你要感激遗弃你的人，那是教导你应自立；你要感激绊倒你的人，那是在强化你的能力；你要感激斥责你的人，那是增长了你的智慧。

---

①　鲍志伦. 我国民营企业企业文化建设的问题与对策研究 [J]. 中国市场, 2012.
②　孔令如. 日本企业文化的主要内涵及其启示 [J]. 巢湖学院学报, 2005.
③　王丽. 日本式企业文化的宗教色彩 [J]. 现代情报, 2005.

佛度的是有缘的人，在松下无责任感的人，被企业视为无缘的人，不能够与企业的发展共存共荣，由此理念，松下公司培养了一大批具有责任感的企业经营者。在谈到如何管理、经营企业时，松下先生说："当有员工100人时，我必须站在员工的最前面，身先士卒，发号施令；当员工增至1 000人时，我必须站在员工的中间，恳求员工鼎力相助；当员工达到1万人时，我只有站在员工的后面，心存感激即可；如果员工增至5万~10万人时，除了心存感激还不够，必须双手合十，以拜佛的虔诚之心来领导他们。"随着企业经营的扩大，必须靠一种精神力量来统治、管理一个企业，这就是企业文化。松下公司十分注重企业文化，依靠这种文化，松下公司与世界知名的飞利浦、西门子公司并称为世界三大电器公司。

有这么一个故事可以说明松下公司的用人观：有一次，松下公司招聘推销人员，经过笔试、面试，在几百名中优选出10名，但当松下先生查看成绩时，发现面试时的一名很优秀的应试者未在其中，原来是计算机统计时出了差错，松下先生立即吩咐纠正错误，给这位应聘者补发了录取通知书。但第二天，松下先生接到了一个惊人的消息：那位迟收到录取通知书的应聘者，已因失望而自杀。松下先生听说后，沉默很久。助手在旁边自言自语地说："可惜了，我们未录取到这么有才华的人才。"松下摇摇头说："幸亏我们公司没有录取他，此人的意志如此不坚强是干不成大事业的。"我们可以看出松下先生对人才的评价，不止局限于才能方面，意志也是十分重要的。由此形成了松下先生的用人观是：意志、能力、道德。

松下公司的经营者们，每当新入公司的员工进行培训时，都说这样一句话："松下公司是制造人才的地方，也同时制造产品，但在制造产品之前先培育人才。"[①] 北京松下控制装置有限公司的纲领是：克尽产业人的本分，谋求社会生活的改善与提高，以期为世界文化的发展做出贡献[②]。信条是：向上发展，如果得不到大家的同心协力，很难实现，大家要以至诚为宗旨，团结一致，服务为上。

日本松下公司作为一家全球著名的电子企业，其良好的企业信誉、过硬的产品质量在世界各国人们的心目中有良好的口碑。他们的企业创始人松下

---

① 贺慧勇. 关于对企业文化建设的认识与思考 [J]. 山西科技, 2007.
② 刘磊. 松下培训之道：造物之前先造人——访北京松下控制装置有限公司人事课长申杰 [J]. 中国劳动, 2004.

莘之助更被誉为"企业经营之神"。经营理念：自来水哲学，即产业人的使命就是通过生产，再生产。使那些很有价值的消费品变得像自来水那样丰富、廉价，无穷无尽地提供给社会，消除贫困，使人间变成乐园①。企业精神：产业报国，光明正大，和睦团结，奋斗向上，礼貌谦让，顺应同化，感谢报恩。员工信条：唯有本公司每一位成员和亲协力，至诚团结，才能促成进步与发展。

松下电器公司的企业文化——松下精神

松下电器公司特别强调"松下精神"。即"顺应同化精神"，主要有7方面的内容。

（1）产业报国精神。产业报国是公司的纲领。

（2）光明正大精神。光明正大为人们处世之本，学识才能有高低，若没有这种精神，则不足为训。

（3）友好一致精神。友好一致为公司信条，公司人才济济，若无此精神，就是乌合之众，无力量可言。

（4）奋斗向上精神。为了完成公司使命，只有彻底奋斗才是唯一途径，和平繁荣要靠这种精神争取。

（5）礼节和谦让精神。为人若无礼节和谦让精神，就无正常的社会秩序、社会礼节。谦让的美德塑造情操高尚的人生。

（6）同化精神。若不适应自然哲理，进步发达就无法实现；若不适应社会大势，成功就无法获得。

（7）感激精神。对为职工带来无限喜悦与活力者应持感激报恩之念；此念铭记心中，便可成为克服种种困难的动力。

松下基本企业原则：认清职工身为企业人的责任，追求进步，促进社会大众的福利，致力于社会文化的长远发展②。

7.3 欧洲家族企业文化与典型案例

欧洲幅员辽阔，每个国家的企业文化各有特色，但由于这些国家都处于欧

---

① 邓延昭. 京卫医药科技集团企业文化研究 [D]. 北京交通大学，2003.
② 杜雪. 我国私营企业伦理建设研究 [D]. 中国优秀硕士学位论文全文数据库，2008.

洲文化大背景下，经济交往频繁，特别是欧共体国家逐渐走向经济政治一体化，在经济发展体制、过程上存在较多相似之处。因此，其企业文化也有较多的相似之处。同时，欧洲文化是受基督教影响，基督教信仰上帝，认为上帝是仁慈的，上帝要求人与人之间应该互爱①。受这一观念的影响，欧洲文化崇尚个人的价值观，强调个人高层次的需求。欧洲人还注重理性和科学，强调逻辑推理和理性的分析。

7.3.1　英国家族企业文化

1. 英国历史文化

英国是人类工业文明的摇篮，也是当代宪政民主的发源地，以英美两国为代表的西方文化在年轻人中非常流行，大众喜爱的乡村音乐、国际通行的英语、尊重女性的绅士风度等是英国文化的典型特点。

作为曾经的"日不落帝国"，英国人的性格特点中深藏着高傲自大、僵化保守的特点。英国是英联邦元首国、北大西洋公约组织创始会员国、G20 主要成员国之一，同时也是联合国安全理事会五大常任理事国之一，对安理会议案拥有否决权②。有资料显示，英国曾是世界历史上殖民扩张影响最大的国家，全球近九成以上的国家曾遭受英国的侵略或染指，现今英国的国力虽不复往昔，但仍不失为一个在世界范围内有影响力的强国。在英国人看来，历史上的英国因英吉利海峡所阻，它既要忙于应对欧洲大陆许多民族的侵扰，又要弥合国内的纷争和隔阂，且自身还是一个松散的集合体，这本身就是一件难事，单单语言就有好多种。

在整个 11 世纪的漫长前夜，英伦三岛实际上是处在氏族社会，贵族、大地主、奴隶、商人和外来入侵者交织在一起，他们都试图在这个岛国上实现自己的统治野心，但都没能成功。1066 年，以征服者自居的英王威廉一世开始建立起强大的封建王权，英国自此才开始有了相对稳定的时期。随后的 400 多年，由于王权与民权的巨大分歧、英法百年战争等原因使得国内矛盾不断激化，君权神授的封建王权逐渐失去了统治地位，以"圈地运动"为代表的资

---

① 李让差. 中国邮政速递物流企业文化建设研究［D］. 中国优秀硕士学位论文全文数据库，2012.
② 李小丽. 论否决权［J］. 世界经济与政治，1996.

本原始积累和资产阶级意识形态站上了历史舞台，同时一场席卷全球的殖民扩张序幕由此拉开。为了既能体面地维护王室的地位和形象，又不根本触及正在兴起的资产阶级革命政党的政治利益，还能确保国内社会的稳定和世界海上霸权的实现，1688～1689 年的光荣革命最终使数方达成妥协和一致，国家实行君主立宪制政体。这种政治体制一直延续至今，这就是英国人的智慧。

英国在长达 300 多年的强势殖民扩张史中，一度统治着全球近 1/4 的人口，对外殖民贸易的强大、欧洲文艺复兴运动的兴起、工业革命的到来等一系列因素促使英国在人文、艺术和科学三大领域出现了长足进展，英语也随之为世界各地的人们所知，众人所知的戏剧家莎士比亚、文学家狄更斯、科学家牛顿等等，这些都是大英帝国灿烂绚烂文化的一面。

2. 英国企业文化的特点

（1）以人为本，人情味较浓。在 17 世纪英国的君主立宪制政体实现前后，由于在保皇党势力和资产阶级革命派之间曾发生过激烈较量，大量普通民众曾参与了此次声势浩大的运动，由此在民众间产生了较强的民主意识较强。在对待国家权力和国民收入分配上，各阶层之间，无论是国王、政党领袖，还是平民、贵族、商人等都形成了一定程度的共识，那就是国王是国家的象征，权力按各自的政治诉求分配，在以殖民贸易为主的工业化进程中实现英国的世界霸权。这实际上体现的是一种鼓励国民各个阶层自由地参与对世界的瓜分，大英帝国的这种自由政治经济模式对英国企业有着很强烈的影响，并一直延伸到现在。

对现实社会中，英国人长期接受着宗教习惯和教义的影响，到教堂去接受洗礼是必修课，而基督教是多数英国人的主要信仰。基督教中的上帝认为，人类是平等的，任何人必须有仁慈善良之心，否则会遭受惩罚。这种宗教教义的影响上至国王（或女王）陛下，下至普通百姓，影响可见一斑。另外，成熟的宪政民主体制发端于英国，一方面员工的素质相对较高（多为技术熟练的蓝领阶层），另一方面工会势力也较为强大，加之长期的自由、平等、人权等价值观影响，故此英国企业主一般给予员工较宽松的工作环境、合适的薪金待遇和一定的社会保障，体现了以人为本的人文关怀的氛围。

（2）实用至上，讲求务实。国内与英国企业打过交道的人普遍感受，英国企业主无论是用人还是处事有着强烈的实用主义原则，即做什么事要立竿见影，马上达成效果或妥协，要不然宁可不做或者放弃。这是英国人在长期的历史文化熏陶里面形成的个性，比如说企业规划要有具体详细的内容，盈利目标要在短期内实现，企业内部的工作安排要落实到哪一个岗位等等，这同样也是英国人一丝不苟、认真做事的表现。

（3）墨守成规，排斥创新。过去数百年大英帝国的荣耀在当今的英国人身上仍有着鲜明的反映，比如英国人对自己在世界历史上的巨大人文影响颇为自豪，无论是工作还是生活都是中规中矩，讲求井然秩序，甚而逛超市购物买菜也是少有讨价还价现象。英国人保守的另一面还在于，国内三大政党保守党、工党和自由民主党都带着较强的民族主义气氛，故此保守主义也较为盛行，如何保持住在欧元区英镑的独特地位是所有政党都赞同的目标，即使身为欧盟成员国，实际上也显得与欧洲大陆若即若离，动辄以退出欧盟为威胁。所有这一切其实都隐藏着还试图想重拾世界领头大国地位的幻想。英国政治和社会中的这些现象无可避免地带进了企业文化中，企业员工离职率较低、流动性不强，生产和技术研发投入虽然高，但获得升迁和高薪职位的机会缺少，相对稳定的工作环境和较高的收入状况使得大多数英国人愿意维持现状，而缺少开拓和创新的动力。

（4）等级意识较强，管理层与作业层差别大。源于历史上惯有的王室、贵族和平民等身份的差别，英国人以作为女王或国王陛下的臣民为荣耀，把血统的高贵、身份的尊卑看得比较重，很多人为获取高贵的血统、名牌大学的学历、高收入的工作而想尽办法。一旦获取了这些头衔或者地位之后，英国人就变得容易满足，同时也生怕其他人取代自己。故此，在企业文化里的表现就是，管理层和作业层差别甚大，作业层是蓝领低收入的人群，而管理层是属于白领高收入人群，有些人甚至不惜用金钱买到所谓的贵族头衔，两者的界限显得十分清晰和明了，甚至是代代相传的印象，这些都是英国人等级意识较强的表现。由于固守着传统的身份等级差别观念，往往优秀的人才不愿意到企业部门供职，低阶层的基层员工的积极性和主动性又无法得到发挥和释放。

（5）缺乏开拓冒险精神，避免竞争。众所周知，英国人的绅士风度出了名的，尊重女性、喜欢幽默都是英国人的优点，但是由于过分谦让、彬彬有礼和讲求秩序，英国人不善开拓，缺乏进取冒险精神的一面却显现出来的。由于总是害怕外来的技术产品东西或者国内同行的先进科技强国自己，造成各企业间总是显得迁就和孤立，谁都不肯踏出第一步，做第一个吃螃蟹的人。这种礼让和各自孤立的态度，造成英国企业界对很多技术或产品的领悟和消化吸收能力近于迟钝、呆滞。有人统计过，与美国企业相比，一种新技术或者新产品在英国要完全获得公众和企业的认可，往往要另外多花 3 ~ 5 年时间。事实上，现今英国企业花在技术产品研发上的费用并不低，而且英国很多企业也很愿意花工夫去研究，但是一项新科技最终走向成熟并推向市场，英国企业却多半显得步履蹒跚。从如今的全球 500 强企业和福布斯超级富豪排行榜上，或许你已发现越来越少看到英国大企业和英国人的名字了。

7.3.2 法国家族企业文化

1. 法国历史文化

法国作为发达的资本主义国家，以其独特的文化影响和行为方式著称于世，而这首先表现在法语的国际地位和影响上。法语是世界十大语种之一、联合国 6 种工作语言之一，在欧洲、北美洲和非洲大陆应用也较为广泛。据统计，全世界以法语作为母语的人口接近 9 000 万人，以法语作为国家官方语言或通用语言的国家有 40 多个，说法语的人口更高达 2.8 亿人[①]。法国人一直对自己的语言非常自豪和喜爱，与欧洲大陆其他国家相比，法国人的第二外语水平显著低于其他国家，大多数人只会讲法语，甚至现今的法国法律规定，法国人在国内不讲法语是违法行为。尽管当下的法国国际地位与影响在持续下降，但法国仍在力所能及的抗击以英语为主导的文化势力影响。

法国的政体实行总统共和制，总统权力非常大。法国为欧洲国土面积第三大、西欧面积最大的国家，其中本土面积 54.4 万平方公里，海外领土面积为 63.3 万平方公里，全国总人口约 6 600 万[②]。由于优越的地理位置和气候环境，法国被誉为欧洲水陆空交通最便捷的国家。法国是欧洲大陆主要的经济和政治实体，是欧盟主要成员国和申根协定主要签约国，18 ~ 20 世纪早期曾是仅次于英国的西欧第二强国。

纵观法国历史，1789 年资产阶级大革命前的 1 000 多年时间里，封建主义势力占据统治地位，国家处于四分五裂、内外战争频繁的状态，各阶层和势力的较量与纷争此起彼伏，而 16 世纪后资本主义生产关系的建立和对外殖民贸

---

① 张明爱. 英语的形成、扩张与现状 [J]. 忻州师范学院学报, 2006.
② 李可，王伟. 法国综合运输管理体制及协调发展研究 [J]. 综合运输, 2014.

易的形成、文艺复兴运动到来、一大批文学艺术巨匠的诞生为这场革命提供了丰厚的土壤，天赋人权、反对专制，自由、平等、博爱等观念正是发端于此，而法国人的性格以浪漫、自由、乐于享受，颇具骑士风度为世人所知。第二次世界大战，法国经济借助于马歇尔计划再次获得快速发展，由于有着特立独行的民族独立精神和热爱研究创造的品质，法国国民经济产业和部门齐全，在欧洲国家中是少有的，不仅农业部门为国家创造了大量的利润，汽车、钢铁和建筑业三大支柱产业引以为傲，航天航空、核电、再生能源等高科技产业也领先世界。放眼整个西方世界，法国国民经济中国有经济比例曾高达 30%，法国共产党是法国政坛上一股非常强大的势力，这些都是法兰西独特的现象。

法国人对自己悠久灿烂的文化颇为自豪，数百年它一直是世界文化或欧洲文化的中心之一，法国电影、文学、建筑享誉世界，发达的旅游业、可口的美食、流行时装、自由开放的生活节奏代表着法国人的生活态度和品质。为维护法国的持续稳固国际影响和地位，法国政府在全球范围内不遗余力地推行法国价值观、行为准则和意识形态，建立"法国文化中心"，这就是我们今天看到的法国、法兰西民族。

2. 法国家族企业文化发展原因

（1）经济原因。

①生产技术的落后和市场的孤立、分散。在近代，法国企业由于资金缺乏，技术落后，很难发展近代化的社会化大生产①。企业主习惯于利用陈旧的设备，对于更新生产设备、引进先进技术、扩大产品类型并不感兴趣。近代化的社会化大生产需要先进的生产技术和设备，而法国企业主观念保守，缺乏教育，技术落后，很难使企业适应大生产的要求，无法吸收和利用大企业的许多优点，如生产的专业化、标准化、同步化。另外由于缺乏足够的资金购买先进机器，也在客观上造成企业无法扩大生产规模，只能限制劳动力人数，造成企业生产仅局限于家庭范围内的局面。近代法国的交通运输落后，市场机制不完善更加重了这种情况。由于长期交通不发达，全国没有统一的市场，导致物价混乱，致使企业主不致力于产品的更新、技术的进步，也能在当地的市场上取得较高的利润。由于缺乏外部竞争压力，它们不需要扩大生产规模，增加资本投资也可以获得较高的利润，这种人为的障碍致使法国长期以来没有统一的国

---

① 张小荣. 近代法国家族企业的成因 [J]. 陕西师范大学学报（哲学社会科学版），2001.

内市场价格，这违背了价值规律，助长了家族企业的存在①。

②产业结构及人们消费观念的影响。近代法国产业结构调整缓慢，整个工业部门中，消费品工业一直占有很大比例。这种特殊的产业结构造成法国企业大都以轻纺、食品加工为主，采用家庭式的手工作坊生产。以高档丝织和制麻占有相当比重的纺织工业为例，高档的纺织品，做工精细，工艺复杂，质量考究，很难使用近代化大生产方法，只适用于在家庭式手工工场内生产。而且其制造工序复杂，需要劳动者具备一定的熟练技能。因此，大批的非熟练劳动者就被拒之门外，造成企业生产只能在家庭小范围内开展。此外，法国人独特的消费观念也助长了家族企业的长期存在。法国人的消费心理与众不同，他们总是追求时髦，喜欢标新立异，独树一帜，尤其是对高档奢侈品的追求有着浓厚的兴趣。这就促进了高档消费品工业的繁荣，使家族生产得到青睐。

（2）文化原因。

西方的"家"观念可以从卢梭的《契约论》一书中得到充分反映：最原始的社会，唯一自然的社会，便是家庭；但儿子依附父亲，也只限于需要他保护的时候。一旦不复有这种需要，天然的结合便分解了。儿子不再要服从他们的父亲，父亲也不再要照料他的儿子，彼此同等独立。如果他们仍然结合在一起，这种结合也不复是天然的，而只是出于同意的；那时候家庭本身的维持，全赖于契约②。契约关系的本质在于双方必须根据地位平等、出于同意的前提之下建立彼此的关系。因此，必须先有个人主义的概念，契约关系才能成立。个人主义的主要内容是承认每个人都有权力选择自己的生活道路，做出自主抉择，通过自力更生实现自我价值，任何人都不得加以干涉和控制。个人主义思想的精髓就是自主、自决、自负其责。个人主义思想和契约精神在包括法国在内的西方社会中影响深远。个人主义激励个人创业，倡导通过个人及家庭的力量实现价值，创造财富，客观上促进了家族企业的诞生和发展，引起家族企业数量的激增。由于家族成员关系由契约调节，传统家族经济体内部的人际关系逐渐缩微。如果家族成员想要创造他个人的生活并享用自己能力及劳力的收获，那么，个人拥有的企业财产便要从家族总财产中分化出来，从而增加了新生家族企业的可能。

---

① 梁霓霓. 法国家族企业制度分析与借鉴——兼论布伊格集团企业制度 [D]. 中国优秀博硕士学位论文全文数据库, 2004.

② 杜慧. "寓哭于笑"与正统观念的颠覆——李渔白话短篇小说三论 [D]. 陕西师范大学, 2005.

（3）社会原因。

信用与家族企业发展二者之间的关系是密不可分的。家族企业能否或者说如何将信用扩展到家族成员以外并促使企业发展，是一个重要问题。中外企业发展的事例都表明，说服资源所有者把他们所支配的资源汇集一处，交由企业家支配并实现企业家的创新方案，是最困难的事。在企业家的合作精神中，最核心的东西是一个"信"字。经常造成企业生存危机的就是企业合伙人之间的信任关系发生了问题，资本特别是大规模资本的筹集，在根本上依赖于市场经济时代模式最核心的一项制度——信用制度。人与人之间的大规模的分工合作，没有信用制度的支持是不可能存在于家族或血缘关系范围以外的①。社会观念形态的"信用"是信用制度的根本。近来，美国学者弗朗西斯·福山的新著《信任——社会道德与繁荣的创造》引起国际学术界很大反响。作者对世界一些有代表性国家的家族企业特征进行了比较研究。他发现法国和意大利南部企业都倾向于由家族拥有和管理，所以规模也显得比较小。这主要是因为在这些地方，人们之间的信任度不高，一般互信只局限于家族、亲友之间，家族成员与家族外人员难以形成合作关系，所以，家族企业在法国的蓬勃发展具备特定的社会基础。

3. 法国企业文化的特点

（1）公众意识。法国企业在经济生活中所表现出来的合作与均等思想尤为显著，法国企业在成长和发展过程中②，始终把法国人的利益放在首位，这"既是为了法国人的物质利益，而且也是为了法国人的尊严"，这种广泛的公众意识是法国文化非功利思想的体现③。

（2）人性化和民主化。由于西方人权思想的广泛影响，法国企业在用人机制上体现出对员工的尊重和信赖，进行民主化的管理。天津的一位老总说："我判断一个员工不是看他是中国人或是法国人，而是看他是否有能力和经验。我们取消管理中间层，经理下面是主管，主管下面是工人。"为员工创造和谐的企业文化，"建立授权式管理"，充分显示出对员工的肯定。皮尔·卡丹则说："用人不在于学历，在于能力。"他往往集中决策后放手让自

---

① 刘玉生. 家族企业存在和变革的一种文化分析［J］. 泉州师范学院学报，2005.

② 刘嘉. 企业文化的比较研究［J］. 现代管理科学，2004.

③ 刘安. 中法企业文化比较研究［J］. 天津商学院学报，2002.

己的员工去执行。在法国"工会是有法人资格的"，工人用法律的形式确定自己参与企业管理的权利。法国的企业内部和社会都非常重视员工发展，给他们以良好的培训。

（3）科学与创新。法国企业对技术先进是非常敏感的，他们深知只有在技术上不断创新，使之处于领先地位，才能使企业在国际竞争中立于不败之地。空中客车公开秉承"人无我有，人有我优"的发展思路，不断改进技术，使空中客车的产品总能与美国的波音飞机相抗衡。"我要的是第一"是布依格建筑集团总裁的座右铭；而"独树一帜，不断创新"则是皮尔·卡丹的风格。可以说"法国的企业都视技术为生命"，法国人爱幻想的性格也俨然说明这一点。

（4）敢于奋斗，勇于挑战。法国人天生浪漫、自负，并且不服输，众多的法国企业都为自己设定一个挑战的对手，"不管他来自企业的内部，还是来自企业的外部"，他们都会全力以赴地去奋斗，迎接挑战。家乐福始终把沃尔玛作为自己的挑战对手，空中客车则把波音公司视为对手，虽然在这些对峙中，"他们总处于劣势"，但他们以法国文化特有的自负和不屈，不停地完善自己，挑战对手，永不言败。夏奈尔和皮尔·卡丹挑战的是自我，不满现状加永远追求卓越加艺术的灵感和乐观的精神，使他们取得非凡的成就。

总之，法国文化的特殊性使法国企业文化与其他欧洲国家的企业文化有明显的不同，体现出独特的个性。

7.3.3　德国家族企业文化

1. 德国历史文化

德国的企业文化受欧洲文化价值观影响很深。①欧洲文艺复兴运动和法国资产阶级大革命带来的民主、自由等价值观，对德国企业文化的产生和发展的产生了很大的影响。[①] ②德国强调依法治国、注重法制教育、强调法制管理，在市场经济条件下长期形成的完备的法律体系，为建立注重诚信、遵守法律的企业文化奠定了基础。③宗教主张的博爱、平等、勤俭、节制等价值观念，在

---

① 李旭华. 企业文化在国际性合作项目实施中的影响与管理模式研究［D］. 中国优秀硕士学位论文全文数据库，2011.

很大程度上影响了德国企业文化的产生与发展。④德国人长期形成的讲究信用、严谨、追求完美的行为习惯，使企业从产品设计、生产销售到售后服务的各个环节①，无不渗透着一种严谨细致的作风，体现着严格按照规章制度去处理问题，对企业形成独特的文化产生了极大影响。这几方面的结合，形成了德国企业冷静、理智和近乎保守的认真、刻板、规则的文化传统。德国企业文化明显区别于美国的以自由、个性、追求多样性、勇于冒险为特征的企业文化，也区别于日本企业强调团队精神在市场中取胜的企业文化。

2. 德国企业文化特点

（1）德国企业文化注重以人为中心，提高员工整体素质，这主要体现在注重员工教育，人力资源投入上。

德国企业普遍十分重视员工的培训。大众公司在世界各地建立起许多培训点，他们主要进行两方面的培训：一是使新进公司的人员成为熟练技工；二是使在岗熟练技工紧跟世界先进技术，不断提高知识技能②。西门子公司在提高人的素质方面更为细致，他们一贯奉行的是"人的能力是可以通过教育和不断培训而提高的"，因此他们坚持"自己培养和造就人才"。德国企业在管理人才选拔与培养方面颇具特色。大众汽车公司除了最高决策层之外，拥有各方面的优异的管理人才。他们以高薪吸纳了大批优秀管理人才和科研专家，并为其发挥才能提供广阔的空间，使他们产生一种自豪感、凝聚力和向心力。西门子公司也特别重视对管理人才的选拔和录用。他们聘用的管理者必须具备以下四个条件：一是具有较强工作能力，特别是冲破障碍的能力。二是具有不屈不挠的精神和坚强的意志。三是具有老练的性格，能使部下信赖，富有人情味。四是具有与他人协作的能力。戴姆勒·克莱斯勒公司认为"财富＝人才＋知识""人才就是资本，知识就是财富。知识是人才的内涵，是企业的无形财富；人才则是知识的载体，是企业无法估量的资本"。所以，戴姆勒·克莱斯勒公司有一种好的传统，即选拔人才并不注重其社会地位的高低，而是注重本人的实际能力。

在尊重人格、强调民主的价值观指导下，德国企业普遍重视职工参与企

---

① 赵丽．德国跨国公司在华企业人力资源本土化战略分析［D］．中国优秀硕士学位论文全文数据库，2007.

② 刘展术．企业培训建立体系很重要［J］．人力资源管理，2008.

业决策。在培训、考察中我们所到的企业，不论是大众、戴姆勒·克莱斯勒、西门子还是高依托夫、路特等中小企业，职工参与企业决策是一种普遍现象①。

（2）德国企业文化强调加强员工的责任感，注重创造和谐、合作的文化氛围。

德国企业文化体现出企业员工具有很强的责任感。这种责任感包括家庭责任、工作责任和社会责任，他们就是带着这样责任感去对待自己周围的事物②。企业对员工强调的主要是工作责任，尤其是每一个人对所处的工作岗位或生产环节的责任。德国企业十分注重人际关系，努力创造和谐、合作的文化氛围。例如，1994 年受世界石油危机影响，大众公司在德国本土的公司经济面临困难，需要解雇 2 万多名员工。然而，公司的员工在参与企业决策时却表示：宁愿减少自己收入的 20%，把每周工作 5 天改为 4 天，也不要让那些人失业。同类的事情，当大众公司在巴西的分公司也试图这样做时，却被巴西员工拒绝了。

德国企业十分重视企业兼并重组过程中的文化整合。为解决企业兼并重组中的文化冲突，保持和谐的文化氛围，保证企业兼并重组目标的实现，他们在公司并购、重组时，十分注重企业文化的融合。如德国戴姆勒·奔驰公司与美国克莱斯勒公司合并后，为解决两国企业在文化上的差异和冲突，成立了专门委员会，制订了 3 年的工作计划，通过加强员工之间的联系与沟通，进行文化整合。

（3）德国企业普遍具有精益求精的意识和注重诚信为本，追求产品质量完美、提供一流服务已成为企业员工的自觉行动。

德国企业非常重视产品质量，强烈的质量意识已成为企业文化的核心内容，深深植根于广大员工心目之中③。大众公司在职工中树立了严格的质量意识，强调对职工进行职业道德熏陶，在企业中树立精益求精的质量理念。西门子公司以"以新取胜，以质取胜"为理念，使西门子立于不败之地。就注重产品质量而言，戴姆勒·克莱斯勒公司非常有代表性。首先，他们认为高质量意识与员工的高素质是分不开的，十分注意培养具有专门技能和知识的职工队

---

① 任远. 宏远工程建设有限责任公司企业文化体系建设研究［D］. 中国优秀硕士学位论文全文数据库，2010.

② 季军良. 浅谈德国汽车企业文化及其启示［J］. 现代营销（学苑版），2011.

③ 马欣. 基于民族文化差异的企业管理方式研究［D］. 中国优秀硕士学位论文全文数据库，2010.

伍，千方百计提高员工的质量意识。第二，具有精工细作、一丝不苟、严肃认真的工作态度，这种态度几乎到了吹毛求疵的地步。第三，是把好质量关，严格检查制度，做到层层把关，严格检查。

重视产品质量，追求技术上的完美是德国企业一种普遍的自觉意识。德国人爱好技术、钻研技术、崇尚技术的价值观已深入人心，成为一种自觉的行为。德国企业重视客户，注重诚信合作，树立创一流服务的企业精神，给我们留下深刻印象。如高依托夫公司提出，"对于客户提出的要求，我们没有'不行'两个字"。

（4）德国企业文化注重实效，融入管理，树立良好企业形象。

德国企业文化建设特别注重围绕企业的具体实际进行。德国企业非常注重实际，他们以精湛的技术、务实的态度和忠诚的敬业精神进行经营。他们将企业文化建设融入企业管理，注重实际内容，不拘泥于具体形式，说的少而做得多。除此之外，德国企业还特别重视有效的形象宣传，那些在德国乃至世界各地树起的"奔驰""大众""西门子"等具有国际竞争力和时代气息的德国跨国集团的品牌标识，已经成为企业实力的象征。

总之，德国企业文化是规范、和谐、负责的文化。所说规范就是依法治理，从培训中树立遵纪守法意识和对法律条文的掌握，从一点一滴做起，杜绝随意性和灵活性。和谐，就是管理体制的顺畅，人际关系的和谐。负责，就是一种企业与职工双方互有的责任心，即职工对企业负责任，企业对职工也要负责任，企业与员工共同对社会负责。

【案例导读】戴姆勒·奔驰公司公平、尽责，"安全、优质、舒适、可靠"企业文化

戴姆勒·奔驰公司创建于 1883 年，是德国最大的汽车制造公司，素以生产"梅赛德斯·奔驰"汽车闻名于世[①]，公司生产产品从普通小轿车到大型载重汽车，以及各种运输车、大轿车、多用途拖拉机、越野车等无所不见。其中，很多车型是世界上许多国家元首和知名人士首选的坐骑。

1. 奔驰的核心价值：公平、尽责

作为一个拥有百年历史的著名汽车品牌，奔驰已形成了一个核心企业

---

① 吴淑霞. 世界汽车企业文化典范浅析及跨国公司的跨文化冲突［J］. 汽车情报，2003.

精神。"公平"是指公平竞争、公平经营。这是每个企业必须遵循的游戏规则，梅赛德斯一奔驰也是在产品质量、花色品种、技术水平、市场销售和售后服务等各方面凭借自身的实力来力争上游。"尽责"是指在将赛德斯一奔驰经营范围——汽车行业，尽到自己作为一个顶级品牌的责任，不仅为了自己的经济利益，也要兼顾社会所认同，成为同类企业仿效的楷模。

2. 奔驰的经营理念

（1）传统理念。梅赛德斯·奔驰是汽车的发明者创立起来的汽车企业，它的发展也充分反映了整个汽车工业的发展。因此，其经营更趋向于采用传统和高效的规则。企业的经营者首先就是要确保这一理念为广大员工、合作伙伴和外界环境所承认。这是几代奔驰人的不断努力才营造出的立身之本。

（2）快乐感理念。人们的需求不会局限在马斯洛的某一需求层次上，随着科技、社会、经济和市场的发展，人们的生活水平提高了。人们更进一步追求汽车的外观优美、内部豪华、驾驶舒适，从而尽显自身价值。根据这一趋势，奔驰近年来将能满足消费者自身的快乐感作为经营理念的一部分，并随着时间的推移，其重视程度和投入不断增加。

（3）共同责任理念。人类社会的发展为我们周围的环境带来了不可估量的负面影响。汽车排出的废气造成了大气污染，形成酸雨；大量化学制品的合成材料的使用和废弃、乱砍滥伐、污水排放造成生态失衡。人类要继续生存下去必须重视环保，保护我们赖以生存的地球是全人类共同的责任。梅赛德斯·奔驰将其作为自身的任务，不断改进生产技术、降低污染的可能性、减少废气排放的数量、采用可多次循环使用的材料生产，以最大限度地保护环境。

3. 奔驰的价值观念

（1）传统价值——"安全、优质、舒适、可靠"。

梅赛德斯·奔驰的工程技术人员从不满足于眼前的技术领先，而是充分利用公司提供的研究开发费用，发挥聪明才智，深入细致地研究驾驶者和乘客的需求，预测汽车未来发展的各种趋势。"安全"是奔驰最为重视的价值，并在这方面成果显著，推出了多项新技术，如：安全气囊、碰撞褶皱区、乘员安全车厢和 ABS、ETS、ASR、ESP 等大量的电子辅助安全设备，为汽车安全领域的发展做出极大贡献①。"质量"是企业制胜的法宝。奔驰汽车质量优异举世公认，这依赖于完善的质量控制体系。奔驰产品不满足于符合行业内部和各国的有关规定，还制定了一套更为苛刻的标准，确保产品质量万无一失。"舒适"对于驾驶者和乘客来说是极为重要的。驾驶是一种乐趣，乘坐是一种享受。奔驰产品对于舒适的要求已不限于简单意义上的生理舒适感，近年来更强调一种能使人放松心情、消除紧张的感觉。从车内外各种细致入微的设计理念中反映这种感觉：按照人体动力学设计可自动调整的座椅；充分利用的内部空间；隔音条件良好的车厢等等。"可靠"的性能使奔驰汽车的使用寿命普遍比同类产品要长。超凡的质量水准和一套完备的售后维修保养措施和专业技术队伍成为保持其长期性能可靠的坚强后盾②。

（2）潮流价值。梅赛德斯·奔驰在每种产品系列中根据不同客户的需求，将其进一步细分为不同的产品线：标准型车身颜色稳重大方，内观与外观协调统一，采用标准配备，价格适中；豪华型车身颜色品种繁多，内饰豪华典雅，囊括奔驰各种豪华配备，尽显车主身份地位；运动型车身色泽鲜明抢眼，内饰与外观色彩反差明显，底盘降低并配有更强动力的发动机和各种动感配备。

（3）社会价值。梅赛德斯·奔驰将首创的三滤催化系统作为欧洲车型的标准配备，成为一个里程碑，各大汽车厂商纷纷效仿，推动了汽车环保事业的蓬勃发展。此后奔驰的工程技术人员又不断努力采用新材料、新工艺降低汽车对人类环境的破坏程度。奔驰自创建以来，一直努力使自己成为世界汽车工业的"领头羊"，公司的任何发展都要顺应时代的需求，不断创新，推动汽车工业的发展。同时，奔驰作为世界顶级汽车也已推出了各类能满足不同阶层消费需求的各类汽车。技术创新与管理出新主要体现在对安全和节能投入，重点是安全和环保。20世纪80年代初梅赛德斯·奔驰就批量生产了使用无铅汽油的汽车，在寻找石油的合理替代品方面进行了很大的努力，如电动汽车，煤气汽车的研究。

---

① 张立鹏. 一汽多元文化冲突与融合研究［D］. 中国优秀硕士学位论文全文数据库，2011.
② 张千里. plziv 汽车防撞安全装置商业化可行性分析与营销战略［D］. 复旦大学，2001.

4. 奔驰的质量文化

看奔驰的质量管理和质量文化，只要看一下它的购买者是哪些人就可窥见一斑。在汽车王国——美国，有钱人也喜欢购买奔驰车。至于中东石油巨富、欧洲的王公贵族，以及大大小小国家的总统、总理，都愿意选择奔驰。这就足以说明，奔驰在人们心中是一种等级、地位和权利的象征。奔驰公司对自己的产品十分有信心："如果有人发现奔驰车发生故障被修理车拖走，我们将赠您 1 万美元。"——这就是公司的广告语。

（1）重视人才的素质，严格质量意识。奔驰十分重视产品质量，认为只有全体员工都重视质量，产品的质量才有保证。因此，公司很强调企业精神，强调工人参与，努力营造一种严格质量意识的企业理念。在奔驰汽车公司里，各车间只有简单的辅助工作完全由青年工人完全独立完成，其他技术性的工作都是新老结合，以老带新。奔驰公司的工程技术人员、营销人员、技术骨干大约有 9 300 多人，占员工总数的 27%，这是公司的骨干力量①。对于这些人的再培训，公司举办专题讲座或外出学习，设立各种业余学习等形式多样的培训活动，平均每年就有 2~3 万人参加再培训。

（2）奔驰的企业文化还具体体现在企业员工的福利待遇、业余生活和文化生活等方面。公司在关心员工生活、调动员工积极性、增强质量意识方面也采取了多种措施。例如，全公司 180 名医务人员，除了看病外，还负责研究员工生病的原因，车间、办公室的合理配置，如何减轻劳动强度，指导员工合理生活等。近年来，员工病假逐年减少，工伤事故降到历史最低水平。厂方还十分注重改善厂区环境，组织体育活动，公司还为员工提供建筑住房的无息贷款，允许员工购买本公司股票等，所有这些都起到了调动员工积极性，增强质量意识的作用。

（3）精工细作，一丝不苟，严肃工作制度。奔驰车有目前的声誉，得益于每个员工工作态度都极为严肃、认真，这是奔驰车获得成功的真正"秘诀"。奔驰公司对每一个部件的制造都一丝不苟，有时甚至可以说到了吹毛求疵的地步。在判断一辆汽车时，人们首先注意的恐怕是它的外观、性能，而很少注意它的座位，但即使这个极少惹人注意的部位，奔驰公司

---

① 文泽. 质量——企业的生命 [J]. 政策与管理，1998.

也极为认真①。座位的纺织面料所用的羊毛是专门从新西兰进口的，其粗细必须在 23~25 微米，细的用来织高档车的座位面料，柔软舒适；粗的用来织中低档车的座位面料，结实耐用。纺织时，还要掺入从中国进口的真丝和印度进口的羊绒。制皮面座位要先选好皮子。据说，他们曾经到世界各地进行考察、选择，最后认为德国地区的公牛皮质量最好。确定了供应点之后，一张 6 平方米的牛皮，奔驰公司只用一半，因为肚皮太薄，而脚皮又太窄。此后的制作、染色都有专门的技术人员负责，直到座椅制成，最后还要有一名工人用红外线照射器把皮椅上的皱纹熨平。从制作座椅的这种认真精神可以推想奔驰公司对主要机件的加工该是如何精细。

（4）把好质量关，严格检查制度。严格到连油漆箱有划痕，都必须全部返工。为了进一步把好质量关，奔驰公司在美国、欧洲、加拿大、拉丁美洲、亚洲等地，专门设有质量检测中心。"中心"内有大批的质检技术人员及高质量的设备，每年要抽检上万辆奔驰汽车，层层把关，严格检验。由于采取了许多措施，奔驰车在人们的心目中树立了高品质形象，赢得了全世界的青睐。

5. 奔驰的服务文化

（1）梅赛德斯·奔驰拥有强大的售后服务网络。售后服务质量优秀是良好销售量的保障。产品售出后，奔驰仍然将其视为企业经营活动的一部分，时刻保持与其主人的联系。奔驰汽车销售到哪里，售后服务网络就建立到哪里，以确保每一辆汽车都得到良好的照顾。

（2）定期的维护保兼计划。梅赛德斯·奔驰为出售后产品的维护和保养制定了一整套规范和措施。车辆出厂后即装运到达客户所在地，由客户亲自验车，然后开至当地奔驰授权的维修中心进行交车前检测（PDI）。维修人员按照规定程序进行调整，使其达到最佳的行驶状态，最后交车给客户②。同时，将驾驶需要注意的问题告知客户，并提醒客户下次维修保养的时间，以确保车辆驾驶安全。

（3）充足的零配件供应。零配件短缺是世界许多汽车维修业遇到的共

---

① 张红梅. 奔驰的企业文化 [J]. 石油政工研究，2010.
② 卢长利. 奔驰的企业形象战略 [J]. 企业研究，2001.

同难题，充足的零配件供应是提高维修质量和效率的保障①。奔驰每一家维修厂都有专门的零件部，并设有一定面积的零件仓库，储存一定数量的常用零件。如遇到特殊需要则可直接与德国原厂零配件部门联络，空运急需的零件品种。

【案例导读】米其林（MICHELIN）的创新挑战自我企业文化

法国百年老店——世界头号轮胎巨人"米其林（MICHELIN）"以 13 万员工、18 个国家，70 多家工厂的雄厚实力，在全球市场中雄踞同业榜首。米其林之所以获得如此骄人的业绩，与其企业文化的深刻内涵密不可分。

1. 突出公司品牌和形象

米其林很重视与媒体的关系，但其宣传的聚光灯却始终聚焦在米其林的品牌标志——轮胎人"必比登"（Bibendum），而不是老板爱德华·米其林（Edouard Michelin）。1959 年 6 月 12 日，当戴高乐将军来参观工厂时，前总裁弗郎索瓦（爱德华·米其林的父亲）为了"保守公司秘密"，居然让戴高乐的随行人员在大门外等候。与父亲相比，爱德华在对外沟通上进步很大，但初出茅庐时，也因涉世未深吃了教训。1999 年 9 月，在爱德华接过帅印后不久，公司的业绩显示，当年第一季度赢利 3 亿欧元。不过，试图节约成本和提高效益的"少帅"在此时决定，将米其林的欧洲员工裁减 7 500 人，其中法国员工为 1 500 人。这一出人意料的决定在社会上激起强烈反响。时任法国劳工部长的奥伯雷夫人也向爱德华亮起了黄牌，米其林也成为法国乃至欧洲媒体的"反面教材"。

裁员风波使爱德华认识到同工会及媒体加强交流与沟通的重要性。此后不久，爱德华向记者敞开了办公室的大门。他首先接受了法国《解放报》的采访，然后同巴黎大大小小的报纸负责人共进午餐，解答他们的疑问，倾听他们的意见，并对其中的一些误会和失误报以歉意的微笑②。

---

① 龚晓琦. 企业 CI 战略的策划与实证研究［D］. 中国优秀博硕士学位论文全文数据库，2002.
② 华铭. 米其林的故事［J］. 企业文化，2006.

2001年6月20日，法国一家《蒙太奇》日报还组织了一次"星期日步行"活动，让数千人参观一向被视作神秘帝国的米其林工厂。公司的许多职工都很自豪地带着他们的家属前来参观。

爱德华在加强对外宣传工作时信守"宣传公司而不是老板本人"的信条。他曾说："过分在媒体曝光的老板是脆弱的"。因此，他总是强调"米其林就是必比登，而不是爱德华"。为了强化必比登的形象，米其林在1998年发起了一年一度的必比登环保挑战赛，邀请汽车厂家们一起，为汽车能源的多元化发展和保护地球环境出谋划策，并在2001年获得了联合国的赞赏和很多环保组织的积极参与。这一系列的成就进一步提升了米其林的品牌形象和社会地位。

2. 创新挑战自我

现在人们一想起辐射层轮胎，就自然地联想起"米其林（MICHE-LIN）"这个在轮胎界享有颇高威望的名字，因为这项1964年申请专利技术从拖拉机轮胎运用到飞机轮胎，足足冲击了40年的轮胎历史。近百年来，米其林为世界轮胎的进步不断地进行研究、发明、创新……现在，米其林集团分别在法国、日本、美国及中国设有研究与测试中心，在全球生产及推广众多的品牌和产品。除了轮胎以外，米其林集团还生产轮辋、钢丝、地图及旅游指南。其中地图与指南出版机构是该领域的领导者。著名的法国"红色指南"在2000年已有100岁。

1998年米其林集团庆祝其逾世纪的轿车、摩托车及自行车赛车运动。2000年的"协和"事故后，米其林应法航的请求为协和飞机特制了一款新式加固轮胎，使这只"超音速大鸟"得以重返蓝天[①]。法航人士当时表示，如果没有爱德华领导的米其林，协和很可能"插翅"也再"难飞"了。

3. 崇尚节俭

对于一个年轻亿万富翁来说，爱德华·米其林始终保持简朴的生活是非常难能可贵的，也为公司上上下下树立了一个非常好的榜样，这远比空洞的说教更有价值和作用。1999年，当年仅36岁的爱德华从父亲手中接下米其林的帅印时，他成为法国CAC40（40种股票平均价格指数）俱乐部里年龄最小的成员，并跻身欧洲最年轻的富翁之列。米其林家族历代掌门

---

① 刘平. MICHELIN 轮胎巨擘——米其林的企业文化［J］. 中外企业文化，2005.

人生活简朴，作为欧洲最年轻的富翁之一，爱德华也毫无富豪的派头，过着同平凡人一样的生活。他既没有豪华游艇，也没有私人飞机，唯一的奢侈品是一辆6万多美元的奥迪 RS4 跑车。该车装有米其林轮胎，可以为公司做广告。

4. 开拓新市场

海外事业的蓬勃发展是"500 强"企业的一个共同特点，也是做大做强的必由之路。米其林 1988 年在香港成立了销售办事处。为进一步加强在中国市场的发展，又于 1989 年在北京成立了首个代表处，负责产品推广及筹备分销网络。现米其林在上海、广州、成都、沈阳及香港都设立了营销办事处，销售网络遍布全国。1995 年年底，米其林集团与沈阳市达成协议，成立米其林沈阳轮胎有限公司（MSTC）。它是米其林首个在中国的合资项目，其目的主要生产米其林品牌的轿车、轻卡及卡车轮胎，以满足国内不同消费者的需要。

同父亲留下的"江山"比，爱德华的最大成就是成功发展了中国市场业务。2001 年 4 月，米其林集团投资 2 亿美元同中国头号轮胎公司上海轮胎橡胶集团联合组建了上海米其林回力轮胎股份有限公司（SMW），并在新企业中控股 70%。这是中国首次让一家外国公司在战略行业中控制绝大部分股权。2002 年年初完成 1995 年、1997 年成立的四家合资企业的合并工作，几年后，成为一家外商独资公司①。至此，米其林在沈阳合资企业的总投资额为 1.5 亿美元。与此同时，米其林在上海成立了研发中心。研发中心着力满足中国当地以及外资车辆制造商的技术需求，开发高性能新型轮胎。它还为轮胎的原材料供应商如天然橡胶和钢丝厂家提供技术指导。另外，米其林已同意为上海轮胎橡胶集团的卡客车子午线轮胎生产设施提供技术支持。

对于从小生活和工作在欧美的爱德华而言，古老的中国难免显得遥远而陌生。然而，他手下的一批高参以及他每年至少一次的中国之行使他对中国市场的了解程度让许多竞争对手叹服。米其林的子午轮胎在中国市场的售价是普通轮胎的 3 倍，集团内部曾有人怀疑，如此高昂的轮胎是否能被购买力尚弱的中国客户接受。爱德华在通过向中国的经销商咨询后认为，

---

① 刘平. 轮胎巨擘——米其林的企业文化［J］. 中外企业文化，2005.

在中国市场实行"高价"战略并非行不通，因为中国的卡车往往超载，普通的轮胎很快就需要更换，而用钢加固的子午胎则能适应这样的运输条件。正是基于对中国市场的熟悉和热爱，爱德华将他的全球战略重心明显向中国倾斜。几年来，他将米其林在欧洲的 6 万个销售网点裁减了一半，却在中国市场注入了巨大的资金和人力，使这个市场以年均 15% 的增速在发展。

7.4 美国家族企业文化与典型案例

7.4.1 美国家族企业文化根源

1. 经济根源

第二次世界大战后至 20 世纪 60 年代末以前，美国一直是首屈一指的世界经济强国。美国的国民生产总值、工业产量、出口贸易额、黄金外汇储备等，在资本主义世界均占首位。1946 年 12 月美国总统杜鲁门曾洋洋得意地声称，美国担负着"领导世界的责任"。在经济实力各方面都占绝对优势的时候，美国对别国的工业技术和先进的管理经验是不屑一顾的。美国企业管理中的任何偏颇，其传统管理思想和方法中偏重理性主义、忽视人的因素和文化因素这样一些弊端，也还没有引起美国人的关注。可是，正当美国人沉醉于"美国第一""世界第一"的美梦中的时候，世界经济力量对比发生了巨大的变化[1]。随着西欧，特别是日本经济的迅速起飞，美国的经济优势逐渐丧失。

美国经济在整个资本主义世界中的地位相对下降，其国际竞争能力迅速衰落，主要表现在美国的工业产品所占的国际国内市场份额不断缩小，外贸赤字逐年上升[2]。更严重的是，一向是美国占优势的高科技工业和劳务贸易领域也

---

① 姜光辉，薛燕华. 跨国公司企业文化的历史背景——基于国际企业文化对比研究 [J]. 商场现代化，2007.

② 郑淑云. 单极霸权——20 世纪美国国策强度的三次提升 [D]. 中国优秀博硕士学位论文全文数据库，2004.

出现了衰落的势头。美国企业在国际竞争中接连受挫，这才引起美国工业界、管理学界的严重关切。

在 20 世纪 60~70 年代中期，美国的劳动生产率远低于其他主要资本主义国家，更低于日本。从 1947 年~1987 年的 40 年中，美国私人企业的劳动生产率的年增长速度，从第一个 10 年的 3.4% 降到第 4 个 10 年的 0.7%。劳动生产率落后，产品在市场上就不会有竞争能力。美国的录像机、手表、摩托车就是这样败在日本手下的。加之，外贸逆差迅速增加。美元为中心的国际货币体系的崩溃。这一切导致美国综合国力相对下降，世界霸主地位的衰落和动摇。

面对美国经济实力的衰落和日本旋风的猛烈袭击，美国朝野一片惊慌。尼克松甚至哀叹："美国遇到了我们甚至连做梦也想不到的那种挑战。"这时美国人才不得不冷静下来进行深刻的反思。为什么第二次世界大战后经济上处于崩溃边缘、技术上属于三、四流的一个弹丸岛国，能在短短的 20 多年内实现经济起飞？日本成功的奥妙何在？于是在美国出现了日美经济比较研究热潮，许多人不远万里到日本进行考察。有些美国企业界人士像当年淘金者追逐加州的黄金一样，贪婪地挖掘日本企业管理的妙诀。一时间，有关这方面的著作如雨后春笋般地涌现。他们得出结论：美国经济落后不仅仅在于技术问题，而在于缺乏日本那样独特的企业文化。正如《战略家的头脑——日本企业的管理艺术》一书作者所指出的："美国人的'敌人'不是日本人或西德人，而是我们企业管理'文化'的局限性。"① 一系列有关企业文化著作的出版，正是美国企业界和管理学界从理论上和实践上探索振兴企业之路，挽回经济颓势的一种尝试。所以有人认为：企业文化"源于美国，根在日本"。

2. 理论渊源

美国企业文化的产生与其企业管理理论长期以来比较发达有密切关系。从历史上看，美国的企业管理水平是属一流的。企业文化是对传统的企业管理理论和方法批判继承的产物，是传统管理理论的最新发展。为了弄清企业文化与传统管理理论的继承和发展关系，我们有必要了解美国企业管理理论的演变和与此相关的企业管理思想中人性假设（或称人类观）的演变。

（1）美国企业管理理论的演变。

在企业文化产生以前，美国企业管理的理论和实践的发展大致经历了 3 个

---

① 梅璘昉. 中国现代企业人本管理文化建设研究 ［D］. 中国优秀博士学位论文全文数据库，2015.

阶段。

①以泰勒首创的"科学管理"（即泰勒制）为代表的古典管理阶段（19世纪末至 20 世纪 20 年代）。弗雷德里克·泰勒（1856～1915 年）是著名的企业管理理论泰勒制的创始人，被称为"科学管理之父"。他曾当过工人、工头、车间主任、总制图师、总工程师等职。泰勒根据自己的经验和在生产过程中的仔细观察，认为当时工厂中的生产潜力还没有充分发挥出来，关键是要确定一个合理的工作量，制定合理的管理制度。为此他进行了一系列的试验。通过工人工作时间和动作的研究，他对工人作业过程中的每一个动作、每一道工序所用的时间进行科学测定，去掉多余的动作和时间，确定标准的作业方法①。这就是所谓的工作定额原理。通过铁铲试验，确定每铲的最佳重量、最佳效果，从而决定标准铁铲的大小规格。这就是所谓工具和作业标准化原理。为了鼓励工人完成和超额完成工作定额，更好地调动工人劳动积极性，他提倡实行富有刺激性的计件工资制。除了创立上述各种作业管理方法和工资制度外，泰勒还把计划职能与执行职能分开，设立专门的计划部门，按照科学规律制订计划。这样可避免工厂主和工人凭个人经验指挥和操作的盲目性，加强了目的性和计划性，从而有利于提高生产率。这是企业管理专业化的最初尝试。以上是泰勒的"科学管理"的基本内容。泰勒的主要代表作有《科学管理原理》（1911）、《计件工资制》（1895）、《车间管理》（1903）等。

②以行为科学学派和管理科学学派为主要代表的所谓"封闭型——社会管理模式"阶段。这一阶段的代表人物有埃尔顿·梅奥（1880～1949）、罗特利斯伯格（1898～1974）等人。所谓行为科学是以人的行动为研究对象的科学，包括对人的动机、需要、欲望、情绪、思想以及人与人之间关系等方面的研究②。故在早期称为人际关系论。50 年代发展成为行为科学。行为科学这时产生于美国，与企业经营管理状况密切相关。它是美国资本主义基本矛盾尖锐化的产物。泰勒的"科学管理"体系用严密的科学管理手段，把工人附着于机器上，虽然对生产效率的提高起到了一定的推动作用，但是，由于作业过程高度紧张，大多数工人难于忍受，许多身强力壮的工人往往只要几年时间就把精力消耗殆尽。它成为一种榨取工人血汗的制度。随着工人阶级觉悟的提高，他们逐渐认清资本家的剥削本质，采用怠工、罢工、谈判等方式进行反抗。资本

---

① 周博鸾. 巴纳德的协作系统思想研究 [D]. 中国优秀硕士学位论文全文数据库，2013.
② 王晓伟.《科学管理原理》中的行为科学成分 [J]. 现代商业，2013.

家再也不能用自上而下的命令对工人实行"管""卡""压"了。泰勒的科学管理失灵了。企业主和管理人员为了缓和正在激化的劳资矛盾，挽救企业的管理危机和生存危机，便把社会学、心理学、人类学等一些社会科学引进管理领域，用改善和协调人与人之间的关系（主要是劳资关系和领导与职工的关系）、改善劳动条件等办法，从物质和精神两方面调动职工的积极性，以提高生产效率。正是在这一背景下产生了梅奥等人的人际关系学说和后来的行为科学。

③以理查德·斯科特称为"开放型——理性管理模式"的所谓"管理理论丛标"阶段（1960～1970年）。这一阶段的主要特点是学派林立、诸家蜂起，企业管理理论走向分散化。据美国管理学家哈罗德·孔茨的统计，到1980年，美国至少有11个学派，即社会系统学派、决策理论学派、经验主义学派、组织行为学派、社会——武术学派、经理角色学派、经营管理学派、过程管理学派（作业学派）、数理学派、系统管理学派、权变理论学派①。针对这种复杂多样的局面，有人称为"热带丛林"。

几个与企业文化有较大关系的学派：

社会系统学派以切斯特·巴纳德（1886～1961）为代表。他是美国社会学家和企业家、哈佛大学教授，曾任新泽西贝尔电话公司总经理和洛克菲勒基金会主席（1948～1952）、国家科学基金会主席（1952～1954）。社会系统学派的特点是把组织看作是一个社会系统，即由互相进行协作的人组成的协作系统。它受社会环境的制约，是整个社会大系统的一个组成部分。巴纳德认为，组织包含三个要素，即共同目标、协作的意愿和信息联系。其中共同目标是组织的最基本要素，没有共同目标，成员的协作意图无从产生，也不可能有统一决策和统一行动②。所谓协作意愿是组织（企业）内部各成员愿意为组织共同目标贡献自己的力量的意志。信息联系是联系组织的共同目标和个人协作意愿的中间环节，是一个不可缺少的要素。按照社会系统学说，企业是企业内外各有关人员（包括职工、管理人员、股东、顾客、原材料供应者、甚至各级政府人员和社会公众）互相联系的行为构成的社会体系③。企业中非正式组织也起重要作用。它和正式组织相互创造条件，相互影

---

① 方统法. 组织设计的知识基础论［D］. 中国优秀博硕士学位论文全文数据库，2004.

② 徐萌. SY广播电视台企业文化建设与管理研究［D］. 中国优秀硕士学位论文全文数据库，2011.

③ 魏占杰. 国有企业公司治理与社会责任的融合——基于"企业本质"的视角［J］. 会计之友，2013.

响。经理人员则在协作系统中起联系和协调作用，保证企业组织能维持有效运转。巴纳德的代表作有《经理的职能》（1938）等。他的理论在该学派中有重要影响。有人称他为社会系统学派的精神之父。由于巴纳德的理论涉及较广，有人还把他誉为现代管理理论的奠基人。社会系统学派的有些内容，如强调企业与社会之间的联系、重视非正式组织的作用等为后来企业文化所吸收和继承。

　　决策理论学派以赫伯特·西蒙和詹姆斯·马奇为代表。西蒙是卡内基——梅隆大学电子计算机、心理学教授。他既从事教学，也活跃于企业界，并担任多个公司的顾问。不仅对经济学很有造诣，对心理学、社会学、企业管理学、组织理论等领域也颇有研究。其代表作有《管理的行为——管理组织中决策过程的研究》（1947）、《组织》（1958，与马奇合著）等①。由于他在决策理论、管理研究方面做出的贡献，曾获得 1978 年度诺贝尔经济学奖。所谓决策理论是指把决策当作管理中心的一种管理学说。它是在"二战"以后吸收了行为科学、系统理论、运筹学和计算机程序等学科的内容而发展起来的新的管理学派。西蒙认为，管理就是决策，决策贯穿管理全过程。组织是由作为决策者个人组成的系统。计划本身是决策，组织、控制、指挥也离不开决策。不仅企业高层领导人要决策，而且各级管理人员也要进行决策。他们还认为，管理就是在研究各种方案中，选择最合理的决策，并组织实施的过程。由于西蒙利用多学科进行研究，所以他比别人站得更高，视野更宽，论述更全面，影响更大，被认为是现代管理的创始人。

　　美国管理理论发展到第三阶段虽然学派众多，但仔细分析，从其发展趋势看，仍有几个明显特点。a. 强调企业的开放性，认为企业不应是孤立的，它与外界环境密切相连，息息相通。企业必须根据客观环境来制定合适的政策和建立有效的机构。故斯科特把这阶段的管理模式称为开放型的。b. 重视用系统的观点来观察和研究企业管理。把企业看成是整个大系统中的一个小系统，企业内部由许多分系统和子系统组成。它们互相联系，互相促进。配合得好，促进企业发展，配合不好，则起消极作用，妨碍企业发展。c. 强调用权变的观点来分析和解决企业中的问题，反对静止和僵化，主张灵活、变动、随机应变。d. 从分散走向统一的趋势。

---

　　① 张小雪. 关于"80 后"新型员工的非物质激励研究［D］. 中国优秀硕士学位论文全文数据库，2009.

3. 社会根源

美国企业文化的产生还有深刻的社会原因。①最突出的是职工队伍构成的变化。50 年代以后，总数中，蓝领工人的比重迅速下降，白领工人的比重大幅度上升。从 1956 年起，美国历史上白领工人首次超过蓝领工人。有史以来，美国大多数工人不是制造产品，而是处理信息，这个里程碑式的转变宣告美国从工业社会进入信息社会，预示着美国企业管理将面临新课题①。1950 年，美国只有 17% 的人从事信息工作，到 80 年代初，已超过 60%。另外还有许多人在各制造业工厂或公司里从事信息工作。据麻省理工学院的戴维·伯契的统计，80 年代初，美国只有 13% 的劳动力从事制造业。人们职业结构的改变，文化素养和工作性质的差异，必然影响其价值观、生活方式和情趣。对高技术、高智能职工的管理，显然不同于那些从事简单体力劳动为主的蓝领工人的管理。新一代的劳动力由于富裕程度、文化教育程度的提高，经济要求已不能成为他们工作的唯一动力。更重要的动力在于心理的满足，自我实现的冲动。管理是以人为主要对象的，企业人员结构的变化以及他们要求的改变，必然导致管理方式的改变。更注意人文色彩的企业文化正是在此种背景下产生的。②是企业外部环境的变化。当今世界的一个突出特点是，生产高度社会化，社会迅速信息化。企业与社会联系越来越密切。市场竞争越来越激烈。随着各国之间贸易、文化交往日益频繁，各国经济逐步走向国际化。全球联系更加紧密，使许多企业处在更加复杂的环境之中。面临变幻莫测的世界，企业管理人员决不能墨守成规，拘泥于传统的管理模式，他们必须寻求新的理论，探索新的路子，企业文化就是在新形势下的一种新探索②。③是人口结构和素质的变化。"二战"后生育高峰时期（1945～1957年）出生的人约有 4 000 万，占美国全国人口的 1/5 左右。到 70 年代，这一代人进入青壮年。他们年轻，受过良好教育（据统计，80 年代初，他们 40% 受过大学教育）、富有独立性和创造精神，权力意识和参与决策的欲望较强③。美国青年一代这一思想倾向与当时美国社会民主参与意识的加强有密切联系。正如奈斯比特所说："70 年代是政治上共同参与民主制的发轫时期，复

---

① 张永超. 科技情报工作的过去，现在和未来 [J]. 西藏科技情报，1993.
② 梅璘昉. 中国现代企业人本管理文化建设研究 [D]. 中国优秀博士学位论文全文数据库，2015.
③ 王国平. 美国企业文化对武汉城市圈企业文化建设的启示 [J]. 襄樊学院学报，2009.

决和创制事例有了空前的增长。""事实上，共同参与制已经渗入我们价值系统的核心，在政府与公司里将受到它最大的冲击。"他还说，"万事都要参与的这种行动哲学，正在美国自下而上地传播开来。"具有较高的政治文化素质、数量可观的一代人进入美国社会，特别是涉足企业界，不能不对企业管理模式产生巨大影响。有人认为，随着管理职位被生育高峰时期出生的一代人所占据，美国很快就会使网络组织成为企业中最主要的管理形式。文化是历史的投影。目前美国企业文化主张面向人、重视人、关心人、重视非正式组织的作用、扩大工人参与决策等等，正是从这一新形势出发的。④是人们对企业性质认识的变化。传统的美国企业把追求最大限度的利润作为唯一的目标。为达此目的可以不择手段，以致 20 世纪 30 年代有人称美国大企业和大企业家为"强盗大王"。

7.4.2　美国家族企业文化特点

随着时代的变迁，美国学术界和某些有眼光的企业家逐渐认识到这样一个事实：即企业不仅是投入产出体，不单要注意企业的经济效益，还要注意企业的社会形象①。因为企业是整个社会的组成部分，不仅是一个生产组织、赚钱单位，也应该是一个使职工生活得有意义、有乐趣，使他们能充分施展自己的才干，为社会做出贡献的场所②。美国未来学家奈斯比特对美国现代企业的性质作了这样的概括："公司不仅要能使雇员为其做出贡献，而且要成为能使职工个人得到发展的乐园。"美国一些优秀企业所以能充分调动职工的积极性，使他们为企业效忠，保持较好的活力，其中一个奥妙在于，当多数人忽视人的因素，忽视社会效益，为追逐利润两眼发红时，它们能独树一帜，比较自觉地认识到人在企业中的重要性，认识到企业在社会中的地位，带领它的职工在工作中寻求生命的意义，挖掘生命的潜能，实现生命的价值，并进而使人——企业——社会构成关系密切的联结键。美国管理学界正是从这点出发，总结出企业文化这一新的管理模式。从这个角度讲，企业文化是美国成功企业的经验总结。

---

① 梅璘昉.中国现代企业人本管理文化建设研究［D］.中国优秀博士学位论文全文数据库，2015.

② 齐爱兰.企业伦理目标的确立与获利行为的相互关系［J］.北京科技大学学报（人文社会科学版），1998.

1. 美国民族文化主要特征

（1）个人主义和自立精神。美国社会形成的特殊历史条件使个人主义在美国民族文化中一直占有突出的地位。个人主义不仅是一种政治哲学，而且是一种价值体系、人生哲学。美国个人主义的概念是描写这样一种学说。认为个人利益是，或者应该是至高无上的；一切价值、权利和义务都来源于个人[①]。它强调个人的能动性，独立行动和利益。美国人认为，作为一个人就应该具有独立性、责任心和自尊心[②]。具备了这些，才不负作为一个人而受到关心和尊重。美国个人主义应包括自主动机、自主抉择、自力更生、尊重他人、个性自由、尊重隐私等层面。个人主义和自立精神在美国文化中所以强烈而持久，其原因。

①美国是个移民社会。最早到北美大陆的移民大都是受封建专制制度和宗教压迫的农民、手工业者和清教徒。他们远涉重洋，离乡背井到新大陆来，其目的是渴望摆脱国王和政府、摆脱教会以及达官显贵对他们的种种压迫和限制。随着美利坚合众国的诞生，他们的愿望实现了，废除了君主制度，建立了共和政体；在制定宪法时，又规定实行政教分离，宗教权力受到了根制；接着又通过了"人权法案"，对人民的人身权利、政治权利和财产权利作了明确规定。美国移民始祖所处的历史背景和立国者们所采取的这些具有历史意义的重要措施，对美国民族文化的形成具有巨大影响。通过限制政府和教会的权力，取消了专制政府和神权政治。"人权法案"的通过，承认了人民的各种自由权利，从而在法律上和制度上对个人权利作了保障，创造了一种强调个人价值和自由的气氛和环境。美国人逐步在头脑里形成了个人自由的概念。

这是美国人所有价值观中最基本的一点。在许多美国人眼里，自由和个人主义是同义词。但是，要实现个人自由是要付出代价的。那就是自主、自强、自力更生。美国人认识到，如果不依靠自己，自由就无法获得，或者获得了也会得而复失。这种自立自强的信念，就意味着要自主抉择，自己奋斗，自力更生。美国人相信，为了保持自由，他们必须自立。如果过多地依赖父母、他人或政府，他们就不可能成为自由人。不仅失去了自由，也得不到别人的尊重。所以，自由（或个人主义）是美国社会中最受推崇、流行最广、影响最深的

---

① 杨春方. 背景依赖视角下中美企业社会责任比较研究 [J]. 广东第二师范学院学报，2015.
② 陆彦. 跨文化交流探究 [J]. 东北农业大学学报（社会科学版），2010.

一个概念。在美国人看来，自由意味着每个人要掌握自己的命运，个人的愿望和能力不应受到政府、教会，或其他组织和个人的限制和干扰。这种摆脱制约、实现自由的愿望，是 1776 年美国立国时的一个基本价值观，也是美利坚民族文化中的一个核心观念。

②美国没有经历过封建制度。一建立就是资本主义社会，而资本主义制度是以私有制为基础的，提倡个人至上、个人奋斗、个人成功。资本主义社会的价值观是以个人为本的，认为每个人都具有价值，高度重视个人自由，强调自我支配、自我控制、自我发展①。这一切无疑是个人主义和自立精神发展的土壤。

③美国是一个在相对荒凉的土地上建立起来的新国家。移民初到之时及以后相当长的时期内，其生存和发展，国家的农业、工业的开发和进步，全靠自己双手开发，从头做起。在那里，没有现成饭可吃，没有世袭财产可以继承。一切人在大自然面前是平等的、自由的，大家站在同一条起跑线上。但是要生存下去，要获得财富，主要靠自己奋斗，政府和社会帮不了多大的忙，别人也很少支援。在西进运动过程中，自力更生精神显得更加重要。这种情况也有利于滋生个人主义。西部广阔的"自由"土地，使人们体会到个人的自由，机会很多，只要通过个人奋斗，就可获得成功。初到西部的人，多是一个人或一家一户向西迁移的。"这样就形成了个人独立的那种特性，成为美国人生活中占主导地位的东西，直到今天基本上还是如此。"②

（2）渴望成功，乐于竞争。移民们来到新大陆的第二个目的是，相信在那里人人有获得成功的机会。由于美洲大陆没有世袭贵族和封建等级制存在，不受政府、宗教和社会势力过多的限制，人人都有施展才能，获得成功的可能③。美国人称之为"机会均等"。美国人相信，在新大陆不像在他们的母国，人们不必靠那些拥有世袭财富和特权的贵族和官吏们过日子。可以靠自己劳动获得财富，过美好生活和据有较高的社会地位。事实上，不少人实现了自己的愿望。美国人心目中的"机会均等"，不仅指人人应该平等，而且还包括人人应该有获得成功的均等的机会。美国人常把人生看作是一场争取成功的竞赛。人民愿意凭自己的精力和能力在人生旅途中进行不断的角逐和拼搏。可是，要

---

① 潘克. 跨文化交际能力与深层的跨文化意识［J］. 淮海工学院学报：社会科学版，2006.

② 张宏毅. 早期美利坚人的民族性格［J］. 世界历史，1986.

③ 郑予捷. 造就更多企业家［J］. 中国统计，2007.

在均等的机会面前获得成功，同样要付出代价。那就是要付出力气，参加竞争。家庭教育和社会风尚都有意识地培养人们的竞争精神。美国人生活中的这种竞争意识，始于童年，相伴终生。喜欢竞争、敢于竞争、善于竞争并获得成功者，被认为是"强者""胜利者"，受人尊重。不愿竞争，不敢竞争，并在竞争中落伍的人，被认为是"弱者""失败者"。所以，在美国，敢于竞争，敢于胜利的人，才能适应生活的主流。在生活中，不求上进，碌碌无为、蹉跎岁月的人，容易被生活所淘汰。竞争的意识，竞争的压力，使许多人精力旺盛，干劲十足，但往往也使人心力交瘁，长期处于精神紧张状态之中。

（3）注重实际，不尚空谈。美国人一贯讲求实际是出名的。"有用即真理"成为他们的座右铭。实用的价值观在美国传统文化中占有突出的地位。他们一般不沉湎于无现实意义的纯理论探讨和抽象思辨，更倾心于做那些对人生、对社会有实用价值的事情。即使是宗教，也带有浓厚的实用主义色彩。

美国人特别重视实践和实用的文化特点，是美国的特殊社会历史条件形成的。当清教徒移民始祖远离欧洲大陆文化中心，面对一片蛮荒和异常艰苦、危险的生活条件时，他们没有时间和精力去详尽阐述神学的理论，争辩其微言大义，更急需的是解决生存问题①。美国社会史学家布尔斯廷对美国人特别倾向于讲求实际的历史渊源作了生动的概括。他指出："他们一下子就迈进了实际生活"，当"他们的英国同代人把精力用于辨明宗教中'强制'与'限制'权的区别，'根本问题'与'枝节问题'的区别，用于研究始终困扰着政治理论家的一连串其他问题时，而美洲清教徒却致力于划定新的村镇边界、实施刑法，以及同印第安人的威胁做斗争。他们的正统观念加强了他们讲求实际的特性。""假如他们像英国同代人那么多地把精力花费在彼此争辩上，他们就可能缺乏必需的专心致志来战胜一片荒野所隐藏的难于意料的种种危险②。他们可能作为现代自由主义的先驱而值得称颂，但决不会对缔造一个国家做出贡献。"可见，美国文化中注重实际的社会基调和风尚，从新大陆开发时起就确立下来了，一直影响到当代。加之，美国资本主义社会是建立在没有封建社会基础之上的，包袱少、起点高、发展快，在这种历史和社会环境下形成的资产阶级甚至整个民族，特别讲求实际、讲求效用就不难理解了。从一定的意义上讲，实用主义就是美国精神，就是美国人的生活哲学。

---

① 王雪. 中国企业家成长机制研究［D］. 中国优秀博硕士学位论文全文数据库，2004.
② 易宗堂. 天命观与美国对外政策［D］. 中国优秀硕士学位论文全文数据库，2012.

（4）敢于冒险，刻意创新。同美国人敢于竞争，注重实际相联系的是，他们还敢于冒险，刻意创新。美国人性格的这一特点在生活中随处可见。移民始祖离乡背井，漂洋过海到新大陆创建家园，本身就是一次冒险行动；美国人总是喜欢流动，早期的移民家庭在一个地方刚刚站稳脚跟，正待开发，当看到邻家烟囱冒烟时，他们往往又重整行装，立即搬家，进行人生的新长征；这种精神使美国人不太注重历史和传统，总是瞩望于未来；它也养成美国人性格中爱搞试验，喜欢创新的特点。后来，美国的历程又进一步强化了这一特点。因为美国本身就是一个大的试验场。一次又一次的移民浪潮，一代又一代的向西开拓，不断改变着美国的社会面貌，也培育了许许多多像富兰克林、爱迪生、富尔顿、莫尔斯那样的发明家和革新迷。创新精神在后来的企业文化中有明显的表现。

美国民族文化既然是企业文化形成的基础，它对企业文化的产生和发展必然要起到潜移默化的影响。从下述美国企业文化的特征中，处处都可看到美国民族文化的烙印。

2. 美国家族企业文化特征

（1）强烈的个人奋斗精神和注重实用、务实精神。在美国人心目中，"白手起家"的人是社会上的英雄，因为美利坚合众国就是靠其先驱者冒着风险单枪匹马，一寸寸土开拓出来的。美国的社会文化和社会心态要求个人在社会生活中充分表现自我。体现在美国大企业中的是各类独创性的英雄的出现，他们成为美国企业文化的要素。

美国企业文化学者泰伦斯·迪尔和艾伦·肯尼迪指出，如果价值是文化的灵魂，那么英雄就是这些价值的化身和组织机构力量的集中体现[1]，在其文化中，英雄是"中流砥柱"，经营上需要经理来保证企业的正常运行，但它更需要英雄来获取动力[2]。在美国的著名企业中，塑造并涌现出一批"共生英雄""情势英雄""导向式英雄""圣牛式英雄"，这些英雄都有一个共同特点，就是通过个人奋斗，在事业中获取最大的成功，而被企业确认为英雄模范式的人物。美国式的个人主义，引发出美国文化中注重实用和务实的精神气质。在美

---

① 贺雪飞. 文化符号及其象征意义——论广告文化附加值的表现形式［J］. 现代传播（中国传媒大学学报），2006.

② 石丽明. 他山之石，可以攻玉——日美企业价值观之探析［J］. 政策与管理，2002.

国哲学中，实用主义一度占有绝对的优势。实用的价值观念在美国人的文化信念中占有绝对的优势。任何一项发明或发现是否被美国人接受，关键在于能否在现实中加以应用，能否在社会生活中产生效应。这在一定程度上表达了美国民族的务实精神。美国社会文化中的个人主义和务实精神反映了美国人的文化价值倾向。这种倾向也反映在企业管理模式和企业文化模式之中。"二战"后，现代管理学派把现代自然科学和技术科学的最新成果如电子计算机技术、通信技术、系统论、控制论、信息论以及先进数学方法等广泛运用到管理中来，形成了一系列新的组织管理方法和组织管理技术，产生了"管理科学"，使美国的现代科学技术的发展和资本主义经济的发展取得了很大的成功，企业文化也获得了较快的发展①，在企业制度文化方面制定了详细的规章，赏罚十分分明，但又十分机械。这种企业管理文化使务实精神在较大程度上得到了体现。因为，企业管理和操作的程序化在一般情况下可以大大减少失误，保证一些大工程能及时准确地运行。

（2）激励个人、个人权利倍受重视、责任归于个人。美国的企业一般通过激励员工的个人主义使其与企业合作达到较好的水平，从而获得较高的经济效益。美利坚民族的历史和美国式的资本主义革命使美国社会走向民主主义和民族主义。在美国革命过程中，先驱者带有浓厚的个人主义色彩和自信信念、冒险精神和平等观念，倡导自我控制的生活方式，这些成为美国人文精神的基础。个人对国家、团体，是分子对全体的关系，个人则是全体中独立的分子。这种个人主义的平等观念要求同一团体中各个分子的地位相同，个人不能侵犯大家的权利，大家也不能剥夺个人的权利；同时，作为个人主义的自我保护，个人作为国家的一个公民，有强烈的法制观念，它要求团体不能抹杀个人，只能在个人愿意交出的一些权利上控制个人。社会上权利与义务的界限非常明确，这种共同明确的关系成为人与人之间关系的纽带。这种关系是客观的，不含感情色彩。

美国个人权利倍受重视，是以尊重别人的权利为前提条件的。例如，美国硅谷的坦德公司，没有正规的组织机构，也没有明文的规章制度，工作责任和时间也是灵活机动的。坦德公司的信条是：任何人都在同一层次上对话，没有人会感到自己高人一等。美国国际商用机器公司最重要的一个信念就是对人的尊重，在这方面所下的功夫比在其他方面要多得多。与此同时，成功和失败的

---

① 谢民. 武汉仪器仪表行业企业文化现状及对策研究 [D]. 武汉大学, 2002.

责任都归于个人。"我的一切由我负责""成功归我个人、失败了也不要别人同情"①。美国从社会到企业都在注意扶植那些对企业极为有利、对自己的理想坚定不移而又善于实现理想的创造性人物，并促使他们去为观念创新、突破、冒尖，把这些人变成强者、胜者②。"允许失败，但不允许不创新"。这是美国企业文化的要求。最突出地反映在当前大公司普遍建立的"内部风险企业"上。母公司一般在内部风险企业开发的新产品或新技术投入市场之前，发行一批只能在公司内部流通的股票，目的是吸引研制人员参加内部风险企业的投资③，并把他们的经济利益同企业效益联系起来，还让他们与公司一起来承担可能失败而遭到的损失。公司的风险企业部是鼓励和推动个人创新活动的重要环节。美国 3M 公司就明确规定，任何一名工作人员，如果他向公司提出的研究成果或新设想，要求推广或进一步研究的话，都能指望获得风险企业部的支持。风险企业部往往把提出新设想的人任命为风险企业的负责人，如果取得成效，可以获得物质和精神的奖励，并被提升职务。

由于美国社会是以金钱来衡量个人的实用价值的社会，也是以金钱来推动美国社会和企业运行的，因此在企业文化关系上，表现为企业与员工之间的关系是纯粹金钱雇佣关系。老板把企业职工称为雇员，表示受雇于企业，这样做往往不易使职工把企业的事真正看作自己的理想来追求，在一定程度上影响雇员的积极性和能力的发挥。雇员也随时可以离开企业另找雇主。

（3）价值是美国企业文化的基石。价值是一个企业的基本概念和信仰，它为企业员工规定出成功的标准和方向。托马斯·J·彼得斯、小罗伯特·H·沃特曼在他们合著的《成功之路》一书中指出，出色的公司几乎都只是以寥寥几条主要的价值观来作为驱动力，并给职工们以充分施展的余地，使他们得以发挥主动性，为实现这些价值而大显身手。美国杜邦公司的企业价值观是，"通过化学能使美好的生活变得更美好。"美国罗斯公司的企业价值观是"为人们创造最美好的环境"。不仅表明该公司是建造社区住宅的，而且表明了该公司对发展舒适、健康、美好居住环境的关注，表达了该公司的重要的社会存在价值和员工的工作价值。企业的价值观在企业内部形成了由企业员工共事的、丰富而复杂的价值体系，推动着企业向着既定的价值目

① 梁小妙. 西部地区企业文化建设研究［D］. 中国优秀博士学位论文全文数据库，2006.

② 石丽明. 他山之石，可以攻玉——日美企业价值观之探析［J］. 政策与管理，2002.

③ 王朝晖、普燕霞. 美国企业文化具有哪些特色？［J］. 中外企业文化，2002.

标前进①。

美国著名的国际商用机器公司（IBM）创始人托马斯·沃森为公司确立了"以人为核心，并向用户提供最优质的服务"的价值观，该公司从三方面开展工作。

①奉行以顾客为上帝的信条，各项工作围绕顾客展开。该公司的管理人员千方百计地接纳顾客，认真听取用户意见。用户或公司职工如对产品提出重大意见和建议，便会引起高度重视，由公司总裁亲自处理。如果公司租给用户的计算机出了故障，几小时内就立即派人维修，有时甚至从国外专程赶来。公司对职工的考核与奖励，视客户的满意程度而定。公司推销员每月必定聚会，讨论失去某些客户的原因及服务上存在的问题。公司每年向推销员下达推销定额，完成定额才能成为"百分之百俱乐部"会员，一旦成为会员，他们就会有一种荣誉感，工作更加积极。

②消除等级界线，加强民主管理。该公司的创始人沃森的办公室大门敞开，低层管理人员和职工都能进入找他商谈问题。公司领导人经常深入基层了解情况、听取意见。办公楼和工厂各处都设有保密意见箱。公司还用各种办法激发职工的工作热情，包括下放权力，允许职工私下搞各种试验，使职工感到为 IBM 做贡献是光荣的事情。

③改善工作环境，增加福利设施。公司制定了职工保障政策，为职工提供了一个稳定而良好的工作环境②。公司有完善的福利设施，如向在职职工提供免费的教育，廉价的伙食和各种娱乐设施等。图书馆对职工全天开放。IBM 公司的这些做法构成了企业文化的特色——使企业价值观落到实处。

价值观构成美国企业文化的基石。这种企业价值方向的确立，与其个人奋斗心态的价值确认相一致，与其务实精神相统一，这种企业员工共享的价值观一经确认，就会产生强大的文化力，以激励企业员工为了个人利益的实现和为企业价值的实现而去拼搏和奋斗。

（4）美国企业文化强调实践性。美国企业中的创新典范公司——明尼苏达矿业制造公司是个生产 5 万多种产品的大公司，从透明胶纸、黏合剂、化工用品、涂料、电气产品到第一个仿生耳等。现在每年平均有 100 多种新产品上市。该公司企业文化的核心是崇尚技术，使每个研究人员的构思能够实现，公

---

① 谢民．武汉仪器仪表行业企业文化现状及对策研究［D］．武汉大学，2002.

② 杨林．关于企业员工激励和企业文化问题的探讨［D］．西南交通大学，2000.

司尽力鼓励和培养职工的创造发明精神，允许他们按自己的兴趣结合成 4～10 人的小组，可以跨部门组成。小组以搞新产品试制为宗旨，并享有一定的自主权。小组所需要的研制费和其他费用可向所属的部门申请，或到别的部门或本公司的研究开发部申请，还可以接受公司新产品开发部提供的资助。研究人员在公司实验室制成一种新产品可以正式生产，试销成功后就成了"产品工程师"。随着销售额的增加，这位工程师的职称和工资也相应提升。在这种环境里，从领导到基层几乎人人都钻研技术，乐意创造。公司每月举办技术论坛，科技人员可以自由地交换意见；同时，公司经常举办工业技术会议，以沟通信息，激发新思想、新创造。

美国惠普公司是一家专营精密仪器和电子设备的公司，职工达 8 万人。该公司企业文化的一个重要特点就是强调实践性。该公司很早就确立了"HP"方式，其基本内容是，给职工提供良好的环境，相信他们定能做好工作，关心和尊重每个职工和承认个人成就的传统；实行长期雇佣职工的政策[①]。公司总部内气氛轻松，同事间彼此信任、融洽，从上到下都直呼其名，无尊卑之分；公司废除了以前的监视工人和计时制度，实行弹性工作时间；开放实验室及库房，职工从早到晚可以随便进出实验室，也可以把零件、仪器、设备等带回家使用和研究[②]，执行总裁约翰·扬的办公室以透明的玻璃挡板隔开，鼓励职工随时与他交换意见，他自己也经常深入基层。由于职工是长期雇佣，工作经验日益丰富，HP 公司采取由内部提职的办法。人事部门经常将空缺公之于众，鼓励职工毛遂自荐。公司提供的福利包括基本生活待遇。

【案例导读】沃尔玛的"顾客就是上帝"
"每天追求卓越"文化表达

沃尔玛公司虽然仅有 40 余年的历史，但其企业文化已成为零售业界的佳传。沃尔玛一直非常重视企业文化的作用，充分发挥企业文化对形成企业良好机制的促进和保障作用，增强企业的凝聚力和战斗力。这也是沃尔玛能够荣登世界排行榜头把交椅的重要因素。

---

① 刘月霞. 企业文化攸关企业兴衰 [J]. 经济论坛，2003.
② 赫修贵. 企业文化——美国企业管理革命的新理论 [J]. 企业文化，2000.

　　企业文化的精髓在于企业理念，企业的理念就表现在企业的价值观上。沃尔玛的创始人山姆·沃尔顿所倡导并奉为核心价值观的"顾客就是上帝""尊重每一位员工""每天追求卓越"，还有"不要把今天的事拖到明天""永远为顾客提供超值服务"等等的服务原则和文化理念，都被世人称为宝典，山姆·沃尔顿的非凡创造能力和他所倡导并一手建设的企业文化，就是一个现代版商业神话诞生的源泉。

　　1. 顾客就是上帝。为了给消费者提供物美价廉的商品，沃尔玛不仅通过连锁经营的组织形式、高新技术的管理手段，努力降低经营费用，让利于消费者，而且从各个方面千方百计节约开支①。美国大公司拥有专机是常事，但沃尔玛公司的十几架专机都是二手货；美国大公司一般都拥有豪华的办公楼，但沃尔玛公司总部一直设在偏僻小镇的平房中，沃尔玛公司创始人虽然家财万贯，但理发只去廉价理发店去理发，现任董事长现在已是世界首富，但他的办公室只有 12 平方米左右，而且陈设十分简单，公司总裁办公室也不到 20 平方米。对这些做法尽管可以有各种评论，但传达给消费者的信息却是：沃尔玛时刻为顾客节省每一分钱。沃尔玛公司采取各种措施维护消费者的利益，如在销售食品时，从保质期结束的前一天开始降价 30% 销售，保质期到达当天上午 10 点全部撤下柜台销毁。

　　在沃尔玛看来顾客就是上帝。为了给消费者超值服务，沃尔玛想尽了一切办法，沃尔玛要求其员工要遵守"三米微笑"原则，尽量直呼顾客名字，微笑只能露出八颗牙等等，正是这样沃尔玛在顾客心目中留下了深刻的印象。

　　2. 尊重每一位员工。尊重个人，这是沃尔玛最有特色的企业文化。在沃尔玛，"我们的员工与众不同"不仅是一句口号，更是沃尔玛成功的原因。它真正的含义是每位员工都很重要，无论他在什么岗位都能表现出众。"我们的员工与众不同"这句话就印在沃尔玛每位员工的工牌上，每时都在提升员工的自豪感，激励员工做好自己的工作。

　　沃尔玛公司重视对员工的精神鼓励，总部和各个商店的橱窗中，都悬挂着先进员工的照片。各个商店都安排一些退休的老员工，身穿沃尔玛工作服，佩戴沃尔玛标志，站在店门口迎接顾客，不时有好奇的顾客同其合

---

① 李雅琴. 沃尔玛的企业文化［J］. 东方企业文化，2012.

影留念①。这不但起到了保安员的作用，而且也满足了老员工的一种精神慰藉。公司还对特别优秀的管理人员，授予"山姆·沃顿企业家"的称号，目前此奖只授予了5个人，沃尔玛（中国）公司总裁是其中的一个。沃尔玛公司商店经理年薪5万美元左右，收入同该店的销售业绩直接挂钩，业绩好的可以超过区域经理的收入。区域经理以上的管理人员，年薪9万美元左右，同整个公司的业绩挂钩，工作特别出色的还有奖金和股权奖励。这种收入分配机制，既使得业绩好的店铺经理收入可以超过高层管理人员，又保证了高层管理人员在总体上收入高于基层管理者，有利于调动各个层次员工的积极性。

3. 每天追求卓越。沃尔玛公司已经连续几年位居全球商业企业榜首，但人们接触到的员工都没有满足的表示，确实体现了"每天追求卓越"的企业精神。对于沃尔玛商店经理来说，他们每周至少要到周围其他商店10次以上，看看自己的商品价格是不是最低，看看竞争对手有哪些长处值得学习，丝毫不敢懈怠②。公司以沃尔玛（WAL—MART）的每个字母打头，编了一套口号，内容是鼓励员工时刻争取第一③。公司每次召开股东大会、区域经理会议和其他重要会议时，每个商店每天开门营业前，都要全体高呼这些口号，并配有动作，以振奋精神，鼓舞士气。不管是公司总裁、区域经理，还是商店普通员工，表演时都十分投入，充分显示了企业积极向上的精神风貌。

也正是在这样一种追求卓越的口号的激励之下，沃尔玛有了很多创新，销售方式、促销手段、经营理念、管理方法等，在细节方面更是如此，它第一次用了一次购足的购物理念，第一次在零售中用信息化管理。沃尔玛正是靠着它的超时代的企业文化，来建造新世纪的零售王国。

4. 坚持以人为本。沃尔玛不只强调尊重顾客，提供一流的服务，而且还强调尊重公司的每一个人，坚持一切要以人为本的原则。沃尔玛公司重视对员工的精神鼓励，重视对员工潜能的开发，重视对员工的素质的培养，重视每一位员工的建立，重视在企业内部建立一种和谐的气氛，正是这些

---

① 霍曙光．连锁零售业经营发展状况研究［D］．中国优秀博硕士学位论文全文数据库，2005.

② 郝志杰．北京网通基于核心竞争力的企业文化建设研究［D］．中国优秀硕士学位论文全文数据库，2009.

③ 楼林炜、张欢．文化双刃剑——从企业文化的视角看沃尔玛的成与败［J］．现代经济信息，2014.

重视使得员工感到自己是公司的重要一员，在公司就像是在一个大家庭里。也正是这样沃尔玛才能把员工们团结起来，发挥集体的力量，愿意为公司这个自己的大家庭贡献一分光、一分热。

（1）公仆领导。沃尔玛内部很少有等级森严的气氛，创始人山姆·沃尔顿他就乐意和员工在一起，谈论一些问题或发表演讲，把自己所倡导的价值观念传输给员工。到今天，沃尔玛的各级管理人员依然贯彻着企业传统文化，经理人员被认为是"公仆领导"。

在沃尔玛有许多影响深远的观念和做法，例如："我们需要接近同仁伙伴""培训同仁是我们成功的关键""与同仁沟通，几句真心感谢的话，不花一块钱却价值连城""感激同仁对公司付出的一切""委负责任，提升主意，需要聆听同仁的心声""像对待顾客一样对待我们的同仁""工作表现＝报酬"等等。

沃尔玛公司的"公仆领导"始终把与员工沟通放在首要位置。他们为每一个员工服务，指导、帮助和鼓励他们，为他们的成功创造机会。因此，沃尔玛公司的诸位"公仆"，并不是坐在办公桌后发号施令，而是走出来和员工直接交流、沟通，并及时处理有关问题，实行"走动式管理"。他们的办公室虽然有门，但门总是打开着，有的商店办公室甚至没有门，以便让每个员工随时可以走进去，提出自己的看法。

（2）激励员工。沃尔玛在处理员工关系方面运用最多的方法是激励而不是批评或者是处罚，如果员工某件事做对了[①]，他们就会对其良好的表现进行褒扬："你做得很好！"；如果员工做错了，他们会对员工说："换种方法你会做得更好！"[②]

为激发员工的活力与激情，沃尔玛每周六举行一次别开生面的展会，在活泼、愉快的气氛中表扬先进、发现问题、讨论解决问题的方案。沃尔玛还经常邀请社会名人、当红演员、NBA球星等来参加晨会，激发与会者的兴趣。另外，沃尔玛还非常重视对员工的培养与教育，利用业余时间在总部和各级商店开设各类培训班，并专门设有沃尔顿学院，为沃尔玛培养高级管理人员。员工处处可感到沃尔玛是一个团结、平等、向上、愉快的大家庭。

---

① 刘希举，李型传．深圳沃尔玛经营管理概况［J］．商业经济研究，1999.
② 汤雪琴．零售业全球供应链核心竞争力的研究——基于文化的思考［D］．厦门大学，2007.

（3）上下沟通。沃尔玛公司的领导人常会对沃尔玛商店进行不定期的视察，并与员工们保持沟通。例如山姆就是这样做的，这使他成为深受大家敬爱的老板，同时这也使他获得了大量的第一手信息。一方面，他通过沟通发现问题，同时也乘此机会挖掘人才。因此，常有这样的情况，他会给他的业务执行副总经理打电话说："让某某人去管一家商店吧，他能胜任。"业务经理要是对此人的经验等方面表示出一些疑虑，山姆就会说："给他一家商店吧，让我们瞧瞧他怎么做。"因为在沟通中他已经了解了这个人的能力。

沟通不仅在公司与员工之间，还存在于公司的运作之中。由于沃尔玛规模太庞大了，不可能让每家沃尔玛商店的每个部门主管把大量时间花在与供应商讨价还价和选择货物中。所以山姆试图想出能达到同样效果的方法。

结果是，沃尔玛挑选一个部门，如体育用品或园艺用品部，然后从每个地区挑选一个部门主管——这些人是实际经营商店内该商品部门的全日制员工。然后将所有人集中到供应商所在地，比如本顿威尔，让他们告诉采购员该买什么和不该买什么。然后，他们会与供应商见面，说明其产品有何优缺点。同时，所有人一起制订下个季节的计划，然后这些部门主管带着他们从邻近商店的同僚那里学来的东西各自回自己的地区。这方法十分奏效，节省了公司大量的时间耗费。

5. 信息共享。沃尔玛的信条是"接触顾客的是第一线的员工，而不是坐在办公室里的官僚"。这种体制保证了信息的及时反馈以达到共享，同时也促使员工提出了许多改善管理的卓有成效的建议。所有这些构成了独特的沃尔玛文化，它是支撑这个零售业巨人的中流砥柱。

沃尔玛处理员工关系经常用到的一个词语叫"分享信息"。分享信息和分担责任是构成沃尔玛合伙关系的另一个重要内容。它使人产生责任感和参与感。在各个商店里，沃尔玛公布该店的利润、进货、销售和减价情况，并且不只是向经理及其助理们公布，而是向商店的每个员工、计时工和兼职雇员公布各种信息。显然，部分信息也会流传到公司外面。但他们相信与员工分享信息的好处远大于信息泄露给外人可能带来的副作用。实际上到目前为止，这样做并没有对沃尔玛构成损害。沃尔玛推行的是一种"开放式"管理哲学，营造敞开心扉的气氛，鼓励同仁提出问题，发表观点，因此沃尔玛员工的意见和的想法，始终都能受到高度重视①。沃尔玛提出"门户开放"的口号，给每个人发表个人意见的权利，每个人都有权走进管理人员办公室讲述任何话题，发表任何意见。它不仅是发泄不满的机会，而且很多最好的主意都来源于此。

对沃尔玛的员工来说，在这里感到被尊重、被重视，发现自己与老板并不是上下属的关系，还是朋友，甚至是亲人。这对于加强沃尔玛公司的凝聚力具有至关重要的意义。

6. 创造轻松氛围。沃尔玛始终都重视公司内部轻松气氛的培养。山姆在任何时候都不会忘记维持公司大家庭的欢乐气氛。沃尔玛的员工可以领略到了一种独特的氛围，或称公司文化，这是一种团队精神，一种小镇美国人努力工作、真诚待人的质朴精神②。他们一方面辛苦工作；同时在工作之余自娱自乐。他们是与众不同的沃尔玛人，创造着与众不同的沃尔玛奇迹。

沃尔玛不仅自娱，还将快乐与大家分享，组织各种各样的游戏娱乐顾客，从诗歌朗诵到小朋友钻草堆寻宝，其中最具规模的要数圆月馅饼竞吃大赛。大赛的起因是 1985 年亚拉巴马州一分店的助理经理订货时出了差错，一下子多订了四五倍的馅饼，面对运到店里堆积如山的馅饼，他自己也吓坏了，因为这东西又无法长时间存放③。灵机一动，他想出了吃馅饼比赛的主意以解燃眉之急，结果出乎意料的好。不仅多订的馅饼没有浪费，还为自己多揽了许多订单。现在，圆月馅饼竞吃大赛已成了沃尔玛每年秋季的大事。每年 10 月的第二个星期六这家分店都在停车场举办此项赛事，会场人山人海，还会有电视和报刊记者采访助兴。

还有一些看上去更愚蠢和出格的事，但只要真能令大家开心，山姆和他的高级主管们都会很高兴地去做。像山姆打赌输时不得不穿着夏威夷草裙在华尔街上跳呼草裙舞。曾担任副董事长查理·塞尔夫也因打赌输了，不得不穿着粉红色裤子，戴着金色假发，骑着白马，在本顿威尔闹市区招摇过市。还有，山姆会员店的员工告诉当时的总裁格拉斯，说是要送他一

① 周佩. 基于企业文化的仆从领导 [J]. 中国证券期货，2013.
② 王尚来. "幽默"的沃尔玛 [J]. 当代电力文化，2014.
③ 段慧群. 沃尔顿的草裙舞 [J]. 职业，2012.

件猪皮大衣，结果在销售竞赛的足球赛后，送了格拉斯一只活猪，意为连皮带肉一起送他，令格拉斯啼笑皆非①。所有的这些都让人们感受到沃尔玛中轻松愉快的氛围，这也是沃尔玛中独有的文化。

星期六的周会成为了沃尔玛的特有的文化气息。每到这个时候，大家会在山姆的带领下，有时做做健美操，有时唱唱歌，有时干脆喊喊口号，反正怎么样高兴就怎么样做，只要能活跃气氛，就可以随心所欲地尝试。有时候，沃尔玛也会邀请一些有特色的客人，来一起参加会议助助兴。体育界人士和文娱界人士也会给沃尔玛面子，西德尼·蒙克里夫，弗兰·塔肯顿，都曾经参加过沃尔玛的聚会。俄克拉荷马的乡村歌手加思·布鲁克斯也到沃尔玛的星期六周会上给诸位与会者带去动听的歌声。而管理人员有时甚至就干脆自己上阵，像山姆就和休格·雷·伦纳德在会场里展开过模拟拳击赛。

这样，许多严肃、重要的商业话题，就在随心所欲、活跃的气氛下，被轻松地研讨、商榷，每一个人都兴致勃勃，精神振作，常常还会期待着下一件有趣的事将会是什么，会不会就在自己身上发生。山姆认为，如果没有那些娱乐和出人意料的事，他们不可能让本顿威尔总部的大部分经理、员工每个星期六早晨，笑容满面地去参加会议。会议上如果只有单调冗长的比较数据，接着一个关于业务问题的严肃讲话，会上只会有人打瞌睡，气氛也不可能活跃。不管他觉得该会议有多么重要，但大家都会觉得讨厌，即使召开了也毫无益处。

沃尔玛公司一年一度的股东大会。最初参加的人并不多，后来发展到每年约 1 万人出席，包括一批公司分店经理和员工代表。会上，公司会向股东简单地报告公司成就、还会举行颁奖活动，包括给全公司单一商品销售成绩最好的部门主管销售冠军奖、司机安全运货驾驶奖、分店商品展示最有创意奖及单项商品竞销奖②。公司召开的年度股东大会是为了希望员工们知道，作为经理人员和主要股东，他们衷心地感谢他们为使沃尔玛成为一个大公司所做出的一切。并且旨在使员工更团结，更有信心，并把经理人员和主要股东的诚挚的谢意带给每一位员工。沃尔玛员工展示的热

---

① 陈黎萍. 沃尔玛的"幽默文化"[J]. 中外管理，2001.
② 宋慧. G 海关公务员激励机制研究 [D]. 中山大学，2010.

忧，是他们对热情、礼貌和效率的公司文化的最好表达，也是沃尔玛获得成功的最独特的秘密武器①。而他们的快乐不仅洋溢在公司中，也感染了公司所在的那片区域。

7. 沃尔玛式的欢呼。沃尔玛欢呼的来源：沃尔玛创始人山姆沃尔顿在参观韩国的一家网球工厂时，发现工厂里的工人每天早上聚集在一起欢呼和做体操。他很喜欢这种做法并且急不可待地回去与同事分享。他曾经说过，"因为我们工作如此辛苦，我们在工作过程中，都希望有轻松愉快的时候，使我们不用总是愁眉苦脸。这是'工作中吹口哨'的哲学，我们不仅仅会拥有轻松的心情，而且会因此将工作做得更好。"

有关"沃尔玛的欢呼"是在1977年，山姆和海伦赴日本、韩国参观旅行，山姆对韩国一家看上去又脏又乱的工厂里工人群呼口号的做法深感兴趣，回沃尔玛后马上效仿。这就是后来著名的"沃尔玛式欢呼"。长期以来，沃尔玛的企业文化使沃尔玛公司的同仁紧紧团结在一起，他们朝气蓬勃，团结友爱。就是在这样的文化下，他们创造了沃尔玛的奇迹，下面是沃尔玛公司特有的欢呼口号，从中可以感受到沃尔玛成员们强烈的荣誉感和责任心。

8. 真诚回报社会。沃尔玛这个大零售企业不仅在本企业的建设方面堪称一流，它也时刻关注社会，它知道社会的发展与自己密切相关的②，在他获得利润获取成功的同时时时刻刻地尽最大努力为社会贡献他的一切，它正用实际行动在真诚地回报社会。

沃尔玛时刻关注社会，在倡导环保的今天沃尔玛率先开设了环保型的生态商店（Ecology Mart）。沃尔玛公司在这方面给予了高度重视，尤其是如何在零售环节中尽最大努力来保护环境，为此沃尔玛实施了一系列的行动。沃尔玛的生态商店有别具一格的设计。店铺的屋顶、房梁和天花板所用的木材；店门外的地面砖和宣传室地毯都是用汽车旧轮胎为原料而制作的；顾客休息座椅、陈列的杂器、指示牌，以及快餐部的餐具等等，都是用可再生塑料或其他可循环利用的材料制成；停车场上的回收再利用的柏油，外面正前方有一个太阳能标志；一个收集废水的蓄水池，水从停车场

---

① 刘迎香. 从企业文化功能看沃尔玛的成功之道［J］. 决策与信息：财经观察，2008.
② 姜太. 沃尔玛企业文化研究［D］. 对外经济贸易大学，2009.

流出去，被用来灌溉灌木林。屋顶为拱式结构，比普通的店铺高出约60厘米，这样就便于多开天窗，采集尽可能的自然光。天窗处设有电子日光感应器，其作用是根据自然光采光量的大小来调节室内荧光灯的亮度。荧光灯采用的是飞利浦公司开发的节电、寿命长、造价低的新型试验产品。与普通荧光灯相比，新型荧光灯可节约25%～30%的耗电，费用能减少一半。店外设有分别回收、处理再生玻璃、金属和塑料等物的循环中心。店内收款台旁有小型回收箱，顾客可将自己不需要的包装物投到箱内。

沃尔玛公司在1981年建立了"沃尔玛基金会"，组织对全国性事业的捐助，比如资助儿童医院、赞助全国性的组织或纽约和华盛顿等有全国影响的大都市里的各种活动。沃尔玛支持的团体有公民反对政府浪费组织、自由企业学生组织、阿肯色商业协会、长老教会、艺术馆、大学等等①。这些活动无形中给人们以亲切的感受，沃尔玛的企业形象就在不知不觉中树立起来。关心教育事业，沃尔玛公司还设有"沃尔顿基金会"和"山姆与海伦基金"。沃尔顿基金主要用于教育，资助大学生奖学金，称为"沃尔顿奖学金"。1988年，"沃尔顿基金会"出资60.5万美元，每年资助100名沃尔玛员工的孩子上大学，每人每年6 000美元，包括学费和生活费，为期四年②。并且这一基金的覆盖面在逐步扩大，发展为多种教育体系及社区服务的计划。而"山姆与海伦基金"则完全是山姆的个人捐助，1988年出资44万美元用于捐助。其中最主要的一个奖项是协助180名中美洲国家的学生到阿肯色的三所大学念书，每年支付每个学生13 000美元的学费和生活费。

最著名的是"社区奖学金"计划。每年每家沃尔玛商店给予一名住在商店所在区域内的高中毕业生一份大学奖学金，数额为1 000美元。以1989年为例，共发放这种奖学金1 244份，而该年沃尔玛有分店1 259个。此外，该基金还有一个为在沃尔玛做小时工的高中生和在山姆会员店做小时工的大学生提供奖学金的计划。这项奖学金是山姆提议设立的，这与山姆自己的背景有关。他希望通过这种资助帮助贫困的孩子完成学业，使他们了解读书的好处，同时他的公司也喜欢雇用半工半读的学生，因为他们工作敬业，而且是可造之材。

---

① 杨依依. 企业价值与价值创造的理论研究［D］. 中国优秀博硕士学位论文全文数据库，2006.
② 尚鸣. 沃尔玛：激励无处不在［J］. 中外企业家，2005.

《财富》杂志和国际管理咨询公司的副总裁布鲁斯说，这些登上世界排行榜的企业整体成就最好的一个指标是这个公司吸引、鼓励和保持杰出员工的能力。公司的首席执行官都认为企业文化是他们吸引和保持优秀员工的最重要的因素。一流公司的企业文化与普通公司的企业文化有着显著的不同，对于最受推崇的公司，他们最注重的是团队协作精神、客户中心策略，对员工公平对待、激励和创新，而在普通公司中人们最关心的是降低风险、遵守上下等级、协助上级制作预算，最受推崇的公司胜出其他企业的原因还在于他们更善于给自己的企业文化注入活力。最受推崇的公司将愿望变为现实这一点上比其他公司做得更成功，但是他们却不会沾沾自喜，而是对自己的工作极为苛刻，并且开诚布公地承认他们仍不能达到他们预定的目标。他们最关心的是更果断的决策、更好的培训和对新的机遇做出迅速的反应。当一个公司有一个强大的企业文化时，上述的目标很容易达到，克服自满，对自满形成一种戒心，就有助于一个公司形成优势竞争力，持续走向繁荣。

参 考 文 献

［1］何华. 企业文化理论研究溯源与前瞻：一个文献综述［J］. 市场论坛, 2013（6）：43 - 45.

［2］刘瑞鹏, 刘玉普. 浅议国内企业文化建设之路［J］. 现代商业, 2008（20）：76 - 78.

［3］肖松洁. 企业文化理论文献综述［J］. 行政事业资产与财务, 2013（22）：223.

［4］刘志刚. 基于和谐管理理论的企业文化与企业制度耦合机制研究［D］. 湖南工业大学, 2012.

［5］杨红军. 非正式制度与企业文化研究［D］. 吉林大学, 2005.

［6］罗丽. 企业文化导向的员工激励机制研究［D］. 河南大学, 2012.

［7］郭勇. 基于餐饮业的企业文化构建制度模型研究［D］. 天津大学, 2011.

［8］李雪杰. 当代中国企业文化建设的意义及建设路径研究［D］. 山西财经大学, 2009.

［9］艾亮. 企业文化建设研究［D］. 天津大学, 2014.

［10］乔东. 论企业差异性与企业文化［J］. 中国劳动关系学院学报, 2009（5）：70 - 73.

［11］印德祥. 21 世纪企业文化战略思考［J］. 企业研究, 2004（6）：63 - 65.

［12］王卫国. 如何提升企业文化的思考与建议［J］. 中国科技信息, 2005（20）：218.

［13］温永强. 技术创新与企业文化相互作用的哲学思考［D］. 武汉科技大学, 2007.

［14］张红波. 关于加强企业文化建设的思考［J］. 工会博览, 2014（6）：39 - 40.

[15] 梁爱景. 成功企业与企业文化互动浅析 [J]. 山西建筑，2007 (19)：214 - 215.

[16] 王伟. 企业跨国经营过程中的文化冲突问题研究 [D]. 中央民族大学，2014.

[17] 施生达，王京齐. 没有企业文化就不会有核心竞争力 [J]. 海军工程学院学报，1995 (1)：78 - 86.

[18] 孟婷. 论企业文化与企业核心竞争力 [D]. 南京航空航天大学，2003.

[19] 李俊杰，谢佳. 基于农机制造行业企业文化建设途径分析 [J]. 企业导报，2011 (20)：180 - 181.

[20] 沃伟东. 企业文化的经济学分析 [D]. 复旦大学，2007.

[21] 李玉明. 基于核心竞争力的企业文化研究 [D]. 东北农业大学，2003.

[22] 温路. 可持续发展视角下的中国家族企业文化研究 [D]. 河北师范大学，2010.

[23] 申茜，赵培. 家族制与当代中国家族企业的成长问题研究 [J]. 商场现代化，2007 (21)：103 - 104.

[24] 郑海航. 对家族企业发展趋势的研究 [J]. 经济理论与经济管理，2003 (9)：40 - 45.

[25] 曾忠禄. 家族企业长寿之道 [J]. 企业管理，2002 (10)：74 - 76.

[26] 王文博. 透析德隆 [D]. 清华大学，2005.

[27] 高汉祥. "家族人"：透视中国家族企业治理结构的新视角 [D]. 苏州大学，2005.

[28] 黄胜涛. 中小家族企业转型研究 [D]. 复旦大学，2011.

[29] 李雯婷. 家族上市公司现金红利政策研究 [D]. 湖北大学，2014.

[30] 王欣. 影响中国家族企业可持续发展的因素研究 [D]. 中国海洋大学，2009.

[31] 谢白雪. 我国家族企业文化评价及建设研究 [D]. 西安理工大学，2009.

[32] 李洙德. 从公司治理论企业社会责任法制化 [D]. 中国政法大学，2009.

[33] 陈淑娟. 东方管理视角下中国家族企业接班传承研究 [D]. 复旦大

学，2011.

[34] 郭念哲. 工作压力、工作满意度与工作倦怠的关系研究 [D]. 吉林大学，2011.

[35] 朱元鸳. 公司治理对内部控制有效性的实证研究 [D]. 江苏大学，2012.

[36] 秦钰. 我国家族企业可持续发展问题研究 [D]. 山东大学，2012.

[37] 李雅洁. 我国家族企业传承问题及对策研究 [D]. 中国石油大学，2010.

[38] 独家基. 我国家族企业制度研究 [D]. 兰州大学，2010.

[39] 晏忠泰. 我国家族企业发展与职业经理人引进的探讨 [D]. 西南财经大学，2011.

[40] 黄骁娟. 国产视频投影机家族企业的管理创新研究 [D]. 电子科技大学，2007.

[41] 谢铭. 家族企业制度建设中的权力分配研究 [D]. 广西大学，2009.

[42] 薛治刚. 中国家族企业管理模式创新的若干问题研究 [D]. 对外经济贸易大学，2007.

[43] 刁利. 发电企业竞争力评价指标体系及综合评价方法研究. 华北电力大学，2006.

[44] 赵炎. 我国物流企业竞争力评价与对策研究. 东北林业大学，2005.

[45] 张亚洲，张旭辉. 新经济条件下企业竞争优势与竞争力的再思考 [J]. 攀枝花学院学报：综合版，2010.

[46] 孟云. 汽车企业竞争力评价及实证研究 [D]. 天津师范大学，2008.

[47] 李海泉. 中国证券公司竞争力研究 [D]. 江西财经大学，2012.

[48] 孙洪志. 吉林省煤炭行业制度创新与发展战略研究 [D]. 吉林大学，2004.

[49] 王圣，张燕歌. 山东海洋产业竞争力评估体系的构建 [J]. 海洋开发与管理，2011.

[50] 崔成芳. 我国交通运输业上市公司竞争力评价研究 [D]. 天津财经大学，2011.

[51] 周君侠. 区域物流竞争力评价理论与实证研究 [D]. 南昌大学，

2012.

[52] 余祖德，陈俊芳. 企业竞争力来源的理论综述及评述 [J]. 科技管理研究，2009.

[53] 赵振宇，刘曦子. 企业四阶动态能力的层级建构及其模型 [J]. 华北电力大学学报（社会科学版），2014.

[54] 宋怡. 基于优势转换的钢铁企业竞争力研究 [D]. 石家庄经济学院，2014.

[55] 蒋宁. 林产品物流企业竞争力研究 [D]. 南京林业大学，2014.

[56] 王丽欣. 我国上市商业银行竞争力评价研究 [D]. 燕山大学，2010.

[57] 黄冠云. 基于战略的企业竞争力培育的决策模式研究 [D]. 浙江大学，2006.

[58] 余祖德. 制造企业竞争力的决定因素模型及其实证研究 [J]. 软科学，2008.

[59] 刘益. 企业价值链管理与供应链管理的协同性分析 [J]. 北京印刷学院学报，2007.

[60] 陶良虎. 湖北装备制造业竞争力研究 [D]. 华中科技大学，2006.

[61] 史清琪. 国外产业国际竞争力评价理论与方法 [J]. 宏观经济研究，2001.

[62] 郑立鲍. 企业竞争力理论研究综述 [J]. 铜陵学院学报，2010.

[63] 朱学星. 中国上市矿业企业竞争力评价研究 [D]. 安徽大学，2013.

[64] 任慧军. 建立中小企业技术创新战略联盟的策略 [J]. 创新科技，2006.

[65] 甄开炜. 创新民营企业用人机制的方略 [J]. 当代经济，2006.

[66] 朱惠军. 试论民营企业人力资源管理对策 [J]. 现代商业，2007.

[67] 朱长丰. 家族企业特质性与用人制度创新 [J]. 企业经济，2007.

[68] 刘丽萍. 中国家族企业演进过程中的管理体制研究 [D]. 广西师范大学，2004.

[69] 汪腾. 家族企业用人机制的创新探析 [J]. 西昌学院学报（社会科学版），2006.

[70] 涂沁，卢伟红. 我国家族企业与现代企业制度融合研究 [J]. 企业

经济，2008.

[71] 孙佳瑞．家族企业代际传承问题研究［D］．华东理工大学，2013.

[72] 仲继银．家族和民营企业的董事会与公司治理［J］．董事会，2008.

[73] 林辉．美国强生：分权管理的反向思维——反观中国的家族企业之路［J］．东方企业文化，2011.

[74] 邓擎．我国家族企业治理结构研究［D］．华中师范大学，2008.

[75] 潘丽萍．中小企业人力资源管理的瓶颈及其突破［J］．科技资讯，2008.

[76] 吴三清．我国中小企业国际化经营的影响因素及方式选择研究［D］．暨南大学，2005.

[77] 吕晓文，凌德政，汪晓梦．传统家族文化对我国家族企业的影响及其扬弃［J］．广东经济管理学院学报，2003.

[78] 张正峰．家族性资源与家族企业中的假性和谐［J］．特区经济，2005.

[79] 汪晓梦．传统家族文化与我国家族企业管理［J］．乡镇经济，2005.

[80] 田祖海．传统文化与中国家族企业的发展［J］．武汉理工大学学报（社会科学版），2003.

[81] 王忠民，仲伟周．中国中小企业：家族文化与企业管理［J］．人文杂志，1994.

[82] 王磊．民营企业文化管理的优势分析及路径选择［J］．江苏省社会主义学院学报，2007.

[83] 陈乐，彭晓辉．传统家文化视角下家族企业文化演化路径分析［J］．湖南人文科技学院学报，2013.

[84] 潘国强．文化视角中的中外时间取向差异［J］．商业时代，2006.

[85] 孔祥英．新创企业的企业文化研究［D］．江西师范大学，2012.

[86] 再娜甫·衣米提．新疆个体、私营经济发展研究［D］．新疆大学，2006.

[87] 陈高林．家族制管理与私营企业持续成长［J］．经济体制改革，2004.

[88] 王鸽霏．我国家族企业转化期发展对策研究［J］．重庆大学学报（社会科学版），2003.

[89] 吕群智，王令芬．浅析我国家族企业管理模式的改造［J］．商场现

代化，2007.

[90] 徐向红. 江苏沿海滩涂开发、保护与可持续发展研究 [D]. 河海大学，2004.

[91] 文江. 家族企业：并非"非主流"模式 [J]. 财会学习，2010.

[92] 陈亮. 同仁堂的直销试验 [J]. 成功营销，2007.

[93] 程云华. 认识民营企业的生命周期 [J]. 包装世界，2010.

[94] 梁洪松. 基于企业生命周期的组织创新动因作用机理研究 [M]. 中国商务出版社，2011

[95] 石新中. 信用与人类社会 [J]. 中国社会科学院研究生院学报，2008.

[96] 井维玲. 和谐社会背景下民营企业文化的研究 [D]. 吉林农业大学，2008.

[97] 张春阳. 我国大型石化企业的企业文化建设探析 [D]. 厦门大学，2010.

[98] 马为贞. 中国网通地市级公司企业文化建设研究 [D]. 北京邮电大学，2008.

[99] 杨醒. 企业文化在现代企业中的地位和作用 [J]. 发展，2010.

[100] 黄赟. 基于生命周期理论的中国家族企业文化建设研究 [D]. 湘潭大学，2012.

[101] 孙铭. 论企业文化的激励作用 [D]. 复旦大学，2005.

[102] 汪兴东. 基于企业生命周期企业文化构建的策略性分析 [D]. 重庆理工大学，2005.

[103] 李德黎. 论当代中国民营企业文化建设 [D]. 电子科技大学，2005.

[104] 刘凤姣. 我国民营企业文化建设问题研究 [D]. 湖南农业大学，2006.

[105] 张永峰. 我国民营企业文化建设研究 [D]. 东北农林大学，2006.

[106] 殷世河. 不同所有制下的企业文化研究 [D]. 山东科技大学，2011.

[107] 陈新年. 珠江三角洲民营企业文化建设研究 [D]. 广东工业大学，2006.

[108] 李明标. 建设先进企业文化促进印制电路板及其基材产业的发展

（2）[J]. 印制电路信息，2004.

[109] 汪薇. 国有勘察设计企业人力资源开发与管理研究 [D]. 西南交通大学，2005.

[110] 程欢. 互联网企业文化建设及对策分析——以微众传媒公司为例 [D]. 北京交通大学，2014.

[111] 徐敏迪. 扬州市物流企业人力资本对企业绩效影响的实证分析 [D]. 扬州大学，2013.

[112] 徐萌. SY 广播电视台企业文化建设与管理研究 [D]. 大连理工大学，2011.

[113] 壮蓉. 知识经济条件下的企业文化管理 [D]. 山东大学，2014.

[114] 程欢. 互联网企业文化建设及对策分析 [D]. 北京交通大学，2012.

[115] 张富刚. 东明石化企业文化研究 [D]. 山东科技大学，2007.

[116] 杨世九. 以企业文化引领企业战略的探索 [J]. 山西焦煤科技，2007.

[117] 汤飞. 现代企业如何实现人力资源的合理配置与管理 [J]. 今日科苑，2009.

[118] 郭晓春. 湘潭地区家族企业经理人力资源开发问题研究 [D]. 中南大学，2006.

[119] 陈大勇. 论我国医药行业企业文化建设 [D]. 哈尔滨工程大学，2007.

[120] 霄峰. 民营企业文化创新研究 [D]. 东南大学，2006.

[121] 尹恒飞. 企业文化战略实施研究 [D]. 四川大学，2006.

[122] 张沁忠. D 公司企业文化建设问题探析 [D]. 广西大学，2006.

[123] 刘秀云. 建设新时期企业文化的程序 [J]. 中国质量，2009.

[124] 吴海艳. 服务型企业员工服务价值观研究——以重庆市电信企业为例 [D]. 西南大学，2007.

[125] 孟远哲. 民营企业内部营销与企业文化创新的探讨. 武汉大学，2006.

[126] 刘秀云. 建设新时期企业文化的程序 [J]. 中国质量，2009.

[127] 唐雪漫. 企业文化与现代化企业制度建设 [D]. 西南大学，2000.

[128] 胡舒华. 中国家族企业的国际化研究 [D]. 哈尔滨工业大学，

2007.

[129] 魏敏. 试论家族企业及其企业文化建设 [D]. 武汉科技大学, 2004.

[130] 陈松. 基于信任的家族企业用人机制研究 [D]. 河北经贸大学, 2008.

[131] 卢怀钿. 华能汕头电厂生产组织变革研究 [D]. 大连理工大学, 2005.

[132] 李朋. 独特的文化个性是企业发展之魂——海尔集团企业文化建设与文化营销策略研究 [D]. 大连理工大学, 2002.

[133] 刘玉生. 营造以人为本的企业文化——面对知识经济的泉州乡镇企业文化建设的思考 [D]. 泉州师范学院, 2001.

[134] 周昌湘. 台湾庄周企管顾问公司总经理周昌湘谈: 人力资源开发与企业成长 [D]. 大连理工大学, 1998.

[135] 涂海. 国有商业银行企业文化的影响分析与塑造 [D]. 西安交通大学, 2001.

[136] 苏雪. 我国中小企业文化建设研究 [D]. 山西财经大学, 2013.

[137] 柳天夫. 论工商银行湖南省分行营业部企业文化的构建与提升, [D]. 中南大学, 2009.

[138] 秦文展. 建设先进企业文化必须弘扬科学精神 [J]. 沿海企业与科技, 2006.

[139] 张有及. 现代企业激励机制研究 [D]. 东北农林大学, 2004.

[140] 武秀芬. 浅谈天津农村金融的企业文化 [D]. 天津大学, 2010.

[141] 张兵. 监理企业的经营管理研究 [D]. 中国海洋大学, 2006.

[142] 姚庆霞. 论人本管理与提高国有商业银行竞争力 [D]. 郑州大学, 2002.

[143] 聂辉, 付海燕. 企业管理应制度化与人性化并重 [J]. 企业家天地: 下旬刊, 2012.

[144] 胡国民. 试论企业文化 [J]. 昌都科技, 1991.

[145] 王英, 王莉. 企业核心价值观与企业文化的关系 [J]. 大众科技, 2008.

[146] 王永锋. 企业激励机制的设计 [D]. 天津大学, 2007.

[147] 李春平. 青海油田供水供电公司操作员工岗位能力研究 [D]. 兰

州大学，2012.

［148］武乌云．关于国有商业银行企业文化建设的思考［D］．内蒙古大学，2007.

［149］武秀芬．浅谈天津农村金融的企业文化［D］．天津大学，2010.

［150］胡嘉．长沙市烟草公司企业文化建设改进研究［D］．湖南大学，2013.

［151］唐弢．加强企业文化建设，创造辉煌业绩——兼议成都置信实业有限公司企业文化建设［D］．西南财经大学，2001.

［152］连天雷．企业人力资源管理中的员工激励研究［D］．厦门大学，2003.

［153］包铭．民营企业员工激励机制及激励措施研究［D］．吉林大学，2005.

［154］陆爽．创建企业文化的重要意义［D］．湖北广播电视大学，2011.

［155］吴杨．企业人性化管理问题研究［D］．华中师范大学，2014.

［156］钟娟．论企业的经济民主——企业民主管理的法制化［D］．安徽行政学院，2001.

［157］吴爱明．我国企业跨文化人力资源管理模式选择［J］．生产力研究，2007.

［158］潘喜梅．论体育在企业文化建设中的促进作用［D］．河南财经政法大学，2009.

［159］任远．宏远工程建设有限责任公司企业文化体系建设研究［D］．北京交通大学，2010.

［160］徐锐．企业文化是企业的核心竞争力［J］．知识经济，2010.

［161］顾丽娜．高职院校学生自治组织建设与教育价值实现研究［D］．绍兴文理学院上虞分院，2007.

［162］张永峰．我国民营企业文化建设研究东［D］．北林业大学，2006.

［163］赵莹．中国民营企业文化的系统研究［D］．哈尔滨工程大学，2005.

［164］徐佩瑛．构建民企文化探析［J］．江西社会科学2003.

［165］纪红坤．中国民营企业文化现状与发展研究［D］．哈尔滨工程大学，2006.

［166］林淑贤．家族企业的管理模式探讨［D］．复旦大学，2007.

[167] 胡军华. 华人家族企业网络：性质、特征与文化基础 [J]. 东南亚研究, 2003.

[168] 钟永平. 华人家族企业管理模式及其文化基础研究 [D]. 暨南大学, 2003.

[169] 王莉. 石金涛中小企业协作网络：性质、特诊与演进过程 [D]. 上海交通大学, 2006.

[170] 陈静. 家族企业向现代公司转型的制度创新研究 [D]. 中国海洋大学, 2012.

[171] 李燕苏. 论试民营企业文化再造 [D]. 南通职业大学, 2005.

[172] 运乃锋. 我国民营企业转型的内外部环境及实施途径研究 [D]. 南开大学, 2008.

[173] 蔡艳梅. 房地产开发企业绿色文化评价与建设研究 [D]. 东北石油大学, 2013.

[174] 申红利. 《论语》与家族企业文化建设 [D]. 西安理工大学, 2009.

[175] 唐向华. 家族企业成长中企业文化转型研究 [D]. 湘潭大学, 2012.

[176] 董随东. "有效的校本培训" 研究 [D]. 华东师范大学, 2006.

[177] 郭丽丽. 民营企业成长中的产权制度改革研究 [D]. 天津商学院, 2006.

[178] 蒋新葆. 甘肃省民营企业制度创新研究 [D]. 合肥工业大学, 2008.

[179] 何茂涛. 民营企业制度变迁与创新研究 [D]. 山东大学, 2006.

[180] 卢福财, 刘满芝. 我国家族企业的成长模式及其选择 [D]. 江西财经大学, 2003.

[181] 翟洪霞. 家族企业与家族文化初探 [D]. 北京工商大学, 2005.

[182] 尹延波, 孙秀英. 浅析我国家族企业的管理瓶颈, [J]. 现代企业教育, 2007.

[183] 王霄龙. 青岛 TH 公司家族管理模式探讨 [D]. 吉林大学, 2006.

[184] 李世荣. 企业文化变革在智邦的应用研究 [D]. 华南理工大学, 2005.

[185] 高峰. 民营企业变革研究 [D]. 河海大学, 2004.

［186］唐雯雯. 家族企业文化对家族企业发展的影响研究［D］. 中南林业科技大学，2013.

［187］张建业. 中国轻骑集团企业文化建设研究［D］. 大连理工大学，2003.

［188］钱建国. 家族企业与职业经理人适应问题研究［D］. 南开大学，2007.

［189］王新. 家族企业引入职业化管理探讨［D］. 中国地质大学，2006.

［190］熊学萍，何劲. 论家族企业的职业化管理［D］. 华中农业大学，2004.

［191］韩冰. 信用制度演进的经济学分析［D］. 吉林大学，2006.

［192］朱雅丹. 浅谈企业文化在企业管理中的作用［D］. 浙江工业大学，2010.

［193］李冰. 略论绿色企业文化［D］. 哈尔滨工程大学，2009.

［194］魏裕喜. 我国家族企业可持续发展研究［D］. 河南科技大学，2013.

［195］孙君. 塑造以人为本的企业文化［D］. 无锡商业技术学院，2006.

［196］谈新敏. 创新文化是建设创新型国家的根本［D］. 郑州大学，2006.

［197］王伯芬. 家族性民营企业的企业文化现状及对策［J］. 中国石化天津石油分公司. 北京档案，2013.

［198］王伯芬. 家族性民营企业的企业文化现状及对策［J］. 兰台世界，2013

［199］章登庆. 企业文化建设落地研究［D］. 首都经济贸易大学，2006.

［200］刘建旬. 青岛供电公司企业文化建设研究［D］. 南开大学，2004.

［201］王远. 浅谈发电企业的企业文化建设［J］. 大众科技，2005（12）：291－292.

［202］张向荣. 我国中小企业文化战略研究［D］. 哈尔滨工程大学，2008.

［203］路薇. 论塑造个性化的企业文化［J］. 山东煤炭科技，2014（11）：216－217.

［204］陈喜丽. 烟草行业企业文化建设关键要素分析［J］. 现代商贸工业，2009.

［205］赵鑫彩. 基于接受心理的企业文化落地策略探析［D］. 山东师范

大学，2011.

[206] 朱建中. 企业形象及其创新探究 [D]. 东北大学，2006.

[207] 王贝贝. 浅论企业如何提升自身社会形象 [J]. 科技信息，2010.

[208] 庞延轶. 方兴公司企业文化建设研究 [D]. 西南交通大学，2004.

[209] 李颖. 加强非公安专业人才培养促进公安院校发展 [J]. 吉林公安高等专科学校学报，2008.

[210] 李雪梅. 中交天航局船舶公司企业文化建设的优化研究 [D]. 长沙理工大学，2012.

[211] 黄扬清. 企业文化力研究 [D]. 湖南农业大学，2005.

[212] 吴越. 科技型企业文化建设研究 [D]. 哈尔滨工程大学，2008.

[213] 刘勇，李秀金. 关于企业文化建设中共识原则的思考 [J]. 商场现代化，2008 (33)：331.

[214] 王芳. 论我国会计师事务所合伙文化的建设 [D]. 山西财经大学，2011.

[215] 朱元根. 企业伦理的研究范式与构建 [D]. 河海大学，2005.

[216] 沈晴. 欧美日企业文化之比较与启示 [D]. 苏州大学，2006.

[217] 谭群鸣. 现代企业文化的构建 [D]. 华中师范大学，2005.

[218] 公茂虹. 建立愿景企业的十二个步骤 [J]. 中外企业文化，2003 (12)：43 - 45.

[219] 金跃强. 战略视角下的企业动态能力构筑 [D]. 新疆财经大学，2006.

[220] 曹英. 金昌公路总段转型期企业文化培育与提升研究 [D]. 兰州大学，2005.

[221] 沈晴. 欧美日企业文化之比较与启示 [D]. 苏州大学，2006.

[222] 王小宁. 国有银行改革：如何实现文化整合 [J]. 西部论丛，2005 (12)：64 - 66.

[223] 谭群鸣. 现代企业文化的构建 [D]. 华中师范大学，2005.

[224] 黄赞. 基于生命周期理论的中国家族企业文化建设研究 [D]. 湘潭大学，2012.

[225] 王哲. 我国家族企业文化建设研究 [D]. 安徽大学，2013.

[226] 王萍. 我国家族企业文化建设研究 [D]. 南京师范大学，2006.

[227] 吴大器. 供电企业文化建设道路的新思考 [J]. 上海电力学院学

报，2000.

[228] 李瑾. 供电企业文化建设综合评价研究 [D]. 华北电力大学，2006.

[229] 王彦亮. 面向电力行业企业的企业文化管理研究及应用 [D]. 重庆大学，2011.

[230] 鲍玉昆. 基于 SMART 准则的科技项目评标指标体系结构模型设计 [J]. 科学学与科学技术管理，2003.

[231] 李天成. 无粘结预应力在无梁楼盖中的技术经济性能分析 [D]. 湖南大学，2009.

[232] 晋刚. 网上拍卖信任影响因素及其信任机制的研究——来自孔夫子旧书网的实证 [D]. 西安理工大学，2008.

[233] 贺禹. 核电站专业化运营管理研究 [D]. 华中科技大学，2005.

[234] 魏三川. 黄陵县县域经济竞争力研究 [D]. 西安理工大学，2010.

[235] 鲍玉昆. 科技项目招标投标决策模型及其支持系统研究 [D]. 华中科技大学，2002.

[236] 万江. 基于多层次模糊分析法的科技招标项目评标 [D]. 上海交通大学，2005.

[237] 张金隆. it 招标项目评价模型与方法研究. 华中科技大学，2003.

[238] 黄业仲. 火电机组设备采购评标研究 [D]. 华北电力大学，2007.

[239] 李高朋. 基于供应链的联合计划、预测及补货系统的规范化研究 [D]. 上海大学，2003.

[240] 柴瑜. 重庆市公益类科研院所技术创新能力评价研究 [D]. 重庆大学，2013.

[241] 廖星. 甘肃移动通信公司 IT 设备招标流程及评标体系的设计与实施 [D]. 西安理工大学，2011.

[242] 袁惠英. 物流企业文化评价指标体系设计研究 [D]. 湖南大学，2012.

[243] 田丽. 上市公司经营业绩评价体系选择及应用研究 [D]. 华北电力大学，2005.

[244] 艾亮. 企业文化建设研究 [D]. 天津大学，2014.

[245] 刘燕，陈英武. 电子政务顾客满意度指数模型实证研究 [J]. 系统工程，2006.

[246] 王璐，包革军．综合评价指标体系的一种新的建构方法 [J]．统计与信息论坛，2002．

[247] 李锦清．基于管理熵理论的中国民营企业生命周期研究 [D]．四川大学，2007．

[248] 熊富标．企业文化建设绩效的研究 [D]．华中师范大学，2009．

[249] 景国俊．建立农行企业文化建设评价体系的思考 [J]．农村金融研究，2000．

[250] 任旭萍．"低碳"背景下企业文化绩效评价体系研究 [D]．山西大学，2012．

[251] 陈要立，姜玉满．基于企业文化要素论的企业文化测评体系架构研究 [J]．全国商情（经济理论研究），2005．

[252] 王世佰．交通建筑企业文化建设研究 [D]．重庆交通大学，2014．

[253] 胡丽娜，赖非．运用新媒体技术增强共青团吸引和凝聚力研究 [J]．南昌师范学院学报，2014．

[254] 张成义．南航吉林分公司安全文化建设研究 [D]．吉林大学，2008．

[255] 韩晓霞．QHSE 管理体系及其在石油企业安全管理中的应用研究 [D]．北京交通大学，2008．

[256] 李会．西安民营科技企业知识管理水平测度研究 [D]．西安理工大学，2011．

[257] 张冬生．高校院系创新文化评价与建设研究 [D]．华北电力大学，2007．

[258] 郭晓磊．构建安全生产管理长效机制研究——以云南为例 [D]．云南大学，2010．

[259] 吴直长．我国家族企业治理模式转型研究 [D]．华侨大学，2012．

[260] 付蓉，徐莹敏．我国家族企业文化创新机理研究 [J]．商业经济研究，2015．

[261] 李书进．家族企业文化创新探析 [J]．商场现代化，2007．

[262] 余向前，骆建升．家族企业成功传承的标准及影响因素分析 [J]．江西社会科学，2008．

[263] 冯承介．中国家族企业传承问题及对策研究 [D]．华侨大学，2013．

［264］陈爽. 我国家族企业突发性危机情势下的传承问题研究［D］. 华东师范大学, 2011.

［265］马军. 我国家族企业接班人的遴选制度与指标体系探索［D］. 中山大学, 2010.

［266］姜云. 中国当代家族企业领导者更迭研究［D］. 黑龙江大学, 2008.

［267］赖晓东. 中国上市家族企业权杖交接时机影响因素及选择研究［D］. 西南交通大学, 2007.

［268］连任. 中国家族企业接班人问题研究［D］. 厦门大学, 2006.

［269］李春棉. 中国家族企业代际传承问题研究［D］. 对外经济贸易大学, 2009.

［270］张兵. 家族企业代际传承模式研究［D］. 浙江大学, 2005.

［271］王海晴. 我国家族企业可持续发展研究［D］. 天津理工大学, 2012.

［272］陈文婷. 家族企业跨代际创业传承研究——基于资源观视角的考察［J］. 东北财经大学学报, 2012.

［273］张彩虹, 时晓利. 家族企业继承研究述评［J］. 中国商贸, 2013.

［274］王国保, 宝贡敏. 国外家族企业继承研究述评［J］. 重庆大学学报 (社会科学版), 2007.

［275］杨莉. 中国家族企业社会资本、组织知识、组织文化与代际传承的关系及经营管理模式选择研究［D］. 中山大学, 2010.

［276］黄锐. 家族企业代际传承研究综述［J］. 山东社会科学, 2009.

［277］王晓萍. 国内外家族企业研究的最新动态［J］. 杭州电子科技大学学报 (社会科学版), 2005.

［278］王海曦. 我国家族企业的传承研究［D］. 河北经贸大学, 2008.

［279］李卫兵. 家族企业的演进及管理模式研究［D］. 华中科技大学, 2006.

［280］李秦阳. 论 Gerisck 经典模型对我国家族企业权杖交接的启迪［J］. 集团经济研究, 2007.

［281］王芬. 传统文化对我国家族企业的影响分析［J］. 生产力研究, 2012.

［282］赵瑞君. 家族企业代际传承研究视角综述［J］. 技术经济与管理研

究，2013.

[283] 王立凤. 论企业的文化管理与文化建设 [D]. 西北大学（硕士），2004.

[284] 孙金水. 我国中小企业发展的外部环境优化策略 [J]. 中州大学学报，2013.

[285] 李锐. 我国家族企业文化管理必然性及对策研究 [D]. 沈阳理工大学，2009.

[286] 郑月龙. 家族制与家族企业成长 [J]. 武汉职业技术学院学报，2012.

[287] 毛朝阳，田祖海. 传统文化与中国家族企业的发展 [J]. 武汉理工大学学报：社会科学版，2003.

[288] 王毅杰，童星. 家族企业、家庭文化、社会信任 [J]. 学海，2002.

[289] 周兴会，秦在东. 论马克思所有制理论标准的两重性 [J]. 马克思主义与现实，2014.

[290] 吴国权，刘颖. 家族企业结构升级中的信任机制变迁 [J]. 经济与管理，2007.

[291] 谢燕. 非正式制度视角下的潮汕地区劳资纠纷问题——以潮州古巷讨薪暴力事件为案例分析 [J]. 中国城市经济，2011.

[292] 付文京. 基于社会资本理论的家族企业关系治理模式研究 [D]. 东北财经大学，2006.

[293] 李慧. 现阶段我国家族企业的存在合理性分析 [J]. 西安财经学院学报，2003.

[294] 王少杰. 论影响中国家族企业传承的四个核心因素 [J]. 广西社会科学，2012.

[295] 雷原. 以法治国与建立现代企业制度 [J]. 当代经济科学，2004.

[296] 吴敬琏. 改革，就是释放企业家的创新活力 [J]. 南方企业家，2011.

[297] 杨春权. 我国国有企业文化建设探析 [J]. 经济师，2011.

[298] 戴敏嘉. 关于如何建造企业文化之路的思考 [J]. 现代企业文化，2010.

[299] 邹昊. 政府采购文化建设体系内容研究 [J]. 中国政府采购，

2011.

[300] 李斌. 浅析如何加强国有企业的企业文化建设 [J]. 企业导报, 2012.

[301] 刘传清. 知识经济时代的企业文化建设 [D]. 武汉大学, 2006.

[302] 王敏. 中小家族式企业人性化管理模式与运行机制研究 [D]. 中国海洋大学, 2007.

[303] 胡淑芳. 革新家族企业管理势在必行 [J]. 经济技术协作信息, 2007.

[304] 许洁. 浅谈我国国有企业青年职工思想政治工作机制 [J]. 科学与财富, 2012.

[305] 赖素贞. 比较中西企业文化, 促进家族企业的可持续发展 [J]. 湖北经济学院学报: 人文社会科学版, 2009.

[306] 郭一红, 张赓. 建设中国特色社会主义文化与接纳外来文化问题 [J]. 求索, 2007.

[307] 冯之浚. 国家创新系统的文化背景 [J]. 科学学研究, 1999.

[308] 甘露. 企业文化专题之一小议企业文化 [J]. 国家电网, 2006.

[309] 张向前. 我国家族企业文化创新机理研究 [J]. 企业经济, 2015.

[310] 鹿川. 小水泡子里能跳出几条过海蛟龙 [J]. 散装水泥, 2012.

[311] 戴志强. 民企"子承父业"继任模式的选择、风险及控制 [J]. 改革与开放, 2005.

[312] 吴元平. 家族企业可持续发展的思考 [J]. 广播电视大学学报 (哲学社会科学版), 2007.

[313] 颜星. 知识经济时代企业文化创新力研究 [D]. 湖南师范大学, 2012.

[314] 周莉. GH 重庆分公司基于人本管理的企业文化研究 [D]. 重庆大学, 2008.

[315] 袁清媛. 企业文化创新机制研究 [D]. 大庆石油学院, 2010.

[316] 徐平, 袁清媛. 基于要素分析的企业文化创新机制优化研究 [J]. 学术交流, 2008.

[317] 刘桂芝. 我国家族企业可持续发展的研究 [D]. 合肥工业大学, 2006.

[318] 成明. 民营企业文化的建设途径 [J]. 东方企业文化, 2012.

[319] 刘冬梅，姚东．家族企业文化建设认知的误区与超越 [J]．山东工商学院学报，2009．

[320] 冯福来．浅析民营企业文化的构建 [J]．集团经济研究，2007．

[321] 柴宝成．民营企业要过"五关"——柴宝成先生访谈录 [J]．经济理论与经济管理，2002．

[322] 冯鹏程．中国家族企业存在问题及对策 [J]．销售与管理，2008．

[323] 吴静芬．中国家族企业成长：一个家文化视角的研究 [D]．西安石油大学，2007．

[324] 曾少军．中国当代家族企业的组织文化创新路径研究 [J]．企业经济，2009．

[325] 胡昱．学习型组织的本质是学习型的组织文化 [J]．中外企业文化，2004．

[326] 王萍．我国家族企业持续发展的文化解析 [J]．企业经济，2005．

[327] 房茂涛，尹一安．探析中国家族企业文化现状及其重塑 [J]．北方经贸，2006．

[328] 叶亚飞．家族企业及其文化建设存在的问题与对策 [J]．商场现代化，2006．

[329] 林宽．中国家族企业的现状与未来发展趋势研究 [D]．武汉理工大学，2010．

[330] 曾少军．中国家族企业组织创新研究 [D]．首都经济贸易大学，2009．

[331] 贺永顺．对学习型组织的再认识——准确理解和把握"学习型组织"的实质 [J]．中外企业文化，2004．

[332] 潘东林．实德集团培训体系与培训制度的建设实践 [D]．四川大学，2005．

[333] 王云飞．我国家族企业传承中的文化分析 [D]．广东省社会科学院，2008．

[334] 陈哲．中国家族企业的股票风险特征研究 [D]．北京交通大学，2011．

[335] 侯永峰．内蒙古景建美园林有限公司管理模式研究 [D]．内蒙古大学，2013．

[336] 董敏耀．中国家族企业关键成功因素研究 [D]．复旦大学，2011．

［337］王晖. 面向创新型中小企业的或有债权融资研究［D］. 天津财经大学，2014.

［338］周立新. 转轨时期中国家族企业组织演进研究［D］. 重庆大学，2005.

［339］黄烨. 浙江民营企业"二次创业"研究［D］. 首都经济贸易大学，2006.

［340］龚鹤强. 经济转型中私营中小企业关系和绩效的实证研究［D］. 华南理工大学，2006.

［341］冯鹏程. 中国家族企业及其财务战略问题研究［D］. 厦门大学，2007.

［342］乔红学. 我国家族企业制度变迁研究［D］. 西南大学，2007.

［343］唐文. 中国家族企业治理研究［D］. 湖北工业大学，2007.

［344］程世龙. 我国家族企业发展研究［D］. 首都经济贸易大学，2005.

［345］林渊博. 中小家族企业融资行为分析与博弈选择研究［D］. 天津大学，2011.

［346］胡水清. "民工荒"现象的人力资本分析及其哲学思考［D］. 四川师范大学2008.

［347］刘晶. 论政府在民营经济发展中的地位和作用——以上海市徐汇区为例［D］. 上海交通大学，2009.

［348］陈向阳. 剩余索取与控制在家族企业亲缘关系分析中的应用——以兰州黄河企业集团为例的研究［D］. 南京理工大学，2004.

［349］马静涛. 我国大型家族企业有效公司治理研究［D］. 东北大学，2006.

［350］李楠. 民营企业二次创业中管理者薪酬体系研究［D］. 天津商业大学，2005.

［351］张厚义. 私营企业人力资本运营的历史轨迹与现实矛盾［J］. 广东社会科学，2004.

［352］张博颖. 私营企业与集体主义道德要求——关于当代中国伦理问题的一个个案研究［J］. 湖南师范大学社会科学学报，2006.

［353］邢赛鹏. 我国民营企业发展环境因素与评价体系研究［D］. 云南大学，2005.

［354］李海涛. "新36条"的理论渊源和理论环境［J］. 前沿，2010.

［355］何瑞燕．广东省民营企业国际化路径的研究［D］．中山大学，2009．

［356］曹新．民间资本蓬勃发展是整个经济发展的象征［J］．理论视野，2010．

［357］申茜．新时期中国家族企业发展史探微［D］．广西师范大学，2008．

［358］刘平青．转轨期中国家族企业研究［D］．华中农业大学，2003．

［359］马丽波．家族企业的生命周期［M］．中国社会科学出版社，2009．

［360］孙炳芳．中国近代企业家的经营之道管窥［J］．集团经济研究，2007．

［361］王同勋．近代民族企业的经营管理思想［J］．山西财经大学学报，2002．

［362］许秋奎．近代民族企业的经营管理思想．全国商情：［J］．经济理论研究，2008．

［363］吕亮，张文．近代民族企业的"名牌"意识［J］．史学月刊，1996．

［364］李坚．上海的宁波人研究（1843－1937）［D］．华东师范大学，2004．

［365］何成刚，夏辉辉．再谈如何上好"中国民族资本主义的发展"［J］．历史教学，2007．

［366］王圆圆．民族实业家管理思想的特征［J］．石家庄经济学院学报，2014．

［367］陈韶华．中国近代民族资本企业的社会责任观初探［J］．科技创业月刊，2010．

［368］尹铁．论近代浙商的企业管理思想和经营理念［J］．商业经济与管理，2011．

［369］邓湧．转轨时期中国企业管理思想演变探析［J］．商业时代，2014．

［370］龙旭腾．公司制改造研究及方案设计［D］．天津大学，2000．

［371］李琪．转轨时期的中国企业管理思想演变研究［D］．复旦大学，2007．

［372］闫晨．改革开放以来中国管理思想演变的阶段分析［D］．山东大学，2013．

［373］胡中敬. 宁波港引航管理对策研究［D］. 大连海事大学，2007.

［374］陈德. 科学发展观与传统人事管理理念的革新［J］. 当代经济，2007.

［375］余敦庆. 品牌扩展要注意的三原则［J］. 管理与财富，2004.

［376］盖盖儿. 方太的文化经营哲学［J］. 企业文化，2009.

［377］梁瑞丽. 方太：创新企业文化［J］. 东方企业文化，2009.

［378］张欣. 中国家族企业文化的构建［D］. 对外经济贸易大学，2007.

［379］王利平. "中国式"文化与"灵动"联盟——中国产业转移与转型的思维探析（3）［J］. 宁波经济：财经视点，2006.

［380］师毅. 方太父子的二次创业之争［J］. 新财经，2007.

［381］陈凌. 家族制企业双刃剑［J］. 中国中小企业，2005.

［382］李俊龙. 加强企业文化建设提升项目盈利能力［J］. 山西建筑业，2012.

［383］张晴. 民营企业文化战略研究［D］. 湘潭大学，2005.

［384］王兴元，欧阳鲁生. 加强战略管理创造企业名牌［J］. 科学与管理，1997.

［385］宋宏业. 企业名牌战略与营销策略问题初探［J］. 河南商业高等专科学校学报，2003.

［386］昔豫川. 中原油田井下特种作业处经营管理研究［D］. 西南石油学院，2006.

［387］张怡. 企业管理创新机制问题研究［D］. 中国优秀博硕士学位论文全文数据库（硕士），2003.

［388］杨静. 论现阶段中国家族企业文化的再造［D］. 中国优秀博硕士学位论文全文数据库（硕士），2006.

［389］徐金凤. 日本企业文化的渊源［J］. 中外企业文化，2005.

［390］董月. 好莱坞电影《功夫熊猫》的中国文化演绎［D］. 南京师范大学，2013.

［391］陈瑞. 日本企业文化视角下的中国特色企业文化研究［D］. 西安理工大学，2007.

［392］周海英. 浅论"武士道"与日本企业文化［J］. 法制与社会，2007.

［393］郭安廷. 论煤矿企业文化建设［D］. 太原理工大学，2004.

[394] 钱蓝. X动画公司企业文化现状和对策研究 [J]. 时代报告: 学术版, 2011.

[395] 冯素雯. 英维思公司国际化战略研究 [D]. 吉林大学, 2013.

[396] 朱小龙. 日本企业文化变化及对我国企业文化建设的启示 [D]. 合肥工业大学, 2006.

[397] 常辉. LG电子企业文化在中国成功本土化研究 [D]. 南开大学, 2005.

[398] 王波, 彭薇薇. 什么是J型文化 [J]. 四川水力发电, 2011.

[399] 陈秀中. 解析日本企业文化 [J]. 经济管理文摘, 2005.

[400] 邓少云. 企业文化之于民族精神企业兴衰之于民族危亡——赴日参加食品博览会的感思 [J]. 大观周刊, 2011.

[401] 李庚. 日本企业文化对我国文化建设的启示 [J]. 经济与社会发展, 2009.

[402] 王景芳, 吴二林. 日本企业文化及其对中国企业的启示 [J]. 黄冈师范学院学报, 2006.

[403] 瞿沐学, 刘佳. 日本企业文化的特质解析 [J]. 重庆工学院学报 (社会科学版), 2007.

[404] 阮氏, 青寅. 基于越南文化的汽车制造业TPS推广研究 [D]. 吉林大学, 2010.

[405] 潘向泷. 文化差异对营销人才本土化的影响——美、日、德三国企业实证分析 [J]. 科技情报开发与经济, 2007.

[406] 金雪梅. 日本企业文化对我国企业发展的启示 [J]. 北方经济: 学术版, 2006.

[407] 网文. 日本企业文化团队合作与创新精神 [J]. 东方企业文化, 2012.

[408] 米建国. 论日本企业造物先造人的经营思想 [J]. 经营与管理, 1986.

[409] 袁秀华. 中华儒学与日本管理哲学 [J]. 税收与企业, 2000.

[410] 姚建文. 社会文化与企业伦理模式的变迁 [J]. 商业经济, 2011.

[411] 程丽萍. 浅谈企业文化建设几点建议 [J]. 现代经济信息, 2013.

[412] 侯宝珍. 柔性战略在家族企业中的应用研究 [D]. 西安石油大学, 2009.

[413] 鲍志伦. 我国民营企业企业文化建设的问题与对策研究 [J]. 中国市场, 2012.

[414] 孔令如. 日本企业文化的主要内涵及其启示 [J]. 巢湖学院学报, 2005.

[415] 王丽. 日本式企业文化的宗教色彩 [J]. 现代情报, 2005.

[416] 胥敏. 日本企业的精神支柱——企业文化 [J]. 党政干部学刊, 2005.

[417] 党向阳. 人才的笼子与巢穴 [J]. 医学美学美容（财智）, 2005.

[418] 贺慧勇. 关于对企业文化建设的认识与思考 [J]. 山西科技, 2007.

[419] 刘磊. 松下培训之道：造物之前先造人——访北京松下控制装置有限公司人事课长申杰 [J]. 中国劳动, 2004.

[420] 邓延昭. 京卫医药科技集团企业文化研究 [D]. 北京交通大学, 2003.

[421] 杜雪. 我国私营企业伦理建设研究 [D]. 同济大学, 2008.

[422] 郑恩强. 陕西省国有企业企业文化建设路径探析——以陕西省国资委监管企业的企业文化建设为例 [D]. 西北大学, 2009.

[423] 李让差. 中国邮政速递物流企业文化建设研究 [D]. 天津大学, 2012.

[424] 李小丽. 论否决权 [J]. 世界经济与政治, 1996.

[425] 张明爱. 英语的形成、扩张与现状 [J]. 忻州师范学院学报, 2006.

[426] 李可, 王伟. 法国综合运输管理体制及协调发展研究 [J]. 综合运输, 2014.

[427] 张小荣. 近代法国家族企业的成因 [J]. 陕西师范大学学报（哲学社会科学版）, 2001.

[428] 梁霓霓. 法国家族企业制度分析与借鉴——兼论布伊格集团企业制度, 2004.

[429] 杜慧. "寓哭于笑"与正统观念的颠覆——李渔白话短篇小说三论 [D]. 陕西师范大学, 2005.

[430] 刘玉生. 家族企业存在和变革的一种文化分析 [J]. 泉州师范学院学报, 2005.

[431] 刘嘉. 企业文化的比较研究 [J]. 现代管理科学, 2004.

[432] 刘安. 中法企业文化比较研究 [J]. 天津商学院学报, 2002.

[433] 张佳. 中法合资企业的文化管理模式研究 [D]. 对外经济贸易大学, 2004.

[434] 李旭华. 企业文化在国际性合作项目实施中的影响与管理模式研究 [D]. 上海交通大学, 2011.

[435] 孔海洋. 在华德国跨国公司的企业文化本土化研究 [D]. 北京工业大学, 2009.

[436] 赵丽. 德国跨国公司在华企业人力资源本土化战略分析 [D]. 华北电力大学, 2007.

[437] 赵晓霞, 孔海洋. 在华德国跨国公司的企业文化本土化研究 [J]. 经济论坛, 2008.

[438] 刘展术. 企业培训建立体系很重要 [J]. 人力资源管理, 2008.

[439] 季军良. 浅谈德国汽车企业文化及其启示 [J]. 现代营销 (学苑版), 2011.

[440] 胡峰. 外资在我国并购后的文化冲突与整合问题探析 [J]. 贵州财经学院学报, 2003.

[441] 马欣. 基于民族文化差异的企业管理方式研究 [D]. 吉林大学, 2010.

[442] 周璐. 从明基并购西门子手机看企业跨国并购中文化差异的影响 [D]. 同济大学, 2008.

[443] 高雪. 博物馆与企业文化 [D]. 东北师范大学, 2006.

[444] 梁立波. 中德企业文化差异及在合资公司中的整合研究 [D]. 哈尔滨工业大学, 2007.

[445] 吴淑霞. 世界汽车企业文化典范浅析及跨国公司的跨文化冲突 [J]. 汽车情报, 2003.

[446] 卢长利. 奔驰的企业形象战略 [J]. 企业研究, 2001.

[447] 爱车. "奔驰"的企业形象战略 [J]. 企业文化, 2005.

[448] 龚晓琦. 企业 CI 战略的策划与实证研究 [D]. 东北农业大学, 2002.

[449] 张立鹏. 一汽多元文化冲突与融合研究 [D]. 天津大学, 2011.

[450] 张千里. plziv 汽车防撞安全装置商业化可行性分析与营销战略

[D]. 复旦大学，2001.

［451］刘晖. 企业质量文化及其国内外案例［J］. 企业改革与管理，2008.

［452］张红梅. 奔驰的企业文化［J］. 石油政工研究，2010.

［453］文泽. 质量——企业的生命［J］. 政策与管理，1998.

［454］王安霞. 奔驰成功的秘诀［J］. 市场经济导报，1998.

［455］夏治沔. 奔驰汽车的成功之路［J］. 瞭望周刊，1993.

［456］高凤. 奔驰：百年品牌路［J］. 企业改革与管理，2004.

［457］华铭. 米其林的故事［J］. 企业文化，2006.

［458］刘平. MICHELIN 轮胎巨擘——米其林的企业文化［J］. 中外企业文化，2005.

［459］李延冰. 米其林沈阳轮胎有限公司授权型组织结构设计与实施探讨［D］. 东北大学，2005.

［460］刘平. 轮胎巨擘——米其林的企业文化［J］. 中外企业文化，2005.

［461］姜光辉，薛燕华. 跨国公司企业文化的历史背景——基于国际企业文化对比研究［J］. 商场现代化，2007.

［462］郑淑云. 单极霸权——20 世纪美国国策强度的三次提升［D］. 吉林大学，2004.

［463］梅璘昉. 中国现代企业人本管理文化建设研究［D］. 武汉大学，2015.

［464］周博鸾. 巴纳德的协作系统思想研究［D］. 湖南师范大学，2013.

［465］贾春峰. 企业文化：理论与实践述评（一）［J］. 实践，1996.

［466］王晓伟. 《科学管理原理》中的行为科学成分［J］. 现代商业，2013.

［467］方统法. 组织设计的知识基础论［D］. 复旦大学，中国优秀博硕士学位论文全文数据库（博士），2004.

［468］魏占杰. 国有企业公司治理与社会责任的融合——基于"企业本质"的视角［J］. 会计之友，2013.

［469］张小雪. 关于"80 后"新型员工的非物质激励研究［D］. 东北师范大学，2009.

［470］马洪. 盘点西方管理思想发展史（下）［J］. 秘书工作，2012.

[471] 孔冬. 管理生态学 [D]. 苏州大学, 2004.

[472] 张兵. 基于 CAS 理论的企业可持续发展研究 [J]. 科学学与科学技术管理, 2004.

[473] 张永超. 科技情报工作的过去, 现在和未来 [J]. 西藏科技情报, 1993.

[474] 王国平. 美国企业文化对武汉城市圈企业文化建设的启示 [J]. 襄樊学院学报, 2009.

[475] 齐爱兰. 企业伦理目标的确立与获利行为的相互关系 [J]. 北京科技大学学报 (人文社会科学版), 1998.

[476] 杨春方. 背景依赖视角下中美企业社会责任比较研究 [J]. 广东第二师范学院学报, 2015.

[477] 陆彦. 跨文化交流探究 [J]. 东北农业大学学报 (社会科学版), 2010.

[478] 王雪. 中国企业家成长机制研究 [D]. 中共中央党校, 2004.

[479] 郭晓川. 文化认同视域下的跨文化交际研究——以美国、欧盟为例 [D]. 上海外国语大学, 2012.

[480] 潘克. 跨文化交际能力与深层的跨文化意识 [J]. 淮海工学院学报: 社会科学版, 2006.

[481] 张宏毅. 早期美利坚人的民族性格 [J]. 世界历史, 1986.

[482] 郑予捷. 造就更多企业家 [J]. 中国统计, 2007.

[483] 王丽敏, 肖昆, 田晓红. 美日企业家精神比较研究及对我国高等教育的启示 [J]. 继续教育研究, 2009.

[484] 霍传颂. 非物质文化视角下中美大学篮球文化构建的对比研究 [D]. 成都体育学院, 2014.

[485] 李安斌. 清教主义在北美的传播与变异 [J]. 前沿, 2011.

[486] 易宗堂. 天命观与美国对外政策 [D]. 河南师范大学, 2012.

[487] 贺雪飞. 文化符号及其象征意义——论广告文化附加值的表现形式 [J]. 现代传播 (中国传媒大学学报), 2006.

[488] 石丽明. 他山之石, 可以攻玉——日美企业价值观之探析 [J]. 政策与管理, 2002.

[489] 张栋梁. 跨国经营中的文化冲突与规避对策研究 [D]. 昆明理工大学, 2004.

[490] 谢民. 武汉仪器仪表行业企业文化现状及对策研究 [D]. 武汉大学, 2002.

[491] 姜露. 传统文化影响下家族制企业组织文化的研究 [D]. 北京交通大学, 2011.

[492] 雷霆. 民族文化——美国企业文化的起源 [J]. 当代经济, 2009.

[493] 梁小妙. 西部地区企业文化建设研究 [D]. 中央民族大学, 2006.

[494] 王朝晖, 普燕霞. 美国企业文化具有哪些特色？[J]. 中外企业文化, 2002.

[495] 杜文莉. erp在国有企业应用中的文化冲突 [D]. 华中科技大学, 2002.

[496] 陈丹. 论当代中国企业家道德价值观及其建设 [D]. 南京师范大学, 2006.

[497] 江丽. 知识经济时代我国企业文化管理研究 [D]. 广西师范大学, 2005.

[498] 杨林. 关于企业员工激励和企业文化问题的探讨 [D]. 西南交通大学, 2000.

[499] 刘月霞, 罗峰, 王素芬. 企业文化攸关企业兴衰 [J]. 经济论坛, 2003.

[500] 赫修贵. 企业文化——美国企业管理革命的新理论 [J]. 企业文化, 2000.

[501] 李育霞. 基于企业文化的核心竞争力构建 [J]. 中外企业家, 2011.

[502] 胡兆贵. 沃尔玛企业文化中国化进程的实践分析 [D]. 天津大学, 2013.

[503] 李雅琴. 沃尔玛的企业文化 [J]. 东方企业文化, 2012.

[504] 万方. 近看沃尔玛 [J]. 企业管理, 2001.

[505] 胡慧平. 沃尔玛成功创业的小秘密 [J]. 财务与会计, 2006.

[506] 霍曙光. 连锁零售业经营发展状况研究 [D]. 郑州大学, 2005.

[507] 伍红建. 知识经济条件下商品价值创造的特殊性 [D]. 西南交通大学, 2005.

[508] 楼林炜, 张欢. 文化双刃剑——从企业文化的视角看沃尔玛的成与败 [J]. 现代经济信息, 2014.

[509] 周佩. 基于企业文化的仆从领导 [J]. 中国证券期货, 2013.

[510] 刘希举, 李型传. 深圳沃尔玛经营管理概况 [J]. 商业经济研究, 1999.

[511] 汤雪琴. 零售业全球供应链核心竞争力的研究——基于文化的思考 [D]. 厦门大学, 2007.

[512] 宁德煌. 沃尔玛营销战略探析 [J]. 昆明理工大学学报 (自然科学版), 2001.

[513] 李建丽. 从企业理财理论浅析沃尔玛的成功经验 [J]. 河南商业高等专科学校学报, 2004.

[514] 王尚来. "幽默" 的沃尔玛 [J]. 当代电力文化, 2014.

[515] 段慧群. 沃尔顿的草裙舞 [J]. 职业, 2012.

[516] 陈黎萍. 沃尔玛的 "幽默文化" [J]. 中外管理, 2001.

[517] 宋慧. G 海关公务员激励机制研究 [D]. 中山大学, 2010.

[518] 刘迎香. 从企业文化功能看沃尔玛的成功之道 [J]. 决策与信息: 财经观察, 2008.

[519] 金永红. 沃尔玛: 文化制胜的典范 [J]. 上海商业, 2007.

[520] 姜太. 沃尔玛企业文化研究 [D]. 对外经济贸易大学, 2009.

[521] 杨依依. 企业价值与价值创造的理论研究 [D]. 武汉理工大学, 2006.

[522] 尚鸣. 沃尔玛: 激励无处不在 [J]. 中外企业家, 2005.

[523] 由莉颖. 沃尔玛营利模式探析 [J]. 学理论, 2008.

[524] 刘益东. 企业文化、企业智力和企业核心竞争力——对网络时代企业组织和科研组织三大要素的理解和构想 [J]. 哈尔滨工业大学学报 (社会科学版), 2003.

[525] 张雪红. 吉林省民营企业发展模式的研究 [D]. 长春理工大学, 2004.

[526] 刘光明. 沃尔玛的企业文化与核心竞争力 [J]. 经济管理, 2002.